[MIRROR]
理想国译丛
061

想象另一种可能

理
想
国
imaginist

理想国译丛序

"如果没有翻译，"批评家乔治·斯坦纳（George Steiner）曾写道，"我们无异于住在彼此沉默、言语不通的省份。"而作家安东尼·伯吉斯（Anthony Burgess）回应说："翻译不仅仅是言辞之事，它让整个文化变得可以理解。"

这两句话或许比任何复杂的阐述都更清晰地定义了理想国译丛的初衷。

自从严复与林琴南缔造中国近代翻译传统以来，译介就被两种趋势支配。

它是开放的，中国必须向外部学习；它又有某种封闭性，被一种强烈的功利主义所影响。严复期望赫伯特·斯宾塞、孟德斯鸠的思想能帮助中国获得富强之道，林琴南则希望茶花女的故事能改变国人的情感世界。他人的思想与故事，必须以我们期待的视角来呈现。

在很大程度上，这套译丛仍延续着这个传统。此刻的中国与一个世纪前不同，但她仍面临诸多崭新的挑战。我们迫切需要他人的经验来帮助我们应对难题，保持思想的开放性是面对复杂与高速变化的时代的唯一方案。但更重要的是，我们希望保持一种非功利的兴趣：对世界的丰富性、复杂性本身充满兴趣，真诚地渴望理解他人的经验。

理想国译丛主编

梁文道　刘瑜　熊培云　许知远

[法] 阿莱特·茹阿纳 著　梁爽 译

圣巴托罗缪大屠杀：
16世纪一桩国家罪行的谜团

ARLETTE JOUANNA

LA SAINT-BARTHÉLEMY:
LES MYSTÈRES D'UN CRIME D'ÉTAT
(24 AOÛT 1572)

民主与建设出版社
·北京·

© 民主与建设出版社，2023

图书在版编目（CIP）数据

圣巴托罗缪大屠杀：16世纪一桩国家罪行的谜团／（法）阿莱特·茹阿纳著；梁爽译 . -- 北京：民主与建设出版社，2023.1

ISBN 978-7-5139-4078-8

Ⅰ.①圣… Ⅱ.①阿…②梁… Ⅲ.①历史事件—研究—法国—中世纪 Ⅳ.① K565.05

中国版本图书馆 CIP 数据核字（2022）第 254865 号

La Saint-Barthélemy: Les mystères d'un crime d'État (24 août 1572)
by Arlette Jouanna
© Éditions Gallimard, Paris, 2007
All rights reserved.

北京市版权局著作权合同登记号 图字：01-2022-7025

圣巴托罗缪大屠杀：16世纪一桩国家罪行的谜团
SHENGBATUOLUOMIU DATUSHA 16 SHIJI YIZHUANG GUOJIA ZUIXING DE MITUAN

著　　者	［法］阿莱特·茹阿纳
译　　者	梁　爽
责任编辑	王　颂
特约编辑	黄旭东
装帧设计	陆智昌
内文制作	陈基胜
出版发行	民主与建设出版社有限责任公司
电　　话	（010）59417747　59419778
社　　址	北京市海淀区西三环中路 10 号望海楼 E 座 7 层
邮　　编	100142
印　　刷	山东临沂新华印刷物流集团有限责任公司
版　　次	2023 年 1 月第 1 版
印　　次	2023 年 3 月第 1 次印刷
开　　本	635 毫米 ×965 毫米　1/16
印　　张	24
字　　数	321 千字
书　　号	ISBN 978-7-5139-4078-8
定　　价	88.00 元

注：如有印、装质量问题，请与出版社联系。

目 录

导言　圣巴托罗缪大屠杀的谜团 001

上篇　脆弱的和解

第一章　疑云笼罩的1570年和平协议 021
第二章　联姻大计与国际关系 049
第三章　打破和平的谋杀 083

中篇　天主之剑，国王之剑

第四章　外科切除手术 111
第五章　天主教徒的愠怒 139
第六章　王之真理，国之理性 175

下篇　解读与反击

第七章　《圣经》对新教徒之不幸的解释 201
第八章　对法国之不幸的政治解读 221
第九章　国王之死，或大屠杀真正意义的揭示 247

结 论	265
注 释	271
附 录　1572年大屠杀遇害者社会职业统计表	321
史料与参考书目	325
致 谢	355
人名地名译名对照表	357
译后记	369

导言

圣巴托罗缪大屠杀的谜团

1572年8月24日,周日,圣巴托罗缪之日。这天,巴黎的街巷潮湿异常,"就像是下过一场大雨"——一位路过巴黎的斯特拉斯堡市民如是说。[1]实际上,街巷中闪烁的不是雨水,而是鲜血。

天亮之前,新教军事领袖海军上将加斯帕尔·德·科里尼在他位于贝蒂西街的府邸中被天主教徒的英雄吉斯公爵手下的一队士兵杀害了。科里尼的几位主要军官被法国与瑞士近卫队从床上拉下来,解除了武装后拖到卢浮宫的庭院中,长矛穿喉。这一切都是在法国国王查理九世的许可下进行的。究竟是何种压力迫使法王同意如此做法?史学家对这一事件的解释仍然各执一词。

第二天,太阳升起,巴黎城内一片屠戮之景。天主教徒头戴装饰着十字架的帽子,臂缠白色袖章——这两个标志象征着他们认为已不复存在的纯洁,穿梭于巴黎的大街小巷,以天主之名追捕着"异端"。全副武装的士兵挨家挨户搜查,一旦发现新教徒就拖出屋外,不经审判便立行处死。新教徒常常死无全尸,衣不蔽体,被抛至塞纳河中。新教徒的尸体堆在巴黎城中的广场与十字路口,随后被人用小推车弃至河边。鲜血染红了塞纳河河水。一位来自米约的加尔文宗教徒记载道:"巴黎人在此后很长一段时间内都不吃河里的鱼,因为河水已被完全污染,尸臭扑鼻。"[2]在圣日耳曼城郊,新教徒的尸体被抛入教士井中——此井一直以来都是当地人用来扔牲畜骨头的。

老弱妇孺,无一幸免。嗷嗷待哺的婴儿被从母亲的怀中夺走,抛至河中;老少全家灭门,主仆同遭毒手。死者的住所遭到洗劫。破晓前,欧塞尔圣日耳曼教堂那令人惶恐的钟声响起,旋即被附近教堂的钟声传播开来。空气中回荡着被割喉者的呻吟声、杀人者的呼喝声与火枪开火的声音。法国国王为一场如此失控的大规模屠杀感到惶惶不安,躲在卢浮宫中。人们对国王颁布的止屠杀令不屑一顾。巴黎城已落入誓死铲除异端的最为狂热的天主教徒手中。其他人惊魂未定,躲在自己家中不敢外出。巴黎大部分街道都安设了岗哨,盘查过往行人,逃亡者一旦被揭穿伪装便会被送交刽子手。任何想出城的人都需出示有效的通行证。巴黎各城门连续三天紧闭,新教徒从城里逃脱的机会渺茫。一位来自曼托瓦的天主教医生菲利波·卡夫里亚纳虽然十分敌视新教徒,但作为这次大屠杀的见证人,他深感骇然:

> 街上举目皆是被剥下的衣服、千疮百孔的尸体。塞纳河中同样如此。死者的性别、年龄与社会地位已无从辨别……一些人在街巷中四散奔逃,另一些人则紧追不舍,口中大喊:"杀死他们!杀死他们!"这是一场真正的杀戮。但我们也能见到,一些男女顽固异常,刀已架在脖子上仍不肯为了免遭屠戮而放弃自己的信仰,反而希望成为魔鬼的殉道者,他们因为自己执拗的无知同时失去了肉体与灵魂……

然而,这场屠戮也没有给我们天主教徒带来往日的兴奋与狂喜，因为这一场景委实过于恐怖，过于悲惨……所有人的帽子上佩戴着白色十字架，左臂缠着庆典时佩戴的袖章。当时的接头口令是"天主万岁，国王万岁！"，以便能够辨清敌我。[3]

这段记述中提到了新教徒有可能选择放弃信仰以保全性命。而其他记述却没有同样的记载，仅仅描述了凶手的残酷无情。一些胡格诺派信徒被投入监狱，晚上即被处死。所有家族成员都难以幸免。这场屠杀持续了一周，死亡人数在前三天达到顶峰，后虽有下降，但直到8月30日周六仍有人被杀。8月28日周四，上文提及的那位来自斯特拉斯堡的市民就目睹了一位临产妇女被处死：这是一位衣着华贵、"漂亮迷人"的伯爵夫人。尽管她不断哀求，却仍被剥光衣服，除下首饰，身中数矛后被抛至塞纳河。他写道："在她倒下的时候，我还看到腹中胎儿在轻轻蠕动。"过了一会儿，他又看到一位金银匠的伙计试图从屋顶逃走，却被火枪射中身亡。周六，他又目睹了三位刚刚被屠杀的遇害者的尸体被抛入河中。[4]

巴黎大批新教徒因这场血腥的屠杀而丧命。他们虽然在巴黎这个拥有大批天主教徒的城市中只占少数，但在屠杀前也有几千人。在这血腥的一周中，有多少人失去了性命？我们无法取信于当时人的估算——因宗教信仰与立场的不同，对死亡人数的估算也相差甚远，一些人认为是一千，而另一些人则认为达十万。我们能够确定的是支付给圣婴公墓掘墓人的工资总额，他们负责埋葬被塞纳河顺流冲到夏佑、帕西、欧特伊与圣克鲁的尸骨。据此估算，埋葬尸体总数约为1825具。[5] 这个数字仅仅反映了巴黎部分遇害者的数量。我们认为，比较可信的数字是至少约三千人遇害。在接下来的几天中，外省约15个城市也发生了屠杀事件，全法罹难者总数增至万人左右。

妇女被开膛破肚，老人被刺穿喉咙，儿童被抛至河中，男人被残忍去势，凶手嗜血狂热：这便是当时的人对1572年8月24日的记载所留下的回忆。巴黎画家弗朗索瓦·杜布瓦逃离巴黎，到瑞士避难，避免了一场杀身之祸。他的一幅油画反映出的正是一片充满暴力、仇恨、野蛮的凶残杀戮场景。[6]

大屠杀前的庆典

然而，时间回溯至屠杀前的一周，我们赫然发现，巴黎城中的气氛截然不同，呈现出一片祥和欢乐的景象。

8月18日是庆祝法王查理九世之妹玛格丽特·德·瓦卢瓦和他的堂弟、新教的希望之所在、年轻的纳瓦尔国王亨利结婚的日子。这场联姻本应能够巩固第三次宗教战争之后圣日耳曼敕令带来的和平。巴黎人在这一天目睹了这场婚礼的盛况：波旁枢机主教在巴黎圣母院前搭建的露天平台上主持了祝福礼。婚姻仪式清楚地表明了两个互相敌对的宗教信仰之间的和解意愿：这场婚姻不仅使一位天主教公主与一位新教领袖结为连理，而且婚礼仪式还采取了一位匿名编年史家所谓的"双方都未曾想到的形式"，即两派阵营都能够接受的方式。[7] 举行这场婚礼绝非易事。因为与天主教不同，婚姻在新教神学中并非圣事。法国国王与他的母亲卡特琳娜·德·美第奇对解决这一问题都抱有很大决心，希望借此巩固两派人士仍旧十分脆弱的和平共处局面。他们对男方不参加巴黎圣母院举行的弥撒，而是与手下侍从在邻近教区等待弥撒结束采取接受的态度。此外，因双方的表亲关系以及不同的宗教信仰，双方结合需要得到教皇格里高利十三世的特许。但是，法国国王决定，在未获教皇特许的情况下照常举办婚礼。

天主教贵族与新教贵族共同参加了婚礼后的奢华庆典。在婚礼仪式结束后，双方于西岱宫中举行了宴会，随后又举办了舞会与化装舞会。其间的彩车游行使这场庆典的气氛达到顶峰。所有的彩车都裹上一层金银，饰有代表着海神尼普顿的海浪波纹。其中最大的一辆彩车上坐有法国国王。坐在其他彩车上的是法国国王的弟弟安茹公爵亨利与阿朗松公爵弗朗索瓦，接下来的彩车并未依宗教信仰加以区别，分别是纳瓦尔国王亨利、他的兄弟孔代亲王亨利、世子弗朗索瓦·德·波旁、吉斯公爵亨利以及昂古莱姆骑士。*"这便是新教与天主教的混合"，上文提及的那个匿名编年史家评论道。

　　和睦、和解——这便是在接下来的三天中持续不断的庆典给人的感觉。其中，尤以8月20日在小波旁宫大厅中举办的化装舞会给人留下的印象最为深刻。当时此类娱乐活动多借用古代神话与骑士小说中的题材，这次舞会也不例外。法国国王与他的两位兄弟值守在一个象征"天堂"的大门前，打退了由纳瓦尔国王带领的"游侠骑士"的进攻，并将其打入"地狱"。然后，墨丘利、丘比特与十二女神出现，拯救了他们。这一幕既颂扬了国王三兄弟骑士般的勇敢，又赞美了他们的宽恕与谅解，其所传递的信息十分明确：国王命令释放地狱的囚徒，即其他所有参加战斗的贵族——无论是天主教徒抑或是新教徒，使他们摆脱了邪恶的力量、危险的激情与暴力的倾向。国王无所不能的力量有着使各方化敌为友的魔力，最终赢得了和解的结局。而且，8月21日举行的马上比武大会也不会模糊这一信息：虽然比武大会中，新教徒扮演了基督教的敌人——土耳其人的角色，与国王及安茹的亨利扮演的阿玛宗战士交战，但实际上，这类"土耳其式"的主题在当时宫廷的娱乐活动中十分常见。[8]因此，我们不应认为胡格诺贵族的装扮带有某些特殊的寓意。他们头裹包头巾、身穿长袍的目的仅仅是使这一活动增添一丝异国色调。

---

* 即亨利·德·昂古莱姆（1551—1586），亨利二世与苏格兰国王詹姆斯四世之女简·斯图亚特的私生子。（脚注为译者注，下同）

婚庆期间举办的一切庆祝活动都凸显了音乐、歌唱与舞蹈所具有的使人平和的优点。人们因相同的喜悦之情聚集到具有统一力量的国王麾下，敌对的情绪因而得以缓和。

然而，在这欢庆的场面结束仅仅几天之后却爆发了一场血腥的屠杀，人们无论如何也难以预料到这一如此对比强烈的转变。这便是圣巴托罗缪大屠杀首要谜团所在。我们该如何解释这种突然的逆转？

8月18日至24日间，海军上将科里尼在22日遇袭，但只伤及右手与左臂。这一事件及其引发的对幕后主使的身份与动机的推测唤醒了长期潜伏在天主教徒与新教徒心中的猜忌。但是，仅仅这一件事就足以解释婚庆与屠杀只相隔不足一周的原因吗？那些得知这一事件的旁观者第一反应是惊讶。法国国王的臣民也错愕不已。利摩日大部分居民从当地领主从巴黎返回的一位密使口中得知这一情况后，均感"形势急转直下让人始料未及，没有什么消息比这更令人不解"。[9] 局势的突然变化也一直困扰着时人与历史学家，最终形成了两种相互矛盾的解释。但我们若一一审视这些解释，便会发现其中大多数人是通过彻底否定或低估18日至24日之间的强烈反差才得出了各自结论，而恰恰是这一时段中发生的事件让这一谜团更加扑朔迷离。

思考不可思之事

大屠杀的幸存者及其他新教徒都难以理解，甚至未曾想到会发生这样一幕，因而迫切想要得到对这一事件的解释。加尔文在日内瓦的继承人狄奥多尔·德·贝扎是第一批对此事件做出评论的人。他认为这一事件完全不可想象。9月4日，他在一封信中写道："我的心灵饱受折磨，实在看不透这个令人悲伤的消息。我无话可说。

人们告知我的这一刚刚发生的惨剧在思想上是无法接受的,更遑论用声音或文字解释它了。"[10] 贝扎深感惊愕的主要原因是屠杀委实过于残暴,但同时也因为他无法理解事件为何骤然发生。

然而,新教徒们很快就感到有必要寻找一种解释,使大屠杀能够为人所理解。他们将大屠杀置于一个可为人所理解的逻辑因果链中。待惊魂稍定后,他们开始了阐释性的解读,即便说他们做出的并非一种合理解释,但至少使这一系列不同寻常的事件变得顺理成章。新教徒采取的方案是简单干脆地消除8月18日婚礼与24日大屠杀之间无法解释的矛盾。他们抹去了二者之间的一切矛盾点,认定前者是一个陷阱,旨在引诱新教徒。国王、太后及其手下最为狂热的参事预先精心策划并实施了这场骗局。这便是新教徒在檄文及论著中由果溯因得出的结论。其中的大部分文字由西蒙·古拉尔收集整理,见于1576年至1577年出版的《记查理九世统治下的法国状况》(*Mémoires de l'Estat de France sous Charles neufiesme*)一书。依照他们的阐释,法国国王为他的妹妹举办婚礼的目的在于将大批胡格诺贵族引至巴黎以便一网打尽。婚礼完成之后,对科里尼的刺杀行动旨在引发新教徒的愤怒,诱使他们威胁进行报复。如此一来,查理九世便可以此为借口指责他们犯上作乱,继而得以实施他从1565年,即他和西班牙国王的得力重臣、与新教徒势不两立的阿尔伐公爵在巴约纳会面那一年就开始谋划的、彻底剿灭新教徒的计划。自内战爆发以来,一个又一个和平协议(第一次宗教战争后于1563年签署的昂布瓦斯和平协议、第二次宗教战争后于1568年签署的隆瑞莫和平协议,以及1570年签署的圣日耳曼和平协议)仅仅是为了"瓦卢瓦的和平"[11],是企图使牺牲者放松警惕的阴险协议。

这一观点清晰明了,论证严密,值得我们研究。它的逻辑虽然夸大了圣巴托罗缪大屠杀的恐怖,却使后者变得可以为人所**思考**,

成为人们可以选择立场的明确对象。从某种意义上讲，这种观点消除了人们无法理解大屠杀的苦恼，并使新教徒可以重新审视1564年至1572年间发生的所有事件。在他们眼中，一连串事件都变成了一个个**迹象**，证明了法国国王与太后的阴险计划。

但反常的是，这种观点首先是由天主教徒传播开的。它很早就被英国与意大利大使接受，但其传播主要还是因为一本小册子，由教廷贵族卡米洛·卡皮卢皮编写并在罗马出版的《法国国王查理九世对胡格诺、天主及其子民的叛乱所采取的计策》(*Lo stratagema di Carlo IX, Re di Francia, contro gli Ugonotti rebelli di Dio & suoi*)。[12] 作者的写作立场明显完全不同于大屠杀受害者，他对查理九世为清除宗教异端所采取的"计策"大加颂扬。这种从预谋论角度进行的解释可以同时为双方所用：各方只需出于自身利益对某一事件加以肯定或否定即可。因此，新教徒毫不迟疑便将这一证据为己所用。他们在日内瓦出版了卡皮卢皮的小册子，并在意大利文后面添加了法文翻译。西蒙·古拉尔也将该书部分内容收录至《记查理九世统治下的法国状况》一书中。

后世的历史学家也同样面对婚礼与大屠杀的对立之谜。[13] 随着时间流逝，对这段历史逐渐形成了一种流传颇广的历史书写。它的形成过程过于漫长，在此不便加以赘述。它没有采取消除二者矛盾的方法来破解谜团，而是通过淡化，将其简化为查理九世与卡特琳娜·德·美第奇的一场思想斗争。但这种观点也为此付出了代价，亦即对当时的政治与宗教形势估计不足。依此观点，婚礼与大屠杀之间的矛盾实际反映的是两位掌权人之间的矛盾。法国国王希望和解与和平，而他的母亲则为自身利益使用了阴险手段。卡特琳娜·德·美第奇认为科里尼对国王思想的影响过强，已经能够任意摆布后者，便因嫉生恨，下令在8月22日刺杀科里尼。但是，刺杀行动没有成功。考虑到她这一行为的后果，美第奇便在参事雷斯伯爵阿尔贝·德·贡迪的帮助下向她惊恐万分的儿子施压，而国王最终不堪重负，叫嚷道："把他们统统杀光，免得留下活口来指责我！"

为了使这种解读具有可信性，太后美第奇的形象需要被丑化：美第奇出身于佛罗伦萨，人们便大胆地断定她深受同为佛罗伦萨人的马基雅维利影响；她相信魔法，人们便推测她具有蛊惑人心的能力；她权力欲十足，人们又认定她阴险狡诈，能够操纵局势。在此仅举一例：在20世纪初埃内斯特·拉维斯主编的经典《法国史》中，让·马里耶若尔这样描述这一系列事件：

> 卡特琳娜根本没有计划刺杀（科里尼）行动失败之后要怎么办，她落入了自己设下的陷阱。事发之后，新教徒威胁要进行报复，巴黎居民也开始骚动不安。洛林家族的人全副武装准备自卫。若吉斯公爵为自己开脱，若他指认同谋，若将调查矛头指向美第奇，她就一点儿都不害怕么？她预料新教贵族可能将撤出巴黎，在科里尼的领导下发动一场战争。于是，在美第奇被恐惧逼疯、已无所顾忌的灵魂中，出现了将敌对派将领屠杀殆尽的念头（或是贡迪的建议）。[14]

这种重构事件的价值在于它解释了发生于8月18日至24日之间的突变，并提出了一种小说式的清晰解读。这或许便是它能够长期留存在集体记忆中的原因。雅尼纳·加里松在1968年与1987年出版的关于圣巴托罗缪大屠杀的两部精彩论著中也采用了这种观点。她认为，卡特琳娜·德·美第奇是刺杀科里尼的主谋，通过"不断纠缠"儿子使他最终同意进行屠杀（在其后出版的关于末代瓦卢瓦王朝的书中，作者修改了这一解读）。[15]但这种观点的问题在于它所依托的原始资料是一些回忆录作者的不可靠记述。

近些年来，对这一问题的研究出现转向，学界对此谜团提出了另外的解读。让-路易·布尔荣使用吕西安·罗米耶的部分研究作为基础，重新提出了"预谋论"观点，并找到了一种新的严密性。他的观点与新教徒相反，完全洗脱了法国国王与太后的罪名。他认为，国王与太后是被卷入这一悲剧中的，为顺应当时的局势不得不做出妥协。[16] 而大屠杀是"国际上天主教为对抗法国而实施的一次狡猾的巨大阴谋"的结果。这一阴谋由西班牙国王与教皇策划，并由"驯良的执行者"——吉斯家族、市民与巴黎最高法院成员共同实施。他们在很早前就已开始酝酿反抗查理九世，因为他们认为后者是暴君，并且过于纵容宗教异端。[17] 天主教徒对新教徒的大清洗实际上是由这些人为迫使国王放弃和解政策而发动起义导致的。让-路易·布尔荣写道："圣巴托罗缪大屠杀是由一些身份平常但头脑清晰的人策划的。它的轻重拿捏得极为精妙，恰好能够使国王屈服而又不使其丧失威望。"从婚庆时起便可观察到这一计划的端倪，因为婚庆虽使两派暂时团结，但也不足以掩盖凶兆。"……在官方为制造幻象的表面背后，一场惨剧正在酝酿中。"[18] 简言之，作者认为，婚庆与接下来的大屠杀之间的矛盾仅仅是表面现象，真正的阴谋从 8 月 18 日就已经开始。

这一论证同样值得我们关注。它以令人信服的方式强调了针对胡格诺领袖的连续大规模屠杀所具有的叛乱性的一面——国王发出的止屠杀令并未得到遵守。但是，让-路易·布尔荣却丝毫没有将对科里尼及其手下的处决和之后的血腥屠杀加以区别。而且，若仔细阅读保存在锡曼卡斯档案馆的文献，认为西班牙策划了这一事件的观点即会不攻自破，而认为吉斯家族参与同谋的观点也仅仅流于推测。[19] 蒂埃里·瓦内葛福伦在他撰写的卡特琳娜·德·美第奇的传记中所提出的就是此观点的一种变体。他相信西班牙插手了 8 月 22 日刺杀科里尼的行动，洗脱了国王对于大屠杀的责任，并提出这一责任应当由安茹公爵与吉斯公爵来承担。[20]

德尼·克鲁泽在一部令人为之一振的翔实著作中虽然同样淡化了婚礼与暴力之间的对立，却采取了完全不同的方法。他认为，处决胡格诺领袖实际上是一场"因爱而生的谋杀"。它与婚礼一样，都是查理九世为了让臣民和解并归附于其麾下所实施的手段。科里尼及其手下威胁到国王的和谐美梦。为了清除隐患，国王便下令将其处决，希望使用暴力挽救本应可以实现的和平，而他的妹妹与纳瓦尔国王亨利之间的婚姻正是和平的象征。[21]克鲁泽这一阐释的根据是对当时宫廷中流行的新柏拉图主义范式扎实、精妙的学术研究。新柏拉图主义范式吸引了国王及其母亲，促使他们竭尽所能，确保法国能够在爱中和解并凝聚在一起。在作者笔下，巴黎人对屠杀表现出的狂热被视作一群自认为是"天主强有力臂膀"的人所带有的神秘激情，最终导致国王与太后希望破灭。这一分析恰如其分地展现了想象（imaginaire）在法国国王及周围人的行为中所占的分量。但是，他有意地局限在表象的范畴，无法在理论上找到贯穿这一系列事件的确定逻辑。因此，作者也确切地认为他的研究是"充满不确定性的编年史"。[22]此外，作者表示，试图破解谜团、澄清模糊是徒劳的，因为这正是构成文艺复兴时期政治体系的根本特点。

德尼·克鲁泽后来又完成了一部关于卡特琳娜·德·美第奇的专著。他在书中重新探讨了王室意愿和解与大屠杀之间的矛盾这一谜团。[23]他运用"必要性"这个政治艺术中的关键概念进行解释，亦即，国王因"必要性"被迫采取临时诉诸武力的解决方法来阻止恶势力。国王对此也感到十分痛苦。但是，这种表面的断裂仍然是为了实现国王重建臣民和睦的目标。一些出乎意料的悲剧性情况迫使国王与太后采取了"精神分裂式"的行为，而这种行为实际上反映了他们顺从天主旨意。大屠杀的惨剧无疑是国王不愿看到的横生枝节，但法国怀着对无法参透的上帝旨意的绝对信任接受了它，持续地追寻着"凡间与天界间极其重要的和谐"。[24]

政治与宗教

德尼·克鲁泽强调圣巴托罗缪大屠杀所带有的"爱"的一面，将我们的注意力吸引到第二个谜团上。我们注意到，在决定下令处决被视为最为危险的胡格诺派的同时，国王明确宣布维持1570年于圣日耳曼颁布的和平敕令，似乎使这两个表面无法调和的目标能够相互协调，仿佛清除了胡格诺的领袖就能保证和平一样。

与王室之前几次态度转变相比，这次的转变明显不同，且充满矛盾。法国王室态度多变，有时甚至十分剧烈。1562年1月，当赋予新教徒从事宗教活动部分自由的敕令颁布之后，3月便爆发了针对新教徒的第一次宗教战争。1568年3月隆瑞莫和平敕令颁布后，9月又颁布了取消新教徒一切从事宗教活动自由的圣莫尔敕令。之后，王室态度又于1574年出现转变，转而质疑布洛涅和平敕令，并随之揭开了第五次宗教战争的序幕。1585年又出现更显著的变化，此时，法国的和平局面已经持续五年，而国王亨利三世却不仅取消了新教徒从事宗教活动的自由，更取消了他们的信仰自由。

宗教战争的历史自始至终都穿插着多少有些突然摇摆的王室政策：时而倾向天主教，严厉对待新教；时而接受两种宗教并存的局面。国王、太后以及他们身边的主要成员在不同时刻做出的不同抉择造成了这种摇摆。对于这些人中的天主教徒而言，解决宗教分裂只有两种可以接受的方法。第一种解决方法是等待时机，即暂时接受两种宗教信仰并存，直到在天主教内部最终逐渐实现他们所期望的和解。包括1598年结束了法国宗教战争的南特敕令在内的所有和平敕令都体现了这种观点：总有一天上帝的恩典会使所有灵魂回归一处，即便这一结局出现的时刻尚无法确定。第二种解决方法是通过暴力手段彻底铲除异端。在御前会议中，这两种选择都得到不同团体的支持。这些团体尚未构成现代意义上的党派，他们之间的界限仍十分模糊，只是因为不同事件而结成可变的团体。支持彻底铲除异端的一派为天主教徒中的强硬派，大多臣服于来自洛林地区的吉斯家族的威望。他们从特伦托宗教改革运动中得到了强力支持，同时也依靠西班牙国王在行动与财政上的支援。而其余天主教徒则从1568年起被称为"政治派"。[25] 他们对天主教的虔诚与前者相比毫不逊色，却努力为宗教分裂寻找一条合法出路，无论它是不是一种临时的解决方法。他们主要是一些宫中的重臣以及与宫中有联系的热爱和平的法学家，如让·德·莫尔维利耶与弗朗索瓦·德·蒙莫朗西。

查理九世的态度介于两派之间。一方面，他接受的是人文主义教育，也因此保留着臣民之间能够维持长久和解的梦想。另一方面，他对新教领袖的不信任使他将后者视为潜在的叛乱分子。依据法国国内外局势是否有利于其中一派论点的可信性，这两个"党派"——强硬派与政治派——也交替获得查理九世的青睐。在国王心中，或许也在太后心中，就像他周围的人分为两派一样，也存在着两种对立的观点。

但是上文中提及的每一次转折，其下一步走向都相对比较明显。但没有哪一次转折表现出与圣巴托罗缪大屠杀一样的自相矛盾。圣巴托罗缪大屠杀的**双重**目的在于运用武力的同时又要保持两种宗教信仰的和平共处。目前，这一点已毫无疑问。原计划的目的绝非彻底清除巴黎或法国的新教徒，而"仅仅是"扫除"好战的胡格诺"——后者可能煽动新教徒进行叛乱。然而，我们又该如何相信这样一场对有限的几个被认定有罪的犯人的行刑能够不与保留和平敕令发生冲突呢？若将"在紧急与匆忙中做出的决定必存在许多前后不一致之处"作为解释显然不够充分。我们需要更加细致地研究严酷与宽容的共生关系。前者针对政治叛乱，应毫不留情地镇压；而后者则针对宗教分立，可以通过温和手段解决。处理方法上的双重性反映出的，难道不正是区分直至彼时还紧密联系的政治与宗教这两个行动领域的意图吗？从查理九世及其政论家为证明8月23日至24日夜里所做决定的合法性而运用的论据中，我们能够观察到"国家理性"逻辑的端倪。虽然此时这一逻辑仅作为一种受局势所迫的终极解决方法，尚不是政府的信条，但它也表露出对君权无所不能的肯定——国王在面对特殊局势时能够自由行使公义。在这个意义上，我们需要重新审视为处决胡格诺领袖正名的文字。它或许构成了权力观念演变中的重要一步。

圣巴托罗缪大屠杀的第三个也是最后一个谜团，即为什么对部分胡格诺领袖的处决会演变成为巴黎以及法国多个城市的大规模屠杀？法国国王是否能够预料到，处决科里尼及其手下军官会引发被称为"狂热派"的天主教徒的狂暴，进而大开杀戒？对于他们而言，王室对宗教异端态度的摇摆不定是难以理解的，也是无法容忍的。这些人中活跃的布道者利用充满激情的讲道煽动人们的愤怒情绪。在强硬派眼中，国内两种宗教信仰和平共存的可能是无法接受的。而在首都巴黎，这群人又恰恰为数众多。我们在这里观察到了另一种视角的对立，即政府官员的"政治"视角——政治一词意为他们为解决宗教信仰分裂而在政治上摸索切实可行的临时解决方案——与狂热天主教徒纯粹的宗教视角。二者对冲突的解读之间横跨着一条鸿沟，存在着根本上的误解。这一点在8月24日清晨得到了直接体现：天主教徒将处决新教领袖理解为一个神迹般的征兆，标示着国王最终批准彻底清除新教徒。

但是，仅仅从宗教狂热这一点就足以解释巴黎的大屠杀持续时间之长、爆发之突兀，以及它的自发、有组织的特点吗？直至今日，人们还称这次屠杀为一次"神秘侵袭"，甚至称之为"大迫害"（pogrom），好像这次屠杀仅仅是一种古老的冲动力量丧失理智地爆发的结果。我们能够满足于此吗？许多方面都证明了这是一次经过缜密筹划的行动。历史学家没有充分强调，巴黎市民不仅将新教徒视为宗教异端，更将他们当作威胁到自身生命与财产的动乱分子。而且，新教徒聚居在城市中心，这使他们更加令人生畏。为了对抗来自内部的敌人，更是因为国王拒绝这样做，巴黎市民需要有序地实施自我防卫，开展一场彻底扫除敌人的战争。

* * *

婚礼与屠杀的强烈对比，处决胡格诺领袖与保持和平敕令之间显而易见的矛盾，大屠杀持续时间之长、所涉范围之广（国王的命令也无力控制局势）：这便是圣巴托罗缪大屠杀的三大谜团。因此，它如今仍然是一个特殊的历史研究对象，扑朔迷离，难以辨别和归类。这一事件就像一场大地震，事件中的所有人都感觉到发生了某些无法逆转的事，此后一切都不复往日。在一封写给法国驻马德里大使的信中，卡特琳娜·德·美第奇称这一事件为"决定性转变"（mutation）。奥尔特子爵、巴约纳总督也使用了同一个词。[26] 圣巴托罗缪大屠杀最终决定了天主教在法兰西王国的命运，同时，大屠杀引发对君主制下各机构的质疑，也加快了法国向绝对主义政体的演变。

找寻史料

通过书写这一转变及它所处种种局势的历史，我们掌握了相对充足的史料，但解读它们却颇为困难。大屠杀的目击证人很少。幸免于难的人虽然留下了对大屠杀的描述，但所见甚少，因为他们或是逃出城市，或是藏匿起来才得以保全性命：如当时年仅 11 岁半的马克西米利安·德·贝蒂纳——未来的苏利公爵。勃艮第中学校长将他藏在学校里才使他免遭杀害。夏洛特·阿尔巴莱斯特——菲利普·迪普莱西-莫尔奈未来的夫人——也同样如此。她先后四次改变藏身地点，后化装成平民妇女才逃出城去。上文中提到的斯特拉斯堡市民在返回海德堡之后，于 1572 年 9 月 7 日做了公证证词，但他的记述过于简略。在天主教徒中，被认为是出自卡夫里亚纳医生之手的记述与佛罗伦萨人托马索·萨塞蒂的记述都十分有用。后者虽然事发时并不在巴黎，但似乎掌握了较为翔实的信息。各国大使发出的快讯与报告为我们提供了十分珍贵的信息，如佛罗伦萨大使彼得鲁奇、威尼斯大使卡瓦利与米基耶、教廷大使萨尔维亚蒂以及西班牙大使苏尼加，但它们都流于片面。国王、太后以及参事的信件仅仅作为事件被许可的版本。当时许多人因害怕惹怒国王而噤若寒蝉，如布莱兹·德·蒙吕克在《评论集》(Commentaires) 中所言，他们只敢"写下一半实情"。[27]

新教徒在事发后撰写的记述具有较重的论战色彩。但是，我们也可以加以利用，获知受害者与屠杀者的姓名。例如，西蒙·古拉尔在《记查理九世统治下的法国状况》的第一版中就发布了寻找证人的布告，他也因此得以在第二版中对二者名单进行补充。[28] 至于回忆录类的文本，如玛格丽特·德·瓦卢瓦、加斯帕尔·德·索、塔瓦纳领主、米歇尔·德·拉于格里以及让·德·梅尔热的回忆录，都是在大屠杀之后隔了很长一段时间才写成的，因而不便使用。历史学家的著作同样如此，如亨利·德·拉波普里尼埃，以及雅克-奥古斯特·德·图。[29]

但是，如果我们希望超越德尼·克鲁泽颇具争议的提法——他认为圣巴托罗缪大屠杀是"一个没有历史的事件"和"一段没有事件的历史",那么,我们就要甘冒风险,为看似明白易懂的情节平添曲折,即便我们掌握的原始资料是残缺的,并且受作者立场所限。保存在法国国家图书馆手稿馆的信函与汇编的一部分尚未得到完全分析,阅读这些文本以及利用保存在锡曼卡斯档案馆的档案有助于对这一悲剧、对它的反应及其造成的后果等诸多方面形成更为清晰的认识。[30] 只要承认历史学家采用的可信性标准必然会受到他的工作时间、地点的影响,只要考虑到历史文献并非完全可信以及它们相互间的分歧,只要不再一心想要编制一个从 8 月 23 日晚至次日凌晨每时每刻都发生了什么的时间表,对这一事件做出可信的重构仍是可能的。此外,研究中搜集到的数据可用于当前史学界蓬勃发展的对人类历史中出现的大屠杀的比较研究,因此它们也具有了更高价值。[31] 所以,尽管困难重重,我们仍然可以通过研究王室表述的内容与过程,分析处决胡格诺领袖与大屠杀事件突然发生的条件,最终考察法国国内外新教徒与天主教徒对此的反应程度,以理解圣巴托罗缪大屠杀这一重大危机事件,理解这悲惨血腥的一天是如何改变了法国的历史走向。

上篇

脆弱的和解

第一章

疑云笼罩的1570年和平协议

若要弄清1572年8月一系列悲剧事件的起源，我们有必要回顾一下三次伤亡惨重的内战之后，于1570年8月8日签署的圣日耳曼和平协议之背景。圣日耳曼敕令标志着和平协议正式生效，它赋予新教徒进行宗教活动的有限自由：新教徒仅被允许在规定场所举行宗教仪式，包括1570年8月1日之前确定的地点，以及构成法兰西王国的12个地方总督辖区中每个总督辖区的两座城市的市郊——共24座城市，敕令中列出了城市名称。此外，拥有高等司法权的领主可以在自己家中举行宗教仪式，其家人以及数量不超过十人的"朋友"可以参加仪式。这些规定虽然是对1562年1月、1563年3月与1568年3月敕令内容的重申与修改，但是，圣日耳曼敕令也包含一处重大创新。敕令条款自第一条起就呼吁人们忘记过去：

> 愿自我们的王国出现动乱以来的一切事情都像从未发生过一样，对它们的记忆都能借此机会得以消散、平息。任何个人、

公务人员以及总检察官,无论何时何地都不得提及上述事情,也不得在任何法庭中进行诉讼或追究。[1]

若要遗忘过去,法国人民需要的是一种真正的英雄主义精神:他们需要主动忘却冤冤相报的战争,并且把**它们当作从未发生过一样**。这对于法国人而言,在某种意义上就像顺着时间之流回溯而上,回到暴力突然出现的那一决定性时刻,然后以此为起点,重新书写他们的历史,避免一切破坏和平的事件发生。敕令第二条向法国人提出了今后指引他们的目标:"像兄弟、朋友、国民同胞一样和平地共同生活在一起。"这一条款建议,维系法国人的世俗桥梁——国民性——应当至少暂时超越宗教教派的团结。圣日耳曼敕令此条款所体现的思想是前任司法大臣米歇尔·德·洛比塔尔在16世纪60年代初的一次发言中隐晦地提到的观念,即天主教徒与新教徒和平共处的前提是将政治与宗教区别开来(但并不意味着二者分离)。这一区分为双方提供了相互接受对方的世俗依据。[2]

但是,这一宏大理想如何能够压倒连年战争的苦难所造成的依然痛楚的创伤?特别是又该如何压制住一个阵营对另一阵营长久以来的不信任感?

遗忘之难

遗忘,首先意味着抹去对双方所犯暴行的记忆。而上一场战争中的暴行又过于血腥。双方在战争中毫无怜悯之心,以血洗血。因此,遗忘就需要付出更为艰巨的努力。1569年5月1日,由蒙庞西耶公爵率领的天主教徒军队攻陷佩里戈尔的米西当,并血洗全城:公爵在事后致国王的一封信中写道,胜利者"占领了这座城市与塔楼,将找到的所有人全部肢解,无一人逃脱"。[3]6月25日,胡格诺取得发生在利穆赞地区的拉罗什—拉贝耶之战的胜利后，采取报复行动：他们没有收押俘虏，而是将战斗中的所有幸存者全部屠戮。科里尼的部队继续推进至佩里戈尔，遭到了神父领导当地农民展开的凶猛游击战。海军上将恼羞成怒，下令展开搜捕，将250多个临时充当战士的农民关押在拉沙佩勒福谢城堡中的一处房子，后来处以极刑。布朗托姆在事后问及这一举动的原因，科里尼回答道，必须惩罚佩里戈尔人，因为胡格诺教徒保罗·德·穆旺的外省士兵及其统帅上一年全部丧命于这些人的武装骚扰。[4] 主动遗忘是打破"暴行—报复"这个恶性循环的唯一方法。

第三次内战中的战斗之所以达到了如此惨烈的程度，是因为双方阵营在军事与宗教上都进行了大量动员。自16世纪20年代路德宗教改革，特别是30年代加尔文宗教改革传入法国后，法国境内新教徒数量激增，达到近200万人，约占法国总人口的10%。在所谓"胡格诺新月地区"——从里昂经多菲内、上普罗旺斯、朗格多克、加斯科涅、吉耶纳至欧尼斯和普瓦图的新月状区域——新教徒所占人口比重尤大。同时，在诺曼底与法兰西岛，在纳瓦尔王国与贝阿恩亲王领地，由于纳瓦尔王国太后让娜·德·阿尔布雷强制进行宗教改革，新教徒的数量也较为庞大。手工业者、商人、下层官吏以及"自由职业"从业者（律师、检查官、公证员、教士、医生、书商、印刷商）在改宗者中所占比重高于在王国总人口中所占比重。在其他社会类别中，新教徒中的贵族人数也相对较多，主要集中在诺曼底、凯尔西、吉耶纳、加斯科涅、热沃当和上普罗旺斯地区。在寺教士*也有很大一部分改宗。此外，14名大主教中有两名改宗（埃克斯和阿尔勒的大主教），101名主教中9名改宗（蒙托邦、帕米耶、

---

* 在寺教士（clergé régulier）不同于在俗教士（clergé séculier），前者指发修会愿，在修道院、隐修院等集体生活的教士，如耶稣会士。后者指不参与集体生活的教士。

涅韦尔、特鲁瓦、博韦、加普、阿普特、于泽斯与里耶兹的主教）。只有农民大多仍然信仰传统天主教，但不包括塞文山谷与被迫改宗的贝阿恩和纳瓦尔的农民。此外，在阿热奈、佩里戈尔、凯尔西、鲁埃尔格、热沃当、沃莱、福雷、多菲内地区，也有一些农民追随其领主改宗。

新教徒为信仰而战，坚信天主教背弃了福音，而他们则寻得了福音的真谛。他们认为，上帝只设立了两项圣事——洗礼与圣餐，其余五项——补赎礼、坚振礼、婚礼、膏油礼及委任给神职人员的按立礼——都应抛弃。而且，《圣经》中从未提到炼狱，亡者的灵魂或是直接上天堂，或是直接下地狱，因此，为灵魂祷告是徒劳的。在新教徒眼中，天主教徒犯下了偶像崇拜罪，因为他们对圣人的崇拜与只能对上帝进行的崇拜太过相似。他们供奉的圣徒遗物不过是寻常的木棒、织物或骨头，来源十分可疑。天主教徒相信，在弥撒的圣体圣事仪式中，圣餐饼与圣餐杯中的葡萄酒即基督的体与血，而新教徒却否认这一点。他们认为这是一种盲从，是对神超越性的严重无知：在加尔文的首席门徒贝扎看来，基督的体"与饼和酒的距离就像上苍与大地之间那么遥远"。[5]同样以超越性为名，新教徒对天主教徒犯下的傲慢罪也愤怒不已：后者认为人类有权自主裁定通过善行即可完成个人救恩，从而否定了上帝无上的自主权——上帝只会拯救他的选民；天主教徒还拒绝承认人类只是一种卑微生物，因原罪而无可救药地堕落，只有圣恩才能拯救他们于毁灭之中。[6]

加尔文在《基督教要义》中清楚地阐述了这种对福音信息的理解。此书用拉丁文写成，首印于1536年，1541年由加尔文译成法文。法国新教徒接受了加尔文的教诲，确信他们正在为福音而战，目的是使人最终承认他们相信的唯一真理。他们期望推翻罗马教会，将其比作圣约翰《启示录》中描绘的巴比伦大淫妇——污秽、恶毒、控制欲极强。他们坚信，应将《圣经》译为通俗语言，并且恢复崇

第一章　疑云笼罩的 1570 年和平协议

拜最初的圣洁，以尽快使信徒直接聆听上帝的话语。新教徒举行仪式的教堂抛弃了画像与雕塑，教堂中布道的牧师不再具有教士身份，而是构成为教会服务的团体，建立由长老和执事组成的长老会。

　　新教力量强大的另一个原因在于它在国家与地方各级都建立了组织。1559 年，新教全国宗教会议秘密举行。1555 年后改宗教堂选派的代表也参加了会议，通过了受加尔文思想影响极大的信纲。新教的金字塔形组织架构逐步建立：在教堂一级，召开长老会议；在随后设置的"省"一级，召开省级宗教会议，由各教堂选派代表参加，每年举行两次；在王国一级，召开国家级宗教会议，时间不定。此外，若某一地区教堂数量增多，则在国家级宗教会议与省级会议之间增设一个中间级会议——教区会议。

　　当出现冲突时，新教利用这一架构进行军事动员。教堂与各省很早就开始向贵族提出军事保护的要求。被指派的军事将领在朋友与附庸中招募军队成员，后两者因亲朋间的服务交换原则对前者负有双向义务。每次冲突前募集士兵时，这种互援网络都发挥了极大作用。如 1569 年 6 月，拉罗什－拉贝耶之战前夕，利用这一网络所招募的士兵数量高达约 2.5 万人。[7] 第三次宗教战争期间，新教徒虽然遭受了两次惨败——第一次是 1569 年 3 月 13 日在雅尔纳克，第二次是第二年 10 月 3 日在蒙孔图尔，但是，1570 年春，科里尼的军队凭借着来自佩里戈尔、凯尔西、鲁埃尔格与贝阿恩的援兵，在法国南部所向披靡，接着挥师沿罗纳河谷北上，6 月 27 日在阿尔奈勒迪克击退了由科塞元帅指挥的国王军队，直抵卢瓦尔河畔的拉沙里泰，引起了巴黎人民极大的恐慌。在之后签订的停战协定中，新教徒也因此得到了令他们满意的条件。但是，在新教徒看来，这些条款仅仅是前进了一小步。他们仍然希望，他们的信仰能够有朝一日在王国各地得到承认，而且不再受到任何限制——即便那时新教徒中已然出现了叛徒，造成他们的数量减少。然而，圣日耳曼敕令的第一条却要求他们忘却战争，就当从未发生过一样，这无异于否认新教徒为争取福音的胜利而付出的努力，无异于承认他们将永远只是少数派，更是无异于让他们妥协于黑暗。

天主教方面也进行了大规模动员。大多数天主教徒对新教徒的出现引发的信仰混乱表现出极大的愤慨，因为新教徒触动了他们信仰的根基。无论是停止为死者祈祷——死者在彼世或许正急切需要，还是放弃对圣母与圣人的崇拜——前者能够使人在磨难中感到慰藉，而后者，如圣罗克能够保护他们不被瘟疫感染——都让他们感到恐怖。他们认为，新教徒不能领悟真理其实并不仅仅在《圣经》当中有记录，也存在于教会传承下来的、受圣灵感应的传统之中。教理与教谕就是这个传统的体现。从教义上看，1563 年结束的特伦托会议确定了天主教的正统信仰。[8] 但是，对绝大多数信徒而言，重新确认教义的影响远没有新教徒给他们内心造成冲击的影响大。在他们眼中，这些叛教的异端反对教皇与主教的权威，抛弃了祖先的宗教。他们这种行径会撼动整个社会，威胁传统秩序。他们将一个可憎的污迹带到王国之中，而这可能会招致天主的震怒，因此必须铲除他们。一些满怀激情的宣道者提出了此类观点，而且他们显然懂得如何将他们对异端的憎恶传递给听众。巴黎圣保罗教堂的神父西蒙·维戈尔就是其中之一。一些人的布道中也充斥着类似观点——如阿蒂斯·德西雷、安托万·德·穆希和克洛德·德·圣克戴斯[9]，他们鼓动教徒采取神圣的暴力行动对抗那些不纯洁分子。

激进的天主教徒看到国王的弟弟——安茹公爵亨利在雅尔纳克与蒙孔图尔之役中大胜胡格诺后狂喜万分。一些颂词作家，如龙萨，称颂亨利为年轻的英雄，能够拯救法国于异端的祸患之中。但是，当这些天主教徒再次看到，人们居然又在圣日耳曼与敌人谈判，而且还赋予了他们一定程度的宗教活动自由，他们心中的苦涩可想而知。国王麾下的一员老将布莱兹·德·蒙吕克表达了他们的怨恨：

"我们一次又一次地打败他们，然而，他们在枢密院中却拥有很大势力，以致许多敕令始终对他们有利：我们用武器获得胜利，但他们却用该死的文字取胜。"[10] 天主教徒该如何接受这种极为不公的现实？像布莱兹·德·蒙吕克一样，很多人都认为这个错误应归咎于温和派天主教徒。后者于 1570 年在枢密院中占据了重要的位置，如弗朗索瓦·德·蒙莫朗西以及掌玺大臣让·德·莫尔维利耶。这个错误尤其应归咎于当时参与谈判的阿尔芒·德·贡托—比龙与亨利·德·梅姆。总之，应归咎于这些将和平置于宗教分歧之上的温和派、这些叛徒。普罗万的一位名叫克洛德·阿东的神父痛斥这些温和派为"拖延派"。他断定，若非这些人的恶劣影响，科里尼和他的朋友们"已经被冷酷的国王军队和天主教徒彻底消灭了"。[11] 在大好形势下同敌人签订协议简直就是奇耻大辱。1570 年的耶稣升天节，西蒙·维戈尔在讲道台上怒不可遏地说，和平协议不会带来和平，因为它"是一把火炬，将点燃吞噬整个王国的火焰"。[12] 圣日耳曼敕令所要求的遗忘只能是对信仰的背叛。

面对两方流露出的激烈情绪，主动遗忘的命令仅有少数支持者，即那些试图探索出一条中间道路的人。这条道路处在双方强硬派的夹缝中，希望争取到所有善良基督徒的支持。16 世纪 60 年代初期，这类人的代表是天主教徒中的那些仍希望双方在教义上达成妥协的"调停派"。但这种愿望旋即化为泡影。另一些更为务实的人则努力在法律上实现两个敌对信仰难以避免的共处局面，但同时他们也不放弃达成最终统一的梦想。最激进的天主教徒于 1568 年前开始使用一个具有论战色彩的词语，痛斥其为"政治派"——"比宗教异端更令人生厌，也更加危险……因为他们希望绥靖，反对动乱"。[13]

我们很难清晰描绘出这些人的身份，因为他们的共同点是抱有相同的期望，而非恪守某一教条。此外，他们的动机也不尽相同。如果我们采信于上文引述的那些文本的所指，那么这些"政治派"

指的便是：波旁枢机主教、司法大臣米歇尔·德·洛比塔尔（后于1568年9月失宠）、两位法兰西元帅弗朗索瓦·德·蒙莫朗西及他的亲戚阿蒂斯·德·科塞。实际上，这些只是"政治派"在宫中可以依靠的人物。[14]我们在天主教法官艾蒂安·帕基耶的信件中能够看到，他在1567年至1568年左右提到过一个"拥护和平者"的小团体，由宫廷成员——如他自己和克里斯托夫·德·图，以及一些抱有人文主义立场的大使，如阿诺·德·费里埃——组成。[15]温和派新教徒也支持他们的努力，如科里尼的女婿查理·德·泰里尼、弗朗索瓦·德·拉努。这些人对内战给法国造成的灾难痛心疾首，认为当务之急是恢复秩序。第三次宗教战争结束后，缓和敌对情绪、主动忘记灾难的理想需要依靠他们来实现。然而，虽然他们中与权力核心有密切关联的人不在少数，但是在整个王国中的势力却远未占上风。

重建公共秩序

处理战争遗留下的对抗局面，仅仅抱有从集体记忆中抹去曾经动乱的愿望是远远不够的。这种局面很可能会导致国家再次陷入战乱。此次内战十分惨烈，维护和平的任务也因此更为艰巨。国王向各地方总督辖区都派遣了钦差执行敕令。钦差通常为大贵族，在几个法官的帮助下负责调解争端。这些法律人士出色地完成了工作。他们有时甚至要走2000千米的路程，听取途中每一座城市与周边村民的控诉。当发现敕令对新教徒举行仪式的场所数量预计不足时，他们还要重新设立场所。此外，他们不仅需要在那些取消弥撒的地方恢复这一仪式，解决在墓地与天主教仪式队伍必经之路旁的新教徒房屋装饰这类棘手问题，还要下令禁止或限制携带武器。他们强制昔日的敌人坐下来谈判并达成协议，不仅为巩固王权做出了卓越

第一章 疑云笼罩的1570年和平协议

贡献,并且划定了两种信仰可以共处的公共空间。[16]圣日耳曼和平协议虽然被人蔑称为"瘸腿、不牢靠的"协议——因为其中一个谈判者阿尔芒·德·贡托-比龙是个瘸子,另一个谈判者亨利·德·梅姆是马拉西兹领主*,但是,法王竭尽所能确保这一协议能够持久。需注意到的一点是,与前几份和平敕令不同,1570年8月的和平敕令写明"永久有效、不可废止"。而且,它没有采用之前敕令使用的黄色蜡封,而是使用了象征永恒的绿色蜡封。

然而,尽管钦差满腔热忱,他们的努力尚不足以消除一切紧张局势。尤为棘手的问题就是归还新教徒被充公或被变卖的土地与房屋。归还房地产意味着需要补偿买家。例如,科里尼就曾多次抱怨很难收回他的财产。1570年9月12日,他向国王说道,有人曾提醒他不应重提过去的敌对与纠纷。这种说法让他愤怒不已:"……在这个问题上剥夺敕令给予我的利益,这于我明显不公,分明是偏袒敌人。"他还说,接受这种抢劫就是"耻辱,有损我的荣誉和声望。与财产相比,我更看重前两者"。[17]此外,虽然他是一个彻底的新教徒,即应当反对教士的俸禄,却毫不迟疑地急切要求收回他的哥哥奥代·德·沙蒂永丰厚的修道院地产。后者于1571年3月24日去世,虽然他已改信新教,但仍保留了枢机主教的头衔。科里尼写道:"我确信国王已经允诺我获得已故哥哥——沙蒂永枢机主教很大一部分财产,但直至目前为止,我只拿到很少一部分。"[18]

科里尼的事例之所以引起我们的注意,是因为他的军事领袖身份。但其他很多人在相同问题上也遇到了重重阻碍。在皮卡第,当地总督隆格维尔公爵面对这类问题束手无策。他在1571年7月26日致法王的一封信中解释道:加莱、布洛涅及其他几处的新教徒希望收回他们的房屋,他也希望满足他们的要求,但是这些城市的总

---

* 法语中"不牢靠的"(mal assise)与"马拉西兹"(Malassise)发音相同。

督却坚决反对。[19]天主教徒不愿意归还财产，不仅因为宗教上的仇恨，还因为他们觉得自己受到了嘲弄——居然要求他们把他们自认为合法获得的财产交出去。

另外，还需按照圣日耳曼敕令的规定，恢复新教徒在战争前拥有的官职，尤其是在司法与财政机构。但是，新教徒重返这些机构后，不得不面对天主教同僚的敌意。后者对异端分子的回归表现出十足的憎恶。于是紧张局势再度出现，而且很难平息。

赦免战争行为是一件更为棘手的事。而法国在这点上做得十分出色，它承认了双方战争行为的合法性，由此将战争定性为法国内战而非叛乱。将之前的冲突与应受惩罚的暴乱或个人罪行进行区分是十分必要的。军事将领下令执行的行动也因此能够得到赦免，如孔代亲王或海军上将科里尼。新教徒一方收到的各种款项得到国王的承认。双方若已向本方征税官缴纳了赋税则无须再次支付。[20]双方还需解散募集来的士兵。此举同样会引发不满：天主教徒不情愿地接受了国王首次留给新教徒、被称为"安全"据点的四处保留地：拉罗谢尔、蒙托邦、科尼亚克和卢瓦尔河畔的拉沙里泰。这四座城市用以保证和平敕令的顺利执行，在两年后方可被收回。

法国因战争而国库空虚，对这些需要耐心的重建工作而言无疑是雪上加霜。第三次宗教战争所带来的经济损失尤其巨大。国王军队募集的士兵数量十分可观，高达约7万人。我们依此可计算出，在战争持续的两年间，法国每年由此会产生1800万里弗尔的支出。[21]法国在平常时期每年的总收入为1300万至1400万里弗尔，但战争导致赋税无法正常征收。为了解决财政赤字，法国国王于1571年提高人头税，当年带来了950万里弗尔的收入。在1561年至1576年间，这项赋税带来的年平均收入为700万里弗尔。法王也采取了诸多权宜之计，如借款、向城市征收各种赋税、设立新的官职以便出售。但这些举措引发了举国上下的不满。尤其是巴黎高等法院，它抗议在1570年秋季为国王与院长增设秘书及在铸币局添设顾问——共计40个职位。[22]国王还令教士为国家出资。他们与国家签订契约——并于1567年续约，承诺每年提供63万里弗尔。

尽管查理九世广开财路，但他仍无力按期为部队士兵或驻军开饷。这使得各地怨声四起，潮水般涌向巴黎。隆格维尔公爵在1571年7月25日告诉法王，被指派镇守皮卡第各要塞的军队处在解散边缘，因为士兵两年都没有领到薪饷了。[23]第二年8月10日，阿方斯·德·奥尔纳诺上校哀叹他的科西嘉部队已无军饷，士兵马上就要"四散"了。他说道，这将让他"十分心痛……因为这支部队是由最为出色的士兵组成的"。[24]巴约纳总督奥尔特子爵于1572年3月20日承认"（他）手中的钱已所剩无几"，他已经三年没有收到上面发下来的薪饷，还拖欠着3.8万至4万里弗尔的仆人工资和膳宿费。[25]1572年7月28日，沙鲁斯总督卢多维克·比拉格恳请国王向他的老部队支付薪饷，解决他们"物资匮乏，极度贫困"的问题。[26]国王自己卫队的情况也并不乐观。拖欠薪饷使国王的军队产生了潜在的不满情绪。

最难以解决的问题之一是支付查理九世在战争中招募的雇佣军。他们是来自德意志的骑兵，或是由路德维希·普菲费尔率领的瑞士天主教徒。为此需征收一项特别税。新教徒自然不愿支付这项赋税，因为招募来的军队是用来对抗他们的。科里尼向国王直白地表达了这个意见：

> 此外尚有一点，若陛下不免除新教徒这项赋税，仍打算用它来支付德意志佣兵和瑞士军队，那么新教徒必然不会满意。他们若要采取任何行动也因此能够获得支持。他们不仅会对此十分不满，而且这本就是不可能之事。陛下，我深知与我打交

道的人的脾气，我不想掩盖事实，因为我不希望之后让他们指责我向您隐瞒或掩饰了什么。[27]

"不满"——科里尼使用了一个十分粗鲁的词汇。他打着坦率的幌子，实际上表明了拒绝服从的可能。他或许明确表明无法完全控制那些复仇心切的新教徒的情绪，但是他这封信的语气表明，他认为新教徒的愤怒是合理的。

查理九世履薄临深

虽然法国国王面临着如此多的难题和艰巨任务。但是他决定让和平——他称之为"（他的）和平"——至上的决心没有丝毫动摇。1570年，年仅二十岁的他迫切希望确立自己的权威。

查理九世十分重视王权的尊严。他身边的人为他提供了理想中的榜样。他从小受到普鲁塔克《道德论集》的译者、博学多识的雅克·阿米欧的教育，崇尚古典道德。查理九世颇为重视自己作为文学与艺术保护者的角色。他为让-安托万·德·巴伊夫与若阿基姆·蒂博·德·库维尔建立的诗歌与音乐学院提供支持，于1570年11月批准学院章程，还多次亲临会场。他也倾心于新柏拉图主义哲学。该思潮在当时的文化界十分流行，代表人物是诗人巴伊夫、龙萨和蓬蒂·德·蒂亚尔，画家安托万·卡龙，音乐家克洛德·勒·热纳以及作家路易·勒·鲁瓦。该思潮推崇一个充满爱与和解的王国的理想。[28] 但是，查理九世能够真正认同新柏拉图主义者们为他勾画的崇高形象吗？没有一篇他本人的文字能够确认这一点。[29] 他的母亲卡特琳娜·德·美第奇——她的父亲是佛罗伦萨人，母亲是法国人——可能受新柏拉图主义式君主制观点影响更大。她在宫廷中举办的庆典在视觉与音乐上体现了一个和平世界的和解观念，在这个世界中，国王作为上帝智慧的化身主宰着世间的正义。[30]

但是，查理九世的主要动机是希望在战争的重创后重建威信。他的信函揭示出萦绕在他心头的苦恼——唯恐被人当作一个懦弱的国王，害怕人们嘲弄他的威望。这一点在他于1571年12月就巴黎加斯蒂纳十字架事件引发动乱一事致巴黎市长克洛德·马塞尔的信中，得到清楚体现：

> 看到人们如此不服从、蔑视我在这件事以及在许多其他事情上颁布的命令，我不知该质问何人，或者我应该责问那些管理他人的人——比如你。如今当我传下旨意后，仿佛每个人都得琢磨下是否应该服从，都在寻找我之外的靠山，害怕激怒动乱分子。他们这么做就是承认有一个与我平起平坐的人，更害怕冒犯他。这群人实在是大错特错……我遭人蔑视，人们对我的命令不屑一顾，就像对待查理六世那样。[31]

查理六世（1380—1422）变疯后，无力阻止内战与英国人的入侵。这段历史的确使查理九世有些不安。宫中的外国使节经常在记述中毫不保留地评论法国国王发号施令的能力。来自托斯卡纳的大使乔瓦尼·马里亚·彼得鲁奇常常带着一丝怜悯地谈论起这个"可怜的国家"和"可怜的国王"。1571年11月，他观察到："……可怜的国王想平息一切，平静地生活。我不确定他是否能够成功，因为对他十分不利的是，无人服从他，也没有很多人——或者说根本没有人——站在他这边。"[32]

鉴于此，我们也就不难理解查理九世这种虽充满疑虑又异常固执的决心——利用一切时机表明他才是一国之君，他的命令必须被执行。巴黎高等法院迟迟不肯登记那几个能为国王带来一些财源的敕令。1571年3月12日，查理九世高傲地提醒法院应履行的义务：

"……我希望，在我向你们表明我的意图之后，你们不应诤谏而应服从。我是你们的国王、主人，比你们更清楚怎样做对我的国家而言才是正确的，才是国家所需的。国家事务只能为我所知，岂容外人插手。"[33] 这一席言辞激烈的话语清楚表明了国王的抱负：成为唯一的国王，任何人都不能分享权力。

同时，查理九世也渴望自己受到臣民的拥戴。他为自己设立了一个传统的榜样，即国王应当像一家之长一样，"带着父爱去拥抱"所有孩子，带着怜悯去体会他们承受的苦楚。[34] 他要求法国驻西班牙大使雷蒙·德·富尔克沃向菲利普二世解释，正是出于这种原因，他才会签署圣日耳曼敕令。查理九世认为战争决不能继续，"否则他的王国和所有臣民都会灭亡，因为充满暴力的激战给他可怜的臣民带来了极大灾难，让他们无法喘息，只有屈服于绝望"。[35]

但是，无论查理九世希望受到尊重抑或爱戴，他都必须首先维护公共秩序。此种考虑决定了他对待新教徒的态度。虽然他虔诚信仰天主教，但上一场战争的残酷与所引发的严重动乱让他深信，使持敌对信仰的双方和平共处才是当务之急。这种共处局面对他而言或许只是暂时的，是日后逐步恢复信仰统一的第一步。他便向雷蒙·德·富尔克沃如此解释，以证明和平的必要："……通过这种手段，我想使我的臣民更加服从于我。这仅仅是一个开始，之后我要带领他们慢慢重归天主教，就像我的其他臣民一样。"[36] 但他目前只要求新教徒成为驯良的臣民。例如，他毫不犹豫地向西班牙国王转达了胡格诺商人的请求——他们用船舶运输的食品被西班牙海盗抢走了。他写道："……虽然他们信仰新的宗教，但他们服从我的命令，同其他人一样，仍是我的臣民。只要他们没有触犯所登陆国家的法律，那么我希望他们能够像其他天主教徒一样得到保护，不受到恶毒的对待。"[37] 法王在这份对他强大的天主教邻居的声明中所表现出的决心证明了，他希望保证新教徒安全的愿望是真诚的。

不幸的是，留给他行动的空间十分有限。人们对他的所有行动都疑心重重，不仅法国国内敌对双方中的极端派如此，而且周边国家的君主也是如此。在后者看来，法国最终的宗教走向尚无法确定。而在16世纪70年代的欧洲，两大敌对阵营分庭抗礼：一方是天主教阵营，由西班牙国王菲利普二世坐镇；另一方是新教阵营，英格兰女王伊丽莎白一世拥有极高威望。无论法国倒向哪一边，双方的均势都会被打破。菲利普二世对此最为忧心忡忡，他也最为积极，不遗余力地提供金钱，令西班牙的大使向各国施加压力，并且建立间谍网络打探情报，使天平向他所希望的一边倾斜。他在法国依靠吉斯家族扩大天主教势力。虽然在签订圣日耳曼敕令时期，吉斯家族暂时失宠，但他们在法国宫廷中尚有其他依靠，特别是雷斯伯爵阿尔贝·德·贡迪——太后美第奇信赖之人——以及他的表兄热罗姆负责向国王介绍别国代表。[38]

既然人们对查理九世满腹疑虑，他就需要提防被别人抓住可以证实猜测的把柄。这对他而言十分困难，更何况宫廷就像是一个舞台，国王无时无刻不受到来自四面八方目光的监视。他最轻微的举动和言论都会招致一番解读与评论，并马上由宫臣与使节通过信件和叙述传递出去。这种监视令人窒息。人们认为，国王沉湎于打猎，成了一个内行猎手正是因为他希望避开监视者的目光。他在打猎时能够重新寻回些许自由。在宫中，监视者注意到国王常常低着头。这或许是因为他害怕稍不注意流露出的表情会给别人留下口实。[39]双方阵营抓住机会就会高呼不公与背叛，这样的指责总是会造成最恶劣的后果。从这个角度看，天主教徒与新教徒都同样令国王生畏。

在这种局势下，查理九世力图公平地向双方阵营分配利益。他在1570年10月向天主教徒让步，同意了巴黎大学的请求。他颁布敕令，禁止新教徒开办"小型学校、学校和学院"，而且付印一切书籍都需预先获得神学院的批准。[40]另一方面，他允许新教徒于

1571年4月在拉罗谢尔召开全国宗教会议。这是一次"亲王宗教大会",与会者包括纳瓦尔太后让娜·德·阿尔布雷、她的儿子亨利·德·纳瓦尔以及她的侄子亨利·德·孔代——于雅尔纳克一役中被杀害的孔代亲王路易之子。但是,这种平衡政策很难被双方轻易接受。它造成了人们思想的困惑与混乱,而这两种感觉都可能滋生怀疑。

严重的互不信任

最不信任国王的应该是新教徒。因为他们认为,直到圣日耳曼敕令的所有条款得到完全实行之前,都有占领几处要塞作为保证的必要。他们害怕和平只是一个陷阱,实是国王为了博得他们的信任,以便更彻底地消灭他们。这种担忧在上次战争之末就曾出现,此番又重新产生。[41] 弗朗索瓦·德·拉努在之后为第三次宗教战争而写的《政治军事论》(*Discours politiques et militaires*)的一章中写道,终结战争的协定对很多新教徒而言是一个"戴着面具的和约":"这份协定使所有人疑心重重,认为在这块光芒四射的金子下面隐藏着毒药。"[42]

新教徒的疑虑尤重,科里尼正是其中的代表。上文援引过他在1571年5月8日从拉罗谢尔致国王的一封长信,其中他间接提到了由他的女婿泰里尼刚刚带来的国王手谕,称手谕让他摆脱了"无尽的怀疑与不信任"造成的痛苦,而他认为新教徒正处在这种怀疑情绪中:"……陛下,我丝毫不否认曾数次抱有同感。"而泰里尼带来的国王的保证会让他竭力避免"王国内同样的不信任感加深,否则日后可能酿成极大不幸"。

为什么不信任的情绪会如此之深?正如科里尼所说,"王国中弥漫着普遍的不信任感,随时可能爆发起义,就像奥利瓦雷斯伯爵最近在途经几处地点后直言的那样（他奉菲利普二世之命从西班牙前往布卢瓦为查理九世献上新婚祝福）"。我们在这里看到了因恐惧而产生的众多谣传中的一个。这一传言让新教徒相信，天主教阵营在西班牙的指挥下正在酝酿阴谋。科里尼请求国王采取行动以"消除一切怀疑与不信任"。首先，应严惩所有违反和平敕令的行为——特别是在出现混乱的鲁昂和奥伦治，让人引以为戒。而且还应发出明确信号，表明国王在对待新教徒领主和天主教徒领主的问题上一视同仁。科里尼带着命令的口吻提出要求：

  ……否则，人们就会认为您言行不一，或者认为您心余力绌。对您而言，这无异于奇耻大辱。这些地区定有强大后援，否则它们无法这么做。因此，您不应认为事情会像您想象的那样顺利，而应听从将领们的意见。否则，您就会像一直以来那样，仍是一个最受蔑视的国王。万望陛下原谅我这一番坦诚之言，我因希望为您勤勉效劳、出谋划策才不得已而为之，绝无二心。[43]

  毫无疑问，这绝非一封请求信，而是一封警告信。这种对查理九世的犹豫不决或碌碌无能毫无掩饰的指责只会深深地刺伤他的自尊。

  然而，科里尼所指出的问题正是关键所在——强调国王的义务与国家利益。科里尼多次遭到诽谤，他对此怒火中烧。人们说他威胁君主的生命，无时无刻不在带兵作战，默许破坏雕像和宗教场所的行径，还传言他策划了把拉罗谢尔归附到神圣罗马帝国的统治下的阴谋。[44] 这些流言蜚语可能不利于和平。科里尼建议国王终止这些传言是正确的。在宫中，任何蛛丝马迹都不会逃过人的眼睛，当时国王就迫切需要让所有人**看到**他希望给予新教领袖的信任。

为达到这一目标，查理九世采用的最为露骨的方式是允许让娜·德·阿尔布雷、亨利·德·纳瓦尔与科里尼进入宫廷。他们的出现对于商讨亨利与玛格丽特·德·瓦卢瓦的联姻是必不可少的。此外，国王向在尼德兰发动起义的西班牙国王的臣民提供支援的计划，也需要科里尼的帮助。[45] 但是，他首先需要重新博得胡格诺领袖们的信任。第二次宗教战争以来，他们只有在拉罗谢尔才有安全感。他们在那里还大肆干起了收入颇丰的海盗营生。法国国王虽然收到大量来自被洗劫的西班牙商人的控告，但他却无力禁止。[46]

纳瓦尔太后应卡特琳娜·德·美第奇之邀前来会面，说道："夫人，我天性多疑。"她十分担心敌人的影响力，认为他们已强大到足以改变美第奇的良好初衷。[47] 就她儿子的婚姻问题的谈判持续了很长时间。她最终同意于1572年3月初前往布卢瓦。而科里尼一直在为他朋友们的担忧所困扰，后者害怕这是一个圈套。他和王室定下11条后——这可以算得上是一份不折不扣的与王室定下的契约，才最终同意动身入宫。他要求国王、太后、安茹公爵与阿朗松公爵允许他自行决定入宫时间。科里尼在收到了上述所有人发出的保证信后才动身。国王还命令蒙莫朗西元帅和他的弟弟当维尔、步兵上校菲利普·施特罗兹与几位近卫队长保护他的安全。11条中有四条涉及恢复科里尼与卡特琳娜·德·美第奇的友好关系。其余诸条旨在保证敕令的执行。在敕令第39条规定的归还四处安全据点的问题上，科里尼以他需要征得新教主要人物的同意为由，提出是否马上归还这四处的决定只能由每省派出一个代表组成的新教徒大会做出。王室接受了他的要求。我们至少能够看出，这些要求都体现出一种强烈的怀疑态度。[48]

在获得所有他希望的保证后，科里尼于1571年9月12日来到了当时宫廷所在的布卢瓦。陪同他一起前来的还有科塞元帅和50名胡格诺贵族。彼得鲁奇大使记录道，他们刚刚抵达时，国王的态度还有些冷淡，随后就好转起来。科里尼被允许参加枢密院。国王不仅恢复了他的所有职务和头衔，还赐给他多项好处以补偿他的沙蒂永家族：支付他15万里弗尔作为"服务"的酬劳；他还可以领受一年他的枢机主教亡兄的俸禄；还能获得一座价值2万里弗尔的修道院。他的近卫队人数也从30人增加到50人。[49] 但这些好处并没有更多意义，只是国王为消除新教徒疑虑而采取的举措。我们不能由此就推断出国王对科里尼的真实看法。圣巴托罗缪之夜过后，新教徒为了揭露查理九世的阴险狡诈，夸张地渲染了他对科里尼的友情。至于天主教徒一方，他们也因为愤怒而过高地估计了科里尼的影响。西班牙大使和巴黎的让·德·拉福斯神父都认为科里尼已能够操纵国王。[50]

双方阵营的不安情绪都因一些离奇的谣言而进一步加剧。彼得鲁奇大使就记录下了其中一些。这些谣言宣称科里尼曾向国王提出改变新教信仰以使其向天主教信仰靠拢：新教徒认可补赎礼为圣事，承认对圣人的祈祷，也赞同"在王国每个教堂都举行一次弥撒"。而教士具有贵族身份，至少拥有150里弗尔的俸禄，所以不得以举行弥撒为名收敛钱财。彼得鲁奇评论道，这就像是采取"与德意志一样的生活方式"。[51] 类似的传闻都助长了天主教阵营与新教阵营中不安的情绪。强硬派天主教徒的怀疑之心尤为强烈：国王身边出现了新教徒的首领，难道不意味着科里尼会诱使国王改变传统信仰？这无疑是不可容忍的。有人就曾说道，人们如今都相信国王"马上就要变成胡格诺了"。[52] 而也有许多天主教徒的看法与菲利普二世在一封致驻法大使的信中所写的一样：国王把科里尼招至宫中的唯一理由就是将他逮捕并处决。西班牙国王也补充道，不过查理九世没有勇气这么做。[53]

科里尼此番入宫逗留的时间较为短暂，因为查理九世很快就因要去打猎而遣散了众臣。科里尼于1571年10月19日离开了布卢瓦，回到了他在沙蒂永的家中。国王虽然很想再尽快召见他，但是却突然遇到了一个性质完全不同的阻碍。这个障碍与双方在信仰问题上的争执一样，十分不利于和平：吉斯公爵弗朗索瓦在1563年2月被一名叫波洛托·德·梅雷的胡格诺枪杀，吉斯家族为他复仇的渴望给公共秩序蒙上一层阴影。

吉斯家族的复仇

洛林家族*深信科里尼是吉斯公爵弗朗索瓦之死的幕后策划，因为波洛托·德·梅雷在接受审讯时指认科里尼是指使者。他们需要捍卫家族的荣耀，惩罚这种被他们认为卑鄙的暗杀行为：事件发生在王室军队进攻奥尔良的前夜，弗朗索瓦正在返回住所的路上，被从树林中射来的一枪击中身亡，但这种行径完全有悖于骑士原则。吉斯家族强烈的复仇欲之所以令国王担忧，是因为吉斯家族中有多位实力雄厚的高官显贵：吉斯公爵亨利是香槟总督，他的叔叔欧马勒公爵与洛林枢机主教分别是勃艮第总督和兰斯大主教。他们手下的门客†、亲随与附庸人数众多，他们会因誓约而为其领主所要达成的目标而效力。这种关系的力量十分强大，从下面这份契约

---

* 即吉斯家族，它是洛林家族的一个旁系。
† "门客关系"（clientèle）指由地位不同的两人自由结成的，在道义上起限制作用的关系。地位较高者向地位较低者（即前者的"门客"）提供保护，后者向前者提供服务。这种关系与封君封臣关系不同，它并不建立在封土的基础上，而且封臣并不一定是封君的门客；门客关系对双方的限制并不是法律上的，而是在荣誉意义上的道德义务。除"clientèle"外，16世纪法国文献中出现的"protection"也多指此类关系，"protégé"则为"门客"的代名词。此外，由于双方的义务并不均等，地位较低者大多依附于地位较高者，以期获得职位与利益，文献中有时会使用"créature"一词代指"门客"，它所反映的正是这种依附关系。法国史学家Roland Mousnier还提出，应对"门客关系"与"亲随关系"（fidélités）加以区分。虽然后者同属门客关系的逻辑，但"亲随"（fidèle）是全身心地效忠于地位较高者，而门客则只是希望从地位较高者那里获得职位或好处。

中就可见一斑。这份契约由洛林亲王的亲随之一——勒吕德领主居伊·德·达永于1563年8月16日签署,他誓为前任吉斯公爵弗朗索瓦复仇:

> 我署名在下,向天主起誓,就像对已故吉斯公爵承诺过的那样,绝对服从、效忠于吉斯公爵、他的叔叔枢机主教及他的母亲,以追回原属于他的财产并为他复仇,惩罚犯案凶手或纵容此次谋杀的凶手的四代子孙……[54]

卡特琳娜·德·美第奇意识到问题的严重性,于1564年1月安排双方和解。巴黎高等法院于1566年1月判决科里尼无罪。但是,吉斯家族的复仇怒火远未熄灭。科里尼来到布卢瓦之后,吉斯家族明目张胆地离开宫廷。查理九世不得不准备将其重新召回,以确保他们和解。1571年11月,突然传来了洛林家族在特鲁瓦集结军队的消息。据传言,他们要在科里尼家中将其围剿。法国国王被迫下令禁止双方离开自己的住所。

我们很难弄清吉斯家族这次集结兵力的目标是什么。吉斯公爵亨利辩解道,他只是以香槟总督的身份在特鲁瓦举行了一场隆重的入城仪式。但是,在科里尼看来,毫无疑问,他便是敌人这次行动的矛头所指,因此他的生命危在旦夕。他在威胁之下做出的反应是一名捍卫自身尊严的贵族所应做的。在12月13日致法国国王的一封信中,他感谢国王通过"武力"保全他的性命——这或许说明查理九世曾派兵保护他,但他也担心遵守国王的命令按兵不动会给他带来"耻辱":"陛下,若非在我离开布卢瓦时曾向您许下诺言,我有很多办法打发掉那些声称要把我围剿在家的人,还要带兵迎击。但我既没有和他们发生冲突,也没有威胁他们。"科里尼相信,对吉斯公爵这样的挑衅,一味容忍而不展开反击有悖于贵族的行为准则。他告知国王,为以防万一,已经通知他的"朋友们"——他的门客和附庸——做好准备,一旦他遭到攻击,就杀掉吉斯公爵。[55]

通过这件事,我们能够看到大贵族在某些争端中动员个人门客的能力。而这也正是王权受到的主要掣肘的一个表现,不利于解决信仰冲突:贵族认为,对他曾宣誓效忠的领主的服从比自己作为臣民对国王的臣服更重要。家族之间的联系也在其中发挥着作用:弗朗索瓦·德·蒙莫朗西公爵虽然是天主教徒,但也告知国王,若他的表弟科里尼(他的姑姑路易斯之子)遭到攻击,他绝不会袖手旁观。[56]彼得鲁奇记述道,让娜·德·阿尔布雷曾向科里尼提出为他派遣几支护卫队;而天主教一方开始在巴黎与图卢兹为吉斯公爵募款。他带着一种洞悉一切的语气,对这些消息评论道:"……稍有风吹草动就会使这个王国重燃战火。"[57]

查理九世于1572年3月27日再次发表声明确认科里尼的清白。5月,吉斯公爵亨利公开同意承认科里尼无罪。但是,这并不意味着所有威胁都已消失。洛林枢机主教当时并不在场,没有参与表态,欧马勒公爵的态度也不明确。当科里尼最终于1572年6月6日重回宫廷,一位英国全权大使注意到吉斯公爵亨利完全不理睬科里尼。[58]吉斯家族的这种做法削弱了国王希望赋予科里尼出现在他身边的象征意义。此外,国王此举会加深天主教徒的疑虑。

天主教徒的愤恨

1571年间发生的三起后果严重的事件加剧了法国的紧张局势。这三起暴力事件都是天主教徒挑起的,他们认为只是在行使正义,却都受到严惩。他们对此极为不解,且异常痛苦。

第一起事件发生在奥伦治。1571年2月3日,城中的胡格诺派试图武力夺取城堡未果。天主教徒对此举反应异常激烈:他们击退进攻者，把他们围堵在之前避难的屋子中，没能逃脱的人被尽数杀害。幸存者逃到奥伦治亲王威廉、他的弟弟路易·德·拿骚与科里尼那里控诉天主教徒这一行径。在科里尼的催促下查理九世介入，下令由威廉亲王推举的一名总督来管理奥伦治。威廉亲王大肆镇压天主教徒，处决反击行动的头目，还有许多参与者被吊死在绞刑架上——其中包括托钵修会的所有会长。奥伦治市民目睹这些人的尸体裹着长袍，悬挂在绞刑架上。这一幕无疑使信徒们怒火中烧。[59]

第二起事件发生在鲁昂。在祝圣过的饼是否真正是基督的体这个问题上，双方阵营产生了分歧，并引发骚乱。1571年3月18日，一支约由500至600名全副武装的胡格诺组成的队伍前往邦德维尔郊区参加布道。一位神父向一名垂死的人走去，为他递上圣餐饼。在他走去的路上，两侧天主教徒纷纷脱帽下跪，而新教徒拒绝这么做，甚至还嘲笑他们。卫兵见状试图阻止，但被驱逐。丑闻迅速传播开来。新教徒离开时，周围人群大嚷着"胡格诺！"并开始攻击他们。新教徒中可能有40人被杀害。在之后展开的调查结束后，"邦德维尔屠杀案"领头人中有五名被逮捕，但很快就被朋友救了出来。于是，国王派遣弗朗索瓦·德·蒙莫朗西公爵率领特别法庭与军队前往该地。66人被判处死刑并罚以重金。但是，这一举措却没有产生什么效果：犯人或者逃脱了，或者获得了国王的赦免。获得赦免的人重新回到鲁昂，对这次惩罚满含怨念。因为在他们眼中，他们所做的只是在维护圣餐礼的神圣。

1571年秋末，在巴黎发生了第三起，也是最为严重的一起事件。上次战争中，人们发现，有人在一间位于圣德尼街的房屋中秘密举行宗教仪式。这间房屋属于胡格诺商人菲利普与里夏尔·德·加斯蒂纳。他们两人因此被判处死刑，房屋也被夷为平地。天主教徒在房屋原址处立起了一座金字塔，上面插有十字架。在和平敕令颁布后，新教徒认为，金字塔应被拆除。因为圣日耳曼敕令第32条明确规定，消除一切施以极刑的痕迹，以忘却曾经发生的分裂事件，而且，所有被"拆除或摧毁"的房屋原址都将归还给其原所有者。因此，新教徒认为他们有充分的权利。他们在当时尚在宫廷的科里尼的支持下，向国王请求摧毁金字塔与十字架，并于1571年10月7日获得了国王的许可信。但是，天主教徒将这两个标志视为他们战胜异端的纪念。巴黎的几个权力机关也进行抵制，反对将它们拆除：10月12日，王国的手谕送抵夏特莱堡。*但因巴黎司法长官克洛德·马塞尔已回到他在楠图耶的家中，拒绝回到巴黎领命[60]，于是无法实行摧毁十字架的行动。巴黎高等法院也搪塞敷衍，推卸责任。国王震怒：11月6日，他在给科塞元帅的一封亲笔信中写下了一则充满怒气的批示："元帅，我命您前往巴黎为我效忠。其中一事即拆除那座金字塔。您必须服从命令，拆除行动势在必行。"[61] 由法院成员、商人和巴黎神学院的神学家组成的代表团与查理九世进行协商，并最终得出了一个折中方案：不拆除金字塔，而是将其转移至圣婴公墓。

  但是，这个方案不足以平民愤。工人每天在公墓为金字塔挖掘的地基晚间都会被填平。因此，每天都有人手执武器守卫工地。12月8日晚，大批民众袭击守卫，向他们投掷石块，守卫不得不四散逃走。尽管政府为防止骚乱发生采取了各种预防措施，但是，12月9日，多处新教徒的住所还是遭到洗劫，其中包括坐落于圣母桥上被人称为"金榔头"的房屋——这是菲利普·德·加斯蒂纳的侄女和她的丈夫克洛德·勒·梅西埃的房产。12月19日至20日晚间，金字塔按计划被转移至公墓，这次转移又引发了新一轮暴力动乱。

---

* 夏特莱堡分为大、小夏特莱堡，分别坐落于塞纳河的右岸和左岸，原为保护西岱岛的两个城堡。后因法王菲利普·奥古斯都于12世纪末修建了城墙，这两座城堡失去原有防御作用。大城堡成为巴黎司法长官官邸。在没有特殊所指的情况下，"夏特莱堡"都指"大夏特莱堡"。

"金榔头"屋与旁边的"珍珠"屋同遭洗劫,屋里所有的家具都被扔在火堆中焚烧殆尽。加斯蒂纳后人的一处房屋也被烧毁。[62]彼得鲁奇在一份报告中记录道:同月,巴黎总督蒙莫朗西元帅向国王汇报,多位支持吉斯公爵的贵族在巴黎租用房屋存放武器,还召开夜间秘密会议。[63]蒙莫朗西遵照查理九世的命令恢复巴黎的秩序,下令对一名闹事者施以绞刑并追查同谋。

这一事件对天主教徒的意义再明显不过。西蒙·维戈尔在这一时期不断布道。圣厄斯塔什教堂神父勒内·伯努瓦的一本小册子也对他们产生了很大影响。伯努瓦论述道,十字架是耶稣受难的象征,真正的基督徒正是通过这一象征区别于异教徒和非基督徒。但他们却恰恰因力图保护金字塔上的十字架而被定罪。让·德·拉福斯神父还写道,加斯蒂纳家的人前来"参与拆毁祭坛和其他东西"[64],天主教徒因此感到更为强烈的不公。竖立加斯蒂纳十字架对于天主教徒而言具有纠正谬误的意义,因此,他们认为天主是不会允许将它转移的。伯努瓦向他们提供了一种解释:天主希望借此来惩罚他臣民的罪恶,因为他们没有足够虔诚地遵从天主的旨意。他继续说道,无论是批评官员或亲王,还是煽动"民众动乱——这永远没有益处",都毫无意义,人们更应当通过哭泣或忏悔来试图平息天主的愤怒。他还在小册子里颇令人不安的一段话中补充道,贵族与平民皆为罪人,"《圣经》中说,若不对冒犯天主的行为进行回击,那么与他人相比,贵族必将接受天主更为严厉的惩罚。天主会赐予他公正判决的执行人——力量单薄但勇敢的民众——内心强大的力量与手中的武器"。[65]这本小册子的虔诚读者认为君主的不公变得委实难以接受时,就会因此感到自己有资格成为惩罚降临时天主强有力的臂膀。

查理九世似乎没有看到加斯蒂纳十字架事件所反映出的民众焦虑不安的一面。在1571年10月14日他向雷蒙·德·富尔克沃谈起他难以令人听命于他时，明确指责西班牙大使弗兰塞斯·德·阿拉瓦鼓动动乱，煽动"密谋许久的暴乱，以达到使法国民众叛乱的目的"。这种行径背后的目的是维持法国民众间的分裂现状，阻挠王权的恢复并破坏和平。[66] 对于国王而言，巴黎的这次骚乱只是"几个像盗贼那样的无赖和懒汉的所作所为，他们凑在一起制造混乱只是因为金字塔不在原址。他们就以此为借口抢劫几间住所，但没有烧毁房屋"。[67] 这至少是法国国王希望他的使节向西班牙国王讲述的版本。法国国王对弗兰塞斯·德·阿拉瓦的指责并非毫无依据。后者实际上掌握着在巴黎、法国西南部与大西洋沿岸地区的间谍与密探网络。[68] 得知西班牙大使的这种行径后，查理九世勃然大怒，又一次要求菲利普二世将他遣返回国——他在 8 月 2 日给富尔克沃的指令中已经提出过类似要求。弗兰塞斯没有向法国国王与太后辞行，于 11 月 13 日夜间离开了法国宫廷。[69]

那么，我们是否可以就此认为，1571 年秋天发生的事件是一个迹象，表明背后隐藏着巨大阴谋？西班牙是这一阴谋的幕后主使，它利用吉斯家族同时削弱查理九世与伊丽莎白的势力。它在法国的目标是加强国王的弟弟安茹公爵亨利的势力——他是天主教徒的希望；在英格兰的目标则是解救被囚禁的苏格兰女王玛丽·斯图亚特。这种假设的依据是几起发生在同一时期的事件：吉斯家族在特鲁瓦集结军队、巴黎发生加斯蒂纳十字架事件、阿拉瓦大使被遣返与西班牙大使盖罗·德·斯佩斯于 12 月中旬被逐出英格兰宫廷——他被指控与佛罗伦萨银行家罗伯托·里多尔菲、诺福克公爵一起密谋策划西班牙船队从尼德兰出发登陆英格兰的行动。[70] 这几起事件的同时发生令人惴惴难安。但是，菲利普二世也可能只是表示，若里多尔菲和诺福克集结的力量足够强大，他便会同意为这个对抗英格兰的阴谋提供帮助，而他本人没有直接参与策划。此外，西班牙国王的信函也证明，尽管法国人希望扫除宗教异端，但他对法国人的忠诚实在不抱多大信心，远未达到使他能够在计划中安插法国人的程度。[71]

另外，一些不是如此重要的事件也显示出1572年上半年的和平是何等脆弱。在6月14日基督圣体节上，奥尔良的市长与市政长官勉强平息了天主教徒对新教徒的愤怒。因为后者并未在仪式队伍途经的房屋上悬挂挂毯。8月10日，特鲁瓦居民向举行完宗教仪式后正在返家途中的新教徒投掷石块，砸死了一个刚刚受洗的婴儿。[72]在继巴黎圣巴托罗缪惨案而出现的外省大屠杀中，奥尔良和特鲁瓦这两座城市的屠杀尤其惨烈。

* * *

无论如何，查理九世实现圣日耳曼敕令令行禁止的决心从未动摇，而且，他在1572年8月24日之前的几个月表现得十分坚定。两个行动可以为证。6月22日，他命令梅斯总督在恢复新教徒公职问题上对"新教徒与天主教徒一视同仁"。[73]8月初，巴黎高等法院成员拒绝接受阿诺·德·卡韦涅为王室法院长官——因为他是胡格诺公证员且与科里尼关系很近。对此，查理九世命令他们必须无条件服从。在13日收到他们关于此问题的谏书后，国王批准他们只有在提出的原因不涉及宗教问题的前提下才可推迟接受卡韦涅。[74]

法国国王在1572年5月4日致所有地方总督的一封信中郑重重申了他对和平的渴望。新教徒遵守圣日耳曼敕令的条款，刚刚归还了之前暂时留给他们的安全据点。基于这一点，国王欣喜地看到所有人在表面上都准备好，"结束一切由于之前的不愉快而可能产生的在民众中延续的相互猜忌"。[75]他继续写道："我在这个世界上唯一的愿望就是看到我的臣民能够共同生活在真正的团结、和平与安详之中，忘却曾经的不快。"他再次引用圣日耳曼敕令的原句，吩咐各总督敦促"所有法国人——无论是天主教徒还是新教徒——遵守和平敕令,在和平、团结和友爱中,彼此像亲兄弟和同胞一样继续生活"。他的王国也就能够恢复"曾经的辉煌"。

这种和解的意愿是更为宏大的联姻与外交计划的一部分。该计划的完美结局是玛格丽特·德·瓦卢瓦与纳瓦尔亲王亨利的联姻。法国国王因迫切希望实现这一目标,错误地估量了双方阵营中极端派相互间的以及对他的不断增强的怀疑之心。面对无处不在的猜忌与敌对双方的激烈情绪,法国国王所坚信的主动遗忘仇恨的梦想正在变得越来越渺茫。

第二章

联姻大计与国际关系

为了巩固圣日耳曼敕令之后国内脆弱的和平局面，法国国王除了镇压与劝诫之外还想到了其他手段。首先便是联姻这一传统方法：此时，尚无任何条约，也没有任何婚约能够体现并确保刚刚恢复的和解。幸运的是，此时正值婚龄的亲王数量较多：胡格诺年轻的领袖——亨利·德·纳瓦尔和孔代亲王亨利、法国国王本人及其弟安茹公爵亨利与阿朗松公爵弗朗索瓦都尚未成婚。前两者的婚礼能够在两个敌对的信仰之间搭建起一座桥梁，而王室三兄弟的婚姻则能巩固法国在欧洲的地位。若各方因联姻而受到约束，那么分裂势力将被遏制。

这些意义重大的联姻是一种传统外交手段。这次规模庞大的联姻计划尤其显得野心勃勃：联合新教亲王以对抗强大的邻国西班牙。后者控制着法国北部的尼德兰、东部的弗朗什-孔泰与南部的鲁西永，形成对法国危险的合围之势。联姻也是法王弗朗索瓦一世和亨利二世曾采用过的重要策略。这种策略暂时将宗教分歧搁置一旁，首先从现实出发寻求外部支援，通过援助在尼德兰发动起义反抗菲利普二世统治的新教徒臣民,达到削弱西班牙的目的。

援助尼德兰起义的新教徒是否也是一种能够转移国内天主教徒和新教徒注意力,使他们联合起来一致对外的方法?科里尼是这样认为的。查理九世一度期望通过联姻来扩张领土。但这个想法十分危险,因为它既十分可能达到预期的各方和解的目标,也完全有可能因各方意见分歧而破产。此外,它还可能引发法西之间的战争。一些历史学家就认为,8月22日刺杀科里尼——这一策略的主要拥护者——事件就是因为西班牙希望阻止法国达成这一目标。[1]

联姻网络

使敌对双方联姻,或者使对立双方联手,这种理念之所以拥有强大诱惑力,是因为它在16世纪的主流世界观中占据着重要地位。当时对宇宙的想象认为,天地间奇妙的平衡状态是四种不同元素——水、土、气、火——共同作用的结果,"就像法学家、哲学家路易·勒·鲁瓦解释的那样,重的物质使轻的物质无法上升,反之,后者使前者无法下沉。"[2] 人类应当遵守同样的法则,人类的组织也应通过一些神秘的中介体现出宇宙的组织。在人类世界中,婚礼就应承担起巩固敌对双方达成的和解的任务。这种观点的论据来自基督教:圣事建立起一种牢不可破的联系,这种联系因上帝的恩宠而变得神圣,并且能够超越一切产生分歧的因素。这一观点在当时主流社会的血统观中也是根深蒂固的:两个个体的结合代表了两个世系,甚至两个国家的联合,因此能够平息二者间可能产生的纠纷。诗人让·多拉就曾用曲解神话的方式颂扬了查理九世的婚姻所起到的绥靖功效。多拉讲述了为希腊人带来文明的卡德摩斯是如何与战神和维纳斯的女儿哈耳摩尼亚(Harmonie)结婚的,并且将她视为重新寻回的和解的象征。[3] 他用这种方法赞美妻子所扮演的调停者角色，认为她是联结她的父亲与她的丈夫家族的纽带，因此也是双方争端的仲裁人。

查理九世在国内外展开了一系列旨在巩固和平的联姻活动。1570 年 11 月 26 日，他在梅济耶尔迎娶了神圣罗马帝国皇帝的次女——奥地利的伊丽莎白（皇帝长女安娜已嫁给西班牙国王）。法国不仅由此与神圣罗马帝国联姻，而且还恢复了与西班牙的姻亲关系——伊丽莎白·德·瓦卢瓦曾嫁与菲利普二世，但她于 1568 年早逝，婚姻也因此废除。巴黎市民参加了为国王伉俪盛大的入城仪式而举办的庆典活动。国王伉俪的入城仪式分别于 1571 年 3 月 6 日和 29 日举行。王室车队途经的道路两侧临时搭建起一些建筑，上面的装饰油画与雕塑的主题都是法国与日耳曼的友谊。龙萨用他的诗句描述了这些供市民观看的画作。他借此契机重新提起了法兰克人是特洛伊人后裔这个古老的传说——那时已无人相信，并加入了 16 世纪初史学家的观点——法兰克人是日耳曼人的后代。龙萨由此将这次联姻描绘为对原始大一统的回归。

> 美满的世纪，幸福的一天
> 日耳曼人古老的血液
> 受海曼*恩惠
> 与特洛伊人的血液再次交融。[4]

在庆典中，美第奇扮演了和平使者这个女性角色，因为伊丽莎白过于年轻而且刚刚抵达法国，尚无力扮演这个角色。在国王入城时，美第奇时而是一名手捧高卢地图的妇女，时而扮演起婚姻之神朱诺，她身后饰有彩虹，在《圣经》中象征着人神和解。[5] 美第奇

---

* 海曼为希腊神话中司婚姻之神。

与其子查理九世在战场上取得的胜利也得到体现：绊住战神马尔斯的锁链与束缚住他臂膀的蛛网。

法国似乎通过联姻已在天主教阵营站稳了脚跟。但欧洲的和平需要双方势力均衡来维持。因此，法国还需要在新教阵营找到一股能够与天主教阵营相抗衡的力量。英国很自然成为不二之选，因为伊丽莎白女王尚未出嫁。那么，谁又能作为她的配偶呢？美第奇曾对法国驻英大使拉·莫特—费奈隆表示，沙蒂永枢机主教提出让国王的弟弟安茹公爵亨利迎娶英国女王。美第奇最初并不赞成这个计划，但后来又变得十分支持。[6]法国的部分胡格诺派也表现出十足的热情，支持这一计划。其中，沙特尔代理主教让·德·费里埃在一封信中用牧歌般的语言描绘了这场联姻将对欧洲和解产生的影响。他预言，若此联姻成为现实，那么奥地利家族的面前就会出现"两兄弟、两位同样强大的国王与其勃勃野心相抗衡"。查理九世是德意志信仰新教的亲王与奥伦治亲王的同盟，他将会收回佛兰德斯——法国曾是它的宗主国。而国王的另一个弟弟阿朗松公爵弗朗索瓦则可以获得米兰公爵的领地，甚至还能得到那不勒斯王国。他写道："……如此一来，太后会欣喜地看到她的所有儿子都会成为国王。"让·德·费里埃在一段颇令人惊讶的文字中还进行了乐观的设想：高卢教会将因此涤除罗马教会的腐败，他们与英德教会联合，在全欧发起恢复信仰——新教信仰——纯洁性的浩大运动。[7]这虽是乌托邦式的呓语，但它所展示出的热忱也表达出部分胡格诺派在1570年和平之后短暂的欣喜之情。他们备受鼓舞的原因在于国王近臣中温和派的影响力日益增强，如弗朗索瓦·德·蒙莫朗西（他便是这封信的收信人），而且他们没有受到大部分新教徒所持的怀疑态度的影响。[8]

美第奇虽然决意让其子安茹公爵亨利与伊丽莎白联姻，但此举并不意在与教皇断绝关系。在沙特尔代理主教提出的诸多论据中，美第奇只看重其中两条，即与西班牙势力抗衡的需要及其子安茹公爵能够通过联姻成为国王。此外，安茹公爵因雅尔纳克和蒙孔图尔人捷而大获人心，令查理九世心生嫉妒，而此次联姻则是疏远安茹公爵的好机会。英国女王没有反对这一计划，尽管两人年龄差距较大——女王在1570年已37岁，而安茹公爵到当年9月才年满19岁。英方派来的谈判人员弗朗西斯·华兴汉、托马斯·基利格鲁与托马斯·史密斯十分在意此次联姻将为英国带来的外交利益。但为达到这一目标而进行的商谈在经历了数次波折之后，最终因双方的宗教分歧而以失败告终：伊丽莎白及其议政顾问都不同意她未来的丈夫公开进行符合他的信仰的宗教活动。而安茹公爵与吉斯家族关系密切，并且又十分虔诚，因此认为在这一点上做出让步完全不可接受。巨大的压力迫使安茹公爵拒绝了这门婚事。我们能够想象到法英结盟的支持派与反对派围绕此事件所进行的激烈斗争。1571年12月10日发生的利涅洛尔遇刺事件便是最为血腥的一幕。[9]他是安茹公爵的心腹重臣、洛林枢机主教的手下一员，强烈反对这次联姻。但是，天主教阵营在西班牙的支持下——很可能是金钱上的，施展手腕占得了上风：从1571年夏天起，所有人就已心知肚明这次联姻将无法实现。于是，美第奇提出了另一个备用人选：1571年3月刚满16周岁的、她最小的儿子阿朗松公爵弗朗索瓦。他在进行宗教活动这个问题上不像兄长那样强硬。很显然，这个计划同前一个计划一样不可能实现，但它在很长时间内都是英法两国外交谈判中的一个主题。这些漫长的谈判并非一无所获：1572年4月19日，两国签署了一份共同防御条约。这无疑实现了法国合纵政策中的一个重要方面。

　　法王两位年轻表兄——孔代亲王亨利与亨利·德·纳瓦尔的婚事也需安排。他们同为嫡亲王，即日后可能继承王位——这个情况令人十分担忧，因为两人不仅同为新教徒，而且都是新教徒与生俱来的领袖。这就意味着为他们缔结一个可靠的婚约是多么的重要。孔代亲王亨利于1572年8月10日在布兰迪昂布里与玛丽·德·克莱弗成婚。虽然她被让娜·德·阿尔布雷按照新教信仰抚养成人，但她的两个姐姐卡特琳娜与亨利埃特分别于1570年秋嫁给了吉斯公爵亨利与同样激进的天主教徒涅韦尔公爵。孔代亲王由此就成为敌对阵营两位重要人物的连襟。

现在就剩下最为棘手的一个目标：将亨利·德·纳瓦尔纳入王室亲族之中。他的配偶应当是国王的妹妹，玛格丽特·德·瓦卢瓦。但达成这一目标需冲破重重阻碍。两位年轻人素来不和：玛格丽特是"瓦卢瓦家族的珍珠"，风度优雅又饱读诗书；而亨利却近乎粗鄙。然而，两人年纪相当——都生于1553年，前者生于5月14日，后者生于12月13日；两人在年幼时曾有过相互倾慕的阶段——1557年至1568年间亨利是在宫中度过的，所以，获得两人的同意应该并不困难。[10] 但是，因为二者的血缘——他们是三代旁系血亲关系，更因为两人不同的信仰，婚姻需要得到教皇特许。而这是一道难以逾越的障碍。

为了论证他们的规划蓝图，美第奇与查理九世不厌其烦地列举的理由全部建立在这个计划能够带来的益处上——它利于和平与天主教：联姻既是重新寻回的和谐的象征，也是实现它的途径。查理九世于1571年9月28日在致法驻西大使雷蒙·德·富尔克沃的一封信中写道，实现这个目标"是保证法国和平的纽带和基础，能够让我的臣民永远联合在一起，这是我在这世界上最期望看到的"。而美第奇于1571年10月8日也向托斯卡纳大公表示："若想使我们的宗教更为强盛，使整个王国战乱平息，没有什么比我的女儿与纳瓦尔亲王的婚姻更为有效的了。"[11] 美第奇寄希望于她未来的女婿有朝一日可以改宗，或者至少不会对他妻兄——国王——采取反叛行为。当时人们一致认为，一旦婚事成为现实，新教徒便会失去他们的领袖,而群龙无首的"人民"是无法做出长久之计的。美第奇也对此深信不疑,她对彼得鲁奇大使表示,一旦"俘获"孔代亲王和纳瓦尔亲王,将他们束缚于婚姻的羁绊之中,他们手下的士兵也会随之归降。[12]

然而,这场婚姻的用意并不仅仅在宗教。它在版图上对法国也具有至关重要的意义。阿尔布雷家族已经在法国西南部大面积扩张了领地,主要囊括下纳瓦尔王国、贝阿恩亲王领地、阿尔布雷公爵领地、富瓦、比戈尔和佩里戈尔伯爵领地以及利摩日子爵领地。1527年,弗朗索瓦一世的姐姐、阿朗松公爵的遗孀玛格丽特·德·昂古莱姆与亨利·德·阿尔布雷结婚,她亡夫的财产、阿马尼亚克、费藏撒克、罗德兹公爵领地与洛马涅和费藏扎戈的子爵领地也一并归属于阿尔布雷家族。他们的女儿、唯一的继承人让娜·德·阿尔布雷于1548年和安托万·德·波旁的婚姻又带来了属于其丈夫的旺多姆公爵领地。至1572年6月9日让娜去世(安托万已于1562年德勒战役中身亡)之时,年轻的亨利·德·纳瓦尔将要继承的封地数量已极其可观。坐拥大量封地与财富,这位胡格诺领袖有能力在封建附庸与新教徒中召集大批军队。而且,他还是纳瓦尔王国与贝阿恩亲王领地的君主,被英美史学家称为法国国王的一位"过于强大的臣民"。查理九世和美第奇希望能通过一条纽带使他与王室联结在一起,而这条纽带就是前人使用过的武器——婚姻。玛格丽特·德·昂古莱姆与安托万·德·波旁的婚姻旨在将他们的配偶——阿尔布雷家族成员纳入王室的范围。早在1557年就已有人提出了这种联姻。[13]

但是,这个解决方案很难获得天主教阵营的认可,被巴黎宣道者怒斥为有悖天理、令人作呕。[14] 教皇庇护五世曾在协商圣日耳曼和平协议时表示坚决反对,他在致美第奇的信中写道:"我们坚信撒旦与天主的臣民毫无共同之处。"在教皇眼中,玛格丽特公主与一位异教徒的婚礼就是"对天主的亵渎""对灵魂的祸害"。[15] 他于 1 月中旬向法国派遣了教廷大使安东尼奥·马里亚·萨尔维亚蒂，以说服查理九世放弃这个计划。教皇还向法国宫廷紧急派遣了一位教皇特使，枢机主教亚历山德里诺，试图劝说法王重新采用之前的方案——将玛格丽特许配给葡萄牙国王塞巴斯蒂安，但遭到拒绝。菲利普二世也坚决不赞同这一计划，他说服耶稣会的总会长弗朗西斯科·德·博尔哈为教皇特使提供支援。博尔哈在教皇特使抵达两天后，即 2 月 9 日，也来到布卢瓦[16]，却无功而返。亚历山德里诺后于 2 月 25 日失望地离开了法国宫廷。

一部分法国高阶教士实际上支持国王与太后的观点。波旁枢机主教——亨利·德·纳瓦尔的叔叔——将主持亨利与玛格丽特的婚礼与弥撒。当教廷大使萨尔维亚蒂试图对他施加影响时，他认为波旁枢机主教对这门婚事十分乐观。在弗兰塞斯·德·阿拉瓦到达法国之前，临时代表西班牙国王的大臣佩德罗·德·阿吉隆在 1572 年 4 月 9 日寄给阿尔伐公爵的信中便是这样记述这次会面的。教廷大使忧心忡忡地向波旁枢机主教提出婚事问题，后者答道："一切都会遵照天主的旨意，符合国家的利益。"如果我们不能让亨利改信天主教，至少他的孩子会是天主教徒。洛林、吉斯与佩尔韦的枢机主教已被说服同意这门婚事。此外，波旁枢机主教还补充道："洛林枢机主教目前不得宠，他便将灵魂交给了撒旦，以期重新获得宠幸，参与到事件中来。"对强硬的教皇而言，若法国国王被迫绕过他的特许而完成这门婚事，那么这无疑是起"恶劣事件"（mal-caso）。[17] 此次会面几天后，萨尔维亚蒂通过一封信在另外一人身上看到了更为强烈的欣喜之情。这封信来自美第奇的神父、马孔主教乔瓦尼·巴蒂斯塔·阿拉曼尼。这位高阶教士认为，亨利·德·纳瓦尔必定会通过改宗来巩固国内和平，全国也会逐渐重新回归统一的天主教信仰。法国能享有如此运气应归功于太后美第奇，她在天主的恩宠下采取了这种有利于和平的行动。[18]当年4月，众人都被这种欣喜氛围所感染，彼得鲁奇大使也对这一将纳瓦尔家族和瓦卢瓦家族结合在一起的"主动的和解"大加称颂。[19]

然而，人们希冀的教皇特许却迟迟不到，这股乐观情绪也渐渐消散。1572年5月1日，庇护五世暴毙，人们的希望重燃，但很快就破灭了。新教皇格里高利十三世同样十分强硬。他表示只有在亨利·德·纳瓦尔改信天主教的情况下才会颁布特许。洛林枢机主教适时正在罗马，他颇为耐心地说服新任教皇接受相对圆通的方法。正如波旁枢机主教感到的那样，洛林枢机主教希望重新受到国王的宠幸，认为如果在这件事上取得成功则必将助他达到个人的最终目的。然而，在8月1日致国王和太后的信中他流露出苦涩与无奈。他只能无可奈何地承认自己的失败，同时还要担心被人指责没有尽力说服教皇。洛林枢机主教厚着脸皮向美第奇说道，只有"疯子"才会违背国王与太后的旨意：

> 太后，请勿相信我有意惹您不快或不遵从您的旨意，这绝非我的本意或希望。然而，太后，我以我的灵魂起誓，在请求教皇特许您的女儿与纳瓦尔国王婚事这个问题上，即便您亲自出马也不会取得比这更好的结果。为了完成这个任务，我已施展浑身解数。请您相信我，将教皇特许带给您是我莫大的荣幸，我十分希望获得这一荣耀。[20]

洛林枢机主教的确为这次婚姻付出了努力，即便他在信末隐晦地表示这是违心所为。法国驻罗马教廷大使弗朗索瓦·德·费拉勒向国王证实了洛林枢机主教为说服教皇"巧舌如簧，旁征博引，竭尽所能向教皇进谏"。[21]波旁枢机主教因教皇迟迟不颁发特许而感到泄气，他在4月时已经不像之前那么乐观。但太后美第奇迅速打消了他的不安。所有不同意这门婚事的主教都不敢公开反对。[22] 所以，最终在天主教阵营中，除西班牙国王和教皇外，对这门婚事的敌视情绪表现得最为明显的就是宣道者和大部分巴黎市民了。美第奇企图安抚他们，通过雷斯伯爵这位中间人去询问巴黎神学院的意见，以便得知能否依天主教教义缔结婚约。但据彼得鲁奇的记述，大部分的神学家都持反对意见，只有少数赞成。这件事随后就被搁置，仿佛国王就此便可声称他已经征求过索邦神学院的意见。[23] 但这个借口委实有些站不住脚。

除天主教阵营外，还需说服新教徒一方。与让娜·德·阿尔布雷的洽谈漫长而棘手。纳瓦尔太后因为身边亲信对与皇室联姻这件事的意见不一而倍感压力。在让娜·德·阿尔布雷和国王与太后的钦差之间展开艰苦谈判之时，她为她自己与新教徒一方争取到了一切可能的担保（特别是归还阿马尼亚克的首府莱克图尔）。[24] 双方的商谈并没有局限于这次婚姻，另一个主题是日后可能采取的对尼德兰起义者的援助。纳瓦尔太后与亨利大约于1571年11月最终同意这次联姻，而决定性因素很可能就是他们考虑到日后国王会派兵援助尼德兰被镇压的新教徒。[25]

科里尼的赞同也同样至关重要，国王花费了很长时间才说服他。科里尼认为亨利·德·纳瓦尔一旦迎娶玛格丽特为妻，便是冒了日后可能被迫改宗这一极大风险。他更希望亨利娶英国女王。但是，科里尼清楚地认识到，若想获得国王对他最为看重的在尼德兰的行动的支持，便不能阻碍国王的计划。自1571年秋天起，联姻与援助西班牙国王统治下的起义臣民这两件事便紧密地联系在了一起。

尼德兰"乞丐"的自由

1566年8月，尼德兰爆发起义。与此同时，一场大规模的圣像破坏运动也在如火如荼地进行。起义首先爆发于佛兰德斯西部地区的城市，随后蔓延至国家绝大部分地区。起义爆发有多个原因。在安特卫普与西南部的纺织中心城市，加尔文派教徒众多。他们无法容忍对他们的镇压。此外，许多贵族——如奥伦治亲王威廉、他的弟弟路易·德·拿骚、埃格蒙伯爵和奥尔内伯爵都反对政府专制，谴责政府只为西班牙的利益服务，侵犯了他们的特权。1566年4月5日，一些贵族向菲利普二世同父异母的姐姐、尼德兰总督帕尔马女公爵玛格丽特倾诉不满，却被后者的一名参事称为"乞丐"。这一侮辱性的称呼反而被他们当作一个光荣的称号。贵族于4月8日举行宴会，人人身着乞丐服，腰带上别着两个汤盆，肩上挎着布袋，齐声高呼："乞丐万岁！"

接下来便发生了残酷的镇压。1568年，阿尔伐公爵受菲利普二世派遣，设立了一个名为"除暴院"的特别法庭，超过1.2万人被审判，1000多人被处死，其中包括埃格蒙伯爵和奥尔内伯爵。大批新教徒逃亡至法国。这一事件深深震动了法国新教徒。两位伯爵的死也唤起了大贵族之间的团结：两位受害者与蒙莫朗西家族和沙蒂永家族既是朋友又有血缘关系（奥尔内伯爵属于蒙莫朗西-尼韦勒家族）。自法国第二次宗教战争起，从佛兰德斯逃至法国的新教徒加入胡格诺的队伍中，与他们并肩战斗。两国加尔文派教徒的联系在1568年夏天得到进一步加深：孔代亲王路易·德·波旁（死于次年的雅尔纳克战役）、科里尼与奥伦治亲王威廉于8月缔结盟约。这些人认为，两国君主都是受到了"卑劣的参事"的谗言蛊惑，才会希望"消灭真正的信仰，杀害贵族及其他人。而没有这些人，君主的王位则将不保"。缔约双方承诺捍卫"上帝的荣光、国王的利益与对国王的忠诚，保护公共财产和宗教自由"。[26] 条约还补充道，参与这一"神圣同盟"的各方都需在一方受到威胁时进行援助，受援方应在事后提供"回报"。尽管这个条约最终很可能没有真正签署，但后续事件却证明了它的有效性：第三次宗教战争期间，奥伦治与拿骚的军队就前往法国增援胡格诺派。

这个同盟显示出它的策划者在贵族的自由与宗教的自由间建立的紧密联系。它因服务双向交换原则——贵族间的友谊关系网通常以此为基础——而变得牢不可破。战争结束后，出于贵族的尊严，科里尼必须回报在第三次宗教战争中帮助过他的贵族，即他日后有义务向奥伦治亲王和拿骚提供援助。同时，从宗教信仰上看，他也有义务伸出援手。两项义务由此合为一体。科里尼最初很可能考虑过只与英国联手援助尼德兰。[27] 但后来他越来越觉得，若得到查理九世的支持，此次援助行动便能演变为一场法国对西班牙的战争。而这场战争能够让国内的天主教徒与新教徒联合起来一致对抗外敌，让他们至少暂时搁置宗教分歧。

但科里尼并不是尝试说服法国国王的第一人。虽然法国对尼德兰叛乱进行干预的计划很可能在1570年12月就已开始策划，但该计划直到双方于1571年4月进行商谈后才真正初具雏形。会谈的一方是路易·德·拿骚与尼德兰流亡者，另一方是科里尼的女婿——查理·德·泰里尼及几位胡格诺贵族，如弗朗索瓦·德·拉努和布里克莫领主弗朗索瓦·德·博韦。弗朗索瓦·德·蒙莫朗西也很快加入会谈。[28] 众人请求查理九世采取行动。路易·德·拿骚与查理九世的首次会面可能是在德·拉努夫人的吕米尼城堡，两人又于1571年7月28日至30日在枫丹白露再次会面。他向国王提议尼德兰分治。拿骚告知英国使节沃尔辛厄姆——这一计划成功实施的一个关键便是英国的参与，法国将得到佛兰德斯和阿图瓦，荷兰与泽兰将属于英国，而奥伦治亲王将得到属于神圣罗马帝国的布拉班特、海尔德兰与卢森堡。[29]

这一"美妙"蓝图对法国国王产生了何种影响？我们首先要记得，佛兰德斯与阿尔图这两个地区在世纪初原属法王。弗朗索瓦一世被俘后签署屈辱的马德里条约将它们割让出去，这一条款后来在1559年的卡托—康布雷齐条约中被确定下来。所以，查理九世认为收回它们是合理的。1571年的国际环境也较为有利。英法在伊丽莎白与安茹公爵亨利的婚姻问题上的洽谈似乎预示着两国可能结成同盟。5月，加斯帕尔·德·朔姆贝格被派遣至德意志各新教亲王处以争取他们的支持。于贝尔·郎盖正在努力拉近萨克森选帝侯与法国的关系。[30] 蒙莫朗西家族的朋友、吉斯家族的敌人科西莫·德·美第奇于1570年2月被教皇封为托斯卡纳大公，让西班牙国王大为光火，却有利于法国在尼德兰采取行动。卡特琳娜·德·美第奇也曾一度对这个计划表示出兴趣，但最终却极力反对。在1571年8月2日的一封信中，她对儿子亨利在与英国联姻问题上的缄默态度表示惋惜，并"十分惊讶地看到"无人能够让他明白，"此次婚姻将给他带来荣耀以及德意志众亲王的友谊，他能借此涉足英国并征服尼德兰"[31]。

查理九世认为这一计划不仅能够为法国带来领土扩张，更能将他的名字与一次伟大的行动联系在一起。他曾阅读过老师雅克·阿米欧翻译的普鲁塔克《希腊罗马名人传》。彼得鲁奇大使认为，查理九世对荣耀如饥似渴。[32] 在查理九世的巴黎入城仪式中，他看到一座凯旋门之上矗立着父亲亨利二世的塑像，上面写着"日耳曼自由的守护者"——象征着亨利二世以将梅斯、图勒和凡尔登从"暴君"查理五世手中解放出来为由，于1552年发动战争并取得胜利。在编年史家西蒙·布凯对这次活动的记述中，亨利二世的塑像意味着，他在收到德国人的求助后，"积极迅速地对他们施以援手，亲身维护了日耳曼的自由"[33]。

自由一词在法国引起了强烈的共鸣。众文人学者解释道，法兰克民族一词的意义就是"自由"，而且他们配得上这一名字，因为他们摆脱了罗马帝国皇帝瓦伦提尼安的奴役，争取到了自由。[34] 如今，菲利普二世的臣民的反抗斗争为查理九世提供了获得"尼德兰自由的守护者"这一称号的机会，这使他能够与其父比肩——他的弟弟阿朗松公爵弗朗索瓦后来也抱有同样的梦想。所有抨击性文章和小册子也都围绕被西班牙践踏的"祖国"的自由这一主题大书特书。[35] 路易·德·拿骚在和法王谈判时毫无疑问也提及了这一方面。法国在布鲁塞尔的密探克洛德·德·蒙杜塞一直在劝说查理九世采取行动。他表示，起义者恳求法国国王伸出援手，并认为，因为尼德兰是西班牙公主——法国国王侄女（已故西班牙王后伊丽莎白·德·瓦卢瓦的女儿）的领地，法国国王理所应当是他们的保护者，所以，法国国王有责任保护他们的国家。[36]

毋庸置疑，查理九世对这一计划动心了。自1571年夏天，他开始向拿骚和奥伦治亲王提供资金援助。[37]1572年4月27日，法王在信中对拿骚写道（此举极为冒失，因为信件落到了阿尔伐公爵的手上）："将此信交给你的泰里尼领主曾向我多次提及、强调了对如今受西班牙镇压的尼德兰可以采取的重大行动，以保护它的自由……这无疑是件令人同情的事，而且任何宽容的基督教君主都应为此动用天主赐予的力量与资源。我深受触动，一旦万事俱备，时机到来，我定不会袖手旁观。"[38]

但尽管如此，法国需要冒着与西班牙正面冲突的风险采取这样的行动吗？

悬而未决的战争

1571年5月起，欧洲外交界议论最多、最激烈的话题之一便是法王是否会与西班牙决裂。这种担心曾有两次几乎变成了现实。1571年春出现了第一波传言。5月10日，彼得鲁奇大使认为法国已经完全做好与西班牙对抗的准备：法王看上去斗志昂扬，胡格诺

第二章　联姻大计与国际关系

派也表示支持，众人都希望向西班牙开战。[39]第二波传言出现在1572年春。4月初，太后美第奇向前来申诉的大臣阿吉隆坦白，法国要与菲利普二世"一刀两断的流言四起"。阿吉隆认为美第奇因此"害怕得发抖"。[40]当月末，法国驻罗马大使弗朗索瓦·德·费拉勒宣称，他周围的人都相信战争迫在眉睫。两个月后，即6月30日，他还向法王警告道："关于陛下与西班牙国王即将开战的传闻已经愈演愈烈。"[41]

战争的悬念甚至影响到了如今对圣巴托罗缪大屠杀这段历史的书写。因为科里尼是这次进攻性援助尼德兰起义者行动的主要鼓吹者，所以，一些历史学者得出了"需除掉科里尼以化解战争之虞"这个结论。[42]这些学者便因此努力寻找究竟何人才会希望"消除战争"——一些人认为是美第奇，另一些认为是西班牙，并由此推导出这两者便是8月22日刺杀科里尼的主使。[43]这两个推断都对流言给予了足够的重视。但是，在被流言牵着走之前，我们仍要思考：对于希望维持和平的人而言，无论他们出于何种原因，真的认为"消除"战争是必要的吗？换言之，即我们能否认为，战争流言的出现反而是旨在避免法西关系破裂的微妙策略？

弗朗索瓦·德·费拉勒在上文引用过的4月29日的信中说道，众多迹象让人们"疑虑重重"——这的确是事实。法国边境展开了积极的防御工作。1571年8月，因和平敕令之故，驻扎在圣让·当热利和昂古莱姆的部队即将离开。法国国王令其转移至皮卡第地区的战略要地，并于9月要求加强这些地区的防卫。从巴黎军械库运往此地的大炮于1572年3月抵达。7月中旬，皮卡第地区完成前线阵地布防，共计17支部队。[44]法国在多菲内地区征兵，并在马赛修筑了防御工事。[45]

西班牙人也不甘下风。他们在尼德兰沿着南部国境线修筑起防御工事，并在加泰罗尼亚和鲁西永征兵。纪尧姆·德·茹瓦耶兹在

1572年6月9日致法国国王的一封信中提到，西班牙人在佩皮尼昂部署了"八九门大炮、大量的炮弹和火药桶、轻型护甲和长矛"，而且"商人也不像以往那样前往集市。您许多生活在西班牙的臣民也正在撤离，许多人已经返回法国。所有人都认为战争迫在眉睫"。他总结道，法国国王应当立即向位于沿海地区要地和地处比利牛斯山边境的城堡提供增援。[46]1572年5月20日，菲利普二世命令同父异母弟弟奥地利的胡安放弃原计划，暂停派遣船队与黎凡特地区的舰队会合以对抗土耳其人，并令船队不得驶离墨西拿，以备不时之需。7月4日，菲利普二世在解除这条禁令之后，又令胡安抽调几只战船，在吉安·安德里亚·多里亚的率领下前往比塞大沿岸。法国驻梵蒂冈大使认为这两件事实际上是西班牙在调配兵力，以便在法国进攻佛兰德斯时能够迅速对法国普罗旺斯地区展开进攻。[47]

然而，造成这种混乱局势的原因首先在于双方都采取了提防原则。里厄领主在蒙费拉和加泰罗尼亚执行完情报任务返回后，在1572年4月13日致太后的一封信中证实西班牙人正在加强边境附近的防御。但他也补充道："他们也不愿意看到这场战争爆发。"[48]一切迹象都表明西班牙人的所作所为只是遵照了1572年6月27日由西班牙新任大使迭戈·德·苏尼加下达的谨慎性原则："时刻戒备"以应对突发事件。[49]

双方都蓄意使对方保持对自己的畏惧。美第奇的表弟——菲利普·施特罗兹在大西洋沿岸集结舰队就是很好的证明。他下令将波尔多、拉罗谢尔与布鲁阿日的商船武装成战船。关于这支舰队将前往何方的各种揣测也由此产生。它的目的地究竟是哪里呢？布朗托姆十分了解施特罗兹，他表示这支舰队将航至"秘鲁的岛屿"。[50]这条信息被认为是可信的。因为许多贵族都醉心于探险，不顾性命地想要通过一些辉煌的征服行动来为自己赢得显赫声誉。布莱兹·德·蒙吕克的儿子佩罗上尉便是如此。布莱兹·德·蒙吕克在《回忆录》中写道："（佩罗）希望在海上干出一番事业，计划航行至非洲并征服一些地区"，但他于1566年死在马德拉。1582年，施特罗兹也险些在征服亚速尔群岛的过程中丧命。彼得鲁奇认为这些集结起来的巨轮将驶向非洲沿岸大肆掠夺。[51]但许多西班牙人却坚信，这支舰队将援助尼德兰起义者。6月，一位英国联络员传出施特罗兹已经向尼德兰运送了6000人的消息。[52]

我们能够注意到，舰船是公开进行集结的——所有人都知道这件事，甚至日内瓦的狄奥多尔·德·贝扎也像其他人一样在思忖。但同时，这一行动的目的却又被极力遮掩[53]。法国在面对西班牙的质询时，含糊其词地解释此次行动的目的是打击海盗。有一件事是确定的，即查理九世在批准船只武装后的很长一段时间内都没有允许船只起锚。在罗马，人们也讥讽"菲利普·施特罗兹的这支舰队总在待命，不进不退"。[54]解开这个谜团的钥匙或许就在法国国王5月11日给驻君士坦丁堡大使、达克斯主教的信中：

> 我的一切梦想都以对抗强盛的西班牙为中心，这促使我穷极一切可能的手段……我下令将王国港口中的大量船只武装起来。这样我便建立起一支1.2万至1.5万人的海军部队，能够以保卫港口与沿海地区不受劫掠为名，于本月底将其派遣至我希望的任何地方。但我的真正目的是让西班牙国王坐卧不宁，让占领泽兰、进攻荷兰地区的尼德兰乞丐起义军更加坚定奋战，能够像我想象的那样，使西班牙不得不分散对其他事情的注意力。[55]

使西班牙国王不安、"坐卧不宁"：法国国王完全实现了这一目的。西班牙动员全体间谍网络，试图破解法国武装船只的秘密。[56]在罗马，费拉勒大使于7月24日记录道，法国这支舰队的去向是他近日来被纠缠和询问最多的问题，"这些人带着极其强烈的欲望与诸多推测……"[57]在法王看来，为了让"尼德兰乞丐起义军更加坚定奋战"，并迫使西班牙分兵来达到削弱西班牙的目的，可以利用一切手段。但是，法国对尼德兰起义军仅仅局限于间接援助。菲利普二世也抱着同样的想法，通过他在法国的密探和使用金钱，煽动天主教强硬派采取行动，以使查理九世"坐卧不宁"。

* * *

实际上，从1571年末至1572年前半年的局势看，法西两国国王都不敢轻举妄动，挑起战争。1571年10月7日发生了一起至关重要的事件：由教皇、西班牙与威尼斯结成的天主教神圣同盟的军队在奥地利胡安的率领下取得勒班陀海战大捷，击败了土耳其人。这场辉煌的胜利被视为基督教团结与复兴的象征。在基督徒联合抗击异教徒的这一局面下，哪位君主胆敢首先向邻国宣战，打破这一团结局面呢？所以，君主必须抑制住企图发动战争的欲望。若非如此，则将对君主的国际声誉造成极大影响。菲利普二世对眼下的窘境心知肚明，他在1572年7月17日说道："我们很清楚法国人行动背后的想法和打算。总而言之，他们就是希望让全世界看到他们希望和平而我却期待战争。"[58]菲利普二世把自己置身于"全世界"中思考是有道理的。因为欧洲舆论界——外交界与各宫廷的意见——在各国大使及其情报网的影响下，变成了可怕的"共鸣箱"，既能让君主迅速威名远扬，也能诋毁他的形象。因此，欧洲舆论界无疑影响着君主的政治决策。在这种意义上，罗马是欧洲最为敏感的中心，流言在这里被放大后传播开来。例如，弗朗索瓦·德·费拉勒就认为他在罗马的首要任务是维护国王的"声誉"。[59]菲利普二世同样看重自己的声誉，但他尤为重视自己作为基督教护卫者的荣誉。[60] 对土耳其人的战争在此功不可没。菲利普二世曾对驻罗马大使说道，若迫不得已向法国宣战，他不能像对待"勒班陀战役"那样派遣同样多的兵力。[61]

至于法国方面，查理九世不希望各国加重对他的指责。法国因拒不参加神圣联盟已经遭到各国非议：法国国王被斥为土耳其人的帮凶——他为了牵制西班牙，造成奥地利的胡安舰队的耽搁。总之，法国每天都"在为和平与联盟添乱"。[62] 教皇还通过费拉勒知会查理九世，警告他如果向西班牙宣战，那么他的妹妹与亨利·德·纳瓦尔之间的婚姻定将无法得到特许。[63] 查理九世也通过来自北部和南部边境的消息得知，虽然他已下令加强防御，但这两处依然十分脆弱。对于"尼德兰的自由"，法国国王的确有意相助，但他也对即将面临的重重障碍心知肚明：在上文援引过的 4 月 27 日致路易·德·拿骚的信中，他表达了这种愿望。查理九世明确表示将"在力所能及的范围内竭尽所能"保护起义者。然而，国际局势却在不断恶化。英国的态度越来越明朗——法国若出兵尼德兰，则不会得到英国支援：6 月 26 日，伊丽莎白向议会宣布，她无论如何都不会与西班牙国王决裂——但其密使却向佛兰德斯居民透露，伊丽莎白女王有意将他们从"阿尔伐公爵卑鄙的专制统治"中解救出来。[64] 此外，托斯卡纳大公科西莫·德·美第奇与阿尔伐公爵的关系也越来越近。德意志信仰新教的亲王们所能够提供的也仅仅是建立在友谊基础上的空泛保证，没有实际意义。[65]

查理九世采取的策略是让敌人终日惶惶不安，然后暗地里为一切能够鼓舞起义者的行动提供帮助，特别是鼓励胡格诺派向其教友提供援助。当然，他对此矢口否认。查理九世需要隐蔽行事，甚至有时需要否认事实。对于西班牙国王而言，关键的问题是查理九世会揭下面具吗？在菲利普二世和他的密探的通信中，贯穿始终的一句话便是"*quitar la máscara*"（揭下面具）。双方都不希望被迫公开宣战。因此，法国国王最好还是一直戴着面具。因为一旦他被迫揭下面具，即明确认可其臣民触及西班牙利益的进攻性行为，西班牙就不得不对这一正式挑战做出回应，为了捍卫"声誉"，必须向法国宣战。[66]这恰恰也解释了西班牙方面对其大使的命令，阿尔伐公爵向苏尼加大使建议道，在尼德兰问题上，应委婉（blandura）、隐晦地向法王和太后陈述不满，以不使其当众颜面尽失（verguença）。[67]若直陈其非，查理九世为了避免蒙受侮辱，则会别无选择，只能被迫承认他向起义者提供的援助。而这对于西班牙而言无异于公开"宣战"（casus belli）。

法西两国暗中较量的微妙之处也正在于此：双方对彼此所掌握的情况了如指掌，但是查理九世却仍然公开否认对尼德兰起义者提供的援助，而菲利普二世也佯装相信法国国王的话。1572年6月1日，西班牙国王明令苏尼加大使："只要（法国国王和太后）不揭下面具，那么我们也不露出真面目，让他们认为我们相信他们。我们要像他们一样隐秘行事，但不要让对方抓到任何明显（más descubierta）的把柄而采取别的行动。"8月2日，西班牙国王在信中更为直白地写道："我们必须让他们相信，对于他们的表演，我们深信不疑（que crean que creemos）"，天主定将助西班牙军队在佛兰德斯大获全胜，法国人则只能被迫放弃他们心口不一的策略，他们的援助也会变得毫无意义。西班牙国王还写道，他曾命令奥地利的胡安从军队中抽调出一个团前往米兰公国，而苏尼加大使应向法王表明这一行动绝不是针对法国。[68]

两国在暗中角力，明处打着幌子，而且默契地互不揭穿。一方站出来辟谣，另一方则心照不宣地接受。人们通常认为，法国没有明确的策略，只是一味举棋不定，优柔寡断。但这种现象实际反映出，查理九世清楚地认识到因形势所迫，没有足够的空间采取行动。[69]

1572年4月伊始，这种态势摇摇欲坠。4月1日，"海上乞丐"

攻占了位于默兹河入海口的布里勒港，随后又占领了弗利辛恩。至此，起义军已经遍布从泽兰到弗里斯兰的尼德兰西北沿海地区。路易·德·拿骚受到胜利的鼓舞，开始在法国寻找支持者。他带着法国国王4月27日的手谕，秘密地从巴黎出发。但同时，查理九世依然继续伪装，他通知法国驻马德里大使——以便其知会菲利普二世，他已下达谕令解除奥伦治亲王弟弟的舰队武装。[70]1572年5月4日，法国国王发出通函，令各地方总督传阅，表明希望与邻国——特别是西班牙——友好相处的愿望，并且要"明令要求（他的）所有臣民、市民与（他的）王国的居民不得暗中与西班牙为敌，不得支持或援助敌人和暴民，特别是反对西班牙国王——（他的）好兄弟——的尼德兰起义者"。[71]

5月23日与24日，拿骚带领一支由佛兰德斯流亡者和主动请缨的胡格诺组成的军队——其中包括弗朗索瓦·德·拉努与让利斯领主让·德·昂热，先后攻占了瓦朗谢讷和蒙斯两座城市。西班牙人于29日夺回了瓦朗谢讷，随后包围了蒙斯。这几起事件在欧洲引起轩然大波。法国国王的臣民已公然跨出国界，与尼德兰起义者并肩作战。而查理九世对此却一再矢口否认。苏尼加大使向他转达了阿尔伐公爵的愤慨，法国国王答道，他并不赞同攻占蒙斯，并且很高兴看到西班牙重新夺回了瓦朗谢讷。[72]法国国王对尼德兰起义者目前取得的微不足道的成绩很是失望，他在6月16日给随身侍从维尔柯的一封信中写道："乞丐的进展越来越糟，蒙斯城中的义军如今也身陷重围，守住城池的希望渺茫。这座城终将落入阿尔伐公爵之手。我们只会看到这次军事行动以失败收场。这是天主正义的审判，惩罚那些胆敢反对自己君主统治的人。"[73]这段话的后半部分所反映的不仅仅是查理九世意图掩人耳目，更暴露出法国国王矛盾的心理。尼德兰为自由而战虽然引起他的同情，但他越来越清醒地看到了起义颠覆性的一面。起义有可能蔓延至他的胡格诺派臣民身上，促使他们拿起武器与自己为敌。

6月5日，皮卡第总督隆格维尔公爵向查理九世表达了他的不安：前往支援蒙斯城的法国军队中的一部分表示"无须对国王负责"。他面对前来见他的军队将领不知该如何作答，因为军中"既有天主教徒也有新教徒"。[74] 这条信息很值得我们注意，因为它表明查理九世应该曾秘密地动员军队新兵，而且还表明对尼德兰进行军事援助对于很多贵族而言——不管他有何种宗教信仰，是一件多么令人振奋的事。彼得鲁奇也注意到了这些人所表现出来的兴奋："这群年轻人斗志昂扬，渴望新事物，是典型的行动派，无法忍受无所事事。"[75] 在英国也有同样的情况：许多人在没有女王公开许可的情况下，"自行"前往弗利辛恩。[76]

让利斯领主成功地避开西班牙人的包围，来到巴黎招募新的力量。西班牙的苏尼加大使相信，让利斯领主从查理九世那里拿到了六万里弗尔。大使在致阿尔伐公爵的一份报告中写道，法国国王和太后仍在继续帮助胡格诺，他们甚至计划截断西班牙军队的海上运粮通道，企图饿死士兵。但他也表示这一切都是在暗中进行的，因为法国国王和太后对此矢口否认（no se desvergonçaran）。[77]

科里尼铤而走险的计划

然而，有一位法国人对本国的这种遮掩政策十分不满，他便是海军上将科里尼。他出于多种考虑，希望法国国王能够公开援助尼德兰。首先，由于具有相同的宗教信仰，他十分同情在尼德兰受到压迫的加尔文宗教友。在他虔诚的内心深处，他自视为"上帝的战士"，与"撒旦的侍从"为敌（他在一封致英国财务大臣伯利的信中使用了这个称呼），坚信应该为取得宗教改革的胜利奉献终身。[78] 在他的头脑里，他强烈希望法国能够一致对外。与此同样强烈的还有他对君主的忠心。如果能够得到查理九世的首肯，他期望能够将这份忠心与对起义者提供的援助协调在一起。华兴汉曾多次与科里尼会面，他将其中一次会谈内容对伯利总结道："他要求我转告您，阁下，他不会为了自身利益行事，而是因为……迫在眉睫的危机已经威胁到所有信仰福音的人……但是，在当前局势下，他预见灾难将降临，若他不竭尽所能使国家免遭不幸，那这无异于背弃上帝和国家，对君主忘恩负义。"[79] 除了这些原因，科里尼支援尼德兰还因为他必须尽到对奥伦治亲王的义务——两人在第三次宗教战争时曾定下合约。所以，他必须抓住一切可能的机会，让国王正式表明态度。

但是，法国国王身边反对的声音十分强烈。三名最具影响力的参事——让·德·莫尔维利耶、加斯帕尔·德·索－塔瓦讷与路易·德·冈萨格于6月19日至26日间在国王的要求下撰写了陈情书，陈述他们的观点。三个人都坚决反对与西班牙的公开战争。科里尼也请人向国王送交了他的理由，所请之人很可能是一位年轻的贵族：菲利普·迪普莱西－莫尔奈。[80] 这也是后者首次登上政治舞台。在6月底至7月12日举行的几次御前会议上[81]，不同观点的交锋最终确定了法国的立场：法国将维持和平的局面。

科里尼力排众议、坚持己见的决心十分强烈。西班牙大使苏尼加记录了这一幕：7月13日，苏尼加向菲利普二世报告称科里尼昨晚"与国王相谈甚久，但没有摘下帽子。交谈过程中，科里尼向国王脱帽行大礼，让人觉得国王似乎已经同意了他的请求"[82]。我们可以想象，在一个任何微小的举动都逃不过别人的眼睛、都会引发议论的环境下，这样的一出哑剧能够产生何种影响。虽然无人能够知晓这次密谈的内容，但科里尼的肢体语言使人对这次会面做出了有利于他的解读。一开始没有摘下帽子或许并不代表他傲慢无礼：彼时的法国宫廷仍处于学习觐见礼节与礼数的阶段，这种"不拘礼"

在别国人看来有些不可思议。[83] 不立即脱帽很可能是科里尼使用的策略，以使他随后脱帽"行大礼"的动作给人留下更深的印象。一些人便由此推断出国王已经同意科里尼领兵出征尼德兰。华兴汉可能也是根据这一幕，在上文引用过的他8月10日的信中写道："不管科里尼是否获得了所需的一切，他至少获得了一部分。"对于科里尼而言，关键是要让别人相信他已经得到国王的首肯，这样也能提高他在所征士兵中的威信。但是，没有任何证据能够证明国王真正同意了科里尼的建议。至少苏尼加就不这么认为："我认为，就法国目前的局势来看，国王是不会同意的。即使他真的支持科里尼，也会采取一直以来的掩饰手段。"他总结道，查理九世不会"揭下面具"，蒙斯的起义军"将会付出代价"。

而胡格诺派的确很快就付出了代价。7月17日，让利斯领主从法国带来的援兵被阿尔伐公爵之子法德里克大败于基耶夫兰附近的圣吉兰。让利斯领主成为阶下囚。从他身上搜出的文件——特别是国王4月27日致拿骚的信函牵连到查理九世。[84] 但是，法国国王早就做好了否认一切的准备：在6月6日就提醒驻西大使圣-古阿尔，如果有人提及被搜出的信函，就回答说这是"欺诈和诽谤，国王实际上从未给（拿骚）伯爵写过任何信件"[85]。法国国王还决定向胜利者的父亲——阿尔伐公爵表示祝贺，但也对他表现出的狂喜表示愤怒。

威尼斯大使米基耶和卡瓦利记录道，科里尼在8月初趁美第奇缺席之际——她去与女儿洛林伯爵夫人克洛德会面，利用查理九世对西班牙的愤恨之情，最后一次努力试图说服国王。他在弗朗索瓦·德·蒙莫朗西的默许下，开始公开募兵。而国王也任其为之。卡瓦利称自己见到了"所有人，包括天主教徒和胡格诺"受此次征兵的鼓舞而流露出的喜悦。[86] 关于战争的流言四起。在萨伏依公爵身边的法国密探皮埃尔·福尔热·德·弗雷内报告了一些令人担忧的传闻：他身边的人都在说，查理九世因西班牙处决了圣吉兰的所有俘虏而大为愤慨，打算像1563年、1568年和1569年那样，出售一部分教会财产补充军用，以对抗菲利普二世。福尔热·德·弗雷内尽全力阻止这些流言四散传播，但他也几乎露骨地批评法国国王迟迟没有下达指示。这很好地解释了查理九世在实施既定计划时遇到怎样的困难，以及他又是为何难以消除在得知西班牙获胜时所感到的深深怨恨。[87]

太后美第奇在得到消息后马上赶回巴黎。国王于8月9日召开了御前会议（可能8日已经召开了一次以做准备）。苏尼加通过热罗姆·德·贡迪得到了一些消息，他在8月10日的信中写道，"这个王国中重要的长袍和短袍贵族"全部出席了会议。科里尼提出带领4000名骑兵、1.5万名步兵出兵尼德兰，但提议未被采纳。会议明确重申法国希望维持和平。苏尼加询问贡迪，法国国王是否允许科里尼向奥伦治亲王提供援助，后者给出了否定的答复。因此，苏尼加向菲利普二世汇报道，一切事实都表明查理九世依然没有公开与西班牙为敌。在8月20日的信中，苏尼加的看法几乎没有改变：即使法国国王有一天会公开宣战，那也要等到第二年春天。在此之前，他会借英国之手与西班牙对抗，等待英国获胜后再正式参战。但是，这个假设几乎不可能成为现实。[88]

尽管提议遭到否决，但科里尼坚持征兵。他通知奥伦治亲王威廉，他将带领1.2万名步兵与3000名骑兵与之会合。[89]彼得鲁奇大使计算了应科里尼的要求而集结的另外两支军队的数量：一支军队由勒泰勒侯爵指挥，包括3000名步兵和1000名骑兵，将穿过洛林；布里克莫领主率领另一支由3500名步兵和600名骑兵组成的军队，前往皮卡第。[90]虽然这一估算有些夸大，但无可否认，科里尼召集的军队人数十分可观。而且，这些军队是由各自的统帅集结的，法国国王实际上对此束手无策。太后美第奇在回答西班牙的质问时或许道出了一部分实情：她向西班牙证实，在香槟招募的士兵已被遣散。但她也补充道，她无法惩罚随让利斯领主出征的幸存者，因为其子的"命令在他的王国内无法像她希望的或是形势所需的那样被所有人服从"[91]。

事实上，这批征召的军队至多得到了国王的默许。苏尼加有理由认为，即便查理九世真的批准了此次征兵，那他也会像之前一样继续隐瞒的，即科里尼与拿骚和让利斯领主一样，根本没有获得国王批准。法国官方依然保持7月与8月在御前会议上的态度。因此，在西班牙人或其他旁观者看来，科里尼无法代表法国公开宣战。这也意味着，"为了消除战争而除掉科里尼"纯属无稽之谈。

此外，仔细阅读苏尼加的信函后，我们会发现，恰恰相反的是，科里尼反而是阻碍战争爆发的因素。我们能够得到以下论据的支持：查理九世之所以不抛下面具，正是因为科里尼。因为一旦爆发公开冲突，科里尼手中便会掌握强大的力量，对王权构成威胁。这从他能够招募的军队数量上便可得到证明。这也是苏尼加大使于1572年8月23日——莫尔韦尔领主伏击科里尼的第二天——在致菲利普二世的信中阐述的内容，称科里尼最好还是能够活下来。只要科里尼活着，那么查理九世就只能被迫采取遮掩的策略，因为正式公开宣战将大幅提升作为军队首领的科里尼的地位，使他成为难以控制的多支军队的领袖，而这于法国国王不利。苏尼加写道："（法国国王和太后）至今之所以没有明确地摘掉面具，很可能是因为他们害怕科里尼和他手下的异教徒拥有比国王更强大的力量。"[92]苏尼加大使在8月31日——圣巴托罗缪大屠杀之后——致阿尔伐公爵的信中更加清楚地重复了这一解释：

（法国国王和太后）无法随心所欲地采取行动。我认为，他们只有摘下面具，才能发动力量用实际行动对抗（尼德兰的）

统治者。虽然科里尼鼓吹战争，但他们不敢完全信任他。在他们眼中，若战争打响，那么科里尼就会成为主宰者（*abía de ser el, el dominante*）。[93]

苏尼加继续写道：而如今科里尼暴毙，我们反而该开始担心法国会公开宣战了。阿尔伐公爵似乎被这番解释说服了，因为他于1572年10月13日承认，**现在**是时候该为法国国王操心了。[94]这一判断或许没有足够的根据，但它证明了上面分析的合理性，即查理九世不公开自己的立场是因为这将赋予科里尼过于强大的力量。所以，西班牙人才会认为科里尼的死于他们无益：它不会让法国继续避免与西班牙产生冲突，而恰恰相反，它打消了法国国王的后顾之忧，让他能够下定决心开战。依据这一论断，西班牙认为刺杀科里尼是避免战争的唯一手段的观点便完全站不住脚了。

此外，一切因素都表明，在亨利·德·纳瓦尔与玛格丽特·德·瓦卢瓦的婚礼前夕，与菲利普二世决裂并不在法国国王和太后的议事日程之上。查理九世正在准备为他的妹妹庆祝婚礼，也希望利用和平来巩固他所期望的王国臣民间的谅解。

"凯旋式"婚礼

但是，这种期望却被蒙上了很多层阴影。第一个重大意外事件是让娜·德·阿尔布雷去世。她成功地完成了关于其子婚事的协商，于4月4日达成协议，并于11日签署了婚约。但是，她一直以来饱受结核病折磨，协商中由于遇到诸多困难而耗尽了精力。她于6月9日与世长辞，年仅43岁。她死后，本应该按照"服丧"的规矩来庆祝婚礼，即不能大张旗鼓，不能举行庆典活动，以示对死者的尊重。然而，这次联姻具有极其重要的政治象征意义，需要大加庆祝。因此，它就成了一次"凯旋式"的婚礼。[95]

因婚姻双方的血亲关系以及信仰不同，婚姻需要教皇的特许。但是，教皇一直拒绝颁布特许令。这成了另一个让人忧心忡忡的因素。孔代亲王亨利与玛丽·德·克莱弗于8月10日在布兰迪昂布里完婚。我们通过这次联姻已经可以看到，在没有教皇许可的情况下，天主教徒中的极端强硬派所表现出的强烈抵触。苏尼加记录道，在签署婚约时，波旁枢机主教责备他的侄子竟胆敢以胡格诺的方式结婚，而且还是在没有获得教皇许可的情况下——玛丽·德·克莱弗是亨利的姑表妹（前者的母亲玛格丽特·德·波旁是后者父亲孔代亲王路易·德·波旁的姐姐），因此需要教皇许可。亨利答道，除国王之外他不需要获得任何人的许可。波旁枢机主教听罢便拂袖离开。波旁家族年幼一支的代表蒙庞西耶公爵路易*也是一位狂热的天主教徒，他对查理九世出言不逊（*muy pesadas palabras*），并与涅韦尔公爵和吉斯公爵一同离席而去。国王参加了两人的结婚典礼，但是天主教一方的首脑全部缺席。[96] 宫中的所有胡格诺纷纷前往布兰迪昂布里参加婚礼，但巴黎市民对此疑虑颇多：他们要讨论何事？彼得鲁奇认为他们将进行密谋，并希望这件事不会引发新的骚动。[97]

人们在一段时间内相信了法国驻罗马大使轻许的诺言，认为教皇马上就会颁布对亨利·德·纳瓦尔与玛格丽特·德·瓦卢瓦联姻的特许，但是他们的希望很快便化为泡影。[98] 不过，教皇提出了颁布特许的条件：纳瓦尔国王亨利必须皈依天主教，但可以暂时保密。既然教皇并非无条件反对，那么法国国王与太后就还有一丝行动的

---

* 蒙庞西耶公爵路易属于波旁家族始祖路易一世（1272—1342）的次子、拉马尔什伯爵雅克（1315—1363）的后裔，因此称他所属的"拉马尔什-旺多姆"是年幼的一支。亨利·德·纳瓦尔同属该支系。

余地，人们也会以为谈判仍在继续进行。[99]8月14日，太后美第奇下令，在18日前封锁来自意大利的所有信件，以防止收到教皇的一纸正式禁令，让法国王室坚持不懈的努力功亏一篑。[100]太后打算"先斩后奏"，希望教皇格里高利十三世看到既成事实，于事后将婚姻合法化。这是一场危险的赌博：同意参加婚礼的高阶教士有可能会被逐出教会，并因此需要请求教皇赦罪。亨利坚持婚礼要由他的叔叔——波旁枢机主教主持，但后者有些担惊受怕。他在圣日耳曼德佩修道院内闭门不出，这让查理九世心慌意乱。太后美第奇、加斯帕尔·德·索-塔瓦讷、阿尔芒·德·贡托-比龙、国务秘书维勒鲁瓦侯爵接二连三上门造访才使他在最后关头同意回到宫中。[101]

1572年8月18日举行的婚礼仪式反映了上述问题。巴黎圣母院旁主教府门前搭建了一条长廊，通向在圣母院门前搭起的一座台子。台子很高，人们可以看到台上将要举行的仪式。所有的嫡亲王、法兰西元帅以及王国的显贵结成华丽的队伍，带领着这对未来的夫妻登台——此时，波旁枢机主教已收到教皇的特许。一位没有留下姓名的新教徒记录道，查理九世、他的兄弟纳瓦尔国王以及孔代亲王都身着相同的缀有珍珠与宝石的镶金边淡黄色缎面礼服，象征着兄弟间的团结。但是，纳瓦尔国王的胡格诺随从却都穿着"普通"的衣服，以示对天主教领主"披金挂银、遍身宝石"的反感。[102]亨利·德·纳瓦尔没有参加仪式后举行的弥撒，带着手下的贵族返回主教府。玛格丽特身穿一袭绣有百合花的紫色天鹅绒长裙，披着一件同样材质的厚重皇家礼袍，与她的哥哥安茹公爵亨利参加了弥撒。当时宫中受邀的22名教士中，有9名未出席婚礼仪式。[103]本应记录巴黎高等法院法官出席情况的《巴黎市政府会议汇编》(*Registres des délibérations du Bureau de la Ville de Paris*)中虽然没有记录，但并不能证明法官一定没有出席婚礼。[104]外交人员的出席情况同样也不确定：西班牙大使拒绝出席，但是他确认费拉拉、佛罗伦萨与威尼斯的代表参加了婚礼。但这与乔瓦尼·米基耶的记录相左。[105]

许多旁观者对这次婚礼充满敌意。上述的那名新教徒就丝毫没有掩饰自己对婚礼中宗派"混杂"的强烈反感,"许多人对此的惊讶程度都近似或不亚于对后来大屠杀的反应"。[106] 巴黎大部分天主教市民表现出更加明显的愤怒情绪,一方面,他们对加斯蒂纳十字架这个苦涩的"耻辱事件"记忆犹新;另一方面,他们对这场"混杂婚礼"的愤恨在宣道者浓浓敌意的煽动下变得越发强烈。

巴黎城中局势紧张还有其他一些原因。巴黎高等法院法官的不满所造成的政治后果尤为严重。自1570年秋,法官与王权发生了若干次冲突。法官不希望自己的工作被局限于伸张正义。他们负责登记敕令,拥有敕令审查权的他们需事先确认敕令文本是否符合王国的传统,并在必要时递交谏书。因此,他们有权暂缓登记。而国王常常对此颇不耐烦,独断地强制要求执行他的谕令。高等法院的法官曾反对过查理九世为解决国库空虚而采取的财政应急之计,特别是为卖官鬻爵增设职位——这定有损于旧有官职——与增加税收。而宗教问题对于两者间的不和更是火上浇油:许多法官反对圣日耳曼敕令规定的政治宽容政策。双方的矛盾于1572年8月16日——纳瓦尔国王婚礼的两天前——达到顶点,巴黎高等法院当日被迫登记了一份有损检察官利益的财政敕令。[107]

法国的财政困难也激怒了巴黎民兵。巴黎的民兵组织于1562年6月重建,由巴黎各大家族的首领组成。在危急时刻,民兵将会作为负责巴黎城防的正规军的补充参战。民兵对胡格诺怀有强烈敌意。同时,他们对巴黎不断增加的税收也怨声载道:1571年,巴黎被要求支付30万里弗尔的"无偿捐赠"(最终削减至25万里弗尔);1572年4月,国王宣布当年巴黎还需上缴20万里弗尔,1573年需上缴10万里弗尔。[108] 让巴黎市民更加义愤填膺的是,这些钱原则上本应用于支付给雇佣兵，但人们认为其中一部分花在了与西班牙对抗上，即被用于削弱天主教的力量。

婚礼举行时正值夏日，酷热难当，人也变得更加容易亢奋。此外，8月出现的粮食供应困难让本已十分复杂的局势更加危急。1571年与次年农作物收获期之间出现了一段青黄不接的时期。谷物价格飞涨至极为危险的程度：1塞提埃（约合156升）小麦的价格从7月2日的7.5里弗尔涨至8月20日的9.33里弗尔。[109] 巴黎市民看到统一的宗教信仰已被打破，局面无法挽回，本已感到忧心忡忡的他们现在还得为每日的面包担心。

但是，这些凶兆与围绕婚礼举行的一系列富丽堂皇的庆典间的鲜明对比会令人惊讶万分。这些庆祝活动是否反映出对现实危机的无视或是无知？法国国王与太后丝毫没有计较婚礼仪式的花费。所有的旁观者都用文字记录了令人目眩神迷的舞会与宴饮、奢华又饱含寓意的装饰与华服、悦耳动听的歌声与诗朗诵，以及各种巧夺天工、让人眼花缭乱的装置。这一切围绕婚礼殚精竭虑钻研出的设计都是为了将人们的想象变成现实：一架架装饰得华丽异常的彩车载着各海神或帕纳塞斯山上诸神；一个饰有黄道十二宫、七颗行星与无数星辰的轮盘不断滚动，象征天体的运行；香榭丽舍*的花园中花瓣遍地，居住着仙女；骁勇的战士护卫着天堂，与地狱一河相隔，卡戎的船在河中航行。这些布景创造出了想象中的世界。

虽然时值法国财政危机，但如此这般的铺张挥霍却有着明确的艺术、政治与形而上的目标。与瓦卢瓦家族的其他庆典一样，玛格丽特的婚礼也是一件苦心孤诣的艺术作品，运用并结合了音乐、诗歌、绘画、建筑与舞蹈等诸多手段。它显示出宫廷的一种偏好，即

---

* 法文中，"champs Elysées"即希腊神话中的"Elysium"，意为"福地"。在指巴黎的地名时，多取其音译名"香榭丽舍"。

向众人展示他们在美学上的享受，以及与在他们庇护下的艺术家之间的特殊关系（王室成员与宫中的主要宫臣在庆典中既是表演者也是观众）；它还表达了一种教化的意图，庆典中所选择的主题用于体现国王的宽容，传达他赞美和解的愿望：这十分明显地体现在8月20日小波旁宫中举行的表演上。国王与他的两个弟弟扮演天堂守卫，将由亨利·德·纳瓦尔带领的天主教与胡格诺"游荡骑士"从地狱中解救出来。一幅和谐世界的画面由此呈现在观众面前。一切宗教狂热与政治纷争都消弭于无形，等级与特权得到保证，人们拥有着同样的价值观。另外，奢华本身就具有教化意义：对国王而言，它代表着手中拥有的财富。一种颇为普遍的观点认为，大肆挥霍是伟大与力量的象征。像这样的慷慨能够给他国观众留下深刻印象，重振具有象征意义的一国之都的声誉，促进贵族对国王的拥戴——能够辅佐一个阔绰的主人是他们的光荣。

此外，婚礼仪式将产生一个充满魔力的结局，这或许才是最为重要的一点。8月20日的娱乐活动可能是让-安托万·德·巴伊夫和若阿基姆·蒂博·德·库维尔两人编排的。他们在查理九世的支持下创建了诗歌与音乐会社，并在诗歌上有很深的造诣，为后人留下了许多关于"古代音步诗体"的诗歌研究。这种诗体中每一行诗的音节根据长短与不同的音符相对应。由此创作出的音乐节奏与诗歌的韵律相吻合。他们认为能够为听众创造出一种类似古代音乐，特别是传说中俄耳甫斯的音乐所创造的"效果"。当时的作曲家深受佛罗伦萨伟大的新柏拉图主义艺术家马奇里奥·斐奇诺的音乐理论影响，认为"古代式"音乐通过模仿天体运行之和谐，能够捕获星辰之力。8月20日，在香榭丽舍中转动的饰有行星的巨大轮盘并非仅供娱乐的装置艺术作品，它能够使人联想到天空的旋律。著名的阉伶歌手艾蒂安·勒·鲁瓦扮演墨丘利，他的歌声与之呼应。轮盘还象征着可被音乐捕获的星辰之力。音步诗、音乐、星辰运行的协调统一及其运行轨迹划出的几何形状就像护符一样，能为法国带来吉祥。[110]

所以，婚礼庆典所反映的绝非对当时法国所处困境的无视。恰恰相反，它是一种运用艺术的魔力来祛除邪恶力量的手段。庆典活动将基督教与神话因素紧密地融合在一起，试图以咒语般的力量来重塑现实。

* * *

随着局势不断恶化，企图用婚礼庆典改变现实的做法表面看来无济于事。然而，它让温和派天主教徒，甚至许多新教徒的信心重燃。1572年2月，当时身处布尔热的新教徒法学家弗朗索瓦·奥特芒称王室婚礼的公告是"对善人而言的重大喜讯"。[111]特鲁瓦的一名新教徒尼古拉·皮图表达了他的教友们在8月18日后产生的喜悦之情，他们"看到纳瓦尔国王与法国公主的婚姻后，希望新教能够日益昌盛，而婚礼（表面上）就是国王善待新教徒的保证"[112]。联姻虽然激起了人们的激情，但同时也唤醒了人们对未来的憧憬。

第三章

打破和平的谋杀

1572年8月22日，星期五，早晨的突发事件打破了持久和平的梦想。科里尼在回家途中遭伏击，被一发火枪子弹击中。

科里尼遇刺与两天之后发生的大屠杀在时间上非常接近，这一点在当时的人们和之后的历史学家脑中都留下了深深的烙印。随后发生的圣巴托罗缪大屠杀影响了人们对8月22日科里尼遇袭事件的看法。人们很难否认24日清晨科里尼被杀事件不是22日遇刺事件的延续，也很难否认两次事件不是受同一人指使。然而，这两件事的关系绝非像人们想象的那样显而易见。为了弄清事情的来龙去脉，我们有必要将科里尼遇刺事件从中独立出来，把随后发生的大屠杀暂时搁置一旁，排除那些事后做出的解释，来试图清晰梳理与这一事件相关的所有因素。

伏击

许多对科里尼遇刺的记述都不是目击者完成的——除了雅

克·帕普。他是圣欧邦领主，枪响时他就在受害者旁边。但是，这个忠诚的随从在很久以后撰写的《回忆录》（*Mémoires*）里，却主要记录了他和瑟雷领主勒内·德·瓦勒塞尔格参与的徒劳无功的追捕行动。[1]当时身在巴黎的外交人员——如教廷大使萨尔维亚蒂、大使彼得鲁奇、米基耶、苏尼加、佛罗伦萨医生卡夫里亚纳和西班牙的大臣胡安·德·奥拉埃圭——向各自国家送出的快报提供了更为详尽的信息。此外，我们能够从案发时身在巴黎的人的回忆录中搜集到一些有用的信息——尽管回忆录的撰写时间晚于所描述事件的时间，譬如国王秘书朱尔·加索的《简略回忆录》（*Sommaire Mémorial*）、圣巴托罗缪堂区神父让·德·拉福斯以及来自蒂罗尔的吕克·盖泽科夫勒的回忆录。《科里尼生平》（*Vie de messire Caspar de Colligny*）一书也为我们提供了一些资料。该书作者很可能是弗朗索瓦·奥特芒，他声称自己的信息来源于科里尼的一位朋友，后者在昂布瓦斯·帕雷为科里尼做手术时扶过他的手臂。[2]

　　虽然这些原始资料定会在细节上稍有出入，但我们也可以确定一些事实。8月22日早晨，安茹公爵在国王缺席的情况下主持了御前会议。会议结束后，科里尼在12至15个贵族的陪同下，步行离开了卢浮宫，边走边阅读信件。约11时，他途经波旁门（波旁宫和安茹公爵府邸之间），来到位于布利街（现在的海军上将科里尼大街）上一所房屋附近。这是欧塞尔圣日耳曼教堂议事司铎的居所。[3]凶手埋伏在房屋里，靠着窗户，隐藏在晾晒的衣物后面。[4]不知为何，科里尼在枪响时恰好做了一个意外的动作（卡夫里亚纳认为，科里尼想调整一下他牵着的骡子；让·德·拉福斯则认为科里尼是在转身吐痰）：火枪子弹未能正中胸膛，而是打掉了他右手的一个手指并击穿了左臂。[5]

　　科里尼指了指射出子弹的窗户，护卫迅速冲了过去。但是，凶手已从后门逃走，地上扔着一把仍在冒烟的火枪。凶手事先已经做

第三章　打破和平的谋杀

好了逃跑的准备。他跨上在后门备好的马，一路疾驰至圣安托万城门，在那里更换了坐骑——苏尼加认为凶手换了一匹突厥马，成功逃脱。[6]圣欧邦领主和瑟雷领主参与了追捕行动。他们在沙朗通抓到了凶手的一个同谋——那人正牵着马，准备为凶手更换坐骑。但是，凶手已经逃之夭夭，藏身于沙伊领主在科尔贝附近的城堡中。高高升起的吊桥和城墙上探出的火枪让追捕者望而却步。[7]

　　开枪的凶手究竟是谁？他的身份一度成谜。根据苏尼加的记录，流言最初认为凶手是国王近卫队中的一名弓箭手；而卡夫里亚纳则认为，凶手是太后近卫队中的士兵。然而，矛头很快指向了莫尔韦尔领主查理·德·卢维耶——被抓到的同谋是他的叔叔乔治·波斯特尔的仆人。他本人后来也四处吹嘘是他开的枪。莫尔韦尔领主来自尔普瓦的一个相对富足的新晋贵族家族，在默伦、枫丹白露和普罗万之间的三角区域拥有多处领地和土地。他在刺杀科里尼之前过着冒险家般的生活，只为眼下利益而非宗教原因选择阵营。他最初是弗朗索瓦·德·吉斯公爵家族中欧马勒公爵手下的一名侍从，后因一件谋杀案而被迫逃离。在此之后，他加入了孔代亲王的军队。但他再次犯案，不得不又一次改变阵营：1569年10月7日，在第三次内战期间，他用手枪打死了穆伊领主阿蒂斯·德·沃德雷——科里尼的一个副官。在传统史学编撰中，他那时的真正目的被认为是杀害科里尼，但他未能得手，便退而求其次，杀害了科里尼的一个亲信。这次谋杀看上去是一件经过周密筹备，因个人恩怨而起的仇杀案。穆伊领主是香槟地区的望族——拉吉耶家族手下众多贵族集团中的一员，莫尔韦尔领主同这个家族有亲戚关系。但这一亲属网络中，宗教分歧和残酷的内部争斗并存。[8]科里尼发誓为他的副官报仇，所以，杀害穆伊领主的凶手只得加入安茹公爵和吉斯家族的阵营。

　　因此，我们有必要提出这样的假设：由于科里尼的势力因其在御前会议中的地位而日渐强大，莫尔韦尔领主在 8 月 22 日是不是想通过除掉他来避免可能针对自己的报复行为呢？蓬波纳·德·贝利埃弗尔就是这种假设的支持者。圣巴托罗缪大屠杀后，在巴塞尔举行的天主教教务会议上，他为了证明法国国王无罪，这样来介绍这位凶手：

> 他是一个富裕的贵族，只是出于个人利益才做出如此行为。他以果敢、大胆和心狠手辣而闻名。此人便是在万军丛中杀害穆伊领主的凶手。自上次和平协议签署以来，此人便一直被海军上将追捕，生命与名誉受到威胁……原因便是此案……一个如此果敢的人被逼到这般绝望的境地，完全无须吉斯领主或任何其他人的意见来劝说他采取报复行动，从他在穆伊领主的地盘上的大胆行径便可见一斑。[9]

莫尔韦尔领主最终还是为杀害科里尼的副手付出了代价：1583 年 4 月 14 日，他被穆伊领主的儿子重伤致死，而后者也与他同归于尽。皮埃尔·德·莱图瓦勒在他的日记中写下了下面这段祭文："莫尔韦尔领主暴亡，夜幕降临，众人对其恨之入骨，无人悼念。那些支持并资助他的亲王们依然健在，即便这些人也会对他的毙命称快，因为他们不再恐惧，如释重负。"[10]

然而，刺杀科里尼行动的每个环节都经过了周密的布置，因此它不太像是一个孤立事件，同时也表明它不是一个简单的私人事件。在凶手开枪的房屋里，人们抓到了一个女仆和一个仆役，由此得知这个住所曾经被议事司铎皮埃尔·德·皮莱·德·维勒米尔租下（当时并不在）。他曾经是吉斯公爵亨利的家庭教师，也是洛林家族的忠臣、枢机主教佩尔韦的管家（佩尔韦当时和洛林枢机主教同在罗马）。人们还发现，把莫尔韦尔领进屋子的人是沙伊领主弗朗索瓦·德·维利耶。后者是法国国王的内侍总管，同时还是吉斯公爵的事务总监（据圣欧邦领主的叙述，凶手在行刺后藏在他的城堡中）。维勒米尔和沙伊领主是亲戚——连襟或是异父或异母兄弟，同拉吉耶家族也有亲戚关系。此外，他们都是吉斯家族的门客。[11]由此产生的一系列推测都表明吉斯家族才是科里尼袭击案的真正幕后主使。

科里尼被送回位于贝蒂西街的府邸（这条街现在已成为里沃利街的一部分），由前来的著名外科医生昂布瓦斯·帕雷为其疗伤。医生一度认为必须截掉科里尼的左臂才能保全他的性命，但科里尼坚决反对。查理九世得知科里尼遇刺时正在同吉斯公爵亨利打网球。据大使苏尼加和米基耶记载，国王顿时脸色煞白。蓬波纳·德·贝利埃弗尔记载道：国王怒气冲冲地将球拍远远地扔了出去。[12]苏尼加写道："近卫队队长很快带领着整装待发的近卫队（这在当时并不合常理）抵达，把所有人都赶出宫殿。吉斯公爵陪同国王，在近卫队的护送下回到卧室。"国王采取了多项安全措施：巴黎城只开放两个城门，其余全部关闭。巴黎市长和市政长官派驻士兵和市民自卫队守卫城门，号召市民保持冷静，并命令那些得知袭击案后擅自关门的商家重新开张营业。[13]

纳瓦尔国王和孔代亲王前往宫中要求查理九世主持正义。查理九世向他们保证严惩罪犯，并成立一个由巴黎高等法院院长克里斯托夫·德·图领导的调查委员会。当天下午，国王在太后、他的兄弟们和几个宫中重臣的陪同下，来到海军上将的病榻前探望。国王建议科里尼听从命令，转移到卢浮宫去。据弗朗索瓦·奥特芒的记录，国王向科里尼说道："过分激动的市民可能爆发骚乱，令人十分担忧。在巴黎这样一个如此疯狂、混乱的城市中，难免会出现一些骚动事件。"[14]科里尼拒绝了国王的建议，这或许是因为医生的意见——认为此时移动病人是十分冒险的行为。据卡夫里亚纳的记录——他的记述被奥特芒搜集的文字记载所证实，科里尼试图利用这个机会最后一次劝说国王公开介入尼德兰事务。在他看来，这是避免新一轮内战的唯一办法。但是，查理九世却没有做出答复。[15]

在上述记录中，国王提到的危险是真实存在的：整个首都被神父的布道搅动得躁动不安，强烈的反胡格诺情绪爆发出来，科里尼的处境岌岌可危。遇刺当天的早晨，科里尼居然敢在如此薄弱的护卫之下，徒步走在巴黎狭窄的街道上，这种轻率的举动让人震惊。他于6月6日同意回到巴黎时就应该明白，他的生命安全在巴黎定将受到威胁。1571年9月12日他第一次同意返回宫廷时尚无如此之大的风险，因为他返回的是宫廷当时所在地布卢瓦城堡，而不是一个尽是满怀敌意的天主教徒的大城市。布莱兹·德·蒙吕克就对科里尼的所作所为表示惊讶。在他看来，海军上将来到巴黎"蹚浑水"是个错误："我很惊讶，一个别人眼中如此谨慎聪明的人竟然犯了如此大的错误。他为此付出沉重代价，赔上了自己的性命，也搭上了其他几个人的命。"[16]佛罗伦萨大使西吉斯蒙多·卡瓦利持相同观点："海军上将这个老狐狸，居然做出了自投罗网这样的大蠢事。但是，我敢肯定，他一定是自以为赢得了国王的充分信任，便觉得可以高枕无忧。"[17]

多项史料记载，科里尼曾多次收到危险警告，而他却置若罔闻。这些史料是否可信呢？皮埃尔·德·莱图瓦勒讲述了沙蒂永地区一位农妇的生动故事：在海军上将准备上马赶赴巴黎时，农妇跪倒在他腿旁央求他不要离开，称他和随行人员都将丢掉性命。[18]根据雅克—奥古斯特·德·图的描述，科里尼收到多方劝谏，让他不要住在王宫，否则国王会把他当作"瓮中之鳖"。但是，科里尼用对查理九世坚定不移的信任回击了这些不祥预言。[19]新教方面的文献也提及了这类警告，以证明王室蓄谋已久。

然而，我们很难确定上述建议的真实性。关于其他重要人物遇刺事件——如吉斯公爵在 1588 年、亨利四世于 1610 年遇刺——的记述中也多次提到被受害者忽视的警告。但这仅仅是叙事手法上的夸张，目的是将一个不平凡人物的遇害归结于悲惨的命运，并由此增加死亡引起的饱含敬意的恐惧感。在对科里尼之死的记述中，尤其在胡格诺派编撰的历史中，这类反复的警告发挥的就是这种作用。奥特芒在《加斯帕尔·德·科里尼的一生》(La Vie de messire Gaspar de Colligny) 中写道："他相信国王的善意和承诺，他的女婿泰里尼也一直让他更加坚信这一判断。他本能够洞悉一切，但在这件事上却被一种我所不知的命运遮蔽了双眼。"[20] 海军上将对周围人的预感不屑一顾，这种做法让他成为一个令人同情的受害者。在阴险的诡计面前，他只有把自己单纯的信任当作回击的武器。奥特芒补充道："面对这一切，海军上将毫不畏惧，一如往昔，始终坚韧不拔，对国王的善意深信不疑，对危险的警告置之不理。"不过，同为胡格诺的拉于格里在后来写成的《回忆录》中提到，海军上将对未来的命运有过悲观预计，但他愿意为其捍卫的事业献出生命："他那时便下定决心，等待上帝对他的安排。他坚定地说道，如果走到这一步，他的热血将会是一种比武器更为有效的手段。"[21] 他便这样义无反顾地选择了殉教者的命运。

拉于格里将科里尼的事迹书写成圣徒传记的意图十分明显。而他同时提到科里尼对王命的"信念"也不无道理。科里尼受查理九世之邀返回巴黎。他深知指责国王等同于蔑视王权。他将保护自己的希望寄托在他人身上，指望这些人懂得尊重宾客之道，维护王权尊严。但是，国王显然不确定自己是否有能力控制住民众。他承诺派遣一队火枪手守卫在科里尼住所的门口，并命令负责住宿的司务长将主要的新教贵族聚集在距科里尼府邸最近的地方。[22] 国王还向各地方总督发出通牒，通告刺杀事件，宣称将严惩凶手并再次公开要求遵守和平敕令。[23]

采取了这一系列措施后，暗流涌动的 8 月 22 日总算过去了。

幕后元凶无迹可寻

科里尼的突然遇刺让众多旁观者一头雾水。在他们笔下出现了许多假设，推测刺杀案幕后主使的身份。科里尼和他的同伴指控吉斯家族。据大使乔瓦尼·米基耶所言，"所有人"都持这个观点。在致法国驻英大使拉·莫特－费奈隆的信中，查理九世将这一事件归因于"他（科里尼）和吉斯两个家族交恶"，并疾言厉色地补充道：他将保持警惕，不让他的臣民介入这一特殊矛盾。[24] 在苏尼加看来，科里尼遇袭是国王下的命令，但为国王出谋划策的是太后，她在得知科里尼中枪后面无表情。[25] 吉斯公爵宣称此次谋杀是"阿尔伐公爵设下的陷阱"[26]。彼得鲁奇更为谨慎，仅仅转述了各种流言：有人称这个案件是吉斯公爵亨利下的命令；另一些人说王室策划了整个案件，但是国王并不知情；还有一些人认为，嫌疑人是洛林枢机主教，他同萨伏依公爵勾结，雷斯伯爵和西班牙国王的密探也参与其中，而吉斯公爵和欧马勒公爵并不知晓。有人还提到吉斯公爵弗朗索瓦的遗孀、内穆尔夫人*也参与了谋杀，凶手开枪时所处的那所房屋最初属于她，后来被她闲置了，凶手才得以进入。据阿朗松公爵身边的一位匿名者称，是内穆尔夫人的专职司铎故意将凶手领进房屋的。[27] 彼得鲁奇还提到，雷斯伯爵的岳母当皮埃尔夫人可能为了萨伏依宫廷的利益也参与进来。彼得鲁奇解释道，萨伏依公爵埃马纽埃尔－菲利贝尔是查理九世的姑姑玛格丽特·德·弗朗斯的丈夫，他是一位狂热的天主教徒，并不喜欢科里尼，在海军上将与昂特勒

---

* 即安娜·德·埃斯特，在吉斯公爵弗朗索瓦 1563 年死后，于 1566 年改嫁内穆尔公爵雅克，因此被称为"内穆尔夫人"。

蒙女伯爵雅克琳娜再婚后尤甚（萨伏依公爵和雅克琳娜在他的公爵领地上有财产纠纷，在后者丈夫去世后将她监禁）。[28]卡夫里亚纳记述了另外一种猜测，他确信"最聪明的人"能够看出安茹公爵亨利插手了此案。[29]佛罗伦萨人托马索·萨塞蒂也认为后者才是元凶，国王、太后、涅韦尔公爵路易·德·冈萨格是他的同谋。[30]

旁观者提出了如此多的嫌疑人，却又拿不出确凿的证据，说明他们并不确定自己的判断。伏击事件发生得如此突然，又是如此胆大包天，让人不由得捕风捉影，散播流言。这一系列与当时局势利害攸关的事件将众人情绪鼓动到极点，让当时的人不禁产生幻觉，或是遮遮掩掩，使真相更加模糊不清。面对这种困难，历史学家手中的唯一武器便是在可信度原则的指导下，对这些含糊其词的原始资料进行分析。

如果对史料进行表面的分析会得出吉斯家族是幕后元凶的结论。所有证据似乎都可证明这一结论：射出火枪子弹的房屋，莫尔韦尔、维勒米尔和沙伊领主都属于吉斯家族的门客网络。吉斯家族的动机也十分明显：为吉斯公爵弗朗索瓦报仇——他们一直将1563年波洛托·德·梅雷暗杀吉斯公爵一事归咎为科里尼的阴谋。但是，所有证据的矛头指向完全相同，令人不禁生疑。一连串接踵而至的证据被认为是事先谋划好的，目的是煽动胡格诺派对吉斯家族的愤怒，进而破坏和平。最近的一部查理九世传记的作者就得出了这样的结论："维勒米尔家族不仅不会牵扯到洛林家族，反而洗脱了后者的罪名。"这个论据也可以从另一个角度来看："……我们可以反过来思考，如果这真的是一起仇杀案，那么复仇者一定会留下姓名，不会让人们对幕后指使有任何猜疑。"[31]然而，对于吉斯家族而言，选择这个时候复仇是一个极其冒险的举动。乔瓦尼·米基耶大使持之有故，做出了相同的推断：

正如我之前所言，对于将这起伏击案归罪于吉斯公爵的说法，我们可以确定，吉斯对此一无所知。他不会胆大妄为至此，在国王面前采取如此极端的手段，否则这不啻于对国王的侮辱。国王当时可能假装没有受到侮辱，但之后不会善罢甘休。吉斯和他的家族将难逃厄运，被罢黜出宫，失去国王的宠幸。[32]

我们可以回想，圣日耳曼敕令签订之时，吉斯家族正处于失宠期。他们重新回到宫廷，直到1572年夏初才重获国王的相对信任，而这一丝信任还十分脆弱。[33] 对他们而言，采取必然会冒犯国王的行动，破坏这种脆弱的信任是危险之举。而且，国王十分看重自己的人主"威严"，不会对这种事视而不见：关于这一点，弗朗索瓦·奥特芒记录的被认为是查理九世讲过的一段话很可能确有其事（国王曾对科里尼说道："对你而言，这只是一个伤口，但对国王而言，却是奇耻大辱"）。[34] 人们还怀疑过当时身在罗马的洛林枢机主教。彼时流传着关于他的一些负面流言，在8月24日的圣巴托罗缪大屠杀之后，更是传出了令人毛骨悚然的流言。彼得鲁奇记述道："人们信誓旦旦地告诉我，吉斯公爵令一名骑士将海军上将的头颅和双手送至洛林枢机主教处。"[35] 科里尼8月24日遇害后，尸体于清晨时分被抛出窗外。上文中提到的那位斯特拉斯堡市民的描述是"头颅被摔得粉碎"——时值盛夏，场景更加惨不忍睹。科里尼的头颅随即被人割下带走。国王认为这颗头颅可能会被送往罗马，便令里昂总督芒德洛沿途拦截。芒德洛于9月5日报告称，吉斯公爵亨利的一名骑士曾经过他管辖的城市，但当时尚未接到国王的命令，因此并未将其逮捕。[36] 萨伏依公爵身旁的法国密探福尔热·德·弗雷内注意到，9月10日时，"宫中某位领主的一位名叫克勒莫努瓦的仆人经过此处前往罗马"。这个仆人乘坐一辆由四匹驿马拉的马车，谨慎地把守着两口大箱子，小心程度令人颇感怪异。其中一个箱子里可能便藏有科里尼的头颅。不幸的是，他被放行通过，未被搜查。[37]但是，另有史料称，装有死者头颅的包裹被送至身在尼德兰的阿尔伐公爵处……[38]把这个"战利品"的收货人判定为8月22日凶杀案的幕后主使，这种论断似乎站不住脚。[39]对于洛林枢机主教而言，他不太可能采取有碍于巩固家族宫中地位的行动。从上文引用过的他的信件和由佩德罗·德·阿吉隆记录的波旁枢机主教的言辞中，我们可以清楚地看到他渴望重获重用。[40]至于吉斯公爵亨利，无论他多么痛恨科里尼，大概也不会背信弃义地破坏他刚刚在国王的要求下与科里尼达成的公开和解。

* * *

对于上述推理，仍存在一种不可忽视的反对意见：如果唆使洛林家族采取这一行动的是比他们地位还高的人，那他们便可化险为夷。如今一些历史学家正是持这一论据，仍坚信科里尼袭击案的直接动机是复仇。[41]如此便牵扯到太后，甚至国王本人在此次事件中的责任。

太后卡特琳娜·德·美第奇一直是人们非议的对象。自1559年亨利二世去世后，她一直活跃在政治舞台。长子弗朗索瓦12岁即位，仅仅当了一年多国王。查理九世在继承王位时年仅10岁。1572年，国王成年，渴望摆脱母亲的监管。然而，各国大使不会胡言乱语：太后的影响依旧举足轻重。那些相信这是一起有预谋的袭击案的天主教徒旁观者会自然而然想到太后，认为只有她有能力策划这样一起谋杀。威尼斯大使乔瓦尼·米基耶怀着对太后的无比崇敬描绘出她的形象：

每时每刻，她都表现出自己是一位心思缜密，甚至是最为缜密的女人。她的思想和判断比任何一个我们能想到的女人都要敏锐。无论是法国还是其他任意一个王国或大国的事务，她都了然于胸。因此，她几乎无须参事辅佐。她懂得利用占据整个王国的吉斯和波旁（蒙莫朗西的同盟）这两大家族间的不和与公开的仇恨，在动乱和内战中运筹帷幄，并一直保持着对两大家族的至高权威。[42]

这位威尼斯大使对卡特琳娜·德·美第奇掌控一切的才能崇拜得五体投地。因此，在给威尼斯总督的信中他这样描述也不足为奇："因此，殿下应当知道，整个事件从头至尾都是太后的手笔，她一手布置、策划并成功实施了这一计划，只有她的儿子安茹公爵参与了计划。"[43] 她的动机是对胡格诺派的仇恨，因此想除掉科里尼。

这一对事件的重构虽然有理有据，却不太可能是事实真相。这样的假设同我们所知的太后为和解与和平所做的努力背道而驰。她的女儿同纳瓦尔国王的婚姻本会成为这些努力的完美句点。而谋杀科里尼却是在否认圣日耳曼敕令颁布后国王苦苦追求的臣民间和解的目标，这无异于宣告直至彼时所有政策的破产。[44] 谋杀发生的前一天，卡特琳娜·德·美第奇想的只是使谈判继续，完成其子阿朗松公爵弗朗索瓦与英国女王的联姻。这一天，她致信伊丽莎白女王，提议双方在位于两国中间的拉芒什会面："我们选择天朗气清、静谧安宁的一天，在布洛涅、加莱或多佛尔进行商谈……"[45] 为了促成这次会见，她笔下描绘出一片平静和谐的景象，体现出她的和平诉求，也反映了她一直以来调和各方矛盾，在敌对势力间进行联姻而非倾向于血腥暴力的渴望。此外，太后于22日也正忙于处理自己的财产问题。她致信托斯卡纳大公，谈及对美第奇家族财产的继承权问题。[46]

此外，人们经常提到，太后插手袭击案也有另一动机：海军上将似乎控制了国王的思想，太后对他十分嫉妒。我们注意到，太后的嫉妒本身已成为一个历史事实，在历史学家的笔下等同于"路易十四的骄傲或波拿巴的野心"[47]。这点或许不无道理。但是，我们也不可高估科里尼在国王决策中发挥的作用。一些旁观者（教廷大使萨尔维亚蒂、大使苏尼加）的记述为嫉妒论提供了素材，但他们多被查理九世对科里尼表现出的支持态度所迷惑，没有认识到，在所有迹象都极富深意的宫廷中，这种态度只是为了安抚新教徒，是促成和解局面必不可缺的外部表象。卡特琳娜·德·美第奇有时候不免对此感到担忧。然而，8月9日召开的御前会议已做出决定，明确否定科里尼主张的干涉尼德兰的政策。国王显然不会再发动这场太后极力反对的战争。此时，卡特琳娜·德·美第奇已再无嫉妒的理由。正如苏尼加自己所言，此次会议后，太后对热罗姆·德·贡迪表示自己在这件事上再无须担心。[48]可信的文本和事件中也没有任何可以支持太后为幕后主使这一论断的依据。

那么，有无可能是国王在8月22日下令杀害海军上将呢？相同的论据可以推翻这一假设。1570年以来，查理九世一直渴望和解，与太后抱有同样期望，这点毫无争议。我们看到，法国国王惩罚违反和平敕令的行为，下令尊重新教徒的权利。他主要担心如何巩固自己的权威。他已经意识到，稳定的民心是巩固王权的先决条件，臣民之间的和解与"如兄弟与同胞般"相待是王国复兴不可或缺的前提。[49]他的心里确实潜伏着对胡格诺的不信任。这种不信任源自对过往战争的记忆。一旦有风吹草动，记忆便会浮现。但是，自圣日耳曼敕令颁布以来，尚未出现任何严重的警报唤醒这种不信任感。国王毫不犹豫地遵守着敕令的第一条规定，主动遗忘过去发生的事件。他希望为维护不同教派间和平共处而采取的措施能够维持秩序稳定。他的妹妹同纳瓦尔国王亨利筹备许久的婚礼即将举行。诗人和音乐家在婚礼庆典中将高歌颂扬重新寻回的和谐所带来的幸福。

国王在这一时刻下令刺杀科里尼，毁掉精心策划的一切显得完全不合情理。

那么我们是不是应扩大搜寻范围，在马德里或是布鲁塞尔寻找袭击案的幕后主使？认为西班牙国王应为此次事件承担责任的观点主要依赖以下论据。至少从1568年起，直至1572年8月初，菲利普二世曾公开表达了希望查理九世处决科里尼的想法。[50] 但是，为何他决定于8月22日借密探（或吉斯家族）之手来实现他长久以来的愿望呢？他的动机似乎很明显：阻止科里尼援助尼德兰的加尔文宗起义军。而这已经是苏尼加大使在8月23日致菲利普二世的信中提到的袭击案所造成的后果之一：据他判断，科里尼将放弃援助教友的计划，一门心思报仇雪恨。[51] 他还补充道，若想让科里尼这么做，就至少要保证"这个流氓苟活于世"。[52] 若我们假定袭击案是西班牙的阴谋，那么，这意味着西班牙人在事件发生了意外的变化后，在计划上也随之做出了背离原目标的大转变。但是，我们通过苏尼加下面的观察便可以立刻推翻这一假设。苏尼加认为，之所以要保住海军上将的性命，是因为他实际上防止了法国国王向西班牙公开宣战：根据上文分析过的大使的解释，查理九世担心一旦战事爆发，科里尼的势力会对王权产生威胁。[53]

无论西班牙人多么痛恨这位胡格诺派领袖，希望他一命呜呼，但在1572年夏这一关键时刻，西班牙人认为，科里尼活着对于维护两国间和平十分必要：我们已经看到，所有事情都让苏尼加坚信，只要科里尼在世，法国国王就"不会摘下面具"，而会公开否认对尼德兰起义军的支援。西班牙也由此得以避免法国的公开挑战。苏尼加于8月31日致阿尔伐公爵的信中清晰地阐述了他的推理。因此，我们同样没有理由认为阿尔伐公爵持有不同的观点。[54] 科里尼8月24日身亡对于阿尔伐公爵的主要敌人奥伦治亲王而言——他自己形容道——是"当头一棒"。[55] 但是，西班牙刚刚战胜了让利斯领主的远征军，使西班牙人重获镇压起义的动力。阿尔伐公爵倚仗其军队的力量便可化解科里尼军队的威胁，而不必使用暗杀这种不保险的间接手段。

嫌疑人还剩下萨伏依公爵。在皮埃尔·福尔热·德·弗雷内看来，萨伏依公爵身边尽是一些忠于西班牙利益，"无时无刻不唯西班牙密探马首是瞻"的仆人。当时传言查理九世准备出售部分教会财产，萨伏依公爵向法国国王秘密地提供了一些建议，被福尔热记录在1572年8月14日的信函中。然而，建议中却没有提及需提防科里尼。萨伏依公爵埃马纽埃尔–菲利贝尔仅仅奉劝法国国王在介入战争的问题上需要慎重三思。他更希望看到法国对英国宣战。[56]

当时人们提出的关于阴谋幕后主使的猜测无一具有可靠证据作为支撑，因而更像是一些无稽之谈。但是，我们在进一步研究之前，难道不需要首先思考一下，为什么一定要坚持在君主和大人物里寻找幕后主使？当时人的这种做法其原因不言而喻，因为他们完全无法想象如此大胆的行径会是小人物所为。但是，这种解释却很难适用于如今的历史学家。历史已为我们提供了足够的史实：刺杀通常恰恰发生在和平谈判即将达成的时刻，目的是破坏谈判，使战火重燃。因此，我们很难不去想象1572年8月22日的事件是否同样如此。法国庆祝和平的方式是如此令人震撼，并且如此具有挑衅意味。在纳瓦尔国王亨利与玛格丽特·德·瓦卢瓦的婚礼上破坏和平，根本无须大人物的支持。怒火中烧的巴黎天主教徒的愤慨已足以刺激凶手采取破坏和平的行为。莫尔韦尔、维勒米尔和沙伊同属吉斯集团只能证明吉斯家族的网络运作良好，为他们提供了必不可少的后勤保障。[57] 没有证据能够表明吉斯公爵亨利或他的叔叔欧马勒公爵对此知情。或许凶手正是希望加以隐瞒，将其拖下水，逼迫他们放弃被支持者视作耻辱的不作为态度。因为，刺杀只可能导致一种结果：新教徒将对洛林家族的怒火重燃，导致战事再起。而在这场新的战斗中，异端将被永久根除。这正是极端的天主教徒所希望的。他们或许就是刺杀科里尼行动的煽动者。

巴黎市民的狂热与恐慌

为了理解刺杀科里尼这个愿望产生的动机，我们必须回顾一下巴黎在16世纪70年代初的状况：这是一座巨大的城市，也是欧洲人口最多的城市。16世纪中叶，巴黎人口数量约达30万。它是政治、经济中心，同时宗教活动密集。大量的修道院和教堂让这座城市引以为豪。全欧洲的人都来到巴黎神学院求学。人们对巴黎带有一种莫名的崇拜，常将之与耶路撒冷相提并论。城中的居民相信这座城市享有天主特殊的护佑。[58]

大型宗教节日来临之际，游行仪式的队伍将巴黎人的狂热体现得淋漓尽致。每个堂区都有各自的节日安排：除天主教共有的节日外，各堂区还会为其主保圣人组织庆祝活动。例如，屠宰业的主保圣人圣雅各节的庆祝活动会在塞纳河两岸举行，包括西岱岛的一部分和右岸商业中心的一部分。每年共有8次游行仪式，分别纪念两位圣雅各——"圣雅各"和"小雅各"。每次游行的队伍都带有独特的装饰，游行的路线也不一样。游行队伍经过的街巷两边的房屋都会挂上挂毯，将游行队伍途经之处变得神圣。每年5月末的基督圣体节的游行最为壮观：堂区会准备三十六枝红玫瑰，分为三组，用以装点十字架、放置圣体的显供架，以及佩戴在周围的教士和在俗教徒的头上。[59]

在向圣热纳维耶芙祈祷时，巴黎人的虔诚表现得尤其突出。圣热纳维耶芙是巴黎的守护者，在巴黎人身处绝境时发动他们进行抵抗。16世纪，对她的崇拜达到令人震惊的程度：圣髑游行仪式高达46次，而14世纪只有5次，15世纪为11次，17世纪7次，18世纪 2 次。16 世纪五六十年代的频率最高，因为宗教分裂令天主教虔诚的信徒感到极度不安。[60] 每一次举行纪念巴黎主保圣人的游行仪式的队伍都会由多个队列汇集而成：堂区教堂和修道院队伍、从市政厅出发的市政官员队伍、由法院出发的宫廷成员队伍和从巴黎圣母院出发、供奉着圣马塞尔——巴黎城的另一位主保圣人——圣髑的巴黎主教队伍。圣热纳维耶芙修道院的修士们赤着足，身着饰有花朵的白衣，护送两位圣人的圣龛。四周是夏特莱堡的官员组成的仪仗队。[61] 来自君主、城市和宗教三方的机构共同参与游行仪式，体现了庆典宗教和世俗的双重属性，也反映出宗教统一和世俗统一联系紧密。市政厅大门上的铭言就是对这种统一性最到位的表述："一位国王、一个信仰、一部法律。"

　　巴黎人对宗教的虔诚还表现为参加宗教善会。这类宗教团体的目标是帮助成员成为虔诚的基督徒，并在必要时向其提供物质援助。其中数量最多的是代祷善会[62]，此类善会多选择一位圣人作为主保圣人。入会所要承担的义务十分简单：在善会曾于堂区教堂中修建或装修的小圣堂里参加弥撒，协助城中的游行队伍，参加已故成员的送葬队伍，为身患疾病或生活贫困的成员祈祷和捐赠，参加每年一度的成员间的餐会。巴黎最具威信的善会是圣母善会。它在 1168 年成立于西岱岛中心的圣抹大拉的玛利亚教堂。该善会因其成员的知名度和虔诚而久负盛名。行业善会较为杂乱，弗朗索瓦一世于 1539 年曾一度计划取缔它们。但是，取缔措施基本未能施行。这类手工业者团体作为一种表现其成员团结和信仰的组织继续存在。此外，另一种类型的善会也逐渐发展壮大起来。他们笃信宗教与苦行，如玫瑰（代表圣母一生奥迹的三种玫瑰，白玫瑰代表欢喜，红玫瑰代表痛苦, 金玫瑰代表荣福）善会与补赎者善会。后者起源于热那亚，后经佛罗伦萨在阿维尼翁的殖民地，于 15 世纪末在普罗旺斯地区传播开来，但尚未传至巴黎。

自 16 世纪三四十年代起，伴随着天主教改革，人们一直以来的虔诚之心被再度激发。天主教改革与新教改革平行推进，相互对立。天主教神学家做出切实的努力，以使由罗马教廷传来的并在特伦托会议（1545—1563）上重申的教理能够为更多的人接受，并以此回应路德及其后加尔文信徒们的批评。弗朗索瓦·勒·皮卡尔是一名颇受民众欢迎的布道者，从 1549 年直至他 1556 年去世这段时间，他一直担任欧塞尔圣日耳曼总铎区总铎，倾其毕生之力号召教士改革，提倡在俗教徒在生活中实践德行。他不遗余力地解释圣事的意义，为亡者做祷告的必要性以及圣人崇拜的正当性。他的讲道集于 1566 年印刷发行。[63] 天主教牧人的忧虑还表现为他们大量撰写宗教小册子。这类小册子用法文书写，语言通俗易懂，集中论述了受加尔文派攻击的教义。其中包括让蒂安·埃尔韦的《真正基督徒的信仰与责任概要或曰教理书》(*Catechisme ou Sommaire de la foy et devoir du vray chrestien*, 1561)、勒内·伯努瓦的《大众指导或曰教理书》(*Catechisme ou Instruction populaire*, 1569)、埃德蒙·奥热的《虔听弥撒的方法与精神收获》(*La Maniere d'ouïr la messe avec devotion et fruict spirituel*, 1571)。上述著作力图为信徒阐明信仰，防止他们受到异端诱惑。[64] 它们在民众中发挥的影响也因耶稣会的教导活动得到进一步加强：耶稣会在 1540 年获得教皇保罗三世批准后，于 1564 年在巴黎圣雅各大街开设克莱蒙学院，开始培养未来的城市精英。

然而，信徒却并不是那么坚定，他们的灵魂经常会受到由末世论引发的恐慌的侵扰。稍有不平常的事件发生，如气候灾难、畸胎降生、彗星、超自然奇观，他们便会认为是末日在即的迹象，开始散播流言，并且还会因恐惧而夸大事实。[65] 此外，他们也没能逃脱魔鬼的纠缠。他们认为，当时巫术死灰复燃正是受了魔鬼的影响。神父让·德·拉福斯在 1571 年 11 月写道："这段时间里，人们经常谈论巫师和巫婆,说他们已经超过三万人,还说巫师的耳朵后面和巫婆的大腿上会带有标记。"[66] 但是,真切的恐惧感无法掩盖天主教徒出于狂热而组织的活动给他们带来的慰藉。这种仪式化的集体行为增强了他们的凝聚力。而且,恐惧感也未能动摇天主教徒对圣人代祷,尤其是对圣母代祷的信赖。这种信赖令人心得到慰藉,因为代祷能够帮助他们度过生命中的重重考验,还能让他们通过忏悔最终得到天主的宽恕。[67]

然而,这种对圣人的崇拜活动正是加尔文派抨击得最为猛烈的一点。他们认为,崇拜圣人是一种迷信的偶像崇拜。这种抨击不仅仅停留在理论上,还引发了大量的圣像破坏活动。1560年春至1562年末,胡格诺在全国的多处教堂中毁坏或推倒雕像。1561年12月27日,巴黎的天主教徒和胡格诺相互挑衅,一阵"喧闹"过后,圣梅达尔教堂被洗劫一空。1558年5月13日至19日,新教徒在教士草地举行集会,公开高唱赞美诗。这些事件让巴黎人看到,城中基督教的统一已被破坏到何种地步,也让他们看到了新思想对城市和宫廷精英的影响达到了何种程度。

我们很难确定巴黎改宗教徒的具体人数:这个数量随迫害政策和政治宽容政策的交替而发生变化。这两种政策是由一次次战争与和平敕令决定的。尽管新教徒十分狂热和活跃,但是与巴黎庞大的人口基数相比,他们仍然只是少数。在圣巴托罗缪之夜前,新教徒的数量约为1万至1.5万人。[68] 然而,由于这一小部分人的社会地位较高,他们变得越来越明显。通过分析1564年到1572年8月间因异端问题被关押在巴黎监狱的罪犯名单,我们可以得到一些关于巴黎新教徒团体的社会构成的信息。在我们已知身份的528名嫌疑人中,拥有"见习骑士"或"贵族小姐"及以上头衔的贵族占9%,担任与邑督相当或以上职位的国家官员占4%,低级别官员或"自由职业"者(教师、医生、律师)占22%,商人或"自由民"占

15%，手工业者占 31%——其中近一半属于文化水平极高的职业（外科医生、药剂师、印刷厂主、画家、音乐家、银匠），34% 为中等文化水平的职业（皮革匠、裁缝、鞋匠）。小部分（13%）来自社会底层——用人、士兵、长工或"无业者"。中小学生和大学生占 5%，教会人员占 1%。[69] 我们由此便可确认通过其他分析也可得到的结论，即皈依新教与这批人受教育及技术培训程度高有关。这使得宗教分裂表现得更为明显，也或许使得在忠于传统信仰的人眼里，宗教分裂更加令人愤恨。因为正是城市中的显要人物破坏了宗教统一。

被谋杀的和平

天主教徒对宗教分裂忧心忡忡，出于对宗教一统年代的怀念，他们通常会表露出根除新教的意愿。对于强硬派而言，和平是屈从、放弃和怯懦的同义词。更有甚者，和平还会腐蚀忠实的信徒，影响整个国家的救恩。因为在他们看来，异教徒不会放过任何一个难得的喘息之机来毒害人们的灵魂。像圣保罗教堂的神父西蒙·维戈尔这样狂热的宣道者对圣日耳曼协议会毫不犹豫地评价道："……这并非和平，而是对天主的亵渎。"甚至还说道："……这并非和平，而是纠纷之源；这并非协议，而是耻辱（*non est pax, sed fax : non est fœdus, sed fœdum*）。这个恶臭、肮脏之物将污染你们的王国和城市，你们的妻儿也会被传染。"[70] 只有战争是正确之举，因为只有它能够消除异端的污迹。

在巴黎人的眼中，科里尼既是和平的象征又是背叛的化身。他从叛军首领摇身一变成为国王御前会议中的成员。巴黎人认为，加斯蒂纳十字架转移至圣婴公墓、纳瓦尔国王和玛格丽特·德·瓦卢瓦的婚姻，以及与西班牙的开战都是科里尼的主意。他还是造成王室政策相抵牾的原因。巴黎居民无法忘记，仅仅几年前，也就是

第三章　打破和平的谋杀

1569年3月，在第三次内战期间，国王颁布了一道敕令，撤销了海军上将所有的职务；几个月后，即9月13日，巴黎高等法院公布判决，悬赏5万埃居索要他的项上人头，并准备在沙滩广场将其处死。若无法逮住他，则要对他的假人施以绞刑。普罗万的神父克洛德·阿东描述了这次行刑仪式。尽管这只是一个假想的绞刑，但对观众想象力的冲击却丝毫不减：

> 人们扎了一个稻草人，给它披上一块同海军上将所穿衣服裤子同样颜色的布。稻草人的面孔也和他十分相似。稻草人被拖出巴黎监狱，放在一个筛子上，由一匹马拖着。另一匹马的尾巴上拴着他的纹章，在巴黎城中游街示众。科里尼的假人放置在巴黎市政厅前的沙滩广场，被刽子手吊起来。直到（骚乱）平息，双方议和后，假人仍被吊在广场上。我在巴黎曾见到过许多次。[71]

圣日耳曼敕令颁布后，人们没有立即把假人从绞刑架上取下来，这反映出许多巴黎天主教徒对科里尼的仇恨。他的假人出现在巴黎市中心沙滩广场这样一个人来人往的地点，让人们一时更加无法理解眼下的事实：仅仅几个月前杀死科里尼还可领取高额封赏，而如今国王却接受了与科里尼的和平协议。在这种情形下，巴黎人的苦恼和愤怒都集中到海军上将身上也就不足为奇了。

那么，面对国王如此明显的退让，该采取何种行动呢？在最狂热的教徒眼里，国王的让步简直就是奇耻大辱。有些人寄希望于天主将主持正义，惩罚大逆不道之人。让娜·德·阿尔布雷之死就是另一个代表着和平不可接受的象征。让·德·拉福斯表达了相同的信念：这位圣巴托罗缪堂区的神父认为，纳瓦尔太后早逝是天主的惩罚，因为她蔑视天主教徒心中最为珍视的集体崇拜活动之一——

基督圣体节游行仪式。

　　基督圣体节前一天，太后请求国王不要让圣体从她门口经过。而实际上，游行队伍并没有经过她住的街道，也没有运送天主的圣体——她称之为偶像。在她向国王要求不让游行队伍经过她住的街之后，也即从宫中返回之后，她就一病不起，在第二周的周一死去了。[72]

　　但对于科里尼，天主却迟迟不降惩罚。因此，人们需要把自己当作天主主持正义的工具。西蒙·维戈尔做了大量工作向他的听众灌输采取行动合法的思想。在"四旬期第二个周日后的周一"（即1572年3月3日）的宣道中，他提出，若国王下令杀死海军上将，那么服从命令绝不是罪恶。他又借助圣奥古斯丁的权威补充道："在法律之上还有一个国王，那就是天主：如果天主要求一个人杀死另一个人，譬如要求亚拉伯罕杀死自己的儿子，那么他就应当照做。"[73]这种可怕的断言能够为所有自认为受上帝感召的教徒的谵妄之举提供依据。它当时针对的是科里尼这位亵渎宗教的国王参事，而弑杀暴君的思想也萌芽于此。我们很难评估这类布道对听众产生的影响。但是，让·德·拉福斯在提到维戈尔关于加斯蒂纳十字架事件的大胆布道时——其中很多地方矛头直指科里尼，证明了维戈尔拥有大批听众。[74]

　　我们只有对在纳瓦尔国王婚礼后，巴黎市民思想中出现的狂热亢奋做出全面考察，才能理解8月22日袭击案造成的影响。袭击案策划者可能自认为在替天行道。一份题为《论处决密谋反叛国王与国家者的原因》(*Discours sur les causes de l'execution faicte es personnes de ceux qui avoyent conjuré contre le roy et son Estat*)的天主教文本就明确地将刺杀比作天主的惩罚。[75]如果我们认可这种解释，那么科里尼则是因为他自己，因为他在众多天主教徒眼里所代表的形象而受到袭击。他被视为替罪羊，谋杀他的目的是恢复社会和宗教的统一。[76]

然而，伏击案的过程及其将吉斯家族牵扯在内的意愿表明，杀害海军上将绝不是凶手的终极目标。凶手不仅要清君侧、诛奸臣，更是希望能借此"谋杀"和平。事实上，我们不难预测，袭击发生后，胡格诺派会将复仇的怒火指向洛林家族，因为一切证据都明显昭示吉斯家族是幕后主使。雅克-奥古斯特·德·图完整地推测出了凶手的谋略。虽然他认为谋杀案的主使为国王众参事，但若暂且忽略这一点，他对幕后元凶所施策略的分析还是颇为可信的。

> 凶手为了能够安全地实现自己的意图，不引火烧身，不招致这一行为定会引发的仇恨，就需要雇用杀手实施计划。我们能够找到许多愿意执行计划的人，他们希望借此获得奖赏或能够对未来抱有某些期望。主使者只需为凶手备好快马，便可让他逃脱。城里的新教徒必然会怀疑吉斯家族。众所周知，他们群情激奋，定会拿起武器为科里尼之死向这个家族的众亲王寻仇。而吉斯家族拥有巴黎人民的支持，势力比新教徒强大许多。他们会令新教徒碎尸万段。而且，不怎么受巴黎人拥戴的蒙莫朗西家族或许也会被卷进屠杀[77]。

这样的计划在实施之前一定经过长时间的酝酿。许多旁观者也感觉到，这次袭击案是精心筹划的。彼得鲁奇在8月23日写道："海军上将一案肯定经过长时间谋划"，这是"一起有预谋的事件"（*caso pensado*）。苏尼加也如此判断。我们通过上文已经看到，他认为国王和他的母亲是案件的罪魁祸首。[78]凶手们选择了一个恰当的下手时机：我们可以想象，彼时胡格诺派正齐聚巴黎，在盛怒之下会营造怎样的声势。他们会一呼百应，变得更加怒不可遏。面对威胁，吉斯家族很可能会展开自卫反击。于是战争便会再次爆发，用雅克-奥古斯特·德·图的话来说，异端将被"碎尸万段"。

但没承想，海军上将只是受了伤。但是，这一结果与预定目标相比已无关紧要。若国王能够表现得更加坚决，那么袭击案就只能造成微不足道的影响。新教徒也就会相信国王公正裁决的承诺，平静地等待结果。但是，大多数新教徒的表现并非如此，他们不相信国王许下的诺言，也不指望凶手很快就会受到惩罚。在沙特尔代理主教让·德·费里埃的推动下，某些新教贵族从8月22日起便考虑立即离开巴黎。科里尼在女婿泰里尼的支持下拒绝离开。他很可能意识到，大批新教徒同时离开巴黎是对国王的侮辱，几乎无异于向国王宣战。[79]然而，留在首都的决定加剧了科里尼众亲朋的紧张和忧虑。他们质疑查理九世惩罚凶手能力的声音越来越大。佛罗伦萨人卡夫里亚纳和萨塞蒂、教廷大使萨尔维亚蒂、国务秘书朱尔·加索看到了胡格诺的"挑衅"和"威胁"。[80]苏尼加还记录道，孔代亲王"寻衅滋事"，而吉斯公爵亨利则致信他的"朋友"，请他们速与其会合。[81]

欧马勒公爵和吉斯公爵异常紧张。他们在23日近午时分来到卢浮宫，目的可能是为自己辩解。他们向国王请求离开王宫，并获得允许。[82]但是，在假装离开首都后，他们改变主意，返回了在巴黎的一处府邸。他们的处境十分棘手。一方面，国王显然将他们当成了幕后黑手；另一方面，他们对对手复仇的冒犯言论也不能无动于衷，因为门客和亲随都在注视着自己。他们很清楚，在狂热的天主教徒眼里，他们是基督教正统的护卫者。至少自1624—1625年起，在历史学家和忠诚的政论家笔下，他们的家族成为享有盛名的"认同中心"，是"天主选定的世系，需做出伟大壮举，完成不朽功勋以保卫传统宗教"。[83]毫无疑问，在他们看来，眼下这种关键时刻，

第三章 打破和平的谋杀

保护家族的这一身份与仇恨科里尼同等重要。离开巴黎不仅仅象征着在敌人面前落荒而逃，还意味着懦弱地将巴黎拱手让给异端。

* * *

人们经常把 8 月 22 日的袭击定义为"谋杀未遂"。若仅仅从科里尼一人的角度来看，这个评价是正确的。但是，从和平的角度看，这次谋杀已经完全达到了目的。

伏击海军上将事件从根本上撼动了查理九世和卡特琳娜·德·美第奇的政策。对于他们而言，这是一起影响恶劣的事件，可谓在情理之中，意料之外。情理之中是因为他们希望玛格丽特·德·瓦卢瓦和纳瓦尔国王亨利的联姻能够为天主教徒同胡格诺派带来和解，而他们完全可以想象到这一梦想必然引发的反应。意料之外是因为他们有理由相信，通过庆祝重新寻回和解的奢华庆典使敌对双方再一次联合在一起的计划必将大获成功。他们没有意识到，在这个新教徒遭到多数人仇视的首都中，人们的信念是何其坚定，让国王及太后的愿望化为泡影。国王与太后不会对这一突发的暴力事件感到吃惊，但又被它弄得措手不及。这一事件造成的巨大冲击将破坏他们精心设计的巩固和平的机制，并将引发一连串悲剧的连锁反应。

中篇

天主之剑，国王之剑

第四章

外科切除手术

历史学家常常只用"圣巴托罗缪"这个主保圣人的名字来指代发生于1572年8月24日的事件。这是一种错误的用法，因为它有可能混淆两个完全不同的事件：第一个事件是御前会议于8月23日晚间做出的决定，"处决"被视为叛乱者的胡格诺派领袖；第二个事件则是巴黎天主教徒的愤怒达到顶点，由此引发了他们对巴黎所有新教徒的屠杀。我们必须对这两起"圣巴托罗缪事件"加以区分[1]，并将在下一章探讨二者间的关系。而在这之前，需要解开1572年8月的惨案中最复杂的谜团：直至8月22日下午，科里尼一直拥有国王的公开支持，但为何旋即失宠？是因为查理九世突然惊慌失措起来？还是因为国王面对失控的局势，在重压之下被迫采取了权宜之计？或者说我们能够认为，御前会议的决议是一种防御手段，是在国家危难之际采取的应对措施？

国王颜面尽失

　　1570年8月颁布的圣日耳曼敕令的第一条号召法国人主动遗忘过去，而法国国王十分清楚，自己也必须付出巨大努力才能做到这一点。因为我们能够看到，在之前发生的内战冲突中，胡格诺派已经多次激起国王的愤怒和怀疑。国王对胡格诺派挥之不去的猜忌的产生不会晚于1567年9月26日至28日发生的"莫城惊驾"——第二次宗教战争的导火索。直至彼时，国内的和平局面已经维持了四年多。9月26日，身处蒙索的王室成员和一些近臣得到消息称，一支庞大的新教徒部队正在向拉尼进发。国王和护卫吓得急忙逃往莫城。两天后，即28日，他们在紧急召来的瑞士士兵的保护下火速返回巴黎，途中与孔代亲王的部队发生了小规模冲突。胡格诺派因1563年的和平敕令屡遭破坏而倍感恼火，然而，由于敌人把持着御前会议，他们已经不再相信正义能够得到伸张。所以，他们打算挟持国王以使君主的政策符合他们的意愿。这次失败的行动给胡格诺派带来了灾难：自此以后，查理九世和卡特琳娜·德·美第奇的心中便埋下了猜疑之种，始终怀疑他们是叛乱者，妄图篡权夺位。猜忌之心和和解的意愿同时存在于国王和太后的心中。当时局利好时，臣民间的和解依然是他们政策的根本目标，但他们的心中又始终潜藏着猜忌，只要新教徒的行为稍有不端，它就会显现出来。

　　查理九世统治期间的第一次政策大转折出现在1568年夏末，这也是1572年事件的一个预兆。那年夏天，在尼德兰的加尔文宗起义者被血腥镇压后，奥伦治亲王、孔代亲王和科里尼的关系越来越密切，引发了在御前会议中占据统治地位的天主教强硬派势力的担忧。奉后者之命，科塞元帅剿灭了由胡格诺派将领弗朗索瓦·德·科克维尔率领的前往增援受镇压教友的小型远征部队。孔代亲王和科里尼认为自己的生命受到威胁，逃至拉罗谢尔。查理九世于1568

年颁布圣莫尔敕令,宣布剥夺新教徒宗教活动的自由,命令新教牧师在15天之内离开法国。

敕令的序言部分浓缩了当时对胡格诺派反叛行径的指责。国王首先重申了他对胡格诺派的宽容:他在前两次战争之后都赋予胡格诺派有条件地进行宗教活动的权利。随后,国王怒斥胡格诺派重新挑起战争,历数了胡格诺派的种种罪状:

> 我们看到,他们无数次滥用我们的善意与仁慈。他们妄想在我们的王国里建立并组织起另一个王国,破坏天主安排给我们的王国。他们定将因此恶行而下地狱。他们以这样的伎俩来分化我们优秀的臣民,利用已经获得的举行宗教活动和集会的许可,进行讲道并举行圣餐,他们还在我们王国的内部和外部筹款、募员、立誓、联盟、谋反。他们手持武器,扰乱王国秩序,以邻居自居,而不把自己当作顺从的臣民。他们口口声声称自己为臣民,但所作所为却如同我们的死敌一般……[2]

这篇序言道出了取缔"布道和圣餐"的政治动机。在这篇文字中,没有一处将"新观点"定性为"异端",即便文中认为天主教才是唯一"真正的"宗教。国王之所以维持宗教信仰的自由,是因为他希望"今后在神感和我们的努力下,我们王国教会的所有主教与教士都将尽全力履行职责,那么,那些信仰所谓新教的臣民将会回头,同我们、同其他的臣民团聚在神圣一统的天主教教会中"。法国国王宣布他将完全赦免新教徒,并且表示如果重新服从国王,他们将受到保护。如此一来,信仰和公共秩序这两个不同的领域便被清晰地区分开。在信仰方面,国王倡导仁慈的手段;而为了维护公共秩序,国王废除了新教进行任何形式活动的许可,因为这有可能给叛乱创造机会。

为了证明敕令的合法性，敕令对胡格诺派所犯罪行进行了严厉的指控。建立君主王国，以"邻居"而不以国王的"臣民"自居：这无异于妄图建立国中之国。自1560年3月，一小撮极端新教徒采取的行动（敕令中提及的昂布瓦斯密谋事件）已经令国王深感恐惧，而这种恐惧感也是国王对他们进行指控的原因。第一次内战期间，新教徒破坏了位于克莱里、布尔热和奥尔良的王室陵寝；1562年至1563年，在里昂出现了新教徒呼吁人民起义反抗暴君统治的檄文；1567年至1568年，拉罗谢尔的论战性文章再次提及了人民和君主间的契约问题。尽管新教否认了众多牧师提出的过于激进的理论，但上述事件令王室的担忧与日俱增。[3]对于王权而言，新教徒就像是不服从的危险分子。当时在御前会议中占据主导地位的极端天主教徒大肆利用王室的这种恐惧感，在圣莫尔敕令中对新教徒提出控诉。后来，这些主张必须立即消灭异端之人的势力遭到削弱，才使得1570年圣日耳曼和平敕令得以签署。但是，他们准确地揭露出胡格诺派行为的叛乱性质，无疑已被国王暗记在心里。

查理九世在1572年8月23日之前以令人惊异的忍耐性，压制着内心的不信任感。而即便当时科里尼希望获得国王的支持，却也丝毫没有控制自己的脾气。我们还记得1571年5月8日，科里尼曾十分直接地警告国王，若不严惩违反和平敕令的行为，人们便会认为国王心口不一，或者认为他心有余而力不足，这将使他沦为"长时间以来最受蔑视的国王"[4]。这位胡格诺派领袖也未对君权表现出足够的尊重。他在公开向西班牙宣战一事上向国王频频施压。几份相似的史料都记录了他的言论所表现出的那种令人惴惴不安的性格。一位匿名的旁观者声称，他于1572年8月6日在国王的书房中亲耳听到了科里尼对国王说的一番话。据他所言，海军上将摆出了一副咄咄逼人的架势：

第四章 外科切除手术

据说，8月6日，海军上将来到国王的书房，劝说国王向西班牙国王宣战。若国王不从，那么他的王国将面临前所未有的巨大动乱，科里尼本人将束手无策。海军上将两次反驳并恫吓陛下，以使他尽快同意向西班牙国王宣战，而不是坐等自己国家的内乱。科里尼深知这些言语在国王听来定十分刺耳，而且也意识到他的威胁言论有些过分，于是又重复了一遍刚才的话，再次解释了自己的意图，即，若西班牙国王击败奥伦治亲王后，要向新教徒复仇，届时他们将不得不拿起武器自卫，而这定会引起一场前所未有的更大、更可怕的动乱……[5]

科里尼的这段推理若是真实的，也不无道理：菲利普二世一旦成功镇压了起义，便会想要将逃亡者和他们的支持者胡格诺派一网打尽。他会像让利斯领主在西班牙国王的领土上所做的那样，越过边境发动袭击，而新教徒很可能会拿起武器展开反击。佛罗伦萨人彼得鲁奇也记录了类似科里尼的论述。依据他的记录，科里尼在6月末便向国王道出了上述观点。[6] 科里尼警告的语气和坚决的态度让国王觉得他十分放肆无礼。蓬波纳·德·贝利埃弗尔在巴塞尔教务会议上为查理九世做无罪辩护时提到，海军上将的"傲慢令人难以置信"，他居然胆敢在御前会议上对国王说"若陛下不同意在佛兰德斯开战，那么很快在法国，就会爆发臣民之间的战争"。[7]

乔瓦尼·米基耶也记录了科里尼的一段可能令国王倍感敌意的话。据他所言，事件发生在一次御前会议上。会议明确否决了公开向西班牙开战的提议。科里尼怒气冲冲地对国王说道：

陛下，既然他们的意见说服了您，不去抓住这个有利机会捍卫尊严、巩固统治，我也不能违背您的意志。但我十分肯定，您定会为此懊悔不已……然而，陛下肯定也不会觉得我帮助奥伦治亲王是有错的。既然我答应了支持援助他，就要竭尽全力。我所有的朋友、亲戚和下属都会帮忙，若有必要，我会亲自伸手相助。

随后，科里尼转向太后，继续说道："太后……国王拒绝开战：愿天主不要将另一场国王可能无法全身而退的战争降于他身上。"[8]

科里尼公开炫耀自己能召集众多"朋友、亲戚和下属"来进行遭到御前会议反对的远征，这是一种十分鲁莽的做法。上述一切记录都表明，在悲剧来临之前，科里尼有太多可被视为挑衅的言行。当时的一位旁观者记录道，国王在8月24日前被迫吞下"许多严重、苦涩的侮辱"[9]，而他所影射的也许就是上述情形。然而，直至1572年8月23日，查理九世只字不提他的不满，把怨恨搁置一旁。他希望能够安抚人们思想的意愿依然十分强烈，希望和解能够战胜一切。法国国王的首要目标仍是和平。[10]

那么，8月23日这一天究竟发生了什么，突然唤醒了国王的不信任感？

* * *

托马索·萨塞蒂在对事件的记述中有一处重要发现：科里尼的女婿泰里尼在前者遇刺当天要求国王主持正义时就明确指出，如果国王做不到这一点，那么，他岳父的朋友们将自行伸张正义。萨塞蒂由此认为，泰里尼说了一些"有损国王尊严"的话。[11]他的这番话否认了只有国王才能主持正义，不啻于否认了君权。8月23日，胡格诺派愈加嚣张。据萨塞蒂记载，这一天，在第三批科里尼的同伙向国王陈述意见时，其中的皮勒男爵阿尔芒·德·克莱蒙表现得

第四章　外科切除手术

尤为咄咄逼人。我们之前也见到，所有大使都提到了新教众首领的"鲁莽"。

流言更是夸大了胡格诺派言论的严重性。佛罗伦萨大使乔瓦尼·米基耶叙述道，新教徒中的某些人准备前往"吉斯公爵居住的卢浮宫，打倒国王的近卫队和所有胆敢阻拦他们的人，在他的房间杀死他"[12]。蓬波纳·德·贝利埃弗尔在上文曾引用的他的辩护词中声称："当天（8月23日星期六），在他（科里尼）的住所召开了会议。会议决定，为了复仇应前往卢浮宫杀死吉斯公爵，哪怕他就在国王的脚下。"[13]佛罗伦萨医生卡夫里亚纳和案发当时身在巴黎的枢机主教亚历山大·法奈斯的秘书圭多·洛尔吉记录道，海军上将的手下企图追杀吉斯公爵亨利，"哪怕他是在国王的怀里"。[14]当时最有可能的情况是，科里尼的同伙怒不可遏，发表了一些类似的过激言论，而查理九世似乎信以为真了。这些言论的确会使法国国王坐立不安：图谋在王宫里杀死敌人，更加过分的是，他们居然打算当着君主的面杀死敌人，这无异于在策划一次典型的渎君性质的行动。类似的演说会损害王权的威严，这令国王忧心忡忡。

这时，所有质疑与不满的情绪骤然宣泄出来，国王此前深埋在心中的对新教徒领袖的怀疑爆发了出来。蓬波纳·德·贝利埃弗尔关于科里尼在御前会议上所作所为的记录，在一定程度上说明了国王的质疑与不满是如何爆发的："没过多久，国王回想起科里尼的傲慢，对一些仆从说——我当时就是其中一员，他在听到这些威胁的言语时惊恐万分。这是我亲眼所见，亲耳所闻，亲身所感。我身在现场，数次被吓得胆战心惊。"[15]贝利埃弗尔的强烈反应和他多次强调自己是目击证人表明，很可能由于胡格诺派的"鲁莽"，国王在"回想起"当时的情形时情绪是多么激动。海军上将的同伙8月23日的举动重新唤起了国王对其受辱的记忆，他将之归咎于科里尼。在国王看来，这个有能力在国王反对的情况下发动"朋友、亲戚和下属"的人，是一个"过于强大的"臣民、一个潜在的危险人物。我们在查理九世于9月13日致加斯帕尔·德·朔姆贝格的信中找到这样一句颇能说明问题的话：

> （科里尼）的力量更强，信奉新宗教的人更加听命于他而不是我……他拥有如此强大的力量控制我的臣民，我再也不能自称是绝对的国王，而仅能统治我的一部分王国。[16]

绝对的国王，即一位至高无上、无人能与其分享权力的君主，是君权唯一的代表。这是查理九世一直以来的愿望。他嫉妒科里尼的权势及其所受到的尊重。科里尼是私人武装，也是异端宗教团体的领袖，逃出了国王的掌控，他的权威让王权蒙上了阴影。这也许就是国王对他最大的不满。国王因不愿意破坏和解，将不满一直压抑到圣巴托罗缪这一天。8月23日，新教徒的态度被视作对王权的挑衅，将国王的积怨变成了科里尼被指控的主要罪行。深藏已久的怀疑再次突然浮出水面，让国王、太后和众参事对武装暴力的恐惧由假想变成现实。而且由于他们经常处在一个充满矛盾和不确定性的环境中，发生武装暴力是他们能够预想到的最坏的事情。他们对一直坚信的胡格诺派破坏王国安定的想法更加坚定不移。

事实上，天主教徒在科里尼谋杀案的第二天也有所动作。巴黎的商店停业，而且新教文献还记录了一些武装人员的可疑之举。国王派遣胞弟安茹公爵和异母弟弟昂古莱姆骑士亨利巡视巴黎街道，调查一些令人生疑的迹象。[17] 但是，天主教徒的激动情绪最多只可能导致一场民众骚乱，不会比加斯蒂纳十字架事件引发的骚乱更加严重。而新教徒则声称要依靠自己的力量，在国王面前伸张正义，这已经超越了具有象征意义的界限。正如我们刚刚所见，他们挑战查理九世的君权，质疑他的权威。所有意在巩固君权的人——卡特琳娜·德·美第奇、贡迪、比拉格——同国王一样，应该都注意到了新教徒危险的越界之举。

他们是否在担心科里尼的同伙准备发动一次预谋已久的剿灭王室的"谋反"？这是国王8月25日提出的理由，以使其采取的针对新教徒领袖的行动合法化。在此之前，国王曾于24日提出过第一种解释，将杀害海军上将的责任推给吉斯家族。[18] 但他很快放弃了这种解释。胡格诺派的行为，尤其是8月23日在贝蒂西街召开的秘密会议，以及更让人感到威胁的在纳瓦尔国王位于卢浮宫的房间里持续到深夜的会议，都让国王惊恐万分。在恐惧的影响下，御前会议的成员很可能认为胡格诺派正在酝酿一个阴谋。[19] 乔瓦尼·米基耶记录道：一位名叫布沙瓦的新教徒上尉叛变后，向国王和太后揭发称"胡格诺派已经得到命令，包括步兵与骑兵在内的所有部队将于9月5日在莫城集结，准备用武力讨个说法"。[20] 卡夫里亚纳提到的一些流言称，新教军队预备于8月26日发起攻击，目标是发动一场针对吉斯公爵和涅韦尔公爵等天主教主要首领的"西西里晚祷"。*他还补充道，王室很可能也难逃一劫。[21] 阿尔伐公爵的密探戈米库尔骑士甚至对他汇报称，海军上将在8月22日遇刺受伤后，怀疑杀手的子弹上有毒，因此认为自己将不久于人世，遂派人把亨利·德·纳瓦尔叫到床头，对他说自己将"法兰西王国作为遗产"留给他。亨利·德·纳瓦尔"悲从中来，哀痛欲绝"。他预感到将要发生灾难性的后果，便告知自己的妻子，而后者立即报告给自己的母亲和哥哥……[22] 很显然，这些细节并不足以取信。据我们掌握的史料，关于阴谋的流言毫无根据。另外，巴黎胡格诺派的势力尚远未强大至此，也使得这些流言看起来不那么可信。但是，流言已

---

* 西西里居民反对安茹王朝的统治，于1282年3月31日晚祷时分发动起义，岛上绝大多数法国人被屠杀。

经传开，传到了国王的耳朵里，让他和身边众人惊慌失措。在这种情形下，事实已经不比人们头脑中的想象更加可信了。

然而，无论是法国还是其他国家的宫廷仍会提出这种谋反之论，认为这是为国君正名的最好理由。我们需注意到，查理九世在莫城惊驾后，就曾使用过这个理由。法国国王于1567年9月28日致驻西班牙大使富尔克沃的信函中对当时情况的指责与五年后几乎别无二致："三天前爆发了一场针对我与我的王国闻所未闻、难以置信的谋反，甚至威胁到我的母亲、我的兄弟与我本人的生命。"[23] 1572年8月24日后，国王使用了相同的指控，意在让旁观者相信新教徒密谋已久，以激起他们的愤怒。这一指控表明国王及其周围众人对此事确信不疑：胡格诺派首领触犯君权，令国家陷入水深火热之中。实际上，这便是胡格诺派受到的主要指控。[24]

特别司法程序

在这种局势下，御前会议认为必须严惩罪犯。8月22日之前，巴黎已经采取措施，防止因大批新教贵族在首都聚集而造成的潜在危险：查理九世集结了近卫队——大使苏尼加称"此事非比寻常"。据卡皮卢皮和德·图所言，这批新教徒于8月19日涌入巴黎。[25] 这一预防措施在当时明显捉襟见肘。

因文献并未明确记载，所以我们很难确定在8月23日下午、晚上直至深夜是否召开了多次御前会议，还是只举行了一次连续的会议。但这已经不重要。重要的是，御前会议决定处决某些新教徒首领，与其他决议一样，此决议经全体成员通过并由国王批准。《记查理九世统治下的法国状况》或其他在事后写成的文本所散播的言论旨在为某些在场成员开脱，不足为信：一种传说是太后美第奇恐吓她的儿子并逼迫他同意决议，另一种传说称查理九世最终喊出了

第四章　外科切除手术

那句著名的"把他们统统杀光，免得留有活口来指责我"[26]。若有人对国王施压，那么这恰好与国王突然重燃的愤怒叠加在一起，一并促使国王毫不犹豫地批准御前会议的决定。然而，没有证据表明查理九世需要受到这种刺激。我们可以推断出参加决议者的身份：国王、太后、国王的弟弟安茹公爵亨利，以及涅韦尔公爵、雷斯伯爵、掌玺大臣勒内·德·比拉格、加斯帕尔·德·索-塔瓦讷元帅。[27] 让·德·莫尔维利耶似乎是唯一一个持保留意见的人，根据卡夫里亚纳和彼得鲁奇的记录，他在被迫屈从时失声痛哭。

我们还应该仔细估量一下这个决议有多大影响。一旦决定必须惩罚叛乱者，御前会议所面临的主要问题便是应采取何种形式进行惩罚。御前会议面临着两难境地：是应该进行一般的国王司法程序，即对嫌疑人提起诉讼，而后根据司法形式来进行判决？还是应该进行特别的国王司法程序，即不经审判直接处决？第一种方式似乎无法被采用。由于巴黎城内群情激昂，并聚集了大批武装的新教贵族，进行正常的司法程序必定会受到干扰。御前会议斟酌了采用一般司法程序会引发的麻烦：据蓬波纳·德·贝利埃弗尔所言，"无一人认为应通过司法途径拘捕、惩处（科里尼），因为这会使国王面临比海军上将更为严重的危险。据估算，巴黎现有超过八百名贵族，他们身经百战，战争对他们而言已是家常便饭。他们全部听命于科里尼。此外，城中至少还有八千名新教徒服从他的命令"[28]。

因此，必须采取"特别"的司法程序。关于这一点，国王在对巴黎高等法院 8 月 26 日的声明中表述得十分清楚。波尔多议事司铎弗朗索瓦·德·希吕埃的日记记录了声明内容。[29]查理九世解释道，自己身处"万分紧急之关头，已无法采取一般司法程序，只得采用这种手段"。因此，他使用"天主赐予他的利剑来赏善罚恶……而无须采取其他庄严的审判方式"：这完全不是一个独断专横的决定。特殊情况就要启动特别的司法程序。国王表明在此之前尚未使用过这种特别的程序,并对此次被迫使用而深感"遗憾和痛苦",不希望日后再次使用。不过,他的处理方法是"恰当且合法"的。在上文曾引用过的9月13日致朔姆贝格的信中,查理九世做出了相同的解释:"……而且,我被迫采取这种非同寻常的审判方式,并非心甘情愿。"

这里的"我"是集合代词,指代"国王及其御前会议",表明这是国王在听取参事意见后的意愿。现有史料尚不足以让我们准确确定每个人的责任,所以此举是徒劳的。我们至多能够确定,在太后美第奇致阿诺·德·费里埃的信中,她明确承认了她对国王提出的意见,坚定地驳斥了对她的指控——有人认为她因复仇心切而想除掉科里尼。她宣称,御前会议的决议是合法的,因为海军上将不再以臣民自居,行为与反叛者无异,并且他在新教地区拥有与国王同等的权力,这些都表明科里尼和他的支持者妄图"颠覆王国"。太后美第奇重申了国王的司法独断权:"但最后,感谢天主,一切都已重归平静。人们将承认这个王国只有一位国王,只有他拥有司法权,他将根据义务和公正行使这项权力。"[30]安茹公爵亨利也表示赞同这个为了拯救国家而做出的必要决定。[31]

这种解决方法的合法性在于,御前会议认为国家当时处于万分紧急的局势之中。但是,它并未排除采用一般的司法程序:只不过特别司法程序优先而已。在这一问题上,让·德·莫尔维利耶的影响似乎发挥了决定性作用。他的亲戚及传记作者尼古拉·勒·费夫尔写道,正是他"建议国王批准在处决之后进行一般司法程序,审判海军上将的尸体或其替代物,以及卡韦涅和布里克莫领主两人。在王国的命令传达至德·图院长并经他批准后,此项建议得以执行"。[32]在雅克-奥古斯特·德·图的《历史》(*Histoire*)一书中,他证实了此事并进一步解释了其目的:"这样,不管这件事怎样处理,尽管我们只能采取一个有违自然秩序的司法程序,但无论如何,(莫

第四章　外科切除手术　　　　　　　　　　　　　　　　　　123

尔维利耶）促使国王和太后采用了一般司法规则，下令收集谋反的证据以判处罪犯。"[33]

这场诉讼审判确有其事。1572 年 10 月 27 日，布里克莫领主弗朗索瓦和阿诺·德·卡韦涅在大屠杀之后被逮捕——一个在英格兰使馆，另一个在内穆尔公爵夫人府中。他们被指控为谋反头目并被处以绞刑。科里尼死后被追加渎君罪，同处绞刑。由稻草制成的假人被吊悬起来，嘴中插有一根牙签——让人想起他经常使用的那根。他的武器和装备被拖到巴黎的大街上游街示众，所有的财产充公。[34]人们经常忽视或嘲笑这场诉讼，认为这是一场可笑滑稽的司法审判，但他们没有认识到这场诉讼被御前会议成员当作 8 月 23 日决议的重要补充：万分紧急的危险局势为优先使用特殊程序提供了合法性依据，但并不意味着否定一般司法程序的价值。"先处决后审判"构成了一个不可分割的整体，起到杀一儆百的作用，目的在于展示君主的双重权力，即作为绝对的国王和司法的国王。

让人出乎意料的是，查理九世两天之后才在巴黎高等法院宣读了对这种最终解决方法的解释。我们在上文中已经看到，国王曾于 8 月 24 日致各地方总督的通函中对此做出过第一次解释[35]，即将其定性为因吉斯家族企图杀害科里尼而引发的一场叛乱。通函内容应是在 23 日晚上准备的：实际上，这种解释的优点在于它能够令人信服，而且利用了洛林家族与海军上将的私人恩怨这一背景，向新教徒证明了国王是无罪的。关于谋杀科里尼一事，查理九世在 8 月 22 日致驻伦敦大使的信中也提到了仇杀一说。[36]这种解释所具有的可信度使得御前会议成员首先认为能够将其作为最终解释。因为除上述的优点之外，这种解释也弱化了谋杀案的意义，将其简化为两个对立家族间的一次"私人纠纷"。这样既轻而易举地捍卫了国王的和解政策，也不会触动旨在维护安定的圣日耳曼敕令。因为人们之后会认为宗教并不是引起混乱的因素。然而，之后发生的大规模屠杀令事态急转直下。虽然吉斯家族可能愿意成为为荣誉而战的复仇者，但是国王不可能将大屠杀的责任全部推卸给吉斯家族。[37] 因此，从8月25日起，胡格诺派谋反的提法就被搬上桌面。接下来，御前会议在次日便开始为依靠国王的司法主权处置威胁国家安全的暴乱者寻找论据。

国王延迟两天，于8月26日才做出公开解释，这不禁令人怀疑他迫于周围的压力以及为安抚洛林家族的不满情绪而于事后捏造了理由。[38] 这种怀疑既没有充分考虑到国王在最高法院的庄严声明中提到的决议过程是可信的，也没有考虑到国王、太后及众参事实际上掌握的一些可靠理念有助于他们在8月23日晚做出最终决议。这些理念即马基雅维利提出的在危难关头可行的极端解决方法：法国宫中有许多对马基雅维利的作品稔熟之人，如雅各布·科尔比内里和巴尔托洛梅奥·德·埃尔本，在国王的近臣之中很有影响力。不过，8月23日的决议也能够在法国自有的君主思想传统中找到源头。自12—13世纪起，法学家承认国王因具有"某种禀赋"（*ex certa scientia*）可以在"紧急情况"下违背常规：无须经任何人同意行使绝对权力（*potestas absoluta*）。[39] 绝对权力被认为是特别权力，表现为有权做出特殊决定。[40] 国王在圣巴托罗缪事件中的动机所体现的是中世纪法学家关于紧急（*necessitas*）问题论证的延续，也体现了当时的政治思想——即让·博丹（1576）在《国家六论》（*Six Livres de la République*）中所提出的如何定义主权。但法国国王在这次事件上的动机造成了更为深远的影响。在8月26日致克洛德·德·蒙杜塞的信中及27日发表的声明中，查理九世强调他必须提前出击、进行预防性惩罚以防止胡格诺派谋反。[41] 这一论据预示了黎塞留时期的国家主义理论，该理论主张在国家危难时刻，应当在犯罪发生之前就对其进行惩罚。[42] 法国国王8月26日后所宣

第四章　外科切除手术

称具有的这种能够违背普通法律的君主权力由两方面因素构成：国王无须预先审判，只需基于简单的怀疑即可直接处决。这是一种在国家理性思想落于笔墨之前，因感到危险迫在眉睫而引发的国家理性逻辑。[43] 然而，这种逻辑不是——或者说尚且不是——某种意识形态或者学说的产物。它产生于紧急情况之下，是使国家以最快速度回归"正常"并最大限度降低损失的方式。因此，我们没有理由怀疑查理九世之前称自己对迫不得已动用此权力而深感"遗憾和痛苦"。

对于那些同样认为国家受到威胁的臣民而言，国王的解释是可以接受的。波尔多法院院长雅克·德·拉热巴斯东在1572年10月7日致国王的信中证明了这一点。他提到，虽然波尔多的形势还不到使用如此极端手段的地步，但巴黎的情况确实需要采取一些特殊措施：

> 这里与陛下、太后及各位亲王所在的巴黎毫不相同。在巴黎谋反要被立刻处决，而不可能等到进行正常的审判程序。最好现在就开始采取具体措施，防患于未然胜于措手不及（正如您在巴黎高等法院宣称已单独为这件事采取了行动）。[44]

雅克-奥古斯特·德·图提供了另一个证据。他在事件发生很长时间之后才详细地叙述了事件带给他的恐惧感。但他也写道："这些因虔诚、资质和公正的品行而受人尊敬的人肩负起王国的首要任务，他们是一切伪装和诡计的敌人，如莫尔维利耶、德·图（指作者的父亲克里斯托夫）、皮布拉克和贝利埃弗尔"，他们原谅了那些内心谴责的行为，因为相信"如今的形势和王国的利益需要他们这么做"。[45]

因此，国王于8月26日及之后提出的解释使国王能够承认对科里尼及其主要将领的"处决"负责。但这仅限于他所"承认"的内容,因为他从未宣称为大规模的屠杀负责。他在8月26日致蒙杜塞的信中将其归因于"民众情绪"。[46] 国王在8月27日的声明中重申,他所做的决定丝毫不是"出于宗教原因",并重复了24日所讲的内容,即希望保留和平赦令,保护新教徒。宗教范畴和政治范畴被明确地区分开,而决议的最终目的只有一个,即拯救国家。

然而,是否意味着这是一个经过深思熟虑的决议呢?显然,答案是否定的。决议的通过速度、紧急局势的重压、迫在眉睫的威胁造成的非理性恐惧,这一切都让人意识到,对决议产生的后果缺乏充分估量。瓦朗斯主教让·德·蒙吕克负责安茹公爵亨利参选波兰国王的协商事宜,当看到大屠杀对亨利在波兰人中的声誉造成了灾难性影响,他十分失望并直言不讳地说道:"既然我们希望得到(波兰)王国,就应该也必须暂缓执行已经做出的处决。"[47]

我们是否应该就此认为御前会议在做出果断又仓促的决定时,外部压力起到了决定性作用?有人提出了这种说法:面对吉斯家族煽动组织的天主教"政变"和与西班牙外交关系破裂的双重威胁,查理九世被迫采取了处决胡格诺头目的做法。[48] 第一种推测不太可信,因为它没有任何证据支持,尤其是没有任何史料能够让人怀疑洛林家族与激进的天主教布道者有任何串通勾结的行为。[49] 至于第二种推测更是与史料截然相反,因为西班牙大使迭戈·德·苏尼加于8月23日晚根本没有想要离开宫廷,与法国断交。他解释道,应太后美第奇的要求他才没有前往卢浮宫,因为太后不希望别人看见他进入王宫——或许是为了不在新教徒的怒火上浇油。苏尼加在信中提到他希望在这种情况下太后能亲自写信给菲利普二世,她当即回复说她目前还不希望这样做,因为害怕信件被劫,但不久之后就会接见他的。[50] 苏尼加大使曾于26日遣密使胡安·德·奥拉埃圭回报马德里。但这并不像人们想象的那样是为了向西班牙国王上报一份与官方事实相反的秘密口信,而是因为他想除掉一个似乎与法国宫廷串通的密探。[51] 在 8 月 31 日致阿尔伐公爵的信中,苏尼加称他坚信处决胡格诺派贵族是临时做出的决定。他明显对此也感到十分惊讶。[52] 因此,将他当作"时局的关键人物",认为他的态度决定了吉斯家族的态度是没有任何道理的。[53]

御前会议成员承受的唯一压力来自对新教徒的畏惧和怨恨。新教徒的言论突然唤醒了他们的恐惧,令他们担心会出现威胁国家存亡安危的局面。他们做了最坏的打算,因此,除了采用预防性的司法处决,再无任何其他解决办法。

"处决"

预谋的清剿行动不止针对科里尼一人,还包括所有可能拿起武器保护科里尼的贵族。有传言称死刑名单早已拟定[54],但这仅仅是谣言。然而如果真存在这样一份名单的话,那么大致应包括五十多人的名字。行动明确指出了三个地点:海军上将位于贝蒂西街的私邸及邻近的住宅——这是他同伙们的聚集地;卢浮宫,这里也住着一些胡格诺派贵族;最后是圣日耳曼德佩城郊,这里居住着大批新教将领。

可想而知,国王采取的特别司法程序将是一次规模庞大、史无前例的冒险之举。我们很难想象国王及太后居然认为此举能够与维持和解并行不悖。这个谜团可以用信念进行解释:一些大人物经常坚信,除掉胡格诺派的首领就足以消除胡格诺派企图颠覆王国的威胁。我们甚至发现,一些不那么重要的人物也抱有同样信念,如雷蒙·德·卡达亚克-萨尔拉布,他受国王委派保护勒阿弗尔的安全。8 月 25 日,他写信给他的连襟,称海军上将及其同伙的死让王国恢复了往日的平静。[55] 处决行动就像一个疗效显著的外科切除手术,将社会体中的坏疽切除，以保护其他部位的健康。此外，御前会议成员还认为，第一层掩护——两派贵族之间的私人恩怨——可以将此事的影响降到最低：根据《记查理九世统治下的法国状况》的记载，查理九世与吉斯家族达成协议，处决执行后，吉斯家族立刻离开巴黎，国王希望可以借此安抚那些失去首领的新教徒。[56]

通过史料，我们能够较为确定地将国王的计划分为几个步骤，唯一不能确定的是具体的时间点。[57] 根据巴黎市政府的记录——这份史料在这一点上是可信的，巴黎市长让·勒·沙朗于8月23日晚（"已经很晚"）被传唤至卢浮宫。国王、国王的母亲、安茹公爵以及"其他亲王和领主"命令他关闭巴黎所有城门，拿回钥匙；将所有船只拖至塞纳河右岸并用链条锁住；为上尉、副官和民兵配备武器，"令他们在各区和十字路口时刻戒备"；最后，在市政府门前和内部部署大炮。24日星期日"一大清早"，市长便将命令传达至相关人员。[58] 此举的目的是维护城中秩序，避免激进的天主教徒或新教徒聚众生事。雅克－奥古斯特·德·图称，国王令民兵发起大规模屠杀，然而这种说法没有任何依据。[59]

采取防御措施后，接下来将执行计划好的清剿行动。行动的首要目标区域是贝蒂西街区和卢浮宫。二者谁先谁后呢？由于文献在这一问题上并不一致，因此我们不得而知。史学家们提出的假设更多地反映的是他们个人对史实的重新建构。[60] 唯一可以确定的是：对这两个地点的攻击已于黎明前展开。我们在本书中首先指出谋杀科里尼只是遵循记述惯例而已。

吉斯公爵奉国王（彼得鲁奇的说法）或者安茹公爵亨利（根据艾蒂安·帕基耶的说法）之命，引兵前往科里尼的府邸执行谋杀计划。[61] 萨塞蒂指出，在他看来，军队先是迅速前往军械商那里装备武器，就证明了这是一次临时决定的行动。据参与此次行动的约祖亚·施图德·冯·温克尔巴赫上尉称，由他指挥的安茹公爵的

第四章 外科切除手术

瑞士士兵和由他的兄弟约瑟夫指挥的阿朗松公爵的瑞士士兵参与了行动。欧马勒公爵和昂古莱姆骑士也陪同吉斯公爵参与了行动。[62]

关于海军上将的遇害过程，我们拥有多份史料记录。其中弗朗索瓦·奥特芒的记述是可以采信的，因为作者称他的信息来自一名目击者。然而，我们也应当清楚，这一叙述中存在着将受害者描述成一个殉教者的成分。吉斯公爵的部队抵达后，国王派遣驻守在贝蒂西街科里尼府邸门口的火枪部队不仅没有丝毫抵抗，他们的首领科桑反而在瑞士士兵的帮助下冲破大门，突破亨利·德·纳瓦尔布置的防线，杀死了所有阻挡部队前进的人。科里尼听到外面的声响，让梅兰牧师诵读祷文并与他一同祈祷。随后，他说自己已经做好了赴死的准备，劝说随行的人迅速逃离。许多人都成功逃脱，因为他们在"屋顶上找到了一扇天窗"。只有科里尼的德语翻译尼古拉·德·拉穆什（或穆斯）留在了他身边。"一个生于维滕贝格公国的名叫贝姆的人"第一个冲进房间。海军上将厉声叱喝："年轻人，要尊重我的白发与苍老。"贝姆不为所动，一剑砍在科里尼的头部，科桑和同伙冲上去结束了他的性命。他们把科里尼的尸体从窗户扔了出去，正落在吉斯公爵脚下，吉斯公爵上去踹了几脚。"然后，"奥特芒气得浑身发抖地写道，"科里尼的尸身蒙受凌辱，肢体残损，落于泥中。尸体在蒙福孔被当作战利品倒吊示众三天。这是巴黎人民对他发泄出的残暴和愤怒，不仅在他生前如此，死后对他的尸身也一样。"[63]

吉斯公爵本人虽然没有直接参与谋杀，但所有的史料都一致记载了他出现在科里尼府邸的门口，而且在尸体被扔出窗外后确认了死者身份。士兵随后开始追捕逃跑者并在邻近的住宅中屠戮了海军上将的副官们。弗朗索瓦·德·拉罗什富科伯爵在贝蒂西街附近的家中被杀；查理·德·泰里尼在其岳父家中从屋顶成功脱逃，但之后也被捕遇害。随后，杀手们向巴黎其他的街巷进发，因为他们的猎物并非全部居住在科里尼家附近。

卢浮宫中的新教贵族也被卫兵叫醒。他们手无寸铁，被从一个小门带至城堡的院子中。瑞士和法国卫兵迅速地用长矛将他们逐个杀害。国王查理九世个人应对这场在王宫中的屠戮负有全部责任[64]，因为被杀害的贵族是他的座上宾。根据一份匿名文字的记载，他们曾请求国王批准他们待至日出时分再离开王宫，但国王并未同意，而是将他们全部杀害。[65]新教的编年史作者严厉地抨击了这种有违待客之道的行为。狄奥多尔·阿格里帕·德·奥比涅用哀婉动情的方式描绘了这一场景：君主在窗边目睹了这凄惨的一幕，皮勒男爵被杀前发出痛苦的哀号："卑鄙的国王！"他把斗篷递给一个凶手，对他说："先生，请拿好，我把它送给您，请永远记住有一个人死得如此不堪。"[66]

关于这恐怖的一晚，玛格丽特·德·瓦卢瓦在《回忆录》中记录的细节虽然无从考证，但似乎确有其事：莱朗领主加布里埃尔·德·莱维受伤后逃到她的寝室里，他跳上床，抱着她一起滚到了床与墙间的缝隙里。近卫队上尉南塞正在追捕他，突然决定放他一马，把纳瓦尔王后玛格丽特送到她的姐姐洛林公爵夫人那里。玛格丽特本已受到惊吓，路上又目睹了一名贵族的眼睛被长戟刺穿。[67]同样悲惨死去的还有若阿基姆·德·塞居尔—帕尔达杨、路易·古拉尔·德·博瓦尔、弗朗索瓦·德·莫南、查理·德·博马努瓦、拉瓦尔丹侯爵、原纳瓦尔骑士巴尔比耶·德·弗朗库尔等众多贵族。亨利·德·纳瓦尔和孔代亲王亨利因其嫡亲王的身份幸免于难，查理九世将其召至近旁加以保护，并希望迫使他们改宗。据新教文献记载，国王还赦免了格拉蒙伯爵、布沙瓦纳领主和其他四位亨利·德·纳瓦尔手下的贵族，因为他们"只有一点或根本没有信仰新教"。[68]

不知具体何时，或许正是在科里尼被杀害的时候，欧塞尔圣日

第四章 外科切除手术

耳曼教堂的钟声响起,紧接着,巴黎高等法院的钟声也敲响了。大约在这个时候开始了第二次圣巴托罗缪屠杀——巴黎市民的圣巴托罗缪大屠杀。

* * *

为了彻底剿灭"好战的胡格诺派",还需要除掉被安排在圣日耳曼德佩城郊居住的所有新教徒。吉斯公爵的部队在杀害科里尼之后,又领受了这个任务。但是,由于这支军队从塞纳河右岸出发,因此他们需要经过西岱岛(新桥在那时尚未修建)。军队在抵达左岸后,还需穿过比西城门才能抵达圣日耳曼德佩城郊。但是,城门紧锁,而吉斯公爵又拿错了钥匙,所以又耽搁了一些时间。当军队终于清除了所有障碍,天已经大亮了,而遭追捕的一众新教上尉早已有所警觉。日后的拉福斯公爵雅克—依帕尔·德·科蒙事后回忆称,他的父亲弗朗索瓦与他的哥哥当时同住在城郊的塞纳街,一个游过塞纳河的胡格诺派贩马人向他的父亲发出警报。[69]新教贵族急忙聚集在塞纳河沿岸一个当时被称作教士草地的较为宽阔的地点,他们看到对岸士兵已经松开船只绳索,带着十足的敌意向他们划过来。一些贵族知道抵抗毫无意义,便上马夺路而逃,其中包括沙特尔的代理主教让·德·费里埃和蒙哥马利伯爵加布里埃尔·德·洛尔热。1559年6月30日,为庆祝卡托-康布雷齐和约及为确认该和约而签订的一系列婚约,法国宫廷举办了骑士比武,正是这位蒙哥马利伯爵在比武中失手重伤亨利二世,后者因此殒命。等到吉斯公爵和骑兵赶到时,新教徒已经逃之夭夭,他们一直追至蒙福尔拉莫里,却一无所获。根据卡夫里亚纳的说法,大约十个贵族由此得以保全性命,而所有其他人都未能幸免。[70]

在此次屠杀的目标人群中,科蒙家族的命运与其他人不同。父亲弗朗索瓦因雅克—侬帕尔的哥哥生病了，所以不想逃离城郊。他们被一位名叫马丁的上尉逮捕，弗朗索瓦被带到巴黎城中。他因承诺交付赎金而得以暂时保命。之后，两名看守他的瑞士士兵两次提出释放他，但遭他拒绝：他说他会听从上帝的旨意。[71]死神在次周周二向他伸出了魔掌：科科纳伯爵带领一队士兵去提领他，他和他的大儿子最终被杀害在小农田街尽头的城根下。小儿子雅克—侬帕尔心胆俱裂，当时已瘫倒在他父亲和哥哥的尸身旁，居然毫发未伤。他满身是血，一动不动地在原地装死，目睹亲人死去却束手无策。后来，他被一个网球记分员救了起来，那人觉得他十分可怜，带他回家，后又送他去姨母家。他的姨母让娜·德·贡托是比龙元帅的姐姐，也是一位新教徒。比龙元帅虽然身为天主教徒，但生性宽仁慈厚，他把雅克—侬帕尔藏在了巴黎军械库中。[72]

弗朗索瓦的兄弟若弗鲁瓦成功逃脱。他返回家中后（位于吉耶纳的卡斯泰尔诺—德米兰德城堡），马上于1572年9月14日致信太后美第奇、查理九世和安茹公爵亨利。这些信件是关于圣日耳曼德佩城郊屠杀事件鲜为人知的史料。其中最长也最有价值的是寄给太后美第奇的信件。[73]他写这封信的动机令人瞠目结舌：他居然希望解释清楚自己为何于8月24日早晨没有告退，没有"谦卑地亲吻陛下与太后的双手"就突然离开巴黎。他担心国王和太后记恨于他……所以，他便写信向他们解释自己为何被迫走得如此匆忙。

在那个注定会有悲剧上演的早晨，在他看来，"民众激动的情绪"导致了流言的产生，向他预示着危险的到来。他看见一大群武装士兵乘船而来，疯狂地扑向他所居住的城郊。他马上决定骑马逃跑，琢磨着是什么事能挑起如此轩然大波。他写道，跟他一起逃走的还有四五个他手下的人，他们除了身穿紧身上衣，手持长剑外，没有任何其他武器。还有几位惊慌失措的贵族，有的走路，有的骑马，也同他一起逃亡。他试着在这群人中寻找自己的兄弟和他那"很年轻、生着病的"侄子，但是没有找到，于是他决定再回去找，但为时已晚，整个城郊已经被士兵包围，而且他兄弟的住处前站满了火枪兵，想要靠近住所根本不可能。他死了心，"既懊恼又惊愕"。他周围都是些发狂似的夺路四散的逃亡者，他也被恐惧笼罩，调转马头，却遭到骑兵部队的攻击——应该是吉斯公爵的军队，他的几个随从遇难了。同他一起逃跑的人选择了一条他并不认识的路，思考了一番之后，他决定取道沙特尔返乡。他继续描述道："看到巴黎弥漫着这种情绪，我怀疑其他地方是否同样如此。我的随从所剩无几，但尚足以自保。于是，我决定返回家中立即向陛下禀报。"

他在三封信特别是致查理九世的那封信中表示，让他尤其担心的是，他回家时只带着几个随从，这会让人觉得是他惹怒了国王，因此失宠。[74] 他请求王室能明确说明他依然拥有国王的宠信，并请他"多寻些证人说明此事，以免他人怀疑"。他要求得到一个"能够向所有人证明"的明确表示，因为他肯定地说道，如若失去了国王的恩宠，那么他宁愿去死。我们能够猜想到他的个人威信在地方上的重要性，他的附庸和"朋友"对他的忠诚完全取决于这一点。如果他在国王面前说不上话了，那这些人就可能不再追随他。

这些信件证明其作者根本没有看到这场悲剧的真实意义，没有什么比这能更好地表明他和其他新教徒根本没有预见到这场惨剧。通过比较若弗鲁瓦·德·科蒙的叙述和他侄子在其《回忆录》中所描述的这段逃亡经历，我们可以看到他侄子在事后是如何美化事实的：雅克—侬帕尔称，若弗鲁瓦手下有100至120个骑兵。当吉斯公爵的士兵向他们展开追击，想要杀死他们时，"看到科蒙竟然泰然自若，手下士兵众志成城，便不敢发动进攻，反而给他让开一条路……"[75]

在24日夜间和清晨的清剿行动中，究竟有多少贵族殒命？我们很难知晓确切数字，因为当时的人做出的估计各不相同。让我们尤感惊讶的是，根据当时史料记载，在众多身经百战的上尉中，只有为数不多的几个进行了反抗。诚然，大多数人是在睡梦中被惊醒，而且住在卢浮宫的人早已被缴械。根据新教的文献，在贝蒂西街和邻近住宅的受害者中，只有弗朗索瓦—安托万·德·盖尔希试图抵抗：他手握长剑，臂缠斗篷，与敌人殊死搏斗以求保全性命，但最终寡不敌众。[76] 上文也提到，圣日耳曼德佩城郊的贵族试图集中起来——可能就像雅克—侬帕尔·德·科蒙记述的那样，打算援助国王，因为他们曾一度认为"激动的民众"威胁到了国王。但是，他们很快就醒悟过来，只有极少数人进行抵抗。他们只想着如何逃跑，但大多数人终究没有逃脱死亡的命运。

清剿蒙斯的法国人

处死"好战的胡格诺派"行动并没有在 8 月 24 日早晨画上句号，一些新教首领还被阿尔伐公爵的军队包围在蒙斯。为了全面地估量第一次圣巴托罗缪大屠杀的影响，我们还需要考量随后在北部边境出现的突发事件。查理九世十分不愿意看到彼时仍在尼德兰作战的新教上尉返回法国。8 月 31 日，他命令密探蒙杜塞将他的想法秘密地传达给阿尔伐公爵：他希望后者能够占领蒙斯，但是不能通过"和谈"（composition）的方式，也就是说，不能与在蒙斯的法国人协议停战，并将他们安然无恙地送回国。"因为，国王补充道，他们是叛逆者，心中全是邪恶的念头和欲望，他们会破坏我的计划。"他在 8 月 31 日的另一封信中直截了当地提出，最好将他们除掉并"碎尸万段"。查理九世继续说道，若阿尔伐公爵释放了他们，蒙杜塞就必须向皮卡总督隆格维尔公爵"迅速、如实地汇报他们的人数、随从人数以及取道何处返回我的王国"。[77]

我们不难猜测到国王希望获得这些信息是出于什么目的。从那时起，那些被围困的法国人的命运实际上就已经被决定了。他们曾尝试逃出命运的摆布。在 9 月 18 日的信中，蒙杜塞禀报法国国王，四个法国人向阿尔伐公爵提出交涉后，后者安排了一次会面，命他的一个副官努瓦卡姆领主前往。四名贵族分别是拉努、索耶古尔、塞纳蓬和让利斯的一位副官。他们以十分悲怆的口吻为自己辩护：本以为援助蒙斯是国王的旨意，而最近发生的事件却证明他们误解了查理九世的意图，导致他们现在无所适从。他们希望跪乞君主的宽恕，把命运交给他来支配，因为找不到其他获得拯救的方法。[78]

蒙杜塞在汇报这些细节时明确说明，阿尔伐公爵答应，如果签订和谈协定，他会要求被困于蒙斯的法国人郑重承诺永不使用武力反抗法国国王。但查理九世在 9 月 21 日或 22 日对蒙杜塞的回复中称他们定会轻许诺言。他说，一旦放了那些叛逆者，他们就会背信弃义，他们"本性难改，干尽恶事"。查理九世对他们毫不信任，因为他们是"叛乱的头目和最热衷叛乱之人"，也就是说，他们有能力组织军队，是串通胡格诺派叛乱的同谋。圣巴托罗缪之夜过去一个月后，国王仍有所顾忌。查理九世坚信，圣日耳曼和平敕令后对新教首领的宽恕已经被暗中背叛了。驱使他做出 8 月 23 日决定的那股力量仍然占据着他的头脑，他叮嘱蒙杜塞切勿轻信"他的臣民的甜言蜜语，他们总是使用花言巧语来遮掩邪恶的企图"。他再次下达了严酷的命令："我再次重申，一定要向我表兄隆格维尔公爵报告他们何时出发以及人数、路线和途经地点，以便其完成任务。"[79]

蒙斯于 9 月 19 日投降。21 日，在签署和谈协定后，阿尔伐公爵释放了被围困的法国人。一些人加入了拿骚伯爵的军队；据一个西班牙密探报告，包括拉努的另一些人"被两连士兵带至吉斯公爵领地边境旁的第一个村庄"。[80] 9 月 27 日，蒙杜塞向国王写信报告称，这些士兵在进入王国境内后几乎被尽数屠杀。[81] 菲利普二世希望得知确切的数字，苏尼加回禀，据他初步估计约有600人。但根据科科纳伯爵统计，"在圣米迦勒之日前的三四天"，隆格维尔公爵受国王之命在色当及周边地区实际屠杀的人数超过800人。[82]苏尼加大使在9月29日的信中讲述道，在他的追问下，太后美第奇在回答关于蒙斯幸存者的问题时大笑着对他说："千真万确，阿尔伐公爵不想杀他们，但他们还是都死了。他们再也无法帮助奥伦治亲王反抗我的儿子和我们了。"[83]猜忌的念头已经在国王的头脑中根深蒂固：所有有威胁王权嫌疑的胡格诺派首领，无论他们做过什么，都会被国王清除，以实现他一直梦想的和解——至少目前如此。

在9月29日的同一封信中，苏尼加向西班牙国王汇报称法国一直在寻找拉努。实际上，拉努未能从卫兵的手中逃脱。隆格维尔公爵于1572年10月11日致太后美第奇的信表明，他和他的两个同伴因特殊原因而幸免于难。公爵在信中向太后汇报，根据国王的命令，他已经令人将拉努和两位姓塞纳蓬的人（塞纳蓬领主让·德·蒙奇及其子）带到他那里，他想知道应如何处置。[84]国王要求召见拉努，隆格维尔公爵便把他带到巴黎。这位以忠诚而闻名的新教贵族十分受新教徒的敬重。查理九世希望利用他完成一件异常棘手的任务：与在拉罗谢尔进行抵抗的新教徒进行和解。[85]

* * *

清剿新教首领的行动结束了。国王认为胡格诺派群龙无首，叛乱的威胁已经解除。然而，他在8月24日早晨就看到了另一场动乱发生——此次是天主教徒的行为。海军上将科里尼的尸首被抛出窗外，落在道路上，并被人们百般凌辱。此举就是有发生新动乱危险的明证，而御前会议成员事先没有预计到它的严重性。海军上将的尸身由孩子们用绳子拴着在巴黎的街巷中来回拖拽。尸体被去势、

第四章　外科切除手术

斩首，半个身子被烧焦，扔进塞纳河后又被打捞上来，最后倒吊在蒙福孔的绞刑架上。[86]民众的失控所体现出的已经不是国王审判的暴力，而是民众复仇情绪的爆发。第一次圣巴托罗缪屠杀之后，第二次屠杀开始了。

海军上将科里尼是胡格诺派的军事领袖,他的死拉开了大屠杀的序幕(肖像绘制于1565—1570年间,美国圣路易斯艺术博物馆藏)。

查理九世，他于 1561 年 11 岁时加冕为法国国王，病逝于 1574 年，法国在他任内爆发了四次宗教战争（肖像作于 1563 年，奥地利维也纳艺术史博物馆藏）。

婚礼的新郎纳瓦尔的亨利,他信仰新教,后被迫改信天主教,于 1589 年加冕为法国国王,即亨利四世(肖像约作于 1575 年,法国波城城堡藏)。

吉斯公爵亨利一世及其家族是法国权门，他也是大屠杀的主要领导者，天主教的军事领袖。后来于 1588 年遇刺（肖像约绘制于 1585 年，法国巴黎卡纳瓦莱博物馆藏）。

出身意大利美第奇家族的凯瑟琳·德·美第奇王太后，当时有很多人及后来的一些研究者怀疑大屠杀是她的阴谋（肖像约绘制于1565年，巴黎卡纳瓦莱博物馆藏）。

西班牙国王菲利普二世是雄踞欧洲的霸主,被怀疑策划推动了大屠杀,在当时是天主教的捍卫者,西班牙在其治下盛极一时。他的第三任妻子即美第奇王太后的长女伊丽莎白·德·瓦卢瓦(肖像约绘制于 1549 年,西班牙马德里普拉多美术馆藏有复制本)。

亲历了圣巴托洛缪大屠杀的画家弗朗西斯·杜布瓦以屠杀为主题创作的绘画（瑞士洛桑州立美术馆藏）。

科里尼被处决。大屠杀结束后不久,教皇格里高利十三世为庆祝天主教取得胜利,委托意大利文艺复兴时期画家乔尔乔·瓦萨里在梵蒂冈创作了纪念壁画。

查理九世召开会议，为屠戮胡格诺派辩解。同样为教皇格里高利十三世委托乔尔乔·瓦萨里创作。

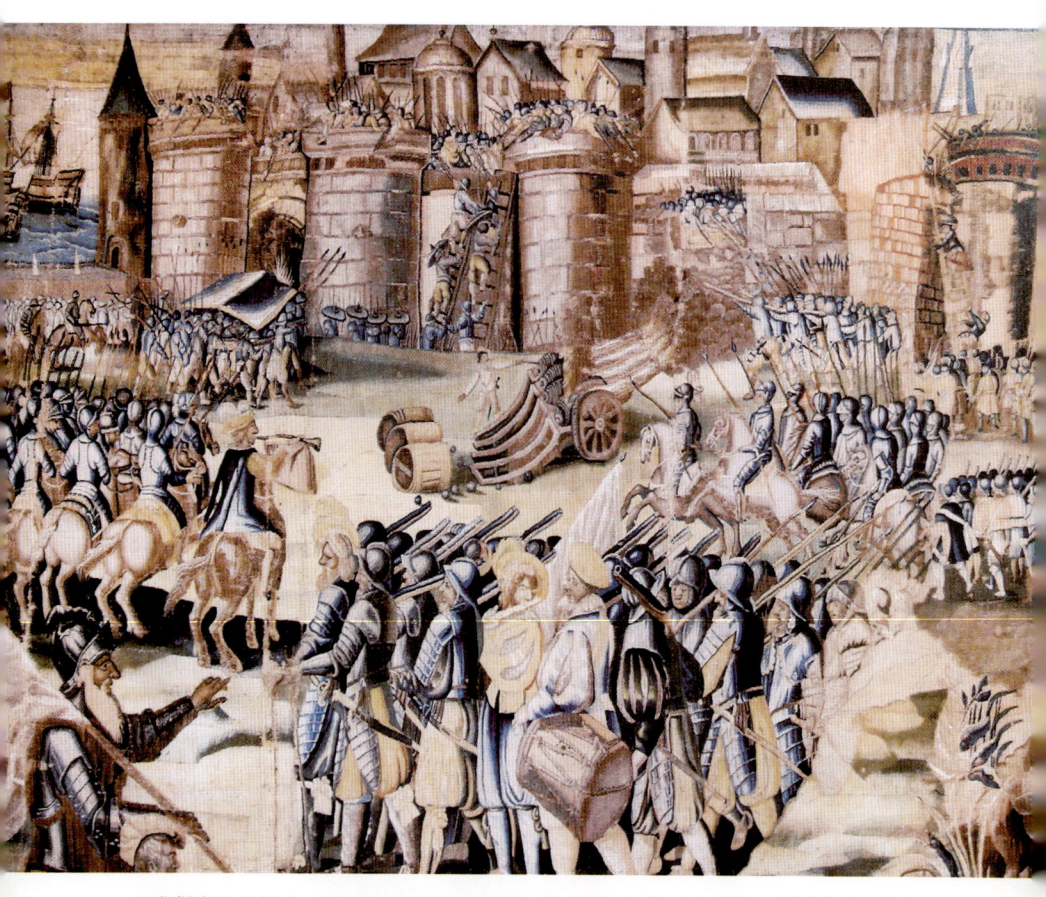

巴黎爆发屠杀之后，宗教战争几乎波及全国，天主教军队在1573年围攻了胡格诺派的重要城市拉罗谢尔（这幅挂毯制作于1623年，法国卡迪亚克公爵城堡藏）。

19世纪末法国画家爱德华·德巴—蓬桑以巴托罗缪大屠杀为主题创作的绘画,画中反映的是在圣巴托罗缪日清晨走出宫门的贵族,黑衣者即美第奇王太后(法国克莱蒙费朗的罗歇·基约美术馆藏)。

约1868年的绘画,画中的天主教徒在圣巴托罗缪日前夕磨刀霍霍,并在帽子上饰以象征纯洁的白十字,同时可能也为区分敌我(拉脱维亚国立美术馆藏)。

第五章

天主教徒的愠怒

从 8 月 24 日清晨到接下来的几周内，屠杀范围扩大至普通的新教徒，并且从巴黎开始蔓延至王国多座城市。如此大规模的屠杀让人震惊，人们不禁会对其背后的动机和性质产生疑问。这次屠杀除具备一般屠杀的特点外，还带有战争的特点。人们已经注意到，这两种暴力形式是不同的：第一种可由冲动的情绪引发，而第二种是在"理智的情况下发生的"。[1]毋庸置疑，屠杀中定然存在着不理性的因素。狂热的天主教徒深信自己是天主强有力的臂膀，因而沉浸在涤除罪恶的癫狂之中。这种癫狂感来源于"对天主降临的集体幻觉"和"神灵附体"之感。[2]然而，巴黎的这次大屠杀持续时间之长、组织之有序也使其具有了一丝针对胡格诺派的防御战色彩。胡格诺派不仅被视作宗教异端，更是被当作鼓吹暴力的危险煽动者。巴黎的天主教徒是为天主而战，但他们同时也是在保卫自己的生命和财产，因为他们认为自己受到了来自城市中心的敌人的威胁。的确，这两个方面错综复杂地缠绞在一起，对宗教异端的恐惧让屠杀行动充满了非理性的愤怒情绪。不过，这两方面尚可分清。8 月 24

日大屠杀的凶手希望将命运掌握在自己手中，对新教徒的屠杀是他们对国王的间接问责。在他们看来，国王既没有维护宗教一统，也没有保护好他的臣民，是一位未能完成自身双重使命的罪人。这种指责很快就演变成公开的违抗，甚至出现了叛乱。正是这些错综复杂、相互交织在一起的问题引发了第二次圣巴托罗缪屠杀——巴黎人的圣巴托罗缪大屠杀。对于历史学家而言，这是一个异常棘手却又十分具有研究价值的对象。

胡格诺派是动乱分子？

若想理解8月24日的民众暴力，就需首先注意到，在天主教徒的意识中，胡格诺派的形象总是和幻象联系在一起，被认定是满腹邪念之人。天主教徒这种想法可追溯至1560年3月昂布瓦斯密谋留给人们的记忆。密谋者多数是宗教改革运动的追随者，从那时起就希望将吉斯家族（吉斯公爵弗朗索瓦和他弟弟洛林枢机主教）赶出权力圈。他们打算对王室成员居住的昂布瓦斯城堡发动军事进攻来达到这一目标。但在当时大多数人看来，此举是一次针对国王的叛乱行动。用"胡格诺"一词指代法国的新教徒正是因此事件才流传开来。从这种称呼的词源来看，它很可能是由两个词组合而成，皆具"作恶"之意。第一个词是"Eidgenossen"，意为"谋反者、同盟者"，取自日内瓦一个为了争取自由而加入斗争的乱党之名。[3] 而日内瓦在法国人的想象中不仅是异端的策源地，更是独立和反叛精神的代名词。此外，法国人还受到了瑞士和连州"共和"的影响。路易·雷尼耶·德·拉普朗什是弗朗索瓦·德·蒙莫朗西的秘书，据他所言，新教徒从那时起就被指控"妄图用武力引入他们的宗教，击垮法兰西君主国，将其变成州共和制……他们计划抢劫掠夺，把王国最好的房屋和教堂都变为战利品收入囊中"。[4]

第五章　天主教徒的愠怒

也正是从 1560 年 3 月昂布瓦斯密谋起，在第一个词源的基础上又加入了第二个词源。约至 1555 年，新教徒一直在地下活动，在晚间举行宗教仪式。因此，人们很快就将他们比作令人不安的夜间幽灵，如新教徒"在巴黎……被称为'醉酒修士'（moine bourré），在奥尔良被称为'奥代骡子'（mulet Odet）*，在布卢瓦被称为'狼人'（loup garou），在图尔被称为'于盖王'（roy Huguet）†"。[5] 艾蒂安·帕基耶在《法兰西考》（Recherches de la France）的一章中记录道，在昂布瓦斯密谋发生的八九年前，他听图赖讷的朋友称胡格诺派为"于贡王"的门徒。[6] 密谋者在昂布瓦斯和图尔附近暗中进行的准备活动引发了人们的恐惧。它造成了两种后果：一方面，人们开始以"于贡"这个幽灵的名字称呼新教徒‡；另一方面，新教徒可怖的密谋者形象进一步确立。[7]

自此以后，尽管让·加尔文、皮埃尔·维雷、狄奥多尔·德·贝扎等一些神学家竭力试图打破这种恶劣的印象[8]，但胡格诺派仍令人不寒而栗。在第一次内战前夕和内战过程中，他们大肆破坏圣像，这更无益于他们的形象。他们的宗教动机和对净化宗教场所的狂热在天主教徒看来是一种偏执的毁灭欲的体现。新教徒引发的大恐慌与 1562 年数次对他们的血腥屠杀不无关联，尤其是在桑斯和图尔两地。这一系列屠杀在某种程度上正是圣巴托罗缪大屠杀的预兆。同样是在 1562 年，龙萨毫不迟疑地将新教徒描绘成一群手握沾满鲜血的屠刀之人。他向狄奥多尔·德·贝扎发出请求：

---

* 据 1839 年法兰西学院的《法语大词典》，"奥代骡子"在奥尔良意为"幽灵"。
† 图尔地区用来吓唬孩子的幽灵，也被称作"于贡王"（roi Hugon）。
‡ "胡格诺"与"于贡"在中文里并无相似之处，而法文中"Huguenot"的前半部分即为"Hugon"或"Huguet"。从发音上看，"huguenot"的另一个中译名"雨格诺"更为恰当，但"胡格诺"是中国史学界更为常见的译法。

> 莫要继续在法国宣讲宣扬暴力的福音
> 基督站在浓雾硝烟之中
> 像穆罕默德一样，手中握着
> 一把被人类鲜血染红的硕大屠刀。[9]

在巴黎，新教徒的可怖形象掀起了一波波无法抑制的恐惧浪潮。如1563年春，第一次内战激战正酣，一个农夫交给了巴黎民兵队上尉一封信，收信人是巴黎高等法院的一位有信仰新教嫌疑的参事。信的内容看似无关紧要，然而，他说道，正当人们把信放在火上准备烧掉的时候，与信原有内容完全不同的信息出现了：写信人提醒收信人把他的财产藏匿起来，因为胡格诺派准备发动进攻，要"把巴黎变成田野"，也就是说要将巴黎夷为平地。[10]第二次内战开始时，失控的恐慌情绪再一次笼罩了首都的居民，这一次更为强烈。莫城惊驾后，孔代亲王的军队占领了圣德尼。1567年10月1日夜，军队将村庄周围十二个磨坊付之一炬，巴黎市民眼见大火映红了夜空。同时，一个可怕的谣言在城中传播开来：有人说城中的胡格诺派正在收集柴薪和火药，准备在巴黎纵火。国王此前刚刚允许巴黎民兵队使用武器，于是，他们便迅速奔向尚未来得及逃跑的新教徒的住处，搜捕所谓的密谋者，将他们逮捕甚至杀害。一位匿名者称，施暴者确信自己有权这样做，还说如果有人胆敢支持"反叛者"，那么他就是自寻死路。他还补充道，有人在街上发现了一块被剥掉的人皮。这是一个恐怖的预兆，因为此等酷刑正是人们在圣巴托罗缪大屠杀中看到的……[11]艾蒂安·帕基耶记录道，那天晚上和接下来的几天，如果有人不在帽子上佩戴白色十字架，那么他很可能会被杀害。而这个十字军的标志正是1572年8月24日屠杀者所佩戴的标志。[12]此外，对饥荒的担忧也进一步加深了巴黎市民对胡格诺派的愤恨。因为后者封锁了巴黎城，而巴黎在1564年至1566年间粮

第五章 天主教徒的愠怒

食异常匮乏，彼时尚难以恢复。

第三次内战期间，巴黎人更为担忧，因为国王史无前例地允许希望和平的胡格诺派信徒留在巴黎。[13]这也解释了为何加斯蒂纳家中秘密举行的宗教仪式被发现之后连续爆发了数起严重的暴力行为。加斯蒂纳的住所被判夷为平地。[14]1570年的圣日耳曼和约也没有令巴黎人的恐慌情绪有所缓解。让·德·拉福斯神父在日记中写道，为正式确定和约有效而颁布的赦令中包含"一些会令整个法国都为之颤动的骇人听闻的条款"，无论新教徒做过什么，在赦令中他们仍被当作国王忠实的仆从。[15]西蒙·维戈尔在布道时向巴黎人发出警告，异教徒使用毒药，或是通过其他方式，最终会将他们消灭殆尽。这种言论无疑会引发极度的恐惧。[16]

巴黎天主教徒的恐慌感久久萦绕于心，更何况他们对新教徒居住在何处一清二楚。新教徒的住所几乎平均分布于巴黎各地，因此这些人常常会是他们的邻居。一项研究调查了1564年至1572年间被监禁在巴黎监狱的399个已知住址的嫌犯。根据这项研究可以得知，他们的住所遍布巴黎16个区，在左岸的圣塞弗兰和圣热纳维耶芙区，右岸的圣阿沃伊、圣马丁、圣厄斯塔什和圣奥诺雷区，以及城中心的圣母院区一带，他们的数量尤为庞大。此外，圣日耳曼德佩城郊也是新教徒集中的地点，并因此得名"小日内瓦"。[17]在加斯蒂纳十字架事件引发的骚乱中，位于圣母院桥两旁的"金榔头"屋和"珍珠"屋遭到抢劫。而在1572年8月24日的屠杀中，它们再次被洗劫一空，因为此处是胡格诺派的老巢。在一个人口过度膨胀的城市中，房屋十分狭小并且隔音很差，居民的一举一动都逃不过邻居的耳朵。整个城市中就像安置了一张集体监视网，绝无漏网之鱼。正如一段文字所言："圣巴托罗缪大屠杀中，很大一部分受害者被确认曾卷入纠纷或冲突中……四百年后，大屠杀中普通受害者的身份可能已不为人知，但对于当时杀害他们的人而言却并非如此。因为凶手都是他们的邻居或者认识他们的人。"[18] 在巴黎人眼里，胡格诺派遍布全城，随时都有可能袭击他们，因此极具危险性。虽然恐惧感实由幻想凭空而生，但这已不重要。因为幻想对人思想的控制不会因毫无依据而减弱。

巴黎当时面临的诸多困难进一步加剧了居民普遍的紧张情绪。谷物价格从1570—1571年度（收获年度，从7月末到次年8月初）到1571—1572年度出现明显上涨。[19] 令人忧心忡忡的传言在城中不胫而走：让·德·拉福斯记录道，人们传言国王准备对个人财产征收什一税。[20] 奇异的自然现象仿佛预示着灾难的迫近，如1572年1月15日夜间，天空突然大亮，预示着战争在即。[21] 萦绕在巴黎人心头的困扰过于强烈，以至于必须找到一个宣泄的途径，即向胡格诺派发动进攻，才能消除恐惧和怨恨。

我们需要注意到，另一群人也成为仇恨的焦点，他们就是在巴黎数量相对较多的意大利人。在民众的想象中，意大利人的形象是和敲诈犯联系在一起的，因为法国国王为了征收特别税，特意从意大利请来了一些财政官。热那亚人、佛罗伦萨人、米兰人、威尼斯人、罗马人，他们构成的群体令民众疑窦丛生。1572年6月，即圣巴托罗缪事件前两个月，他们中的很多人都在因民众排外情绪而爆发的骚乱中被杀或受伤。一位匿名者写道，人们控诉他们残害幼童，用幼童的鲜血治愈了患有某种神秘疾病的安茹公爵和美第奇太后。[22] 这位作者补充道，人们称他们为"Marrabets"，即被迫改变信仰的犹太人。杀童取血是犹太人通常被指控的罪行之一，意大利人被比作犹太人很可能因为他们同样在金融领域颇有势力。这种指控也被用于新教徒。[23] 所有与法国天主教徒的传统信仰不同的人，或不同国籍的人，即"他者"，在法国天主教徒的憎恶之情中被不可思议地集合在一起，被有意地认定为多起灾祸的罪魁祸首：宗教一统的丢失、日常生活的困境、无处不在的令人恐慌的自然迹象。在圣巴

第五章 天主教徒的愠怒

托罗缪大屠杀中,意大利人与新教徒一同被杀害,虽然人数极少,但事件本身已足以表明巴黎人对胡格诺派的看法:他们不仅是异端,更是心怀叵测的敌人,他们正如这些被人唾弃的意大利人一样,妄图夺取巴黎人的财产与生命。[24]

* * *

8月24日前夜,亨利·德·纳瓦尔的随行人员参加完婚礼后进入巴黎城中,让笼罩整个首都的不安感突然强烈起来。新教贵族们手持武器,大摇大摆地走在街上,使得人心惶惶。科里尼遇刺后,天主教徒看到他的几个朋友依照国王的命令,聚集在他的住所周边。人们焦虑的情绪此时达到了顶峰。这一举动被巴黎人的想象无限放大,令他们陷入恐慌,并且使他们确信——正如神父阿东所言——"胡格诺派准备在巴黎大干一场"。[25]

科里尼手下上尉们的举动被民众当作危险行径,进一步加剧了巴黎人近乎偏执的恐惧感。8月24日清晨,欧塞尔圣日耳曼教堂的钟声正是在这种恐慌的氛围中响起。夜间对距教堂不远处的贝蒂西街上科里尼府邸展开的袭击传出了喧闹声。虔诚的天主教徒刚刚做完晨祷,听到了这令人不安的嘈杂声。[26] 恐怖的传言霎时浮现在他们的脑中:胡格诺派发动进攻了!

恐惧的心态与充满不确定性的环境导致人们产生误解,敲响了钟声。这是对教堂钟声鸣响最合理的解释。钟声不太可能是一场早有预谋的屠杀的暗号,因为预谋论很难站住脚。新教文献称这是太后美第奇或者巴黎天主教徒策划的一场屠杀。诚然,8月22日刺杀科里尼的幕后主使在莫尔韦尔行刺失败之后不会善罢甘休,他们很可能在竭力煽动反胡格诺情绪。但是,没有证据证明屠杀行动是有预谋、有计划的——即便人们强烈希望如此。唯一一份能够让人认为这是一次有预谋的屠杀——钟声是其前奏信号——的文本是一位名叫纪尧姆·德·拉费伊的人的口供。在大屠杀后,巴黎市长起诉他参与洗劫了大屠杀中的遇害者——菲利普·勒杜的住所的行动。他在接受审讯时声明,他被所在街区民兵队的士官要求看守勒杜的住所,以确保钟声响起后任何人都不会从房子里活着出去。但他补充道,屠杀是由"整个城市",即由民众发动的。没有任何其他史料能够为这种说法提供佐证,他这么说很可能是为了推卸个人责任。[27] 最接近事实的解释是,人们误以为夜间的喧闹声是新教徒发出的,因此大为惶恐,遂敲响了警钟。这为天主教徒中的激进分子提供了可乘之机,他们没有想到这个机会来得如此之快。

其他教堂的钟楼很可能是在回应欧塞尔圣日耳曼教堂的钟声。而在这一点上,史料再一次出现了分歧。当时尚年轻的马克西米利安·德·贝蒂纳,即日后的苏利公爵后来写道,在凌晨三点左右,他在夹杂着喊叫与钟声的喧闹声中惊醒。由于记忆深刻,这段回忆一直完整地保存在他的脑海里。[28] 一位名叫皮埃尔·布兰的论战者在回应皮布拉克领主居伊·德·福尔为王室所做的辩护时讽刺道,"巴黎人的晨祷可谓又响又吵"。[29] 但是,警报钟声响起的准确时间仍很难确定,现有文献无法对这个问题给出确切的答案。据西蒙·古拉尔所言,王宫的钟声在欧塞尔圣日耳曼教堂的钟声之后响起,他认为"胡格诺派已经全副武装,尽全力企图谋害国王"。这种说法进一步证明了巴黎人当时是突然受到了恐惧的刺激,并且还说明,巴黎居民深信查理九世的生命和他们一样都危在旦夕。[30]

然而,人们的恐惧感很快就化为了使人狂喜的慰藉,误解的意义也发生了变化。古拉尔记述道,吉斯公爵在确定科里尼已死后高声宣布:"士兵们,拿出勇气来!我们已经旗开得胜,去杀掉剩下的人,这是国王的命令……这代表了国王的意志,这是他明确下达的命令。"[31] 吉斯公爵这段话的本意可能仅仅是下令将海军上将的同伙除掉，然而却被听到的人理解成允许他们大开杀戒。巴黎市民深信，国王受到天主圣宠的启示，终于认定有必要清除一切异端。他们迫不及待地投入战斗，为与他们的国王奇迹般地重新达成共识而感到异常兴奋。正是这个悲剧性的误解为大规模的屠杀提供了机会。巴黎市民相信向胡格诺派发动总攻的时机近在咫尺，更确信这次行动是查理九世与天主授意的。两种信念结合在一起，构成了这场国王本以为可以避免的大屠杀的导火索。

对内敌之战

　　文献中对大屠杀的宗教动机所引发的暴力行为的记载数不胜数，它对人们的想象造成了极深的冲击。在屠杀者帽子的显眼处饰有布制或纸制十字架，他们的手臂上一般缠有白色袖章——其实就是一块简单的布，有时还会头顶白色的头盔。十字架象征着他们准备讨伐异教的十字军行动，白色代表他们希望为城市重新寻回的纯洁。他们用盛怒诉说着痛苦：他们生活的环境就像是他们的世界中无法容忍的一个污渍，他们为此饱受煎熬，更因任由污染扩散而产生了悲痛欲绝的罪恶感。[32] 他们是一群迷途的福音读者，迫切地想要铲除那些害群之马，希望将几无希望的理想国——一片没有杂草的田地，一个没有污渍的世界——变为现实。[33] 难处在于如何将这些害群之马斩草除根。因此，他们设计了一个外在的标志以区分"好人"与"坏人"，能够让前者一眼就能认出彼此，联合对付后者。在这种情况下，所有人都依靠这个标志来辨明敌我，没有标志的人将遭受灭绝者的惩罚。而大屠杀受害者的住所可能被画上了十字架的标记，以清晰地标明宗教清洗行动的目标。我们可以认为这个细节是可信的，因为皮埃尔·德·莱图瓦勒记录道，1579年8月22日那天，新教徒的住所又重新被画上了这个记号——这让当时的旁观者马上开始担心是否一场新的圣巴托罗缪大屠杀即将到来。[34]

1572年8月24日上午，圣婴公墓里的一棵山楂树突然开花，而人们说这棵树已经多年没开过花了。这个现象引发了人们宗教热忱的高涨。巴黎人争相前往见证此"神迹"，他们看到了天主赞同诛杀胡格诺的证据。克莱蒙学院的副校长若阿基姆·奥普塞神父也前往观看，他向圣加仑的一位朋友表达了他的喜悦之情：

> 那几天在圣婴公墓里，我亲眼看到一棵四年没开过花的山楂树开满鲜花。这必是宗教复兴之象。所有人满腔热忱，看清了这一征兆的意义。我虔诚地将玫瑰经念珠拿到树旁去碰触它。[35]

虔诚的教徒渴望"征兆"，对未来忧心忡忡，而这棵山楂树的"神迹"向他们许诺了"复兴"与回归失去的宗教一统。这个神迹响亮地驳斥了新教徒所宣扬的世间不存在神圣性的论断。在天主教徒眼中，它证明了某些世间之物——比如这棵微不足道的小树——会受到上天的神秘眷顾，日常生活中总是存在着物质与精神的交汇点，亦即一扇向超自然打开的大门。对他们而言，平凡的世界中总会表现出"充满魔力的力量"（enchantement），否则他们就会觉得迷失了方向。[36]

* * *

然而，很多迹象表明，仅仅宗教狂热这一点并不足以让我们全面地认识圣巴托罗缪大屠杀。由恐惧引发的自卫反应所衍生出的行为，因由国王重新恢复的巴黎民兵队的防御性组织蒙上了一层战争色彩。

第五章　天主教徒的愠怒　　　　　　　　　　　　　　　　　　　149

所有资料证明，城市里出现了军事分区控制的局面。有人还发现街道上出现了很多护卫，正在盘查过往行人。马克西米利安·德·贝蒂纳当时年仅十一岁半，他身穿校袍，手拿一本厚厚的祈祷书，在顺利地离开家之后，逃到了勃艮第学院，被校长收留。途中他曾三次被多疑的护卫拦下，但又都被放行了。[37] 菲利普·迪普莱西-莫尔奈日后的妻子夏洛特·阿尔巴莱斯特当时 24 岁，是位年轻寡妇和虔诚的新教徒，她提供了相同的证据。她为了清算父亲和亡夫的遗产，带着三岁半的小女儿来到巴黎。8 月 24 日早晨，她被一个惊慌失措的女仆叫醒，后者对她说道："他们见人就杀。"她匆忙穿上衣服，向窗外的圣安托万街望去，看到"街上站着许多名护卫，每个人都戴着有饰有白色十字架的帽子"。在接下来的十一天里，她东躲西藏。藏匿她的亲戚朋友后来又都一个个被迫将她赶出家门，因为"巴黎城的所有上尉"（巴黎民兵队队长）正在挨个搜查房屋。她还补充道，吉斯公爵的"仆人"们，也即属于吉斯"家族"的人也在搜查。她在亲戚佩勒兹——一位王室法院长官的家中甚至还看到吉斯公爵和涅韦尔公爵从街上走过。最后，她把女儿托付给了外婆后——一位"十足虔诚的天主教徒"，决定自己逃跑。她装扮成普通妇女，登上了一艘小船，准备从塞纳河离开巴黎。但是，船行至图尔内勒别宫附近时被一名护卫拦下。由于没有通行证，士兵扣留了她，称她是胡格诺，要把她扔到水里，后来才同意放行。但她与士兵之间的麻烦远未结束。船航至伊夫里时搁浅了，她只得上岸，在五里*之外的勒布歇找到了避难处。她躲藏在审计院院长坦博诺手下的一个葡萄农家里。这个葡萄农的妻子是她亲戚。她在那里看到伊丽莎白王后手下的瑞士士兵"把整个村庄搜查个遍，就为了抓到几个可怜的胡格诺"。幸运的是，她所住的房子因受到保护而免遭

―――――――

*　法国古里（lieue），1 里约合 4 千米。

搜索，但她听到主人暗叹道，几位贵族邻居全部被杀害了。这证明对新教徒的搜捕远远超出了巴黎的范围。[38]

她对未来丈夫不幸遭遇的记述描绘了一幅类似的画面：巴黎城门或是紧锁，或是由重兵把守，街上护卫站岗放哨，军队来来往往，挨个搜查房屋。菲利普·迪普莱西－莫尔奈在苦读《新约》后皈依了新教。他在科里尼谋杀事件发生时身在巴黎。正是他为海军上将撰写了激情澎湃的辩护词，请求国王公开支持尼德兰的义军对抗西班牙国王。他位于圣雅各街"金罗盘"的住所8月24日傍晚遭到搜查。他从"两个房顶之间"跳了下去才逃过一劫。第二天，由于隔壁的住所遭到洗劫，他便躲在一个住在特鲁瑟瓦什街平时负责料理他个人事务的传达员家里。但此人被街区的民兵队队长盘查过，无法收留他。迪普莱西－莫尔奈只得试着逃出巴黎，但圣马丁城门紧闭，他没能从这里出城，而是在和传达员的一个文书串通好后，从圣德尼出城。由于走得匆忙，他忘记把脚上的拖鞋换成皮鞋，引起了守卫的注意。火枪兵对他展开了追捕。被捕后，他要求住在特鲁瑟瓦什街的那位传达员为他作证，因后者提供的有利供词，迪普莱西－莫尔奈被释放了。他后来又避开了在法国西北部韦克辛地区搜捕新教徒的武装人员，最终在姐夫奥贝尔维尔领主的帮助下，从迪耶普坐船成功逃到了英国。[39]

如何解释大屠杀时出现的军队分区控制与全面搜查行动呢？对巴黎城进行分区控制毫无疑问是国王的命令。我们还记得查理九世在8月23日晚曾命令巴黎民兵队的上尉、副官和市民全副武装，在"街区和十字路口处"待命。官方称此举的目的是维持秩序，而非歼灭或抢劫所有的胡格诺派。西蒙·古拉尔记录的两起事件——我们可以相信其真实性，因为这与这位新教牧师一贯的观点相左（他自己将其解释为一个圈套）——揭示出王室派驻士兵的真实意图：保护希望和平的新教徒。第一起事件是税务法院院长皮埃尔·德·拉

第五章 天主教徒的愠怒

普拉斯所蒙受的屈辱。一名上尉曾造访拉普拉斯，强行勒索了约一千埃居。之后，拉普拉斯接待了王室法官森内塞领主，后者称受国王之命，请他前往宫中并保护他的住所免遭抢劫。但拉普拉斯拒绝离开，森内塞便令他的一名副官与四名警务人员留下保护他的安全。巴黎市长让·勒·沙朗随后也来了，并增派了四名警务人员。古拉尔记录道，即便"这些人员被安排在家中以防拉普拉斯及其全家遭遇不测"，但是第二天，情况有所改变。森内塞又回来了，态度明显没有之前那么和气，他要求拉普拉斯必须马上去国王那里，并提出让珀祖上尉——主要"暴乱者"之一——陪同他前往。在拉普拉斯院长的抗议下，森内塞提出亲自陪同。但走了不到五十步，他就称"有急事"离开了。伏击明显是有预谋的，埋伏在玻璃厂大街的杀手用宽刃短剑刺死了拉普拉斯，而他身边负责护卫的警务人员却置之不理。森内塞行为的突然转变可能是迫于凶手的压力，而凶手则是受到了丰厚战利品的诱惑：拉普拉斯死后，他的住所被连续洗劫了五六天。[40]

第二起事件是关于皮埃尔·巴耶的。此人是圣德尼路上的一名洗染商。接近午夜时分（时间并不可靠），他听到了一些嘈杂声，便派仆人出去一探究竟。古拉尔叙述道："……邻居手持武器，命令他退后，并让他告诉主人不要慌，称有人想要杀害海军上将，他们拿起武器是为了防止出现暴动。"这群人正是改变了巴耶命运的杀手。他们闯入他的家中，押送巴耶前往圣马格卢瓦尔监狱。杀手没能从他那里勒索到足够的赎金，便在监狱门口将其打死了。[41]

从这两段记述中，我们发现，武装队伍的暴力行径与官方的命令背道而驰。我们能够称之为事态失控吗？[42]"失控"一词或许可以用在"国王近卫队的士兵"身上，据意大利人文学者圭多·洛尔吉称，他看见查理九世和安茹公爵亨利的卫兵挨家挨户烧杀掳掠。其他一些史料也证实了这一点，如上文提及的夏洛特·阿尔巴莱斯特的《回忆录》(Mémoires)。[43]这些卫兵很可能是因为没有及时拿到薪饷而满腹怨气，于是不顾王国的命令，不仅将巡查到的房屋洗劫一空，还将住户斩尽杀绝。许多文献还提及，他们还向受害者勒索赎金。圭多·洛尔吉断言，他们通过这种方式获得了一笔数额庞大的不义之财。彼得鲁奇大使做出了更加确切的估计：总金额高达60万埃居（合180万里弗尔）。有人称，国王的一位秘书从中拿走了12万埃居给了查理九世。[44]

巴黎民兵队的情况也许应另当别论，因为他们当中的一些成员在事件发生之前早就萌生了消灭敌人的念头。然而，无论是当时的巴黎市长让·勒·沙朗，还是前任市长克洛德·马塞尔，我们都不能怀疑他们是民兵队参与屠杀的幕后推手。新教徒和雅克—奥古斯特·德·图在著作《历史》中将此罪名加之于他们身上，是因为这种解读符合他们对大屠杀的看法。[45]挑起暴力的人可能是一些激进的上尉，文献特别指明了其中四位：服饰用品商肖卡尔，最高法院的律师让·德·勒佩里耶，以及尼古拉·珀祖和托马·克罗齐耶。后三者是众所周知的极端天主教徒。此外，我们还知道，民兵队上尉勒佩里耶于1569年6月曾因过于暴力而被停职。[46]

或许正是这些人和其他一些人违背王令，开始屠杀之举，引发了连带效应。其影响范围之广不仅因为人们抱有消灭所有宗教敌人的残暴之愿，还因为市民民兵队所特有的精神状态。这个队伍的成员包括巴黎城的所有"市民"（在巴黎居住至少一年且拥有一份体面工作的居民），他们能够随时拿起武器，服从军令（每个地区有三名上尉）。行伍之间既有显贵人物，也有店主和工匠。民兵队一方面承担着白天守城门，夜间守城墙的任务；另一方面负责在首都的16个街区进行巡逻（防御与保安）。民兵队承担的职责让其成员产生了一种保卫领土的感觉，而这片领土是构成他们共同身份的因素中不可或缺的一部分。如果在这个生活区域中出现敌对集团，则

第五章 天主教徒的愠怒　　153

定会被他们视为一种无法容忍的侵犯，会威胁到整个集体，破坏其完整性。[47]

胡格诺派恰恰被他们的邻居当作危险的入侵者：他们因宗教信仰不同而与他人保持距离，因此披上可疑分子和叛徒的外衣，必然对他们所排斥的群体包藏祸心。这种在意识形态上确立内部敌人形象的过程会导致在稍有风吹草动的情况下产生剧烈的排斥反应。[48]巴黎人在圣巴托罗缪大屠杀之前就经历过许多在他们看来骇人听闻的事件。而且，他们的恐惧感与焦虑感在8月23日夜间至24日达到了顶点，因此使得这种排斥反应具有了战争的色彩。这是一场旨在彻底消灭那些威胁他们安全的敌人的战争。这个特点与彼时彼地发生的屠杀事件类似。它体现出了一种正当防卫的信念。这条无须言明的理由为这场行动提供了合法性：既然敌人想要杀害我们，那么就应当在他们实施险恶计划之前，先下手为强。依照这种推论，那些时刻准备扮演刽子手的人反而成了受害者，他们的毁灭行为则变成了一种争取生存权的行动。[49]但这也并不意味着所有居民都亲自参与了各个街区的屠杀行动，一切证据表明，杀手只是一小部分激进分子。他们利用民兵队的组织组成武装队，在没有官方命令的情况下擅自行动。大多数民众可能根本没有迈出家门，至多只是通过揭发向这些人提供支持。[50]

一场大规模的屠杀就这样展开了，宗教的狂热与捍卫生命、财产和家庭的意念交织在一起，此外还有其他一些卑劣的动机，如对抢劫财物的贪欲。大屠杀发生之后，巴黎市长起诉了一名参与抢劫的犯人，后者在审讯时直言，8月24日"在巴黎抢劫胡格诺是被许可的"[51]。另外，我们还可以发现屠杀者在杀人过程中享受施虐的快感，他们借着酒兴杀人——这要比因对宗教的虔诚而引发的狂热平庸得多：例如，另一起案件审讯中的一份证词表明，杀害宝石商菲利普·勒杜和他妻子的凶手喝光了酒窖里所有的酒，使用了极其残忍的手段。[52]最后,还有一些人毫不犹豫地借此机会公报私仇。彼得鲁奇注意到,只消对着一个人大呼"这里有个胡格诺",这人就马上会被割喉。[53]据西蒙·古拉尔称,一位名叫乌丹·珀蒂的书商就因与岳父之间的遗产纠纷被岳父点名杀害;法国王家学院的著名教师皮埃尔·拉米斯也被他的对手雅克·沙尔庞捷揭发后杀害,尸体被扔出窗外,遭开膛破肚,又被"老师们教唆来的几个学生鞭打……"[54]

面对这种情况,巴黎政府命令各街区"所有市民、平民及居民"放下武器,所有国王的卫兵停止抢劫,但命令没有起到丝毫作用。无能为力的政府只能眼睁睁看着惨剧发生。[55]另外,还有一件事颇令人震惊:巴黎最高法院在这血腥的一周中始终保持沉默。8月16日至26日没有任何庭审的审讯笔录。法院是否在此期间罢工,以表达对查理九世的不满,从而不自觉成了屠杀的同谋者?[56]这是有可能的,但没有任何文献能够证实此点。另外一种可能是,法官之所以没有在法院办公,是因为8月18日的婚庆典礼需要法官临时从法院搬到奥古斯丁修道院,而在圣巴托罗缪大屠杀期间他们正在搬回法院。[57]最有可能的解释是,法官们由于惧怕而躲在家中,如克里斯托夫·德·图。他看到自己的两个朋友被杀害并扔到塞纳河里后,遂闭门不出,因"害怕遭遇相同的结局"。[58]

受害者的社会身份构成并不出乎意料,即社会中一小部分信仰新教的人群:换言之,其中并没有很多社会地位较高的人。因此大屠杀的动机绝非"阶级"仇恨(这种动机在当时那种等级社会中十分罕见)。尽管历史文献的记载并不完整——尤其是在巴黎,使我们无法对受害者的身份做出详尽分析,但是,文献还是提供了一些线索,让我们能够对此做出大概的估计。将巴黎受害者的身份构成与其他城市的受害者相比,我们发现二者具有相似的特点,尤其是商人和手工匠人占有很大比重。在巴黎,遇害的贵族数量相对较多,

第五章 天主教徒的愠怒

但这是因为国王的"处决"行动。[59]

巴黎的屠杀分布情况大致符合新教徒的住宅分布。许多人在圣母院桥和磨坊桥被杀害，因为这两座桥上的房屋中人口稠密，将新教徒直接扔进河中是轻而易举的事。在右岸，文献中最常提及的街道位于卢浮宫和欧塞尔圣日耳曼教堂附近，圣婴公墓与圣约翰公墓旁，以及圣德尼街周围；在左岸，大学区和圣日耳曼德佩城郊发生了多起谋杀案。大部分新教徒在面对屠杀时毫不抵抗——如处死科里尼的众副官时就是如此，这让天主教徒十分诧异（新教徒认为这是殉教者屈从天命的象征，他们是为上帝而受难）。[60]根据《记查理九世统治下的法国状况》一书的记载，只有骑警队中的一位名叫塔韦尔尼的副官在死前先用短火枪，后用长剑整整反抗了一天。而其他人被杀时多在家中，全然猝不及防，他们手无寸铁，无法或无意自卫。[61]据推算，约有三千人在巴黎殒命。[62]

* * *

外交使节的文献除了提到屠杀的对象包括男女老幼之外，对暴力的形式鲜有详细记载。而新教方面的记录提供了最多的细节描述。这些记述毫无疑问具有论战性质，夸大了屠杀的野蛮程度和屠杀者的惨无人道。然而，我们并不能因此完全否认它们的可信度。其中一份主要文献——西蒙·古拉尔搜集整理的《记查理九世统治下的法国状况》记录的某些事件得到了一些文献的间接佐证。[63]我们无须深究这些文献中对暴行的所有描述，便可以看到它们描绘出了屠杀最为血腥的一面，不仅因为对细节的记述传递出了真实的声音，更因为它们与圣巴托罗缪大屠杀之前关于屠杀的文献记录十分相似。1572年是积怨与民愤的突然爆发，与之前的屠杀在性质上并无区别，只是程度不同。

我们首先会注意到,妇女——尤其是孕妇常常会受到异常残酷的虐待。它一方面具有性虐待的特征;另一方面,这样的残暴行为是为了彻底消灭新教徒,杜绝他们繁衍的可能性。将男性阉割的做法也反映了相同的观点。这同样也是所有儿童难逃毒手的原因。许多无辜的人在大屠杀中惨遭杀害,新教徒通过回忆向人们传递了几幅令人震撼的画面,并且因掺杂在其中的个人情感而更具真实感:据本书导言中曾提到的那位来自米约的加尔文宗教徒的记述,杀手们将新生儿从摇篮中掳走,扯掉他们身上的襁褓,将其溺死在河中。塞纳河上漂满了空空的摇篮。[64]西蒙·古拉尔描述了另一幅令人惊悚的画面:一个在杀手怀中的幼童一边玩弄着他的胡须,一边咯咯直笑,但随后就被无情地抛到河里。[65]

然而,杀手们彻底清除这些无恶不作的败类的欲望并没有完全占据他们的头脑。他们相信,新教徒有可能重归真正的信仰,因为异端玷污的是新教徒的灵魂,而不是他们的"种族"。因此,对新教徒的屠杀与种族灭绝(génocide)有天壤之别。[66]在生死攸关之时,一些信念不那么坚定的新教徒会愿意洗清"污迹",选择重新皈依天主教以保全性命。夏洛特·阿尔巴莱斯特的兄弟就没有她那么勇敢,他们弃绝了新教,得以幸免。其他的人——如拉普拉斯院长的儿子——在帽子上佩戴白色十字架,让人以为他们也皈依了正宗,才逃过一劫。

记录大屠杀的文献中另外值得注意的一点是,受害者的尸体通常赤身裸体。杀手可能会在行凶之前就将受害者的衣服剥下——例如那位来自斯特拉斯堡的市民看到的一位衣着华贵的伯爵夫人死时的场景,杀手的目的显然是想要将完整的衣物据为己有,以免行凶时被撕破。当然,这样做也许尚有其他原因。受害者受到被剥光衣物的侮辱,他们的社会身份也就此不复存在。杀手通过这种隐喻性的手法切断了受害者与集体之间的一切关联,使他们成为无名氏。

与敌人曾共处一国的回忆可能导致的懊丧感便会消除。杀手们希望斩断之前在日常生活中与敌人邻里相处的关系，这种强烈的欲望使得他们甚至在杀害敌人后，还要剥除尸体身上的衣物。在这种情况下，我们是否能将其归咎于集体行为逻辑？即出现受害者的"去个体化"并免除了屠杀者的个人责任。回答这个问题需要我们确定，类似的集体行为究竟会在多少人的情况下才会出现：盲目的暴力行动是否为大城市所特有——大城市人口众多，使得个人也变得更加匿名？[67]我们对这种说法持保留态度。因为在巴黎，对邻里的暴力与无人性的行为都发生在街区范围内，而街区是城市中面积很小的单位，人们相互熟识。熟悉的生活空间让人们对统一、安全和纯洁的渴望更加强烈。借用最近一位分析了人类历史中反复出现的大屠杀的历史学家的说法，"'我们'与'他们'之间的敌对极化"在事件中表现得尤为强烈。当事者很容易就会遵循这种在许多其他集体暴力中都有所体现的逻辑。依照这种逻辑，"我们"得以形成的依据就是摧毁"他们"："杀戮，不仅是净化，也是自我净化。"[68]

大屠杀后的戮尸行为（有时受害者尚有一丝气息）的目的是毁容，让新教徒失去人形，以将其禽兽和魔鬼的面目公之于世。从这个角度看，我们可以说，这种施暴行为含有训导之意，旨在证明死者早已成为魔鬼的猎物。科里尼伏诛后遭戮尸枭首之辱就是一个极具意义的例证。[69]碎尸行为似乎是天主教徒在宗教战争中的暴力行为的一种特征。新教徒虽然有时也十分残忍，尤其是拷打神父的时候，但是他们将人杀死后不会做出毁尸之举。[70]

训导的意图还体现在对司法处决胡格诺的模仿上，清晰地表达了民众审判取代已失效的国王审判的意图。西蒙·古拉尔为我们提供了一个出色的例子，一个可怜的装订工被烧死在他的住所前，火堆由书本堆成：这与1560年前，即国王立法规定异端无罪之前，对异端的惩罚完全相同。[71]而焚烧书本无法将其烧死，人们最终还是把这个可怜的人扔进塞纳河里了结了他的生命。

塞纳河就像是当时的下水道，是人们扔垃圾的污秽之所。新教徒的尸体被当作不值得埋葬的废弃物抛至河中。而在下游，人们不得不掩埋大量被冲到岸边的腐烂尸体。所有的旁观者都察觉到了河水颜色的变化——已被鲜血染成了红色。新教徒在记忆中也保存了一幅撕心裂肺的画面，这幅画面甚至上升为受野蛮行径残害的纯洁性的象征。为国王服务的羽毛商的妻子被人将长发束起，吊在圣母院桥的一个桥拱下达三日之久。她的丈夫也被人用匕首刺死。人们在他朋友家发现尸体后，搬着它砸向他妻子的尸体，两具尸首一同落入河中。"他们就是以这种方式被埋葬在一起"，古拉尔抑制着感情评论道。阿格里帕·德·奥比涅在《悲歌集》（*Les Tragiques*）中用大篇幅展开了这个故事，他认为血腥暴徒是无法"将上天结合在一起的两人拆散的"。[72]

然而，并不是巴黎所有的天主教徒都赞同这次屠杀。根据幸存者回忆，一些天主教徒还救助过新教徒，其中包括吉斯公爵本人。但这并不令人吃惊，因为不要忘记，吉斯公爵手下的门客中有一部分是新教徒。吉斯公爵对天主教的虔诚毋庸置疑，但这并不妨碍他此时借机收买人心，为日后所用。[73]他因此留匿了多个胡格诺派贵族。一位匿名新教徒在《法国人的晨鸣钟》（*Réveille-Matin des François*，1574）卷首的一封致吉斯公爵的信中就表达了对他的感激之情。[74]一位名叫勒妮·布拉马基的年轻新教徒讲述道，吉斯公爵亨利将她收留在巴黎的府邸之内，同时还收留了她两个年幼的孩子以及多名逃亡者。[75]还有一些天主教徒也向那些被追捕的新教徒伸出援手，或者是出于贵族间的团结、家族间的互助，或是出于单纯的同情。天主教徒朗萨克领主在拉罗什富科伯爵被害之后，将他的儿子及侍从让·德·梅尔热藏于家中。[76]比龙元帅的家族分别信仰不同的宗派是众所周知的，他将新教徒藏匿在巴黎军械库。我们在上文中看到，雅克—依帕尔·德·科蒙就是这样得救的。修道院也成为被追捕者的避难所。[77] 萨克森公爵的特使于贝尔·郎盖先后受到了让·德·莫尔维利耶和蓬波纳·德·贝利埃弗尔的保护[78]。

天主教徒保护新教徒或者表现出对暴行的厌恶都是需要勇气的。当他们的社会地位没有高到足以自保的时候，这样做就是在拿自己的生命冒险。例如，西蒙·古拉尔在列举受害者名单时提到一位"信仰天主教的求情者"仅仅因为对被屠杀者表达了些许同情而被杀。[79] 巴黎人往往因为害怕而不敢救助胡格诺派。那些富有同情心的主人将幸存者藏匿在家中，但一旦杀手对他们稍有疑心，他们便将留匿之人赶出家门。曾一度把夏洛特·阿尔巴莱斯特收留在楼上房间中的小麦商就十分焦虑不安：他命令阿尔巴莱斯特不得点蜡烛，也不要随意走动，以免光线或者奇怪的声响暴露藏身处。温和派天主教徒对屠杀十分愤怒和反感，一些新教方面的文献能够证明此点。[80] 但是，大部分人还是因为害怕而噤声，不敢表达自己的反对意见。编年史家皮埃尔·德·莱图瓦勒家中的一本抨击教皇的小册子显示出了他对天主教极端主义的抵制，他出于谨慎立即将其烧毁，因为"害怕人们会烧死他"。[81]

从战争到暴动

巴黎民众激烈的反应令查理九世措手不及。正如他于8月24日向各地方总督寄发的信件中所言（即他称吉斯家族杀害科里尼并引发"叛乱"的信件），他在大屠杀期间被迫躲在卢浮宫内。为了挽回颜面，他随即宣称天主教徒之所以如此愤怒，是因为他们在得知胡格诺派企图谋害国王之后郁愤难平。在国王8月27日向法国驻英大使寄发的一份名为"对由此种情感引发的所有事件的真实记录"中，他对事件做了进一步解释，令大使知会英国女王伊丽莎白：

当时在巴黎"众怒难任，因为民众看到国王、太后及其兄弟带着侍卫被迫躲藏于卢浮宫内，紧闭宫门，以防范针对他们的暴力。……愤怒的民众因此对新教徒施以暴行"。[82] 8月27日的另一份记录中也出现了有关民众激愤的类似解释："……民众在得知（胡格诺派）如此胆大妄为的谋反之举后群情激昂。"[83] 因此，按照国王所希望别人接受的说法，巴黎人的行为表明了他们对国王的爱戴，民众由于保护国王的愿望过于强烈，才做了出格之举，国王称他对此"懊悔不已"。这实际上是查理九世赦免天主教徒的一种手段，还能避免别人指责他无能，而他同时又表明天主教徒的所作所为并未得到他的首肯。

然而，尽管国王一再声明他的意图，却越来越难以掩饰他无力镇压屠杀。8月24日早晨（皮布拉克称7时左右，萨尔维亚蒂称9时左右），国王下令停止屠杀。[84] 根据威尼斯大使乔瓦尼·米基耶的记述，昂古莱姆骑士与涅韦尔公爵受国王之命骑马巡街以阻止屠杀。下午时分，国王命令所有人"放下、收起武器"，巴黎市政府随即也传达了国王的命令。接近5时，国王下令禁止抢劫、杀害胡格诺派，并令人在"巴黎各十字路口和公共场所吹响喇叭，高声"宣布这一禁令。[85] 8月24日日间发生的上述事件表明，同凌晨一样，国王并未批准过屠杀行动。

即将入夜之时，查理九世的命令才似乎开始收到效果。佛罗伦萨人圭多·洛尔吉称24日至25日的夜间没有发生一起抢劫，至25日清晨他做记录时只发生过个别屠杀与洗劫事件。[86] 西蒙·古拉尔的记录也证明了至少在夜间，混乱的秩序出现暂时好转。[87] 这种相对暂时的平静表明，天主教徒的激愤情绪此时尚未引发暴动，亦即他们并未提前谋划暴动。而恰恰相反，天主教徒在屠杀之初的误解——他们相信国王受到天主的启示，天主向他揭示了进行屠杀的必要性——反而令国王再次具有了合法性，使他成为受圣宠之人，

第五章 天主教徒的愠怒

无愧于国王之名。但是，随着天主教徒中的强硬派逐渐认识到自己判断错误，他们开始感到失望、愤怒，脑中产生了新的想法：面对这样一位无能的君主，必须由自己来捍卫天主的荣光与他们的群体。抗旨不遵逐渐成为这些天主教徒的责任，因为他们在这紧急时刻需要服从一项更为高尚的使命的召唤，而这一使命已被世俗政权背弃，因此捍卫它的责任便落到了忠实信徒的肩头。[88]

所以，自25日清晨开始，国王的命令便被有意违抗，偏离了原有目标。是日，查理九世下令全面搜寻新教徒，并且要"保护好他们，不得令其受到折磨或痛苦，更不得将其杀害，而要看守好他们"。国王随后于8月27日或28日下令将新教徒囚禁起来。[89]国王此举的目的是保护他们。这与27日、28日发往各地方总督辖区的声明内容相违，声明的第一条要求胡格诺派留在家中，暂停公开举行宗教仪式；第二条要求释放除"谋反案"共犯之外的所有囚犯[90]。或许正是因为这种自相矛盾，天主教徒才把国王的命令当作公开捕杀新教徒的许可：他们在送新教徒入狱的途中先向他们索要赎金，而后就将其杀害，或者等到夜间返回监狱动手。

当吉斯家族成员疯狂追捕蒙哥马利伯爵后，引兵返回巴黎之时，发现这座城市已经明显处于暴动状态了。他们打算将局势引向有利于自己的一方，利用城市中的混乱局势趁机夺取了通行文书的检查权，规定只有拥有通行文书才能离开巴黎。苏尼加大使在一封信中对此有所记录：8月26日，苏尼加大使在致菲利普二世的信中说，他本来可以更早地寄出这封信，但是找不到能给他签发通行文书的秘书。[91]上文提及的那位斯特拉斯堡市民靠欧马勒公爵取得了通行文书，而菲利普·迪普莱西－莫尔奈的朋友为他提供的通行文书则是由吉斯公爵签发的。[92]洛林家族是否敢更进一步？他们与天主教徒中激进的排他派的关系十分紧密，而后者正在为这一系列事件振奋不已。他们中的积极分子——涅韦尔的诸位公爵与蒙庞西耶公爵毫不掩饰自己反对与新教徒和解的政策。[93]夏洛特·阿尔巴莱斯特曾描述到，吉斯公爵亨利与涅韦尔公爵路易·德·冈萨格凭借他们在巴黎民众中的威望，只消在街上走一圈就能阻止屠杀。我们拥有一个十分明显的证据证明后者的能力：英国大使华兴汉在屠杀发生时被杀手围困于家中，两个用人遇害。涅韦尔公爵路过他家时看到他情况危急，遂赶走杀手并派人驻守在他的住所周边，华兴汉及其家中人才得以保全性命。[94]但这却是涅韦尔公爵唯一一次下令阻止屠杀。至于吉斯公爵，如上文所述，他只是收留了几个避难者。对他们这些捍卫天主教的宫中重臣而言，屠杀是一个绝佳的机会，可以任其肆虐，而不用承担任何直接责任。他们至少被动地使国王的命令无法执行，尽管他们并未主动挑起暴动，但他们的行为实际上为暴动力量提供了担保，而且很可能试图在暗中为其提供支持：根据卡夫里亚纳的记载，太后美第奇曾于10月中旬怀疑吉斯家族秘密煽动不满情绪。[95]

在这种局势下，国王采取的措施无济于事。据国务秘书朱尔·加索的记述，国王自24日起便下令在街角安置绞刑架以恫吓那些制造混乱的人，但并未收到实效。绞刑架被一直留在街角，直到9月中旬。[96]若要起到震慑的效果，国王需要部署更加强大的力量。西蒙·古拉尔的一段记述反映出国王实是有心无力：26日，查理九世在宫中贵族和侍卫的陪同下前往最高法院，宣布是他下令处死科里尼及其副官，"人们发现队伍中的一个贵族是胡格诺派后，竟然在国王近旁杀了他。国王听到骚乱声，转身发现此事后说道：'走吧，祈祷天主，愿这是最后一个牺牲者'"[97]。如果古拉尔所言不虚——十分可能确有其事，我们便可以看到国王是何等无力：在国王身边杀人已经犯下了渎君罪，更确切地说，与国王之前无法容忍的科里尼同伙对他的威胁一样，同为犯上忤逆性质的大罪，而现在他却对暗处的杀手所犯下的此等罪行无可奈何。从这一点上我们可以说，

第五章　天主教徒的愠怒

国王在最高法院、在巴黎城中重树君主威严的计划是一次彻底的失败之举。

疏导暴力的一种方式是将其转化为和平表达宗教虔诚的活动。8月28日举行谢恩大游行仪式貌似并不是国王的命令，而是教会组织的。而9月4日的游行则是查理九世下令举行的：在圣热纳维耶芙的圣龛旁，所有的宫廷人员、巴黎市政机构、巴黎的神职人员以及大批民众齐聚于此。国王还下令铸造纪念章以庆祝抗击异端的胜利。[98]

然而，国王远远无法控制整个巴黎。苏尼加在9月12日的信件中描述的华兴汉妻子的经历即可为证。华兴汉的妻子打算离开巴黎，便前往城门处，但守门的士兵在她的护卫队中发现了两名牧师，尽管国王颁发的通行文书中已经明确提及这两人并允许他们出城，但士兵仍对他们厉声呵斥并施以棍棒。太后美第奇闻讯后火速派遣热罗姆·德·贡迪前去陪同这一群人出城。[99] 在监狱里，杀人事件屡禁不止。神父让·德·拉福斯在9月份的日记中写道：

> 本月间，人们一直搜寻胡格诺，并将他们打入大牢。顽固之人在夜间被刽子手处决，但是那些想要皈依并弃绝路德宗和胡格诺派异端信仰的人都获得了宽恕。[100]

华兴汉提到，9月中旬一位名叫鲁拉尔的圣母院议事司铎兼最高法院推事被捕后遭处决，"与其他情况如出一辙，完全没有经过任何司法程序"。他犯下了何等罪行？他曾表示不同意随意对胡格诺处以极刑。[101] 彼得鲁奇在9月19日和25日都提到，每天都有人成为阶下囚，在夜间被扔入河中。[102] 圣保罗伯爵于9月13日和26日写给萨伏依公爵的信中提到了同样的事。[103] 这是一次彻底的翻转，人们在面对信仰危机之时，代替国王成了特别司法程序的执行者。而从8月31日起，人们转为在夜间暗中行使他们的正义。但是，巴黎民众于10月27日公开表达了对科里尼的副官——布里克莫和卡韦涅的愤慨。这两人于当日被绞死，巴黎民众中重新燃起那种对待科里尼尸体时恐怖的戮尸欲望，恨不得把他们的尸体也剁成碎块。因此，绞刑架上的两具尸体不得不被迅速撤下。[104]

天主教徒制造的恐怖气氛在巴黎笼罩了一个月有余。一位名叫雅克·帕普的胡格诺派在他的《回忆录》(*Mémoires*)中记录道，在他被囚禁的15周中，终日惶惶不安，害怕自己被处死。[105] 10月底，王权似乎稍有恢复。国王于当月28日颁发数封诏书，禁止屠杀和抢劫。[106] 多起案件此时终于能够交由巴黎市长审理，被告多是盗窃犯，而非凶杀犯。[107] 但是到了11月中旬，恐惧的氛围突然重新出现：巴黎城中到处流言不断，据称一场"新的暴动"正在酝酿之中。既然国王对新教徒坐视不理，那么天主教徒就要亲自计划除掉所有的新教徒——无论皈依与否。[108] 查理九世对此怒不可遏，他在12月6日给蓬波纳·德·贝利埃弗尔的信中写道："一些仇视和平的恶棍在民众中散播谣言，居然将我牵扯其中，称我希望屠杀、洗劫这座城市中所有信仰新教之人。"最高法院的一名推事雅克·费伊在12月1日的一封信中提供了关于这次胎死腹中的暴动的一些细节：某些"大人物"参与其中，但巴黎市长和塔瓦纳元帅迅速做出反应，将这次暴动扼杀在摇篮里。[109] 让·德·拉福斯也提到了这次事件声势较大。[110] 宫中和城内的天主教徒本以为能就此彻底清除胡格诺，可想而知这些人此时是何等失望。约三四百刚刚皈依天主教的新教徒因恐惧逃离了巴黎。

混乱局势持续时间之长反映出这种暴动的局势已十分严重。最近的一些历史学家认为，这次暴动是神圣同盟*混乱的前兆。对查

---

* 此神圣同盟又被称为"天主教同盟"（Ligue catholique），与上文中出现的天主教国家间结成的旨在对抗奥斯曼帝国的"神圣同盟"不是同一个组织。

理九世权力的质疑；"民众"即忠实信徒群体代替国王行使司法权；在世俗权威有违天主之命时，对不服从权的合法性的公开诉求：这一切都预示了1598年8月1日亨利三世遇刺这一弑君之举。[111]仇视胡格诺派的狂热分子也开始指责法官和贵族中的天主教徒过于温和，如西蒙·维戈尔就在一些充满敌意的布道中宣扬了对最高法院法官和宫中"政治派"贵族的斥责，谴责他们与异端妥协。[112]我们至少从1561年出现的第一次神圣同盟中那些狂热天主教徒的身上观察到了这种潜在的趋势。清除科里尼及其副官的决定使得这一趋势明朗化，并使天主教徒获得了一个机会，得以用一种恐怖的暴力方式宣泄自己的不满。

外省大屠杀的迷雾

8月24日之后数日和数周内，法国多个城市都爆发了大屠杀。主要城市为：卢瓦尔河畔的拉沙里泰（8月24日）、奥尔良和莫城（8月25日至29日）、布尔热（8月26日至27日与9月11日）、索米尔和昂热（8月28日至29日）、里昂（8月31日至9月2日）、特鲁瓦（9月4日）、鲁昂（9月17日至20日）、罗芒（9月20日至21日）、波尔多（10月3日）、图卢兹（10月4日）、加亚克（10月5日）、阿尔比和拉巴斯唐（约与加亚克同一天）。[113]一些史料还记载了在东南地区的瓦朗斯和奥伦治，西南地区的阿让、布莱、穆瓦萨克、孔东、达克斯、圣瑟韦和巴扎斯也发生了暴力事件；在卢瓦尔河河谷地区，在图尔、布卢瓦、旺多姆和昂布瓦斯发生了抢劫和凶杀事件，博让西和雅尔若可能同样发生了类似事件；皮卡第地区的苏瓦松、蒙特勒伊与普瓦图地区的普瓦捷和帕尔特奈也发生了大屠杀。[114]圣巴托罗缪大屠杀在外省的受害人数很难估计。根据最保守的估算，受害者人数约为3000人，但实际数字很可能高出一倍。[115]最为暴力血腥的城市要数里昂（死亡人数约为 500 至 3000 人，其中包括音乐家古迪梅尔）、奥尔良（500 至 1500 人）和鲁昂（300 至 600 人）。[116]

但是，也有很多城市并未出现动乱：或是因为总督能力强，警惕性高，如诺曼底的马提翁和普罗旺斯的滕德伯爵；或是由于市政官员及时采取了有效措施，如利摩日；或是得益于负责监督圣日耳曼敕令执行的特使反应迅速，如在蒙彼利埃，蓬波纳·德·贝利埃弗尔的兄弟、格勒诺布尔高等法院院长。[117]在胡格诺派占多数的地区也没有发生屠杀事件，如拉罗谢尔、蒙托邦和尼姆；在胡格诺派人数较少，不足以引发恐惧的地区——如兰斯——同样没有发生大屠杀。不同宗派之间相处相对融洽也能够保证和平，如在雷恩就是如此。尽管 1572 年夏季发生了异常残酷的血腥事件，但我们并不能因此忘记天主教徒与新教徒的关系在某些时候较为融洽。最近一些研究发现，在罗纳河谷和法国南部的几个城市中，双方为避免出现混乱而签署了"友好协约"。[118]

大屠杀是如何扩散至其他城市的？历史学家如今可以确定，查理九世并没有向全国下旨处决胡格诺，尽管后者确信屠杀是国王的命令。自 8 月 24 日起，国王在给各地方总督的通函中要求他们维持秩序，保证和平敕令得以遵守。8 月 27 日和 28 日，国王再次下旨：新教徒应能够"与他们的妻子、子女和其他家庭成员共同生活、居住在自己的家中，受国王的保护"。但国王也禁止他们公开举行宗教仪式，但这只是临时措施，"目的是防止混乱、公愤与猜疑……，直到王国恢复平静，国王将改变这道命令"[119]。国王只是在发往胡格诺派数量较多的地方总督辖区的通函中写明，若胡格诺派抗旨不遵，不留在家中，则应惩罚他们，让他们"粉身碎骨"。[120]

但是，有一点让人不禁生疑：国王在几封通函中——如发往里昂和波尔多的通函——都提到撤销由之前几封信件的送信人转达的口谕。国王在通函中表明，这些口谕只是因为他"在得知海军上将犯上谋反之举后，担心出现不幸的事件"。这些口谕究竟是什么内容？在收到国王下令撤销口谕的通函之前，里昂市总督弗朗索瓦·德·芒德洛曾写信回禀国王，我们可以从回信中推导出这个问题的答案：他向查理九世保证，已经按照送信人佩拉领主传达的命令，"逮捕新教徒并查封了他们的财产"。[121]因此，我们有理由认为，国王是在担心胡格诺派暴动之时传达了口谕，国王的命令仅仅是逮捕最有嫌疑的嫌犯，将他们的财产充公，以防出现不测，而不是为了清剿新教徒。国王随后明确宣布撤销口谕。他有时也会重申囚禁"公然煽动闹事者"的决定，如国王1572年9月22日传达给诺曼底副总督雅克·德·马提翁的命令中的附言。而查封新教徒的财产是国王在9月中下旬下达的命令，针对那些逃亡至国外的新教徒，旨在避免这些财产引起他人的贪欲。[122]

因此，国王在全国阻止屠杀的决心毋庸置疑。但是，他在第一时间将口谕撤销这一举动也暴露了他最初在事件处理方法上的犹豫不决。尽管国王迟疑的时间十分短暂，但还是给地方政府造成了困惑。[123]宫中的天主教徒更是利用这一点，让人们相信查理九世曾明确下旨屠杀国内所有新教徒。在卢瓦尔河畔的拉沙里泰，涅韦尔公爵的手下大肆屠戮新教徒。[124]在特鲁瓦，刚刚从巴黎抵达此地的昂古莱姆总督吕费克领主宣布国王下令清除胡格诺派，成为屠杀的首个导火索；随后，吉斯家族在特鲁瓦的一位名叫皮埃尔·贝兰的门客也从宫中返回，证实了总督的说法，他称自己手上有吉斯公爵的亲笔信，后者下令处决胡格诺派。[125]邑督因此突然下令抓捕胡格诺派。受市政官员中激进的天主教徒的煽动，一群来自民兵队的人于9月4日杀害了这批囚犯。在此前后数天之中，许多新教徒被愤怒的人群在街上就地处决。在南特，市长让·阿鲁依曾接到一封来自蒙庞西耶公爵的信函，信中暗示查理九世有清除异端之愿。然而，与特鲁瓦接下来发生的事件不同，阿鲁依将信件收入怀中，秘而不宣，直到接到 8 月 27 日和 28 日国王的通函之后才将信件内容告知同僚。南特也因此没有出现公共秩序混乱的局面。[126] 在索米尔和昂热，总督普依加亚尔的密使，即蒙庞西耶公爵的一个副官曲解了国王的命令，散布谣言，从而引发了大屠杀。

特鲁瓦和南特的鲜明对比说明，外部的命令必须在当地人的主动配合下才能产生效果，后者利用前者作为其行动的合法化依据。但是，从巴黎传出的流言和消息激发了天主教徒的狂热情绪，让本已力不从心的地方政府无能为力，无法控制事态的发展：莫城、布尔热和里昂就出现此等状况——胡格诺派被投入监牢后遇害；在奥尔良，胡格诺派被直接围捕于家中。

最后发生的几起屠杀事件提出了新的问题，因为那时屠杀的煽动者不能无视 8 月 27 日和 28 日的诏书。尽管这可能是由于查理九世感到自己受到宫中极端天主教徒的严密监视，而无法清晰明确地答复某些感到困惑的总督派往宫中的密使。例如，国王曾对普罗旺斯的副总督卡尔塞斯伯爵派去的第一名使者下达屠杀普罗旺斯的一切新教徒的命令，然而他却对第二名使者下了相反的命令。国王这次十分谨慎，据这名使者即沃克吕兹领主所言，国王与他在寝室单独会面，卡尔塞斯伯爵因此才执行了国王这次传达的和平旨意。[127] 在图卢兹，一对名叫德尔佩什的商人父子和一位名叫皮埃尔·马德龙的财政官声称领到国王密旨，他们利用城市行政官和最高法院法官迟疑不决之时，鼓动屠杀监狱中的胡格诺派，遇害者包括三名杰出的最高法院推事：安托万·拉克马热、弗朗索瓦·德·费里埃和著名的让·德·科拉斯。[128] 而在加亚克和波尔多，当地政府则扮演了大屠杀鼓动者的角色：在加亚克，军事总督和行政官声称

第五章 天主教徒的愠怒

收到了准许他们杀害被囚禁的异端分子的指令；在波尔多，总督查理·德·蒙费朗向行政官员出示了一张胡格诺派教徒的名单，称国王已下令处死名单上的所有人，由此引发了屠杀和抢劫事件，而就在同一天，这些市政官员刚刚骄傲地向国王禀报了波尔多一片太平。[129] 在鲁昂，大屠杀的导火索还是个谜。市政机构试图维持秩序，但是民众的过激之举已远远超出了它的掌控范围。[130] 在阿尔比和拉巴斯唐，行政官似乎也同样无力控制局势。

我们很难确定那些号称领受国王谕旨的人的真实想法。也许他们被自相矛盾的流言迷惑，确信自己实是在服从国王的意愿；但他们也有可能以此为借口，为自己的行为找到合法凭证，以满足自己对异端分子的报复欲，或者仅仅为了除掉自己的政治对手。总之，他们这种做法能够引发人们对一个极为关键问题的思考：对上级服从的性质及其限度。10月7日，波尔多法院院长雅克·德·拉热巴斯东向国王禀明蒙费朗是如何利用国王之命屠杀胡格诺派的，并指责他在服从国王的命令时操之过急。蒙费朗若稍有些"理性"的话，就应当在掌握更多情况之前按兵不动。拉热巴斯东在信中对国王写道："即便像我们城市中的这次处决行动的确是您最为明确的指示，陛下，但理性要求所有在现场、看到眼前发生的一切的人应当在执行命令之前向您通报三次。"[131] 皮埃尔·让南也提出了这条延时执行与司法相悖之命令的原则。1572年时，他还是第戎最高法院的一名年轻的律师。在《辩护》(Discours apologétique) 一书中（成书于1622年，距事件发生的确已有很长时间），他讲述了在收到两名贵族带来的所谓国王密令之后，他在勃艮第副总督沙尔尼伯爵莱奥诺尔·沙博召开的紧急会议上发表的意见：他援引了"狄奥多西的一条法律"，这位罗马帝国的皇帝曾在愤怒时下令杀害一大批基督徒，但事后幡然悔悟，遂命行省长官"今后如接到类似与司法秩序和司法形式相悖的特别指示，需等待30天，并在其间向皇帝请求下达合乎法律形式的新命令"。[132]沙尔尼伯爵明白了他的意思，便决定暂缓行动。后来，他收到了国王下令维护和平、禁止攻击新教徒的手谕。[133]

无论有关国王清剿新教徒意图的传言是多么不真实，但当各地方行政官员无法得到其他消息时，他们可能会相信传言。这向他们当中最有责任心的那些人提出了一个十分棘手的难题，即服从不公正命令的合法性问题。圣巴托罗缪大屠杀提出的这个问题无论在新教徒还是天主教徒的论述中，都是他们需要解决的当务之急。

* * *

发生大屠杀的城市拥有一些相似的特征：一是天主教的布道活动——对民众灵魂的再征服——十分活跃，耶稣会士埃德蒙·奥热在波尔多讲道引起的轰动即可为证；二是对胡格诺派始终挥之不去的恐惧感，或是来自对前几次战争期间圣像破坏运动中的暴力的记忆，或者源自"由被包围而引发的精神失常"，特别是在新教徒占据稳固地位的省份。[134]在发生大屠杀的城市中，与巴黎相同，屠杀表现出了宗教清洗和剿灭内敌的两面性，有时还夹杂着消灭政治上敌对团伙的意愿，尤其是在南部城市。在图卢兹，人们保护城市空间的意愿表现得尤为强烈。人们对1562年新教徒企图占领城市之举记忆犹新，从而患上了被困妄想症。因此，在图卢兹1572年10月4日对胡格诺派的大屠杀中，凶手不仅相信他们是在履行对天主的义务，更认为这是一场消灭危险的动乱者、捍卫自己生存空间的合法防御战。他们表现出了极强的攻击性，在之后神圣同盟打击温和派天主教徒所引发的动乱中也同样如此。这些温和派天主教徒又被称作"元帅党人"，拥护朗格多克总督亨利·德·蒙莫朗西-当

第五章　天主教徒的愠怒

维尔*。他被天主教徒怀疑背叛了自己的派别，暗中为新教思想的渗透提供便利。[135]

宗教虔诚与强烈的防御欲望这二者结合的另一个显著例子发生在奥尔良，大屠杀居然制造出了一片令人震惊的节日氛围。一位名叫约翰·威廉·冯·博策姆的目击者在事件发生六个月后对此做了长篇记述。这位来自德意志的学生与他的同胞兼同学一起被当作囚犯，关在卢瓦尔河河畔的一栋房子里，受到严密看管。他们不得不与刽子手同居一处，被迫取悦他们，甚至还要拿自己的钱招待他们，而此地正是令人胆寒的第一凶杀现场：

> 刽子手杀人时毫无怜悯之心，异常凶残。最通常的做法是，先将一颗子弹打在你身上，然后所有的刽子手用沾满血的屠刀肆意捅刺，随后将你的尸体投入河中……我们不仅要与这群人一同吃喝，保证桌上酒菜齐备，还要用音乐取悦他们，弹奏吉他和鲁特诗琴，而且还得跳舞助兴。半夜，当我们的人都上床睡觉后（并不是所有人，因为有两个人只能睡在地上），就会有女人来到这里，唱起下流的小调。这种荒淫的生活无休无止。在打败胡格诺之后，他们便沉浸在过度的喜悦之中。所有人都在为抢夺来的胡格诺的财产、为将他们屠戮殆尽而兴奋不已。[136]

这些杀人如麻、兴高采烈的奥尔良杀手自称"代表"了国王，是国王在世间的臂膀。但是，这是他们按照自己的意愿塑造起来的国王，反而对现实中的国王嗤之以鼻。在他们看来，现实中的国王

---

* 当维尔领主亨利·德·蒙莫朗西于1567年晋升为法兰西元帅，是圣巴托罗缪大屠杀后天主教徒温和派的代表人物。

太过纵容宗教异端,他们确信,国王做过的"很多事都没有经过足够的调查"。[137] 他们的行为也暴露出长期压抑的愤怒——他们被迫屈从于那些令人无法理解的命令:宽容,即是一例。在圣日耳曼敕令之后,他们必须容忍士兵们在城门口保护胡格诺派前往城郊参加圣体瞻礼。凶手过去的愤慨如今化为了恶狠狠的讽刺:

> 在胡格诺以往参加讲道的时刻,城门口会有卫兵保护他们。如今,在接近这一时分,他们会齐声大喊"胡格诺去哪儿了?啊,可怜的胡格诺啊!他们这时候是要去听讲道的,但城门已没有一个卫士来给他们引路了!该死,他们都去找恶魔了!"之类的话。[138]

我们可以从这个例证中发现多个值得注意之处,并据此推测出凶手心理的某些特征:不受制裁的感觉,让他们相信自己就是合法性的拥有者。这是一种他们可以恣意定义的宗教与政治上的合法性;歃血为盟的欲望,每个人都会被要求抽打已经死去的敌人;屠戮使人产生沉迷感,屠戮此时已经转化为表演,所有的外界旁观者都受邀参加;愉悦,甚至是杀人行为带来的快感,伴随着感官上更为寻常的满足感的刺激。

奥尔良大屠杀的事态发展最终引起了贵族的担忧。超过四百名农民闯入城中,打劫新教徒。博策姆记录道,"这让人不禁担忧,在他们抢劫了新教徒的住所之后,会不会一哄而上,把天主教徒的住所也洗劫一空"。国王检察官因此被迫下令将他们驱逐出城。我们发现,在这一阶段,对抗出现的原因已不带任何宗教因素,因为对抗双方已经变成了城市与农村。混乱的秩序引发了无政府状态:"放眼望去,皆是烧杀抢掠,城市和农村都是如此",博策姆写道。[139]

第五章　天主教徒的愠怒

这种类似无政府的失控状态在其他地方也能观察到。一些武装团伙似乎借此机会抢劫杀人。尼古拉·皮图在从特鲁瓦逃往德意志避难的路上就遇到了劫匪。[140] 10月8日，总检察长米莱在波尔多向国王禀报称：城区周边出现了"破坏、屠杀和抢劫，这些事件不加区分地落在您所有臣民的头上"[141]。在诺曼底，德籍佣兵因未领到军饷而威胁要洗劫城市和乡村。[142] 国王8月28日发表声明后被迫下令："禁止在田地、农场和农庄游荡，禁止抢劫家畜、财产、水果、谷物或任何其他东西，禁止做有害于农民的事、说有害于农民的话。"直至10月28日，国王在通函中一直不断重申着相同的命令。[143]

城市中的贵族和各地方官员决定努力协助国王恢复秩序与混乱局势对他们造成的恐惧不无关系，更何况查理九世已向他们明确表示了对大屠杀的不满。国王怒斥鲁昂市市政长官没有阻止屠杀；在写给波尔多行政官的信中，国王称城中出现的"灾难"证明了他们的失职；在写给图尔总督科塞元帅的信中，国王对自己的命令遭到蔑视深感愤怒，重申了他严惩罪犯的意愿。[144] 这仅仅是几例，类似的例子还有许多。若不考虑巴黎11月出现的紧急情况，法国大致已于10月末归于平静。但这仅仅是对天主教徒而言，因为，王国中又出现了其他一些令人焦虑的事情。出乎国王的意料，清剿新教徒的行动未能阻止他们在拉罗谢尔和法国南部地区展开抵抗斗争。信使快马加鞭，把大屠杀的消息以令人惊讶的速度传递给这些地区的新教徒。例如，当消息于8月31日由尼姆的行政官传到塞文地区的维冈之时，在冈日或舒梅讷、圣让-德比埃热这样的小镇的胡格诺派早已听闻风声，拿起了武器。[145] 这次胡格诺派的暴动标志着第四次内战的开端。

* * *

各地停止大屠杀之后的缓和局势仅仅持续了十分短暂的时间。清除科里尼及其同伙的决定同时激发了敌对双方的冲动，令国王难以控制。更糟糕的是，它又一次引发了对王权的质疑，使人对服从王权的合法性提出了疑问。发动圣巴托罗缪大屠杀这一危机的本意是重树君主权威，却在实际上令其受到严重动摇，留下无穷后患。

第六章
王之真理，国之理性

法国对胡格诺派施以大屠杀的消息迅速传遍欧洲，引起各国强烈的反应。天主教国家对此倍感欣慰，而新教国家则十分愤怒。然而，不同的反应却具有一个共同点：它们反映出各国对大屠杀动机的惊恐。在胡格诺派的大肆宣扬之下，无法核实的流言和指控迅速传播开来，使得这种惊恐之情愈发强烈。因此，查理九世及其身边众臣需要完成一项十分紧迫的任务：向欧洲其他国家的王室证明处决科里尼及其"追随者"的合法性，同时将之后在城市中发生屠杀事件的责任推到"民众"头上。这是一项艰巨的任务。合法性来自遵守公正、公平这一非书面原则。这一原则与实证法律不同，代表着内心所坚守的信念，是对集体内化价值的认同。而特别司法程序的概念已超出人们一般认可的准则，更何况它引发了如此血腥的后果。所以，国王需要向周边国家的君主做一番解释，提出论据并加以证明，用太后美第奇的说法，即需要说服他们以"澄清真相"（vérité）。太后说明道，"真相"就是"国王所持的真理"，查理九世进一步解释道，就是"真正且真实的真相"。[1]

赢得国际舆论的支持是以圣巴托罗缪大屠杀为开端的重建王权行动不可或缺的补充，而这一行动的成败又取决于国王与法国在欧洲的威信。查理九世拥有一支由忠诚的外交官和政论家组成的出色队伍。这些人深谙此事的重要性，成为国王的后盾。他们的任务在新教国家尤其艰巨：需要抛下个人观点，立足于国家理性去展开论证，并将之与宗教动机加以区分。

如若国王坚定不移地执行这一战略，它或许本可以取得成功。但是，面对来自国内外两方面天主教徒的巨大压力，查理九世动摇了。他逐渐被迫放弃维护圣日耳曼和平敕令。而在新教徒眼中，维护和平敕令是将8月24日的处决行动限定为一项纯粹"政治性"行动的唯一有效证明。此外，为将第一次——即国王下令的——圣巴托罗缪大屠杀合法化而进行的论证对于王权的观念史而言也具有十分重要的意义。

欧洲的困惑和疑虑

我们看到，查理九世自8月27日就已在其辩护声明中称他完全不是出于宗教原因做出决定。[2] 而其邻国君主——无论是天主教国家还是新教国家——的第一反应表明他们根本不相信这种说法，或者尽管他们接受了这个说法，但对其真实性也表示怀疑。

天主教徒们先是大张旗鼓地进行谢恩活动，庆祝天主教对异端的胜利。在罗马，教皇下令咏唱《颂主曲》并打造纪念币，还请画家瓦萨里创作了三幅赞颂大屠杀的壁画。1572年9月11日，教皇宣布大赦，之后又进行了连续三天的祷告和游行。在圣王路易堂举行的大礼弥撒是这一系列活动的开端。洛林枢机主教令人在教堂墙壁上刻下碑文，颂扬查理九世以及那些为他建言献策之人。[3] 但是，随着屠杀的残酷程度愈发广为人知，天主教徒的喜悦中开始逐渐夹

第六章 王之真理，国之理性

杂进了些许不安。卡米洛·卡皮卢皮可能是在洛林枢机主教的授意下，在罗马出版了一本书，他在书中大肆颂扬查理九世的"计策"[*]。罗马教廷很快抛弃了这种观点，因为它颂扬的是血腥的罪恶。在巴黎，教廷大使萨尔维亚蒂向西班牙大使苏尼加透露，教皇表现出的欣慰令他"焦虑不安"。他责怪自己被表面现象蒙蔽，未能及时禀告格里高利十三世在巴黎发生的屠杀事件并不是出于宗教原因，而是法国国王在清理他的敌人。[4]

西班牙在刚刚得到消息时也是一片欢呼雀跃之景，但之后也对在法国发生的事件的实质发出了同样质疑。菲利普二世公开表示自己甚感欣慰，并前往圣哲罗姆隐修院感谢主。随后，他接见了法国大使圣-古阿尔，在接见过程中，菲利普二世放声大笑，"内心的欢愉显露无余"，称赞查理九世无愧于"虔诚基督徒"[†]之名。[5]但是，当菲利普二世批阅准备发给他在法国的密使阿亚蒙特侯爵的谕令草件时，却显得有些犹豫不定。这份草件可能是由秘书萨亚斯起草的，里面包括一些人们普遍接受的事实：谋杀科里尼行动是由太后美第奇长期谋划的；莫尔韦尔行刺失败后，太后、国王和安茹公爵与雷斯伯爵合谋，决定命令吉斯公爵和欧马勒公爵处死海军上将。在这一段文字的旁边，菲利普二世批注道："我们并不能确定这一点，也无法从大使的报告中获得更多的信息。我怀疑，对于事件内幕（lo de detrás），他不比我们知道得多。"他总结道，在这份为阿亚蒙特侯爵指派任务的谕令的序言部分，最好还是写得模糊一点。[6]西班牙国王在批注中承认了自己尚无法确定这个事件，而这是一个仅供

---

[*] 即本书导言中提到的《法国国王查理九世对胡格诺、对上帝及其子民的叛乱所采取的计策》。

[†] "虔诚基督徒"（Très chrétien）本是教皇对君主的封号，但从查理五世时起（14世纪），这一称号仅指法国国王与他的王国。因此，法国国王又被称为"虔诚基督徒国王"（roi très chrétien）。

内部使用的批注，因此能够证明菲利普二世此言不虚。

其他天主教国家的君主接受了法国国王提出的关于胡格诺密谋造反以及科里尼对国王构成极大威胁的说法。萨伏依公爵认为，查理九世的行为是"一种符合王室身份与贵族血统的解决方案和做法"，把国王从"过分的言听计从和束缚"中解脱出来。他同时还赋予大屠杀以宗教和神意的色彩。国王的密探皮埃尔·福尔热·德·弗雷内向国王禀告：公爵认为圣婴公墓的山楂树8月24日神奇地开花证明了天主"此时迫切希望对他的信仰能够绽放，君主和王国为了坚守这一信仰已历尽艰辛"。[7]

佛罗伦萨和威尼斯方面也相信了法国提出的新教威胁论。佛罗伦萨医生卡夫里亚纳在记录中详细叙述了科里尼的同伙因他受伤而谋划进攻卢浮宫的复仇行动，这成为国王处罚他们的导火索。[8]威尼斯大使乔瓦尼·米基耶认为，科里尼"在王国内部拥有一个类似于王国的组织，独立于国王"，"自和平敕令以来，事态已发展到如此地步：无论（国王）在哪一方面颁布敕令，新教徒总是会去询问海军上将是否应当服从和接受"。[9]

然而，即使别国的天主教徒接受了这是一种政治处罚的说法，他们对法国使用的惩罚手段也难以苟同。比如，乔瓦尼·米基耶认为国王表现出"要变成坏孩子的倾向"，并补充道："国王最近的这次行动即为证据。"[10]法国驻威尼斯大使阿诺·德·费里埃向太后美第奇直陈圣巴托罗缪大屠杀对法国王室在欧洲的名声造成了恶劣影响：处死海军上将及其副官以及杀害"众多可怜无辜的民众"引起了包括天主教国家在内的邻国中那些亲近法国的国家的愤慨。人们指责太后和安茹公爵，还暗示道，扫除身背谋反罪名的胡格诺派"还有许多其他同样保险的办法，并且这些办法既不会触怒其他国家，也不会被后人诟病"。[11]德·费里埃在同一封信中明确说道，神圣罗马帝国的皇帝马克西米利安·冯·哈布斯堡借此机会诋毁安

第六章 王之真理，国之理性

茹公爵亨利作为波兰国王候选人的声誉，提醒波兰选民自己对帝国内各邦国的新教臣民保护有加，因此自己的儿子才是值得信赖的候选人。与教皇和菲利普二世不同，马克西米利安认为大屠杀中没有一处值得肯定。[12]

* * *

新教阵营中的恐惧与愤怒情绪自然表现得最为强烈。很多年以来，新教徒一直被一个传说所困扰，即各国天主教徒密谋联手在全欧洲消灭真正的信仰。[13]在法国发生的事件似乎确认了这一威胁的严重性。信仰新教的德意志诸侯指责查理九世背信弃义，违背他对臣民的承诺；在瑞士各州，到处充斥着对法国的所作所为深恶痛绝的声音。[14]上千死里逃生的人惊魂未定，来到瑞士避难，令当地人义愤填膺。逃亡者中的大部分人只是讲述他们悲惨的遭遇，但也有一些人萌生了复仇的念头。一些人开始集资，准备对法国开战，贵族们则在酝酿进攻计划；还有些人开始印发抨击王室、煽动复仇的小册子，里面有时会配上颇具暗示性的图像。例如，让·德·蒙吕克主教记录道，有一幅图像画的是国王手持长矛，矛尖上挂着海军上将的头颅；另一幅图像上，国王一脸得意的神情，与弟弟安茹公爵亨利一起观看一个正在被剖开腹部的孕妇。[15]

对新教国家而言，英国的态度至关重要，因为英法两国曾于1572年4月19日签署同盟条约。伊丽莎白女王会与法国断绝同盟关系吗？这个问题和波兰国王选举一样，对当时欧洲各国宫廷来说是一个极大的悬念。对于查理九世来说，这个问题具有至关重要的意义：若能说服英国保持同盟关系，法国则可以恢复在欧洲大陆新教国家中的信誉，与新教国家建立起的关系便可以维系。

法国希冀维持与英国的同盟，却明显面临着难以逾越的阻碍。

圣巴托罗缪大屠杀在英国引发了强烈的反感。相比其他地方，英国人的反感情绪更加强烈，因为他们亲眼见证了大屠杀，尤其是发生在鲁昂的屠杀事件，并将他们的所见所闻附于逃出法国的胡格诺派对大屠杀的记述之后。根据法国大使拉·莫特—费奈隆的说法，由他们传出去的消息引起了英国人"对法国人强烈的恨意"。伊丽莎白女王的大臣们言辞激烈，斥责大屠杀为"自耶稣诞生以来（公元元年）发生在这个世界上最重大的事件……事件充满血腥，亡者多为无辜之人；事件充满欺诈，损害了一位伟大国王的信誉，破坏了他妹妹的婚事带来的祥和。这件事对所有的君主而言都不可接受，对所有的臣民而言都无法不感到愤慨。它违背了神权与人权，是一起史无前例的事件，任何一位君主都不曾做过类似的事情或下过类似的命令"[16]。英国人并不接受法国提出的胡格诺阴谋论，称这一说法根本立不住脚，因为在那些不幸遇害的人中，有妇女、老人和孩子，他们"无论如何也不可能是谋反者"[17]。英国人给出的这个理由清楚地表明，他们很难相信城市中发生的大屠杀与"处死"科里尼及其副官的行动毫无关联。

拉·莫特—费奈隆大使还说道，英国国内声讨之声如此强烈，还因为大屠杀预谋论在英国的迅速传播。他称所有人都相信玛格丽特·德·瓦卢瓦和亨利·德·纳瓦尔的婚姻是法国国王同教皇与西班牙国王预谋已久、共同设下的陷阱。人们甚至还相信，在蒙斯被杀害的法国人是法国"讨好"西班牙人的牺牲品。[18] 而查理九世背弃了他对新教徒许下的"诺言"这一事实似乎最令英国人担忧：法国国王会不会利用与伊丽莎白女王的同盟，再次施展同样的阴险手段？法国国王向女王提出的与阿朗松公爵弗朗索瓦的联姻计划是否和他们对纳瓦尔国王所做的如出一辙，是个可怕的圈套，而他实际上在筹划进攻英国，推翻伊丽莎白女王，扶植信奉天主教的玛丽·斯图亚特呢？这一连串的疑问反复出现在英国人与拉·莫特—费奈隆大使的对话中。[19]

然而，拉·莫特—费奈隆一遍遍地解释——法国国王当时正处在生死存亡的关头，他不得不"舍一臂以保全身"，最终成功说服了女王及其大臣去考虑和讨论法国做出的解释——处死科里尼是一次"政治性"行动，不牵扯任何宗教因素，而且它与之后发生的大屠杀毫无关联。但是，在英国，法国大使却在这个问题上遭到了比其他国家深刻得多的尖锐反驳。双方争论的焦点集中在第一次圣巴托罗缪大屠杀涉及的一个核心问题：即使在万分紧急的情况下，国王究竟拥有多大的权限来决定臣民的生死？这也是伊丽莎白和查理九世之间通过大使频繁交换的意见之中的焦点问题。

英国女王主要指责法国国王没有遵守"司法程序"，亦即法国国王未经任何法律审判就处决了嫌犯。对此，拉·莫特—费奈隆解释道，查理九世仅有几个小时的时间做决定，因此完全不可能再依照程序审判。但是，伊丽莎白根本不接受他的解释，认为这种做法有违最基本的原则。她阐述道，君主手中的生杀大权受明确的规则制约："……君主只有在以下两种情况下才可以杀死或处死一人：一是正义的战争；二是经司法判决，惩治罪恶。"在第二种情况下，应该遵循法律行使惩罚权。然而，查理九世在进行处罚之后才去提请最高法院批准，这一不循常规之举让人以为这样的法律根本在法国不存在。国王独断专行，不经审理便处死海军上将及其手下，很可能会引发"天主的震怒"；他的"治理方式"让人认为他反对"十诫"，认为在他的国度里，杀人不是一项罪名。[20] 因此，他同时触犯了神和人的律法。

查理九世的这种"治理方式"备受指摘，因为否定了宗教与世俗秩序的统一性。在英国，在紧急情况下可违反普通法的观点并不被人广泛接受，因此法国国王这种行使审判权的特殊方式在英国引发了不小的震动。[21] 诚然，英国女王在行使权力时，在一些情况下也不会有太多道德上的顾忌。但是，将国家利益与宗教利益割裂，公然以前者利益高于后者为由，不经预先审判便处死有嫌疑的叛乱者，这对英国女王而言无疑更像是一种将引发严重政治后果的新做法。卡特琳娜·德·美第奇尤其在这一点上没有弄清英国人所坚持的观点，她也因此未加掩饰，一遍遍地向拉·莫特-费奈隆重复她对华兴汉大使讲的道理，还从心底里指望能够说服英国女王。她认为能够让人们相信，伊丽莎白女王的态度实际上与她及她的儿子并没有根本的不同。她详细地解释道：

> 我们下令处死那些妄图伤害我们、破坏国家的人，但我们中的任何一方都不应改变或者因此抛弃我们之间的友谊。正如女王处决那些威胁、伤害到她的人的时候，我们的关系未受影响。女王因受到威胁——像那些人（胡格诺派领袖）过去和仍然打算对我们所做的那样——而在她的王国中处决某些人（她完全有权力），即便她打击的是所有的天主教徒（他们将受到女王的严惩），我们也完全不会因此改变我们与她之间的友谊。[22]

在这段辩护中，美第奇认为，在国家危难之时，国王便拥有了绝对的权力，能够决定其臣民的生死。她扩大了国王手中掌握的生杀大权的外延，使之变得十分危险。美第奇很有可能只是将扩大这一权力当作一种临时的解决措施，用以恢复被破坏的秩序，而采取这种措施是受局势所迫，最终的目的只是恢复被暂时破坏的和谐。然而，她斩钉截铁的措辞让人以为她已将之提升为一般性原则，英国人倍感震惊的原因也在于此。伊丽莎白对查理九世及其母亲的辩护的回应反映了英国枢密院大臣的观点。它表明，英国人显然相信，由掌握王权的人而非其手下的理论家赋予这种特别司法以合法性的做法开创了一个恶劣的先例，有可能会对人们普遍接受的何为善政（bon gouvernement）的观念造成深刻的影响。英国女王敦促法国国王对自己的行为向各"基督教君主"做出他们能够接受的、有足够说服力的解释，以不至于引起各国公愤。[23] 英国女王的这一要求与法国国王在各新教国家的大使对他提出的请求相同——后者见证了圣巴托罗缪大屠杀在这些国家激起的愤怒情绪。但是，对英国女王而言，她的反应关乎她在国际舞台上的地位：伊丽莎白女王不可能继续维持和一位受到她的盟友谴责的国王之间的同盟关系，否则她将颜面尽失。然而，若法英两国之间的协约毁于一旦，则意味着法国之前在外交上的一切悉心努力将前功尽弃。

查理九世也意识到事态的紧迫性，决定在欧洲范围内开展一场大规模的自我辩护。

国王控制信息的努力

法国国王进行自我辩护已非易事，而更令他感到举步维艰的是，他希望传递给他国的"真相"已经被自己弄得暧昧不清：法国国王在 8 月 24 日对圣巴托罗缪事件做出了第一种解释——这是一起吉斯家族与沙蒂永家族之间的私人恩怨。而他现在需要把这个解释从人们的记忆中抹去，让人们转而相信他在 8 月 25 日，尤其是 26 日给出的第二种解释。这两种解释自相矛盾，在国外已经造成灾难性后果——法国驻英国和瑞士各州大使的记录能够证明这一点。[24] 在伯尔尼和苏黎世，第一种解释因一位名叫让·格朗吉耶的瑞士联盟财政官的宣传而广为流传：他在 9 月 3 日和 8 日向这两座城市"英明的领主们"所做的演讲中，将圣巴托罗缪事件的责任完全归结于袭击海军上将的策划者（虽然他并没有指名道姓，但人们从他的暗示中也能够弄清楚是指吉斯家族）。[25]

但是，查理九世决心已定，坚持要抹去这一矛盾点，将与他8月26日在高等法院所做声明相符的"真相"传递给邻国——尤其是新教国家。8月26日当天，他向英国寄发了一封题为"事件真相记录"的函件。他在信中阐述了"海军上将派"是如何图谋不轨，又遭到了何种惩罚。[26]他深知这份"真相记录"和他向大使们下达的命令尚不足以消除人们对他第一种解释的记忆，便命令大使在英国散播曾任教于日内瓦学院的皮埃尔·沙尔庞捷9月15日于斯特拉斯堡写成的一篇文字。后者在书中揭露了那些忤逆的胡格诺派的叛乱行为。国王同时还严令大使，不得让任何人知晓是谁在散播该书，否则这个计策必将功亏一篑：

拉·莫特先生，我向您寄发十二本沙尔庞捷所著之书。我希望您将其秘密印刷，并让它在英国人中传播。但是，切勿让人得知该书来自你我。而要告诉他人并让人们相信这本书印于德意志。我不日便会将该书的法文版寄出，您需依相同计策行事。[27]

争取波兰选民的支持同样至关重要，因为安茹公爵亨利将参加波兰国王选举。巴黎高等法院检察长皮布拉克领主居伊·德·福尔很可能是在国王的要求下，于1572年11月1日起草了一封长"信"。这封信的收信人是一位杜撰的波兰领主，名叫斯坦尼斯拉斯·埃尔维德。皮布拉克在信中对国王及其弟弟安茹公爵亨利的行为做出辩护。这封信的拉丁文和法文版于1573年在法国由巴黎和里昂的两家出版社印刷出版，但并未署名，后经由外交途径流通到波兰和几个德意志诸侯国。[28]上文提到的沙尔庞捷所著文章也有拉丁文和法文两种版本，同在波兰大量散发。让·德·蒙吕克于1573年1月22日收到这部作品后便立即令人印刷。除波兰外，这部作品在德意志的多处地点都有发放。[29]蒙吕克也在克拉科夫令人编辑出版了一部很可能是由他本人撰写的作品——《法国近期混乱的真实概况》（*Vera et brevis description tumultus postremi Gallici Lutetiani*）。他在书中重申了在为安茹公爵撰写的《辩护书》（*Défense*）中的论点。《辩护书》用拉丁文写成，在法国和德意志印发，后又被译成法文和波兰文。蒙吕克的这两篇文章与他在1573年4月10日为安茹公爵向波兰选民所做的辩护一样，都在为处决海军上将及其同伙一事正名，并坚决否认国王的弟弟参与了屠杀。[30]

此外，查理九世希望凭借大使出众的口才，说服欧洲其他王室重新支持他。巴塞尔的蓬波纳·德·贝利埃弗尔巧舌如簧，承担了这项证明国王行动有理有据的任务。太后美第奇在12月3日的信中对他赞赏有加，表扬他不仅将她的讲话译成德文，还进行了编辑，使之"能够在德意志印行"。[31] 几位经验丰富的特使——如加斯帕尔·德·朔姆贝格、雷斯伯爵或让-加雷阿斯·佛雷格索——被派至信仰新教的德意志诸侯处，以打消他们的疑虑，抚平他们的不满情绪。其他几位密使——如让·德·维尔科布和德·蒙莫兰——则被委派到维也纳来游说神圣罗马帝国皇帝。[32] 在这场争取盟友的激烈宣传战中，法国甚至派遣使节拜访了土耳其苏丹。[33]

查理九世的目标是使自己成为唯一的信息来源，以便对信息的内容加以控制。在他于1573年的3月23日给巴黎高等法院院长克里斯托夫·德·图的信中，这个意图体现得十分明显。他建议院长不要印发他在那段血腥时期的个人报告：

> 院长先生，考虑到总有些人会故意混淆文字，借机非议，因此请切勿以法文或拉丁文印刷任何文字，以便不将您所记录的在圣巴托罗缪之日发生的事件公之于民众和外国人。但是，若您已记录下一些文字，请妥善保管，切勿外传。我也会同样如此，对于您寄给我的报告信件，我只会让人手抄一份供我阅读。[34]

查理九世的这项命令表明，他已清楚地认识到印刷品所拥有的强大力量。他并没有要求院长德·图从个人记录中抹去这段记忆，也没有强令他按照官方口径修改报告内容，而只是希望后者不要将文字交付印刷，以避免公众得知他的那些有价值的观点——国王本人承认，他日后会在适当时机使用这些手稿。将它公之于众是轻率之举，只会为激烈的论战火上浇油。另外，在国王这封信寄出之时，安茹公爵尚未当选波兰国王，而在波兰选民中的头脑中，那些诋毁安茹公爵声誉的小册子对他们产生的影响也远未消除，面对如此情况，国王理应审慎行事。

之后的一些历史学家对法国的大使与政论家们的态度感到有些吃惊，因为他们在为国王辩护时表现得无比顺从，甚至有些急人之危。诚然，我们能够注意到，那些依国王之命令进行游说或写作的官吏在完成任务的过程中无不殚精竭虑。但是，他们有时也会发表或流露出自己的个人观点。让·德·蒙吕克曾直言道，御前会议处死科里尼及其副官的决定太过仓促，而且十分草率。[35] 贝特朗·德·拉·莫特－费奈隆为了将自己内心的想法一吐为快，连篇累牍地叙述了英国人对大屠杀的怏怏不平。皮布拉克领主居伊·德·福尔也道出肺腑之言，在《四行诗集》中写下了两行著名的诗句：

> 我憎恨绝对权力一词
> 只手遮天，专断独行……[36]

这些人在为国王奔走游说之时将他们的疑虑深埋于心，很可能因为他们意识到，他们需要面对的是欧洲所有新教国家迸发出的怨恨与愤怒，因此必须组成一条统一战线。这些辩护家是队伍中的排头兵，最先看到了法国在欧洲的形象遭到了何种玷污，在国际舞台

第六章　王之真理，国之理性

上的声誉受到了何等冲击。比如，拉·莫特－费奈隆就听到有人断言，圣巴托罗缪大屠杀之所以如此残酷，归根究底是因为"在（法兰西）这个王国，命案与叛乱司空见惯，全无人道可言"[37]。在1572年10月20日的公函中，威尼斯大使卡瓦利和米基耶称，他们注意到"法国"各地满是可憎可恨的面孔；在德意志，朔姆贝格听到了人们对查理九世恶毒的辱骂与放肆的嘲笑。[38]因此，这种状况必须即刻扭转。大使和国王的密使大多赞成势力均衡，他们的身份使他们清楚地认识到，如果国王的这场舆论战失败了，那么法国只能去投靠西班牙。它将失去新教阵营的支持，不得不完全仰仗天主教阵营。而在国内，反对两种信仰和平共存的一派人将再次得势。这也正是拉·莫特－费奈隆向太后美第奇所阐述的推导。[39]为了避免法国陷入这种危险的境地，这场舆论战必须取得胜利。

但是，这项任务十分棘手，因为法国需要同时获得两个阵营的理解：不仅要让天主教国家的君主对查理九世希望恢复法国宗教一统深信不疑，而且还要说服信奉新教的君主，让他们相信法国打击胡格诺派的首领只是为了惩罚他们当中的一些叛乱分子而已。因此，法国需要根据不同的对象调整论据。如此一来，论据中便会存在出入，而历史学家有时会以为这些说法相互矛盾。[40]尽管出现了不同的说法，法国官方对第一次圣巴托罗缪大屠杀所做的辩护还是前后一致的，尤其是向新教徒做出的解释。

国王组织绝大部分讲话和演说的目的是使人们将两件事明确地区分开来：一是"处决"科里尼及其副官，二是在之后城市中突然爆发的大屠杀。根据留存下来的这些演说的文本，大屠杀的爆发被归因于天主教徒的狂怒，皮布拉克称这群"鲁莽冒失的民众"愤怒得就像是一场人力无法阻止的狂风暴雨。[41]国王认为民众的行为失控有违他的意愿，因此感到十分愤怒，责罚了这些人。贝利埃弗尔相信，平民的"复仇欲"和"贪欲"才是大屠杀的真正动机。皮布拉克则较为宽容，他认为，这些杀人凶手以为国王的处境十分危险，因此，他们的愤怒实际上证明了他们对君主的爱戴。1573年4月10日，蒙吕克在向波兰选民发表的演讲中，竭力为安茹公爵亨利辩护。他清楚地表明，处决海军上将及其副官一事引起巴黎市民情绪失控是完全出乎意料的。[42]所有人都在不断强调，国王为阻止屠杀已立即采取了行动。

至于胡格诺首领未经任何审判便被处决一事，法国做出的解释是因为当时事态危急。虽然众人对法国当时所面临危险的性质看法不一，但他们解释的目的是一致的：让人们相信法国当时的确面临着严峻的形势。贝利埃弗尔认为，科里尼的同伙在他遇袭后复仇心切，企图杀害吉斯家族的人，哪怕他们藏在国王身边也在所不惜。因此，王室安全受到了威胁。皮布拉克、沙尔庞捷、拉·莫特—费奈隆和蒙吕克的辩护与官方口径相同，认为新教徒长期以来一直在暗中策划"谋反"，他们终于在8月23日露出了真面目。科里尼往往被当作谋反分子的头目。但沙尔庞捷的看法与他们不同，他认为狄奥多尔·德·贝扎才是远在日内瓦鼓吹叛乱的幕后策划者。沙尔庞捷并未直书其名，而是借用《圣经》中的人物"示巴"来代指后者。他告诉人们，"贝扎"一词是由这个词颠倒字母顺序而来，实意为"破坏王国与民众安宁的可憎之敌"。[43]沙尔庞捷这封信的收信人是他之前的同僚、当时在日内瓦学院任希腊语教师的弗朗索瓦·波尔特。他在信中恳请后者速与贝扎这个"撒旦的使者"决裂，离开日内瓦这座令人饱受淫威之苦的城市。

为了使官方的解释更加可信，在解释时必须强调，国王惩罚的对象只是那些叛乱分子，并不针对国内所有的新教徒。皮埃尔·沙尔庞捷明确地区分了大部分新教徒的"宗教信仰"和那些走上邪路的胡格诺派的叛乱计划——他称之为"事业"（Cause）。他写道，信仰新教的人只是希冀过上平静的生活，服从君主的命令。而与此相反的是，这个"事业"的阴谋分子妄图发动战争、奴役全国，并"在国王的眼皮底下建立一个新的王国"。[44] 新教徒崇尚和平，遵守法律，证明了他们既是虔诚的新教徒，又是驯良的臣民。沙尔庞捷阐述道，8月24日之前，查理九世一直依靠这批温和派教徒，期望能够找到一个治理两种信仰共存的王国的良策。而且，他由衷希望维持新教徒和天主教徒之间的"平衡"。国王曾明确地表示"在宗教上，我不会对任何人施以约束"[45]。在沙尔庞捷笔下，政治宽容思想呈现出了新的维度：与国王信奉不同的宗教丝毫不会影响其对国王的尊崇。政治与宗教分属两个不同的领域，因此，应区分在宗教上的热忱与在政治上对国王的服从。这一论断将王权置于各宗教信仰之上，认为前者是后者的无上仲裁者，亦即暗示了，世俗政府的核心任务实为维护公共秩序，而非维护一个唯一的宗教信仰。沙尔庞捷扼腕道，和平的理想本应在圣日耳曼敕令颁布后逐渐变成现实，然而，这个"事业"拥护者的罪恶之举让希望化为泡影。圣巴托罗缪惨案发生之后，国王的满腔怒火将会同时波及叛乱分子与和平派人士。

　　从英国女王伊丽莎白的反应中便可得知，对于这批为国王辩护的大臣而言，最难解释的是处死科里尼及其同伙并没有经过预先审判。他们从维护国家安全的角度对此进行了辩护。他们的论据具有十分重要的价值，但原因并不在于它们的严谨性——实际上很多论据根本站不住脚，而是因为从中可以看到一个重要概念国家（État）以及国家理性的萌芽。在这些大臣的笔下，"国家"一词的意义不尽相同。皮布拉克称，谋反者妄图"改变国家或将王权转移"；沙尔庞捷写道，他们的目的是"废除瓦卢瓦之名并颠覆国家"，两人都认为谋反者试图在政体上做出改变。[46] 而这个词在另一些情况下则是指代公众利益的抽象概念。让·德·蒙吕克就提出了"Estat public"；皮布拉克也将之视为"république"的同义词——

"république"在这里指"res publica",亦即公共之物。[47]皮布拉克在信的最后还提到了希望恢复"这个国家的繁荣",也即法兰西王国的繁荣。在国家一词的多层含义中,无论作为政体,还是集体或王国的财富,它指的都是一份共同的财产,而应由国王来负责。

皮布拉克对国王的责任进行了最为深入的分析。他以罗马史和罗马法中的事例为依据,认为国王"在面对涉及公共利益的紧急问题时,有权不使用普通的、一般的罪行审理过程"。不可在危险迫在眉睫之时仍援引法律,求助于"精妙的法学",而只需采用"最适当的方式"即可,也就是说,可以先惩罚后审判。[48]这种对功利价值的追求会令人想到皮布拉克所熟知的马基雅维利思想的影响。[49]但是,他在一个关键问题上与这位佛罗伦萨思想家大相径庭:他是君权神授理论的赞颂者。他信奉"君主国与君主本人都具有神圣性",君主是"天主为治理我们而确立的"。君主手握"天主赐予的利剑"惩罚罪恶,他做出的处罚预示了天主的处罚。[50]因此,皮布拉克赋予君主一种权力,即为保证国家的世俗生存,可以不受实在法的限制。使用神权为此提供佐证使得这一论述建立在宗教性的基础之上。但是,这种宗教性是为政权服务的,而并非后者服务于前者。皮布拉克正是从这个角度使国家理性(虽然他没有使用这个概念)具备了合法性,在这个国家中,君主是唯一的仲裁者,而国家理性因实践之人本身的神圣性而变得神圣化,因此,任何一个臣民都无权对其进行批判。

然而,皮布拉克的论证中也存在着一个惊人的悖论:根据他的理论,在危难关头,国王并不独享这种决断权,下层法官同样也有权"在危急时刻、血腥的动乱时期,或是其他不容拖延的正当情况下……,施行惩罚,并随后将情况禀报君主"[51]。这种权力让渡的理由或许在于:鉴于法国当时的信息传递条件,获得谕令的时间过长,而面对严重的危机之时,最重要的就是果断迅速地采取措施。

皮布拉克认可下层法官拥有这种权力，也即意味着，他认为这些人是神授君权的参与者，因此，他们采取的预防性责罚自身也就具有了合法性，只需要事后禀明君主即可，而这对君权而言存在一定的风险。

最后一点，也是为查理九世辩护的所有大臣的论证中最为关键的一点，他们强调法国国王采取的行为并不意味着他实为嗜血成性之人。他们说道，国王因被迫使用了"极端方案"而悲痛欲绝，但是，在这种情况下，宽恕才是最残忍的做法。"对恶毒和叛乱之人的仁慈就是对善人的凶残"，沙尔庞捷如是说。[52] 皮布拉克在谈及御前会议8月23日晚所进行的讨论时，称一些最为睿智的参事为消除国王的顾虑，道出了这番劝诫之言："陛下对某些敌人的过分宽容将会事与愿违，这是对王国的残忍……"[53] 罪恶之人需要立刻得到惩罚，查理九世既不可饶恕他们，也不能求助于"司法秩序"，即便他希望尽快回到王国的"一般"法。

* * *

法国国王展开的辩护战受到了颇多反驳，出现了多篇驳斥沙尔庞捷、皮布拉克、蒙吕克和贝利埃弗尔的文章。[54] 但是，这些文字没有发挥太大的效果，法国国王派出的特使和大使为他所做的辩护收到了成效。

英法同盟名义上将继续有效，虽然其真正的效果消失殆尽。同盟关系并没有使英国放弃和西班牙进行谈判，两国于1573年3月13日签署条约。伊丽莎白命蒙哥马利组建一支救援舰队，试图援救拉罗谢尔的胡格诺派起义者。但她却明确表示并不赞同英国海军和贵族向胡格诺派伸出援手。伊丽莎白同意成为查理九世的女儿（1572年10月27日出生）的教母。而与阿朗松公爵联姻的谈判也只是在1573年9月份出现了暂时的中断。[55]安茹公爵亨利竞选波兰国王一事最终如愿以偿：1573年5月11日，他正式成为波兰国王。但让·德·蒙吕克被迫许下承诺，新国王将保证在其王国中允许多种信仰共存，并接受议会对其权力的制约。

法国的外交努力在德意志却收效甚微，信奉新教的诸侯对查理九世的辩解态度冷漠，萨克森选帝侯甚至与法国断交，但普法尔茨选侯国仍然与法国保持着联系。瑞士各州并没有遵从法国国王的旨意，驱逐胡格诺派避难者，也没有阻止胡格诺派筹款或印刷小册子。然而，它们对法国国王在瑞士雇用士兵也没有进行阻挠。[56]

法国与西班牙之间的关系最终没有发生任何改变。圣巴托罗缪大屠杀发生三天后，太后美第奇虽然表示了担忧：她认为法国今后将会与西班牙"走上同一条路"，西班牙将不再会怀疑查理九世向尼德兰叛乱分子提供支持，但它也将不会刻意维持与法国的友谊。[57]在此需要注意的是，太后的这种担忧表明，对她而言，法国对尼德兰的援助实际上是一个有助于拉近法国与菲利普二世关系的因素，而不会破坏二者关系……无论如何，这种担忧后来被证明毫无意义。虽然奥伦治亲王威廉的反抗因科里尼遇害而略有动摇，但他却没有放下武器，很多法国逃亡者都加入了他的队伍。同时，"海上乞丐"与拉罗谢尔的海盗继续联手袭击西班牙船只。法国很快又开始秘密援助尼德兰的起义军。[58]因此，圣巴托罗缪大屠杀根本没有造成法国依附于西班牙的情况：苏尼加大使在法国宫廷的影响在8月24日之后减弱。[59]两国之间的关系依旧和之前一样，双方充满猜忌，但又避免公开对峙。

法国最终成功地限制了大屠杀对其国际地位造成的负面影响。那么，这个成果是否应仅仅归功于王室展开的辩护宣传呢？或许并非如此简单。这还得益于法国的密使在国外所进行的大量外交活动。辩护文字和演说中的道理只有在与实际行动相结合时才能充分地发挥其说服力。辩护词中的主要观点，尤其是关于科里尼及其副官被处决一事并非出于宗教动机的论断，只有在1570年和平敕令得以继续维持的情况下才能被他国接受。因此，法国国王是否将继续施行这一赋予新教徒有限制地举行宗教活动的自由的敕令，对于新教国家的君主来说，是一块检验查理九世的诚意及其维持与臣民和解关系能力的试金石。法国国王至少已经深刻认识到了这一点：他在8月24日的信函中和27日、28日的声明中都明确表明将维持这一敕令。但是，实现这一目标可谓愈发艰难。

大一统的乡愁

自8月27日起，国王因担心胡格诺派可能会引发社会动乱，便在向地方总督寄发的谕令中下令禁止新教徒公开进行宗教活动。上文曾提及，这只是一种临时措施，将在"其他命令"出台时终止。而英国政府却开始不安起来。9月22日，查理九世令拉·莫特－费奈隆大使向英国确认这一举措只是暂时性的，让他们不必惊慌。[60] 而法国国王此时的保证已只是一个在绝境中用以消除伊丽莎白女王猜疑的手段。面对御前会议中天主教徒强硬派以及教皇和菲利普二世施加的巨大压力，同时又或许出于自己内心深处对尽快寻回宗教信仰一统的期望，法国国王逐渐开始放弃无限制地施行圣日耳曼和平敕令的念头。

他思想上的这一变化约至9月中旬之时才体现出来。13日，面对英国大使华兴汉不知疲倦的追问，太后美第奇不堪其扰，最后承认她的儿子"已决意禁止（新教徒）布道和集会，但不愿对他们的宗教信仰施加任何限制，而是希望每个人都可以服从于他，平静地生活，在天主的佑护下，他的臣民都已做到了这一点。已有很多人回归了天主教，所有的城市都处在安宁之中"[61]。9月24日，查理九世向各地方总督明确宣布道，若要维持和平敕令，则必须取消其中允许新教徒举行"布道和集会"的条款。[62] 宗教信仰自由得以继续维护，但举行宗教活动的自由却被取消了。因此，敕令的核心内容被完全抹杀。

9月22日，新教徒在1570年所获得的权利进一步受到了严苛的限制：国王在给各地方总督的通函中禁止新教官员继续担任公职，即使他们已经皈依天主教。但通函中也说明他们可以继续领取薪酬。[63] 这一决定让那些在圣巴托罗缪大屠杀之后改宗的法官十分愤怒，其中那些只是为了保住职务而放弃新教信仰的法官尤为感到不满。[64]

11月3日，国王向各地方总督下达了新的命令，清晰地表明了他的意图：每个收到命令的总督需返回地方，召集新教贵族，"友善地告诫他们莫要再继续错误的观点，回归天主教，与承认教皇权威的天主教罗马教廷和解，遵守国王、先王及其臣民虔诚地信奉的、王国一直以来所完全遵从并维护的教义"[65]。这个"友善的"告诫针对贵族，极为明显地体现出了国王的期望：他相信，一旦贵族复归天主教，那些新教民众将会如此效仿。国王的命令中还附有为各地方总督提供的用于说服贵族的理由，其核心是国王和贵族之间需要维持相互信任的关系：国王如何能够信任那些与自己信仰不同的贵族，又如何能够将重要的职务委任给他们？那些拒不回归天主教的贵族将生活在"极其悲惨不幸的环境"中，他们将不会再得到国王的宠信。因此，若他们希望"站在国王一方，保住自己的职务，就必须公开声明与国王信奉同样的宗教"。这些顽固的新教贵族面临着再明白不过的窘境：若老老实实不闹事，他们可以选择不皈依天主教，但也因此永远不会获得光荣的职务。

查理九世允许那些温顺的新教徒拥有宗教信仰的自由而不必对此担忧，但是，国王的一句命令却表明他仍然怀疑这些新教徒"妄图更换国王和颠覆国家",这也正是国王不愿授予他们公职的原因。国王甚至称其确信绝无可能"在一个王国内保留这一令人憎恶的宗教的同时,而又不失去臣民的和善与臣服"。不信任感再次占据了国王的内心,圣日耳曼敕令于是变成一纸空文,彻底作古。

那么,和解的理想是否也已被法国国王抛诸脑后?并不尽然。法国国王不再强迫臣民按照他的意愿皈依天主教,而是希望通过说服的方式,让那些迷途之人自行复归。同时,国王在命令中还提到将对天主教进行改革,以吸引新教徒改变信仰。高阶教士应该居住在自己的教区,神父应该居住在自己的堂区,宣讲圣言;修道院院长、隐修院院长、堂区神父以及其他神职人员行使职权的方式将接受监督。在对神职人员进行教育的同时还将整顿司法秩序:南北地方法院的邑督和司法总管须为贵族,否则应辞去职务。贵族对这项决定已期待许久,因为它旨在吸引那些被总督劝诫的新教贵族。此外,司法人员也必须居住在其工作地区。

史料中的两个关于实施该指令的例子十分具有代表性,一例在梅斯,另一例在香槟。梅斯总督于1572年11月底向国王汇报了他执行命令的方式。他首先巡视了城市周围的村落,那里的新教徒数量较少,他们"自愿地参加、听取了他的宣讲,并全部神圣地皈依了(天主教)"。但总督在劝导梅斯市民的时候遇到了困难。在11月25日的第一封信中,他禀报国王称他会见了"很多地位较高的市民",这些人同意与他商谈,而"一般的民众也十分愿意效仿他们"。三天以后,也即28日,他汇报了自己是如何传达国王的旨意,又是如何劝导他们皈依的。这项任务比预想的要艰难得多,他写道:"陛下,事实上,他们的态度十分强硬……至少在开始阶段我不敢进展得太快,只是明确地督促他们要接受劝导。"[66]

香槟总督吉斯公爵亨利遇到的困难明显少一些。他在收到国王11月3日的命令后,便命令政府中所有的邑督、特别地方法院法官以及邑吏将大城市中的那些信奉"新观点"的贵族召集起来。他在从巴黎返回兰斯的途中在莫城停歇,却没有在城中发现新教贵族,因为后者都已逃离此地。但吉斯公爵还是令人向王室官员、市政长官以及天主教贵族宣读了国王的命令,以便等那些逃离的新教徒回来后转达给他们。在抵达香槟的首府后,他见到了已被召集来的韦尔芒杜瓦辖区的新教贵族,吉斯公爵亨利从中找了五名他能够叫得上名字的贵族,他们在听了国王传来的劝导之后,"全都宣誓皈依天主教,并表示完全服从国王的全部指令"。在沙隆同样如此,吉斯公爵成功地使城中和维特里辖区的十一名贵族皈依天主教。吉斯公爵随后又前往茹安维尔(六人皈依,立下书面承诺表示服从并亲笔签名)、特鲁瓦(只有两人皈依)、桑斯(六人皈依)以及普罗万(七人皈依)。[67]

在巡视期间,吉斯公爵还审判了针对新教徒的抢劫案件,因为国王承诺保护那些不招惹事端、遵纪守法的臣民。但吉斯公爵也强调,所有逃亡者需立即返回国内。实际上,国王已于10月8日命令逃亡者返回法国,否则他们的财产将被没收。[68]但是,许多逃往日内瓦、瑞士各州、德意志和英国的新教徒拒绝遵从王令。他们的财产被充公后,对这些人以及大屠杀中遇害者的财产的分配引起了很多人觊觎。

梅斯和香槟总督进行的号召新教徒皈依天主教的活动之所以具有重要意义,是因为它们是查理九世希望以"友善"的方式使法国重归信仰一统的例证。这是在圣巴托罗缪大屠杀这一重大转折之后,法国国王唯一一次表现出和解的意愿。但是,大屠杀后出现的皈依大部分是强制进行的,丝毫不"友善"。在法国北部城市,强制性皈依的案例非常多;而在卢瓦尔河南部,由于新教徒人数较多,并且更有组织,因此他们仍可负隅顽抗。例如,在鲁昂,3000余名新教徒公开声明皈依天主教,并重新让他们的子女受洗,这表

第六章 王之真理，国之理性

明鲁昂地区的新教徒几乎没有形成组织。[69]新教徒大规模背弃新教，多是因为一些虔诚者无法忍受长期生活在遭迫害的恐惧中，令其灰心气馁而放弃信仰。一位著名的新教牧师于格·叙罗·德·罗西耶在皈依天主教后写成《忏悔录》一书，劝导他的老教友们复归天主教。[70]天主教教会大量印发此书，以刺激新教徒皈依。

信仰新教的嫡亲王最终也不得不屈服。孔代亲王亨利首先皈依：9月18日，他在圣日耳曼德佩教堂公开声明弃绝新教信仰，他的妻子和两位兄弟已于14日在奥古斯丁修道院的教堂中皈依了天主教。12月6日，他按照天主教的仪式重新举行了婚礼。[71]亨利·德·纳瓦尔也于9月26日私下皈依。10月27日，他与玛格丽特·德·瓦卢瓦的联姻因参加其婚礼的主教的赦罪和教皇格里高利十三世的特许而生效。随后，10月16日，这位纳瓦尔国王签署敕令，在贝阿恩恢复天主教信仰，这也是不同信仰和平共存暂时归于失败的另一个标志。[72]

* * *

查理九世以国家理性为由，把自己当作在天主注视之下唯一的守护者和仲裁者，但这种尝试仅仅是昙花一现。它并未经过深思熟虑，而是慌乱之中匆忙做出的决定，随后得到了那些负责在欧洲舞台上为国王辩护的政论家微妙论证的支持。它能够获得成功的前提是圣日耳曼和平敕令得到充分执行。但是，天主教徒中的强硬派在圣巴托罗缪大屠杀后气焰更为嚣张，让这个目标变得遥不可及。再者，从法国国王11月3日的命令中可以看出，国王与为之服务的贵族之间的关系仍然是以感情为基础，相互信任十分重要。国王需要贵族在身体和灵魂上完全效忠于他，并通过赋予他们官职和荣耀作为回报。在这样一种双向关系中，猜忌只会造成极为恶劣的影响。

而国王与新教贵族之间难免会因信仰不同而造成互不信任。

那么，法国在欧洲为自己进行的辩护是否只是一个幌子，一种掩人耳目的手段？我们或许不能如此定论，因为，这种努力与国王自8月26日起希望传递给外界的"真相"相吻合，即：处决科里尼及其副官的唯一原因是他们被认定暗中谋反，而并非因为他们的宗教信仰。但是，这种"真相"并不能被那些狂热的天主教徒所接受，此时也尚不足以使其内含的区分精神与世俗领域的观念被持久地接受。然而，查理九世和他忠实的政论家在此期间对这一"真相"做出的辩护十分值得我们注意。在他们的论述中，国王是决定国家利益及采取何种手段维护国家利益的唯一仲裁者，这种尚处在萌芽期的观念日后将得到进一步发展，对君权未来的演变起到了至关重要的作用。

下篇

解读与反击

第七章

《圣经》对新教徒之不幸的解释

1572年之后的数年间，对突然爆发的血腥屠杀之记忆始终萦绕在人们心头。圣巴托罗缪惨案成为包括新教徒和天主教徒在内所有法国人的心灵创伤。面对这一骇人听闻的事件，他们感到十分茫然，既不理解大屠杀这一失常之举的意义何在，更难以想象屠杀竟会如此野蛮。他们试图对刚刚经历的事件做出解读，确定自身的方向。因此，我们现在需要考察这种努力。此外，它也对法国君主制的走向产生了一定影响。死灰复燃的内战、人们思想的激荡、观点的交锋以及统治者的政治策略，无一不带有以各自方式为大屠杀的可怖阴影驱魔的痕迹。

从宗教角度出发对事件进行解读最为普遍。大部分观点认为，这次事件是神意的体现，因此他们为这次悲剧罩上了一层恐怖的神圣光晕。在这些人看来，数千名新教徒突然出人意料地被彻底消灭是一个神迹，绝非人力所及，而是天主之怒。

但是，持此种观点的人也需要深入理解引发这场巨变的缘由。于是他们纷纷求助《圣经》，在其中寻找可能为这一降临在新教徒身上的不幸提供解释的先例。双方阵营虽然都使用了这种解释方法，但很显然，双方得出的结论大相径庭。破译天主的计划对于天主教徒而言轻而易举，虽然最狂热的教徒在感到狂喜的同时，也会因看到"异端"未能得到彻底根除而无声地流露出失望之情。但对于新教徒而言，理解上帝的意图困难重重。王室预谋论仅仅为他们提供了一种关于事件进程的可信解释，因此仅仅是一把只能解开表面现象的钥匙。而至关重要的问题是：上帝为何会将痛苦降于他们？难道是由于他们已经成为上帝的弃儿？在这一痛苦追问的刺激下，新教徒做出的回答对法国新教的未来产生了持久的影响。

上帝的审判

那个时代的人们坚信上帝是历史的干预者，认为上帝尤其会在他们极度焦虑的时候显灵，释放愤怒惩罚罪人。在基督教的想象中，《圣经》中的大惩罚是挥之不去的记忆，如大洪水、所多玛与蛾摩拉的毁灭、耶路撒冷的沦陷与巴比伦之囚。

对于天主教徒中的强硬派而言，天主的愤怒必然会降于异端，因为他们破坏了信徒的统一与信仰的纯洁，公开宣扬渎神之言。对这种坏榜样持续的时间虽然无法解释，但突然而至的惩罚恢复了之前事件的意义，使人们对它有了新的理解。对审判的漫长等待在某些急躁不安的天主教徒身上引发了极端焦虑与不理解之情，而这种情绪在新教徒受到惩罚之后转化为令他们癫狂的喜悦，催生出一大批标题明了的小册子、诗歌和传单。[1] 天主教徒甚至以敌人的失败为题，为一些熟悉的曲调填入新词，创作出一些新曲：如"颤抖吧，颤抖吧, 胡格诺"就被填入了《庄严的巴黎城, 法国的心脏》(Noble ville de Paris, le cœur de toute la France) 这首当时颇为流行的歌曲中。[2] 巴黎的城墙上贴满十四行诗，辛辣地讽刺大屠杀遇难者"恶臭的尸首"顺水漂流、葬身鱼腹。[3] 雅克·阿米欧的朋友让·图沙尔在一首名为《基督徒的喜悦》（Allegresse chrestienne）的诗中写道，天主的复仇虽然姗姗来迟，但威力不减：

> 天主听到并应允了众人的呼声，
> 慢慢地将罪人审判
> 将酷刑倍增……[4]

许多"怒气冲天的天主教徒"（皮埃尔·德·莱图瓦勒对他们的称呼）对大屠杀大书特书[5]，创作了许多诗歌与论著。一位波尔多贵族、耶路撒冷圣约翰骑士团成员弗朗索瓦·德·尚特卢夫甚至还创作了一出悲剧。他们无不争先恐后地高歌天主教信仰的胜利。[6]在这些狂热的文字中，大屠杀被置于宇宙空间中加以讨论，反映出他们认为这一事件所具有的超自然特点。《论加斯帕尔·德·科里尼之死》（Discours sur la mort de Gaspart de Coligny）一文的匿名作者写道，大地与水火皆不愿接受科里尼的遗骸。诗人让·多拉想象到，海洋会将顺河流而至的尸首冲到岸边，以免它们的肮脏污染大海的浪涛。神父阿蒂斯·德西雷认为基本元素也生出了对胡格诺派的屠杀欲：

> 空气要求使其窒息而亡，
> 大地要求将其化为灰烬，
> 火焰要求让其在地狱中焚烧。[7]

令人惊讶之处在于，这些抨击性文字的作者引用《圣经》中的某些段落也是新教徒所惯常使用的：引用《诗篇》；将敌对信仰比作《启示录》中"大淫妇"抑或"巴比伦城"；追忆希伯来人的历史。大洪水也是天主教小册子的作者喜欢使用的主题，如《胡格诺的大洪水与他们的葬身之地》(Deluge des Huguenotz, avec leur tumbeau)。同样的主题在胡格诺派的哀悼中却具有相反的意义。两个阵营在宗教论战上都从圣经文本中汲取相同的资源。[8]

此时最为响亮的声音来自天主教徒中的狂热派，温和派则大多保持缄默。而一些人故意选择遗忘，如克里斯托夫·德·图。他的儿子雅克-奥古斯特·德·图找到了父亲在书页旁亲手以拉丁文诗歌的形式写下的一处批注。在这处针对罗马史中的一段时期的批注中，他委婉地表达出有意抹除关于8月24日的记忆：

> 愿关于这一天罪行的记忆消亡
> 未来的世纪将之遗忘
> 我们的民族对这一重罪缄口不提
> 深沉的夜永远将之隐没。[9]

蒙田等其他一些人缄默不语，或许是因为他们认为大屠杀的残暴已非文字所能形容。蒙田的《随笔集》中虽然出现了许多关于内战的血腥场面，却独未提及圣巴托罗缪大屠杀。这是否像人们所说的那样，是一种能够让"空白"变得更为有力的方式？[10]

天主教徒中的狂热派之所以如此强烈地感受到宣泄狂喜的需要，是因为他们一直迫切希望将屠杀视为天主在执行他的计划。在恐怖的大屠杀过后，这种信念使他们能够消除负罪感：他们可以将自己视为他们无可企及的意愿的代理人，是天主可怖审判的驯良的执行者。但是，对大屠杀《圣经》式的解读在他们中间也引出了一个令人担忧的问题：为何天主没有彻底地执行计划，将异端完全铲除殆尽？这个问题一直困扰着之后的一名神圣联盟的成员，路易·多莱昂。他认为圣巴托罗缪大屠杀是一场彻头彻尾的失败。他

第七章 《圣经》对新教徒之不幸的解释

在《英国天主教徒对法国天主教徒的警告》（*Advertissement des catholiques anglois aux François catholiques*，1586年）中哀叹道，查理九世在即将彻底完成他使命的时刻临阵退缩了；因国王在"圣巴托罗缪之日残忍的宽恕与非人道的仁慈"，"放血"并未完成，仍"残留有肮脏的血液，几乎破坏、腐蚀了全身的血液"。[11] 面对异端的抵抗，争取宗教一统的信徒所感受到的喜悦将最终让位于深深的沮丧，相伴而来的还有再次出现的负罪感：天主之所以早早举起了复仇的连枷，莫不是因为他的信徒过于冷漠，对他的荣光太过不以为然，过于追求个人的物质利益？天主教徒的这种自责感并非出于对巴黎的晨祷过于血腥而感到的遗憾，而是因为将"大清洗"这项未竟大业归咎于自身的罪恶而产生的。这种自责感出现在1576年后神圣同盟成员的身上，在1585年后的一次大规模集体忏悔赎罪运动中体现得尤为明显：天主教徒将原指向异端的暴力矛头转而朝向自身，在与天主重新修好的悲怆欲望的驱使下，许多城市中，忏悔者风帽蒙头，在仪式队伍中接受鞭笞。[12]

新教徒先于天主教徒被负罪感痛苦地折磨着。许多新教徒也被惩罚的想象所困扰。他们始终苦恼于一个问题：他们是否应当领受这种闻所未闻的严厉惩罚？一些新教徒拒绝从这个角度去思考问题，而是认为大屠杀应完全由人来负责，即这是国王与御前会议的责任。因此，他们首先试图用人的方式进行复仇：起义、寻求军事和经济援助、在全欧洲散发复仇性的小册子。[13] 但是，这场骇人听闻的大屠杀以一种恐怖神秘的方式打击了新教徒，令他们不禁想到这是上帝对他们的惩罚。

新教徒应对他们所承受的打击赋予怎样的意义？一些人意志消沉，开始怀疑自己所从事的事业的正义性，认为上帝已将他们抛弃。曾经的新教牧师于格·叙罗·德·罗西耶正因此重新皈依天主教。许多新教徒也出于同样原因在屠杀时选择了皈依。[14] 其他新教徒检视了自己过去的行为，认为是自身的罪恶导致了这场不幸。例如，一位名叫雅克·加什的胡格诺在《回忆录》中写道，他的教友在惨剧发生之前就像是"活在诺亚的时代，享受快乐与满足……无一人将服务上帝放在心上，而只关心自己疯狂的情感。上帝心生报复，将罪恶、凶杀与屠杀的洪水降于法国各个地方，上帝首先从自己的殿堂下手，为他的教会留下了一道深深的伤口"[15]。西蒙·古拉尔则认定，和平带来的两种宗教并存暗中诱使胡格诺派走向了陷阱。他也提到了诺亚时代，并断言在亨利·德·纳瓦尔与玛格丽特·德·瓦卢瓦的婚礼进行时，就已经有人敏锐地预感到"由上帝的愤怒引发的恐怖大洪水"即将到来："信仰新教之人"由于与邪恶的朝臣走得过近，遭到后者"毒害"。在王国各处，新教徒与天主教徒的心灵都被虚荣与傲慢占据，两类人唯一可见的区别最终只是"一派人去参加弥撒，另一派人去参加讲道"，所有人都因相同的罪恶而变得难分彼此。[16]

换言之，与罗马教廷的信徒过从甚密，同他们经常接触并同他们一道为和平而努力，这些都让新教徒丧失了对自身独特性的意识，使他们最终相信自己与天主教徒不存在本质上的区别。新教徒因此变成了凡俗的堕落唾手可得的猎物。奥代·德·拉努做出了同样的诊断：新教徒曾经像埃及人手下奴役的希伯来人一样，一面遭受迫害，一面"却向埃及伸出友谊之手"，而没有与他们划清界限。[17] 这些活跃的新教徒居然疯狂地以为有可能与天主教徒和平共处，因此尝到了苦果。阿格里帕·德·奥比涅认为圣巴托罗缪大屠杀实为一次有益的教训，这是科里尼在天堂对幸存者的教导：

> 看一看上帝如何惩罚他的教会
> 他力量的基础是我们，而非自身，
> 我们变得小心谨慎，和平与我们的信仰

> 是国王承诺的基石。(……)
> 我们的狡黠堪比民众的诡计
> 我们，王国之子，上帝赐予我们智慧
> 如同风中的疯狂……[18]

因此，在新教徒中便产生了"大屠杀在神学上的可接受性"。[19]它使接受这种可能的人不至陷入失望的绝境，因为大屠杀涤除了罪恶者犯下的错误，恢复了他们丧失的完整性。我们是否可以提出，对于那些强烈渴求纯洁性的新教徒而言，在大屠杀发生之前，他们的潜意识中就已经出现了领受惩罚——为道德败坏补赎的唯一方式——的欲望？[20] 但他们同样也可能是在大屠杀之后，才为他们所经历的事件找到了这种可以为人理解的宗教意义。

加尔文的教诲为他们提供了帮助，因为这位新教领袖在《基督教要义》中区分了两种类型的神的审判。第一类是针对恶人的报应式审判，旨在将他们铲除；第二类是针对选民的管教式审判，旨在通过惩罚对他们进行改正。[21] 新教徒以这一理论作为支撑，坚信上帝令他们领受的这次骇人教训绝非上帝抛弃他们的证明，而是上帝关怀他们，将他们从罪恶的束缚中拯救出来的象征。因此，新教徒为了使这次重大考验为人所理解，便自然地会经常引用《圣经》中穿越红海的段落。希伯来人穿越红海，逃离了埃及的奴役。而对于圣巴托罗缪大屠杀的遇难者而言，这是一次血腥的穿越。[22] 阿格里帕·德·奥比涅用激昂的诗作发挥了这一主题，为幸存者指明了一条艰难的前行之路：

> 人们希望从那不信基督教的埃及逃离，
> 抵达迦南，居住于此，
> 以色列民，你们需要结队

在红海与血海中前行
带着累累伤痕，才能灵巧地穿越无水的沙漠，
攀爬过险峻的岩石。[23]

从这个角度看，新教徒虽然觉得自己因糊涂与妥协而受到惩罚，但是这次严厉的惩罚无异于一次拯救、一个由死至生的过渡。新教徒曾被凡世与虚荣的幻景所引诱，但它们都被这次惩罚击破。国王用他手中可怕的利剑做出的世间审判只是取得了表面上的胜利，是上帝之手让选民睁开了双眼，令他们明白，国王实际上已被上帝定罪。

大屠杀中的殉教者正是这次定罪的证人。

殉教者的见证

1554年，一位名叫让·克雷斯潘的出版印刷商人在日内瓦出版了一份自己编制的名册，收录了所有为新教献身的教徒。这本《殉教者之书》大获成功，多次再版，并且每次都有新的内容加入。自1564年起，这部书被分为多"卷"，依时间排序。克雷斯潘于1572年4月12日去世，因此未能将圣巴托罗缪大屠杀中的遇难者收入这份名单。西蒙·古拉尔随后承担起这项工作，将他们的名字收录至1582年由他改编的新版之中。他使用的资料包括由他自己编纂的《记查理九世统治下的法国状况》和贝扎在1580年出版的《新教教会史》(Histoire ecclésiastique des Églises réformées)。[24]

克雷斯潘以圣奥古斯丁和加尔文的教导为依据，定下了"殉教者"身份的严格授予条件，其中两个主要条件是：此人因维护自身信仰而死；法院经审理后的判决证实这正是此人被定罪的原因。而这种条件有些过于片面，因为1572年夏秋的亡者没有经过任何合

法的审判。[25]那么,这些人是否应当被排除在新教殉教者名册之外?古拉尔在他编纂的第二卷(1563年至1572年卷)中的"告读者"部分提出了这个问题。他认为,圣巴托罗缪大屠杀的遇难者被突然粗暴地杀害,一个个普通人就是他们的刽子手,这些人同时是"当事人、证人、法官、逮捕者与行刑者,使用了新教徒从未遇到过的极端凶残的方式"。[26]依照克雷斯潘定下的原则,这些被处死的可怜教徒只有可能被授予"被迫害的信徒"的称号。古拉尔认为这种严格的条件并不公正,便将这些人的名字收至"为信仰殉教的新教教徒"组,他们的死同样也是殉教者的典范。此外,在肯定这些殉教者的见证的价值上还遇到了一些困难:大部分人的名字不得而知,而且他们被杀害时的具体情况也无法确定。新教殉教者名录的编者称这是"魔鬼使用的恶毒伎俩",使得人们无法追忆这些遇难者,也无法理解其牺牲的意义。因此,有必要确定这些人的身份。

然而,并不是所有人都赞同有必要找出已被人遗忘的遇难者的姓名。一些新教徒和某些温和派的天主教徒认为,最好不要再唤起恐怖的记忆,而是应遵守国王敕令的要求,采取主动遗忘的方式。例如,弗朗索瓦·德·拉努在提及圣巴托罗缪大屠杀时写道:"这是一次恐怖的行径,应当被封存。"[27]其他一些人也出于另外的原因认为找出殉教者的身份毫无用处。这样做的意义何在?让·德·塞尔就曾说道:"他们的名字已铭刻于天,足矣。"[28]上帝这位心灵秘密的最高审判者已经知晓他们的身份。

但是,西蒙·古拉尔并不认同这种保持缄默的观点。他执着地展开调查,寻访幸存者,并在《记法国状况》一书的初版中发布了寻找证人的启示。因为他相信,找出遇难信徒的姓名、描绘出他们的形象、了解他们以何种方式被处决是至关重要的。他有多个理由:首先,这是新教徒群体应当虔诚地承担的责任,也是对未来世纪应负的责任,有必要让人们了解到人类已堕落至何等野蛮血腥的地步。

杀手虽未受到他们所处时代的惩罚，但将以这种方式受到后世法庭的传唤。[29] 另外还有一个更为严肃的动机，能够证明保存对殉教者的记忆是一项不可推卸的责任：他们将成为历史意义的揭示者。因为他们能够证明，表象终将瓦解，恶人必将低头：这些遇难者能够将肉眼无法观察到的情景化为信徒眼中显见的事实。

所有为了信仰而在圣巴托罗缪大屠杀中遇难的新教徒都拥有这种能力，而其中的一些典范式人物更为突出。叙述者与诗人将他们的目光集聚在这些人物身上，但这么做并不是为了将他们封为新教圣徒——新教徒反对天主教信仰中的偶像崇拜并与之苦斗不已，这么做之于他们荒谬至极。他们的目的是让人们将这些殉教者视为解读凡世的指路人，是帮助人们理解人类历史中神意的宣传者。

大屠杀殉教者名册

这份殉教者名册中能够起到感化作用的第一人自然是科里尼。人们称赞其面对死亡时，表现出了一种合乎福音的坚忍与从容。弗朗索瓦·奥特芒在科里尼传记中首先提到了他在8月22日遇袭受伤后接受手臂手术时表现出的勇气。他写道，科里尼看到身旁的同伴抽泣不已，便严厉地斥责他们不应为此落泪。他自觉有幸"因上帝之名而负伤"，并感谢主认定他配得上如此殊荣。[30] 随后，科里尼进行了长时间虔诚的祷告，恳请上帝的仁慈。他恳求道，若他命不久矣，希望能够"在天堂得真福安息"。梅兰牧师这时提到了一些曾经的殉教者，科里尼称"这番关于虔诚的教父和殉教者的话令他更加坚定，并给予他极大的慰藉，减轻了他的痛苦"。在这段明显带有圣徒传记色彩的记述中，弗朗索瓦·奥特芒将科里尼描绘成首批遭异教徒迫害致死的基督徒的继承者。他接下来又记述了科里尼在面对死亡时表现出的镇定：8月24日凌晨，科里尼听到杀手冲

第七章 《圣经》对新教徒之不幸的解释

破大门,他便开始祈祷,从容地等待着死亡的降临。另一位圣徒传记式的作者是弗朗索瓦·波尔特,他是一位日内瓦的希腊文教师,同时也对皮埃尔·沙尔庞捷所写小册子做出了回应。他细致地描写到,科里尼那时还要求梅兰牧师加入一段祷告,祈祷国王与王国获得救恩,并以这种方式求得对他数次犯上的宽恕。[31]

胡格诺派的许多诗歌也歌颂了他们的英雄基督徒式的坚定与舍身的精神。这些文字共同将科里尼塑造成为一个符号性的形象,他不仅象征着被迫害的信仰,而且代表了经受住考验的尊严。[32]日内瓦新教年历用新教徒的名字取代了罗马天主教圣人历中的圣徒,科里尼位列路德、马丁·布策尔、爱德华六世与加尔文之后。[33]

西蒙·古拉尔在科里尼的传记中也加入细节,描述了他生命的最后时刻。他还为新教徒呈现了另外一些可以铭记的典范。在《记法国状况》一书中,大屠杀遇难者名单的开篇是一段很有象征意义的文字,作者用很长的篇幅记录了税务法院院长拉普拉斯遭受的折磨,他是那批选择了淡然接受命运的遇难者的典型。古拉尔记述道,在接到警报后,院长夫人陷入绝望,但院长却"在上帝之灵的帮助下十分坚定,表现出令人惊讶的坚忍,他紧紧地抓住他的妻子,温和地解释道应当从上帝的手中接过这场灾祸"。随后,他召集仆人,像每个礼拜日那样开始做祷告。他又向他们朗读了《约伯记》中的一段以及加尔文的评注。选择《圣经》中这段文字的用意十分明显:《旧约·约伯记》中,忠仆约伯受到的是最为严酷、费解的邪恶的考验。拉普拉斯援引加尔文的教诲,向众仆人说明,灾难对于基督徒而言是救恩性的,撒旦对他们的折磨将只会是徒劳。因此,害怕是毫无必要的:敌人的力量只能触及他们的肉身。[34]

这一段文字表明了作者写作时的用意:古拉尔记录下英雄传递出的这一充满希望的信息时,想到的是他的读者,他们彼时仍被大屠杀引发的深深疑虑所折磨而不能自拔。古拉尔继续描述了拉普拉斯在面临不可抗拒之事时所做的准备。拉普拉斯看到长子为了避免被杀而在帽子上别了一个纸做的十字架，便将他训诫一番，指出他唯一应背负的十字架是象征未来至福的神降磨难。最后，在一群杀手的催促下，他拿起大衣，亲吻了妻子，叮嘱她要永远维护上帝的荣光与对上帝的敬畏，随后便"一身轻松地转身离开了"。他"如同一头可怜的羔羊一样"引颈就戮。古拉尔记录的其他遇难者在面对死亡之时几乎都与拉普拉斯一样，他们从容地接受死亡而拒绝抛弃新教。大部分遇难者都没有进行丝毫抵抗。他将拉普拉斯比作羔羊，暗指逾越节的羔羊。阿格里帕·德·奥比涅还将圣巴托罗缪大屠杀中"被割喉的羔羊"比作"摆好的祭饼"。[35]

此外，法国一些城市的居民被集体列为殉教者，如拉罗谢尔、桑塞尔与索米埃。这些城市中的居民在非常困难的条件下，仍顽强反抗国王派来镇压他们的军队。牧师让·德·莱维记录了桑塞尔城被围的情况。[36]据莱维所述，拉沙里泰和奥尔良大屠杀的大批幸存者逃至桑塞尔后，坚定了桑塞尔居民拒不妥协的态度。他们被围困在城中，但拒绝任何谈判。桑塞尔很快便陷入断粮的境地，居民不得不以狗、猫和鼠肉充饥，甚至还用水烹煮皮革和羊皮纸果腹。莱维讲述道，一对父母在走投无路的情况下，饥不择食地吃掉了他们三岁女儿的尸体。他虽然称这种行为不啻于巴西印第安人的食人习俗，但他记录这个事例是为了强调这些不幸的居民在被逼无奈的情况下受到了何其严重的邪念的诱惑。在他的记述中，最具典范意义的当属儿童，所有12岁以下的儿童全部在围城时死去。某些儿童的临终遗言堪称体现了基督徒忍耐精神的完美典范。虽然1573年7月的布洛涅敕令为内战画上了句号，但桑塞尔的英勇抵抗一直持续至8月19日，并赢得了与另外三座城市同样的权力，即新教徒有权在城中非公开地举行宗教仪式。在新教徒的记忆中，桑塞尔一直是为信仰而战的代表，虽然人力不济，却在精神上取得了胜利。

第七章　《圣经》对新教徒之不幸的解释　　　　　　　　　　　　　　213

　　所有这些感化性文字的目的都是让暴力能够为新教徒所理解，甚至接受：暴力变成了上帝计划中的一部分，是上帝拣选的象征。因此，圣巴托罗缪大屠杀进一步加强了自新教徒遭迫害伊始形成的"新教殉教者文化"[37]，这种文化的核心是纪念"从扬·胡斯到现在所有用鲜血书写真正福音的新教徒"。[38]

　　从这个角度看，新教徒已领先于天主教徒。这并不是说后者没有对敌人的暴行进行批判，天主教徒尤其大肆抨击了新教徒对教士的谋杀。他们传播的文章与木版画记录了异端在冲突中的暴行，以煽动天主教徒的怒火。[39] 但是他们迟迟没有为宗教战争中的遇难教徒专门编制一份殉教者名录。直至1580年，天主教徒才开始撰写圣徒传记类型的文字，表彰在与异端对抗中死去的殉教者，尤其是受伊丽莎白女王迫害的信徒。1581年，由一位匿名作者用拉丁文编写的书籍在巴黎出版，次年被译为法文。此书记录了耶稣会士埃德蒙·坎皮恩之死，他前往英国，希望使人们的灵魂重新归附天主教。[40] 两年后，理查德·费斯特根在巴黎出版了《我们时代的异端暴行之景》(*Théâtre des cruautés des hérétiques de notre temps*) 一书的拉丁文初版。此书后经增补，多次再版，并于1587年被译为法文。[41] 所以，天主教具有感化性和教育意义的纪念性书籍成书时间较晚，很久之后才形成与新教之间"纪念性文字的对抗"。

　　圣巴托罗缪大屠杀发生之后，新教徒撰写此类文字的关键目的并不是与天主教徒竞争。在他们看来，重要的是要通过这些文字表明，被屠杀的信徒实际上并非失败者，而是胜利者。他们的死亡之辱暴露出的恰恰是统治者的耻辱。因此，殉教者描绘出的是一幅颠倒世界的图景，失败实为胜利，而胜利实为失败。在《殉教者史》(*Histoire des Martyrs*) 一书的开篇，《致我们的主的教会》一文向读者通告了他们应在本书中寻得的意义：他们在书中会看到一类史无前例的胜利，但既没有光荣的游行彩车，也没有为胜利的将领戴上的月桂树叶冠冕，而是会看到"以一种新的方式宣布胜利已不再有效"。[42]

纪念遇难教徒的文字要求读者对事件用心解读，要看到被表象所遮蔽的超自然现实。信徒应学会观察、解读他们眼见的场景，并辨读出隐藏在其中的真相。一些新教徒持之以恒地承担起教授这种观察法的任务，阿格里帕·德·奥比涅就是其中之一。他本人并非圣巴托罗缪大屠杀的目击证人，曾作为助手陪同一名朋友参与决斗并打伤了试图逮捕他的官吏，所以他在屠杀开始前三天被迫逃离巴黎，以躲避国王的审判。但是，他并未因不在场而感到与8月24日的遇难者毫无关联。他在之后的一场伏击中身受重伤，躲在了他后来的心上人迪亚娜·萨尔维亚蒂的塔勒西城堡中。他对自己的这段痛苦经历做了象征性的解读，认为这与他的教友所遭受的苦难是相通的。[43]为了能够使人理解事件发生时的双重维度，阿格里帕·德·奥比涅虚构了一些令人心潮澎湃的情节。他在《悲歌集》的第二章中讲述道，当他神志不清地倒在塔勒西城堡房间的床上时，看到道德之神化为女性形象出现在他面前，把他的精神带至天堂，与科里尼相会。后者看到"自己蜷曲的尸首被当作球任人凌辱"[44]，非但没有露出满面愁容，反而开怀大笑。在第五章中，他又想象到，上帝的天使将选民的不幸精心地绘在天堂的穹顶之上，而科里尼向那些被允许观看这些画作的人评论道：

> 我们的加图*带着微笑
> 我们的目光随着他的目光，他伸出手指向，

---

* 指科里尼。在《悲歌集》中，阿格里帕·德·奥比涅用古代和《圣经》人物代指当时的人物，如用耶洗别代指太后美第奇，用底波拉代指纳瓦尔王后让娜·德·阿尔布雷，用亚希多弗代指洛林枢机主教。

第七章 《圣经》对新教徒之不幸的解释　　215

> 自己被刺穿的身体；然后，让我们看到
> 人们是如何将他剁成碎块：他的头颅在罗马四处游荡
> 他的身体被聚在一起看热闹的路人当作玩具
> 他们在其他新鲜事发生时又会继续起舞。[45]

实际上，阿格里帕·德·奥比涅认为，遇难者突然遭受的苦难可以分为三个维度。善良的天使在天堂绘制富有寓意的画作之时，撒旦派出的邪恶天使也正在梵蒂冈的大殿中作画——这是在影射教皇请画家瓦萨里创作的赞颂大屠杀的壁画。[46]因此，在阿格里帕·德·奥比涅看来，解读现实共有三种方式：第一种是看到令人失望气馁的表面现象；第二种是天使的，也是选民的视角，能透过现实看到其中蕴含的救恩；第三种是撒旦的，也即杀手的视角，终将为其招致定罪。但是，新教徒视角的转变，采取这种神秘的认识现实的方式并不会削弱野蛮行径的残酷性及由其引发的愤慨。阿格里帕·德·奥比涅描绘了遇难者遭受的苦难，表明暴行严重令人无法容忍。在这个问题上，他也自视为一名证人，并且留意不弱化新教徒所经历的恐怖与它形而上的意义之间的张力。[47]但从上帝的视角看，屠杀已不具残暴性，它带给新教徒的应当是希望。

这些描述殉教者的文字最终呈现出一幅世界的颠倒图景，意义在于颠覆了现有等级与政权，因为这两者的无能已在文字中表露无遗。[48]殉教者所引发的颠覆与反叛行动导致的颠覆同属一类，前者动摇了世俗政权的象征意义，而后者试图瓦解这种被认为是暴君体制的政权的物质基础。例如，弗朗索瓦·奥特芒在记述科里尼之死的文字中大肆颂扬科里尼取得的超自然的胜利，同时，他在《法兰克高卢》(Francogallia)一书中也在暗中鼓动读者反叛。这两种情况都是在宣布尘世间不公的失败与正义的胜利，虽然在世间迟迟未见最终结果，但之于上天，这已是注定之事。

一段充满奇迹的历史

然而，殉教者的胜利只揭示了这场悲剧的部分意义。为了使人能够彻底理解这次惨剧，尚需另外一些能够体现上帝惩恶扬善的可观察事实。但残酷的现实却使希望破灭。随着时间的推移，越来越多的新教徒开始发出《启示录》的作者在祭坛底下发现的被杀之人的灵魂的呼喊："主啊，要等到几时呢？"[49]

为了对这个令人焦虑的问题做出答复，新教作者在思考了圣巴托罗缪大屠杀在新教未来发展中应处的地位后，提出了一种对人类历史的预言式解读。他们试图在事件之上，找到连接自然与超自然的同时性，以及在以色列时代、当前时代和最终审判时出现的周期性焦虑之间的相似性。[50]

这远非一种全新的历史观，它在之前新教徒受迫害时已被多次使用。但是，1572 年夏秋发生的如此大规模的屠杀让它更具现实意义并更成体系。这种历史观首先在《旧约》与当时情况之间建立起相似性：后者便成了对前者的重复，昭示出同样的神意。因此，历史也就可以被解释为同样一类事件循环往复的运动，永远承载着相同的意义。这不再是一种类似基督教教父对历史所做的预表式的解读，而是将两个序列的事件纯粹视为同一。《悲歌集》中关于梅兰牧师奇迹般地得救的记述就是其中一例。梅兰牧师逃脱杀手的追捕，藏身于一间堆满牧草的谷仓之中，依靠一只母鸡下的蛋充饥度日，一如先知以利亚躲避以色列王亚哈的追捕时，天上的飞鸟为他带来了食物。阿格里帕·德·奥比涅将两个事件的交叠作于诗中：正是在以利亚的手中，救恩的母鸡产下蛋；正是愤怒的亚哈在追捕梅兰。[51]

在将历史片段重叠后，这种预言式历史观又加入了一种终末论的视角：新教徒走过的历程并不仅仅是以色列时代的重演，更预示着他们在最终审判时的经历。因此，三个时代被神秘的相似性联结在一起，历史的长度以隐喻的方式缩短为真理胜利的一刻。同样是在《悲歌集》中，里昂、图尔农、瓦朗斯或维维耶尔城中的罗纳河水已被鲜血染红，上面漂浮着新教徒的尸首，这一幕就是希伯来人穿越红海那段历史的再现。但它也预示着《启示录》中宣告的世界末日的那一幕场景，即一位天使把盛有神怒的碗中的第三碗倒在地上的江河中——这一启示行为在诗人看来已经完成：

第三位天使把碗倒在
罗纳河里，水化成血。[52]

* * *

这种终末论的解读也揭示出在16世纪十分流行的对末世的迫切期待。在这个问题上，新教徒与天主教徒十分一致。前者之所以将罗马教廷斥为《启示录》所预言的敌基督者，正是因为他们相信末世将近。一位极有影响力的牧师皮埃尔·维雷说道："世界正在走向终结。因此它便竭尽所能地索取生命。"[53] 宗教战争导致的大规模动荡，特别是圣巴托罗缪大屠杀引发的恐怖在很多人眼中都是末世来临之前的灾变征兆。依这种观点，未来不再是无法确定的长时段，而是一段非常短暂的时间。因此，解读当下的种种迹象便成为当务之急。希望看到恶人尽快受到惩罚的愿望也变得更为强烈。一些人在世间等待着惩罚者降临，拉开最终审判的序幕。

这种期望尤其指向太后美第奇。新教徒在战争初年曾将她比作以斯帖，这是一位向她的丈夫亚哈随鲁国王乞求赦免犹太人的王后。但现在，复仇心切的新教徒抛弃了这种观点，将之比作迫害先知以利亚及其子民的耶洗别。《旧约》中提到，这位王后的尸首被狗分食。

新教小册子的作者援引耶洗别之死的目的就是期望看到太后美第奇领受同样的命运——这或许就是不久后即将发生的事情。这是《反抗屠杀者的钟声》（*Tocsain contre les massacreurs*，1577年）一书的匿名作者提出的观点："我们等待着，在法国，同样的审判降于那个行为同样是在亵渎宗教的女人身上。"[54] 皮埃尔·德·莱图瓦勒搜集了一些更加犀利的诗句，影射了这种惩罚对她而言还是太轻了：

> 最终，审判将像
> 群犬分食耶洗别一样
> 这是神的复仇。
> 但又与之全然不同
> 美第奇恶臭的尸首
> 甚至连狗都不屑一顾。[55]

在圣巴托罗缪大屠杀中充当刽子手的其他人的暴毙将同样是最终审判的预兆。特鲁瓦的一位编年史家尼古拉·皮图写道："特鲁瓦大屠杀发生十五天后，在几位行刑者身上可以见到上帝降下的愤怒与正义的复仇之端倪。"洛朗·伊洛是其中一位杀手，他在和同伙争夺一枚从一个被杀害的可怜画家身上夺来的戒指时，被其同伙杀死；另一名杀手，尼古拉·雷尼耶高烧不退，心生畏惧，不得不公开承认他的罪行；国王军队中的一位名叫佩罗内的士兵也是杀手之一，他在围攻拉罗谢尔时在城墙前悲惨地被活活烧死。[56]

因此，当我们看到新教徒是怀着何等急切的心情期待查理九世暴毙时，并不会感到惊讶。他们盼望在国王的身上看到上帝的审判。[57]

新教徒在这类文字的影响下，逐渐习惯于将那些突出的事件视

第七章　《圣经》对新教徒之不幸的解释　　219

为超自然历史中的一个个迹象。在这一点上，与我们所认为的相反，他们实际上与天主教徒相去无几。新教徒所处的世界并不比天主教徒的世界"缺少魔力"。大屠杀发生后一周，据阿格里帕·德·奥比涅所言，人们看到"一大群乌鸦或立在卢浮宫大殿之上，或在其上空鸣叫"，这一不祥之兆让国王与朝臣陷入极度恐慌。随后，人们在夜空中听见"一声巨响，叫嚷声、呻吟声、吼叫声齐鸣，混杂着其他一些愤怒的、威胁的和渎神的声音，与人们在大屠杀之夜听到的完全相同"。[58] 这些特别的迹象象征着查理九世为其所作所为而感到痛苦和内疚，预示着他将要受到惩罚。

在不久后的1572年11月11日（或依德·图所言，8日），人们在天空中观察到一颗彗星。新教徒立即认为这是伯利恒之星，它宣告了希律王——查理九世的败亡。贝扎为此赋诗一首，其中最后几句是：

逃亡的基督徒啊，囚犯啊，人们听见
你们胜利的歌声与你们的喜乐：
但是，血腥的希律王，你们只会感到战栗不安。[59]

上帝通过一些奇迹显像昭示最终审判即将来临，而新教徒则要参透这些奇迹的真正意义，耐心等待世界末日的到来。但奇怪的是，这一天迟迟未至。

* * *

圣巴托罗缪大屠杀促进了新教认同的形成。宗教改革伊始，法国新教徒曾一度希冀整个王国皈依新教，将一大批回归真理的信徒联合起来。但是，他们遭到的迫害以及严酷的宗教战争让他们慢慢认识到，这只是一个幻想。他们不仅遭到天主教的拒绝，而且还受到暴力的侵袭，这些使他们逐渐意识到自身宗教的独特性，体现为表面的失败与超自然的胜利所形成的张力。1572年夏秋之际的大规模屠杀又进一步巩固了他们对自身历史的这种认识。他们自视为"以色列的遗民"——一小批遭受迫害却神秘地承载着人类历史终极意义之人，借助《圣经》提供的图景，在大屠杀中看到了他们被拣选的标志，在殉教者身上又看到上帝计划的启示。历史的时间因此变成了见证的时刻，在他们眼中，史学家应承担的任务已不再是不偏不倚地记述事实，而是要教会读者从事实中辨读出所彰显的神意。[60]

这种对以色列的认同又因在天主教徒中形成的对新教徒的负面观点而得到进一步加强。1585年，理查德·费斯特根在一本小册子中抨击"异端犹太教会"（Synagogue hérétique），认为他们是由一群身穿皮毛长袍、蓄着长须的犹太神学家组成，反新教与反犹太教后来也开始相互汲取资源。[61] 对大屠杀的两种相悖的解读最终合归一路，因为它们都取材于共同的《圣经》文化，尽管新教徒受《圣经》的影响更深一些。

第八章
对法国之不幸的政治解读

圣巴托罗缪大屠杀所引发的并不仅仅是对神意意义的追问。许多人认为，这场悲剧不仅是新教徒的一次苦难经历，更是一场严重影响了全法国的灾难所表现出的症状。大屠杀在法兰西王国的历史进程中留下了一道史无前例的断裂带。它是不是双方精锐之间的内战所达到的顶点？如何解释这种引起法国人骨肉相残的愤怒？一些法国人一直被这类问题所困扰，因而感到万分痛苦。他们提出，参阅《圣经》以期解读上帝隐藏的计划并不足以对这些问题做出答复。他们从政治的角度出发，对大屠杀谜团提出了解答。在他们看来，这场灾难之所以突然而至，是因为法兰西王国的机构此前已经出现了严重的失常。

这种解释与我们在上一章分析的从宗教角度出发的解读互不矛盾：它的核心同样是以上帝为参照。但它得出的结论是号召人们更加主动地参与"城邦"（polis）这个共同体，以期从结构上对偏离正轨、正在走向暴君制的君主制进行修正。这一对大屠杀的第二种解释及其影响就是我们现在需要探究的对象。

受控诉的绝对权力

新教徒首先表达了这种观点。1573年,法理学家弗朗索瓦·奥特芒的著作《法兰克高卢》于日内瓦出版,这是在大屠杀余波未平期间引起极大轰动的作品之一。在他1573年8月21日为该书所作的一篇出色的序言中,他解释了写作这本书的原因。奥特芒在大屠杀前夕先逃至布尔热,后又转移到日内瓦。看到"他可怜不幸的国家……持续遭受内战的蹂躏与破坏",他深感痛苦。奥特芒做出一种大胆的诊断,推翻了常见观点。所有人都相信"内部的不公与分裂"是造成法国不幸的原因。但在他看来,这是错误的:实际上,后者才是前者的原因。而其缘由也应向前追溯,其根源在于"我们祖先完美的法律与规章"的约束力减弱,法国过去的政治体制十分均衡,就像是一篇美妙的乐章。因此,应当重新探寻丢失的和谐的秘密,找到"我们远祖时代古老、完美的和谐"分崩离析的原因。[1]

为了完成这项任务,奥特芒开始阅读法德历史学家关于法国史的论著。他提出,高卢最初的国王经选举产生,并且国王并不拥有绝对的权力:相反,他们的权力受制于法律,"如此,国王受制于人民的权力与力量之下,反之亦然"[2]。法兰克人占领法国后,与高卢人融为一体,形成了"法兰克-高卢"。在新的王国中,国王并不拥有比之前更大的权力,因为他们受制于维护人民利益的人民大会这种预示了三级会议的组织。因此,这是柏拉图、亚里士多德和波利比乌斯所推崇的政体:"……即一种融三类政体为一体的混合政体:君主政体,唯一的国王掌握至高统治权;贵族政体,由少数贤人掌权;以及人民拥有主权的政体。"[3] 在这样一个理想的君主政体中,贵族由御前会议这类机构代表,而民主则由三级会议体现。

法兰西王国在约两千年的时间里一直处于混合君主制,却在路易十一统治期间开始变质。路易十一企图摆脱一切束缚,将君主制引向暴君制的轨道。对此，奥特芒提出了一条原则，即对王权应予以限制，因为"人们容许王权拥有最高统治权以及在一切事务上的绝对权力是极端危险的，这会将之推到绝壁边缘，最终沦为暴君制"[4]。如果一直沿着绝壁行走，必然失足跌落。君主会滥用"对国民的无限权力"，"完全像对待奴隶或绵羊一样训斥自己的人民"。[5]作者认为，权力的滥用得到了一些源自意大利并被广为传播的思想的支持：首先是罗马法，它为加强王权提供了大量可借鉴的准则；其次是马基雅维利所倡导的原则，它将背叛与欺诈上升到治理艺术的高度。

　　国王出于对权力的渴望，最终确信自己可以任凭个人好恶为所欲为。更为恶劣的是，他们还任由宠臣恣意治理。臣民沦为专制的牺牲品。因此，才会发生像圣巴托罗缪大屠杀这样的灾难。但颇令人惊讶的是，《法兰克高卢》一书对查理九世与圣巴托罗缪大屠杀只字未提。这是奥特芒有意为之：为了获得日内瓦议会的印刷许可，他不得不将所有论战性质的影射文字全部删除，因为日内瓦仍希望保持与法国的友好关系。奥特芒在《论法国人的愤怒》(*De furoribus gallicis*)一书中公开抨击了法国人的暴行，但他使用了埃内斯图斯·瓦拉门都斯这个笔名，而且此书并未获得官方许可。[6]尽管如此，《法兰克高卢》的每位读者都能轻而易举地将书中提到的史实与其所生活的环境联系在一起。书中将法国历史上的几位太后描述为恶毒之人，陈述了她们的卑劣行径，如希尔德贝尔特与克洛泰尔之母、意大利人克洛蒂尔德、挑起内战的太后弗雷德贡德，以及成为一名意大利人情妇的布伦希尔德太后[7]，从她们身上很容易就能看到太后美第奇的影子。从书中描述法兰克人与高卢人联合反抗罗马统治的斗争中，也不难看出作者摒弃所有来自意大利之物的主张。这本书引发的激烈争论证明其政治内涵没有被任何人误解。皮埃尔·德·莱图瓦勒写道，所有"有良知的法国人"都赞同此书的观点，它只引起了"个别受马基雅维利主义腐蚀和深受意大利影响之人"的非议。[8]

另外一些新教专著的观点被更直接地置于其所处时代的背景下，矛头直指暴君制。贝扎是当时日内瓦长老会主席，他于1574年在日内瓦和海德堡匿名出版了《论官员对臣民的权力》(Du droit des magistrats sur leur subjets)一书，成书时间约为1573年的6月至7月间。他在书中对困扰受迫害的胡格诺派的问题做出了解答，并分析了武装反抗的合法性。[9] 至少自1559年起，贝扎在新教小册子的写作与传播中一直发挥着至关重要的作用。在圣巴托罗缪大屠杀之后，因为与欧洲新教徒以及斯特拉斯堡、海德堡、伦敦、拉罗谢尔、法兰克福、巴塞尔、多德雷赫特和爱丁堡等地同情新教事业的印刷商关系密切，贝扎很可能在日内瓦扮演了新教宣传协调人的角色。[10] 他同奥特芒一样，期待末世在即的同时又相信存在立即行动的可能，即拿起武器。

第三部重要专著的名称十分别致——《法国人及其邻居的晨鸣钟》。它于1574年出版，由两篇对话组成，是献给英国女王之作。[11]这部书的作者使用了一个引人联想的笔名——欧塞比·费拉德尔芙·科斯莫波利特*。反映这一思潮的第四部代表作是1579年于巴塞尔出版的《反暴君论》(Vindiciae contra tyrannos)，作者同样使用了笔名——艾蒂安·尤尼乌斯·布鲁图斯，其真正作者应为菲利普·迪普莱西—莫尔奈[12]。这部著作的法文译本于1581年出版，名为《论君主对人民与人民对君主的合法权力》(De la puissance légitime du prince sur le peuple et du peuple sur le prince)。[13] 除

---

* Eusèbe Philadelphe Cosmopolite，三个词在古希腊文中分别意为"虔诚的""爱兄妹的""世界公民"。此外，"Cosmopolite"又让人联想到"Le Cosmopolite"——几部炼金术专著的作者所使用的笔名，而这部书的可能作者之一尼古拉·巴诺也是一名炼金术士。

第八章　对法国之不幸的政治解读

这些主要著作之外，尚有一些影响力较小但同样有价值的作品，其中几篇由西蒙·古拉尔收录在《记查理九世统治下的法国状况》中。[14]

这些文字的作者被称为"反暴君派"（monarchomaques），即指那些反对君主一人独掌大权之人。这个名称最初是论战性质的形容词，由一名诋毁他们的人所创。[15]这派人对法国做出了相同的诊断：法兰西王国的机构已经失常。他们各自提出的解决方案具有明显的相似性，只因他们在撰写论著时所处情况各异，因而在个别之处稍有不同。他们提出，臣民的服从是有条件的。人民与君主之间是一种以原始协约为基础的契约关系，君主必须保证人民的自由。每位国王登基时，在加冕礼上的誓言中应重申契约的具体内容。若君主未能履行他的承诺，人们便不再受臣服义务的约束，不服从不公正命令的合法性也由此得以确立。负责监督国王履行诺言的机构是由王国代表组成的三级会议。因此，它应定期召开，并且有权在国王犯下严重错误时罢黜他。此外，反暴君派认为——他们在这一点上根据自身需要对法国历史做出了新的阐释，三级会议也承担了提出与公益（bien public）相关的法律议案的任务。因此，在未经三级会议允许的情况下，已被批准颁发的敕令不可被废除，三级会议也由此带有近乎宪政的性质。[16]在此前十多年的时间里，法国的法律摇摆不定，出现了一系列前后矛盾、时而主张宽容、时而决定不宽容的措施，反暴君派提出的正是针对这一问题的解决方案。

从这种要求限制王权的观点中，我们可以观察到反暴君派表现出的一种极为清醒敏锐的直觉判断：宗教只会令王权更加强大，因为国王借助宗教便可以宣称他是唯一的仲裁者，因此便有权改变和平敕令。反暴君派赋予三级会议的角色使其能够抵制这种危险的趋势。[17]包括新教徒和天主教徒在内的"所有人民"在理论上都会有代表参加三级会议。所以，在法律制定阶段，所有臣民都可以通过议员——不区分宗教派别——发表意见。这种方法既能够保证政治上的和解，又能限制王权、恢复民族不可或缺的向心力。在《法兰克高卢》一书的前言中，奥特芒用感人的笔触提到了对祖国母亲的依恋。这一有助于统一的要素会推动所有法国人搁置宗教分歧，携手努力恢复王国曾经的辉煌。其他作者在论著中着重强调了作为少数派的新教徒的忧虑，但同时也表示，当下最急迫的问题是抵制暴君制这种"逆法律而行的力量"（贝扎语），因此，无论宗教信仰如何，所有人都应与之展开斗争。

反暴君派提出的观点是导致王权不稳的一个重要因素。[18]然而，他们也采取了一切可能的预防措施，避免他们的理论成为那些不受控制的暴动的借口。他们反复强调[19]，只有长期任职的官员和三级会议才拥有宣布不服从的权力。在国王违背诺言时，应对的方法可以是提出警告，严重时才可以采取起义这种正当的防卫措施，甚至罢黜国王。此外，还可请求邻国君主的援助：《反暴君论》的作者以一种直白的方式，对如今所谓的干预权进行了理论化的阐述。[20]在圣巴托罗缪大屠杀引发的第四次内战中，这些理论为胡格诺派的抵抗提供了合法性依据，对进行英勇抵抗并被封为殉道者的三座城市拉罗谢尔、桑塞尔和索米埃而言尤其如此。

爱的秩序之终结？

法国新教徒对绝对权力的敌意并非始于1572年，在奥特芒与贝扎为1560年昂布瓦斯密谋辩护之时便可见一斑。而且，《法兰克高卢》一书的写作开始时间约为1567年至1568年。[21]此外，在一本名为《政治问题：臣民向君主屈服是否合法》（*Question politique: s'il est licite aux subjects de capituler avec leur prince*）的专著中也可以找到预示着反暴君派思想的内容。该书的作者是图卢

第八章 对法国之不幸的政治解读

兹高等法院成员让·德·科拉斯,成书时间约为1568年冬至1569年间。[22]因此,并不是圣巴托罗缪大屠杀促成了新教徒之后大量传播的反暴君派思想的形成。现在我们应当提出的问题是,大屠杀对这种思想的传播究竟发挥了何种作用?我们看到,突然而至的大屠杀使得这种思想在表述上更为严密与系统化。而且,大屠杀所创造的条件使得这种思想的受众面更广。[23]然而,仅仅止步于此并不足以衡量1572年的"大地震"在意识形态上引发的震动,也无法对反暴君派思想在1572年后引起的新回响做出评价。

《法国人的晨鸣钟》第一部分对话中的一段有助于我们意识到这个问题。1572年秋或1573年初,在法国出版过一项神秘的条例,被称作由先知但以理颁布的一项"决议"。它包括四十个条款,规定了新教徒占领城市的政治组织架构。[24]这项条例的序言提出:"愿8月24日大屠杀之日永远被称作'背叛之日',国王(像前任国王被称作'宽厚者'或'人民之父'那样)永世被称作'背叛者查理',他的纹章上绘制着由改变其名字字母顺序而得的'奸诈的猎人'几个字。"[25]《法国人的晨鸣钟》法文版第一部分对话开篇的致读者信正是从这项决议中获得灵感,使用了一种令人惊讶的纪年:"巴塞尔,背叛之日后第5个月的第7天。"出版于同一日期的拉丁文版同样使用了这种纪年:"*die 7 mensis quinti ab infesto et funesto die proditionis.*"[26]法文版的末页还印有:"印于背叛之日后第6个月第12天。"

这种新的纪年以1572年8月24日为元年元月元日,而未用耶稣降生之日,表明圣巴托罗缪大屠杀为王国开启了一个全新的时代。刚刚完结的时代是"公信"(foi publique)时代,《法国人的晨鸣钟》一书作者将这个概念定义为"一条维系人类社会的牢不可破的纽带"。[27]"公信"首先是统治者与被统治者之间的信任关系,通常可以使用从"自然"世界借用的比喻说明,如孩子与父亲之间或羊群与牧羊人之间的亲密关系。同时，它也是对诺言的一种不成文的保证，是领主与附庸之间或人民与君主之间关系的核心。这两方面内容的根基在于信徒对上帝的信任，它们使得人类群体极为理想地从属于一个以爱为基础建立起来的秩序。

在一个合乎这种典范的国家之中，自由完全无须成文的法律作为保障，因为国王会主动遵从神与自然的律法和为数不多的几项不甚完备的"王国的法律"，臣民对国王的善良也深信不疑。[28] 1519年，纪尧姆·比代在《论君主的教育》（De l'institution du prince）中完美地归纳了对君主的信任的性质："君主在智德、高尚、公平等各方面都应是完美的，因此无须像对待其他人那样，出于担心和令之服从的必要，为他们设定限制性的规则和成文法律。"[29] 文字在话语面前已没有存在的必要，国王就是楷模，他的话即为承诺，不会改变。这种类型的政治社会结构的关键基础是"信任"，而非某些定义明确的规范。它是宪政体制出现之前的一种状态。借用一位历史学家的结论，宪政体制的特征是一种将信任、可信性与限制三者制度化的机制。[30] 将信任制度化，这难道不是对爱的侮辱么？

在圣巴托罗缪大屠杀发生之前，新教徒一直认为信任尚未完全崩塌，因此还无须以法律的方式明确规定臣民与君主之间的关系。科里尼之所以接受查理九世的建议回到巴黎，正是出于他信任国王，而主动无视那些很可能预示着这是一个陷阱的不祥征兆。《法国人的晨鸣钟》一书的作者提到，科里尼当时气愤地抨击了那些认为法国宫廷已经完全沦落为马基雅维利的追随者的观点。[31] 抛向科里尼的诱饵十分诱人，阿格里帕·德·奥比涅写道："吹响的笛声是公信之歌／和平与国王的爱被当作诱饵。"[32] 新教徒之所以强调科里尼表现出的单纯，是为了夸大两个世界间产生的碰撞：背叛的世界与信任的世界。而这一碰撞导致的悲剧性的结果，迫使他们不得不开始思考难以想象之事，即爱的秩序之终结。

第八章　对法国之不幸的政治解读　　　　　　　　　　　　　　　　229

　　在新教徒眼中，圣巴托罗缪大屠杀预示着爱的消逝。他们认定自己落入的是一个无耻的圈套，这使他们依稀认识到，由此导致的结果很可能再也无法逆转，仅仅恢复前人的传统于事无补。反暴君派寻回奥特芒所赞颂的"古老、完美的和谐"之愿望失去了意义，但他们也同时意识到，臣民的确有必要获得比过去更多的保障。因此，需要对君权做出更为严格的限定，不应继续将国王背信弃义的行为当作一种有违正直原则的罪恶——这只会引发道德上的谴责，而应将其视为一种"对根本法"的僭越，应受到刑罚的处罚。

　　契约的概念充分表明对以信任与自然服从为基础的范式的放弃。通过法律对王权进行限制的进程说明，对国王可能会恣意妄为的担忧已经成为一种持久现象。因此，必须确定的原则是，君主可以被罢黜，而且代表臣民的三级会议既是共同立法者，也是公共自由的保护者：这种方法实际上将"不信任"制度化了。《法国人的晨鸣钟》提出的这种全新的纪年方式的确标志着法国进入了一个新的时代，那就是父道君主制（monarchie paternelle）被契约君主制（monarchie contractuelle）所取代，而我们从后者不难看到立宪君主制的萌芽。

　　是否能够说反暴君派由衷地希望看到这一转变？答案或许是否定的。我们可以在一篇文字中看到对他们思想的一种不可辩驳的写照，它即可为证。这篇文字是法国南部的新教代表在蒙托邦举行会议后呈给查理九世的一份请求，其日期为1573年8月24日，象征意义不言而喻。他们请求国王分别与外国新教君主和两个宗教派别"以新的诺言、条件与永久的友谊缔结同盟与联盟"，与外国新教君主签署的契约将为第二份契约提供担保；国王需颁发新的和平敕令，天主教徒与新教徒双方都需要接受这份敕令；他们将在国王的官吏面前宣誓，"相互承诺今后不向对方发起任何屠杀行为"[33]，并签署第三份契约。这一十分大胆的请求很快便被查理九世和太后美第奇不屑地拒绝了。[34] 然而，在这篇文字中能够读到一种对曾经的父道君主制无法抑制的怀念之情。这篇文字的作者对国王写道："我们更希望，我们所提出的方法是您出于仁慈和父亲般的宠爱而做出的决定。"

反暴君派并未涉及许多关键问题的具体细节——特别是定期举行三级会议的问题，这或许暴露出他们藏于心底的犹豫。君主受制于明确的规则，而臣民又时刻处于戒备状态：这种冷漠的理想模式对他们而言是传统政治秩序遭到悲剧性破坏的结果。这实际上与他们内心深处的理想相去甚远，而他们尚不希望就此放弃，便选择等待形势向好的方向扭转。1584 年，待他们的领袖亨利·德·纳瓦尔成为法国国王的局势足够明朗后，反暴君派的心中又重新燃起了复兴爱的秩序的希望。亨利四世足以代表人民之父的国王形象，使他的臣民不会产生任何疑心，而是会对之报以子女般的尊崇。[35]

但是，在 1572 年 8 月 24 日的悲剧余波未平之时，还几乎无法预见到这样的前景，未来似乎还只是死路一条。反暴君派出于失望，借溯本归源的方式设计出这样一个极富潜在创新力量的政治体系。诚然，这些创新之处仍处于萌芽状态，却为之后的发展播下了希望之种。

维护"公益"

在抨击绝对权力与避免再次出现类似引发圣巴托罗缪大屠杀局势的问题上，一些天主教徒与新教徒是一致的。他们主要是一些贵族以及由其附庸、亲随与门客组成的关系网，包括阿朗松公爵弗朗索瓦、纳瓦尔国王亨利、孔代亲王亨利与朗格多克总督亨利·德·蒙莫朗西-当维尔公爵。一位英国大使在记述他们 1574 年初起兵时写道："他们自称为'不满者'。"[36]

"不满（者）"（Malcontents）一词会让人想到国王与贵族之间的特殊关系。贵族将对国王的服从视为一种赠予、一种自主选择的效忠。他所期待的是得到君主的爱与保护，表现方式可以是荣誉、官职或俸禄。这种双向关系通过双方各自的诚信来保证。若一方没有遵守义务，另一方则可公开表示"不满"——既可以是国王，但更多情况下是贵族。后者经常会认为自己提供的服务没有得到应有的奖赏。贵族若将"不满"归因于国王仲裁不当，指责国王像暴君一样行事的话，他们所表达的就不再是一个个体的态度，而带有普遍的政治意义，尤其是当他们将手下的门客牵涉其中之时。

圣巴托罗缪大屠杀提供了这些不满者申诉自己愿望的机会。大屠杀过后不久，在贵族中就开始流传一种十分特别的观点：国王组织的屠杀貌似是要清除胡格诺派领袖，而实际上则直指那些有权势的贵族家族，无论他们是新教徒还是天主教徒。这种观点的源头可以追溯到1568年夏，即孔代亲王路易、科里尼、奥伦治亲王威廉和路易·德·拿骚结盟之时：处死埃格蒙伯爵和奥尔内伯爵令他们十分愤慨，他们认为各自的君主都已被居心叵测的参事所控制，不仅企图扼杀"真正的信仰"，还要将大贵族清剿殆尽，"以此为借口建立暴君统治，扩大自己的权力"。[37]四年后发生的就是国王为在法国实现这一计划而采取的一种残忍手段。蒙莫朗西－当维尔于1574年11月13日发表声明，正式与新教徒结盟。他在声明中明确陈述了上述观点：1572年8月24日的屠杀是"在巴黎发生的一起针对法国大部分贵族的残忍、不讲信义、非人道的屠杀"[38]。在传说中的那份屠杀前拟定的清剿目标名单上，除新教徒外，还有包括蒙莫朗西、科塞和比龙三位元帅在内的一批天主教贵族的名字。[39]

许多声明书与小册子对这种观点进行了宣传并表示支持，认为贵族是王国古老律法天生的守护者，贵族的存在就是在提醒国王，他们不能被随意抛弃，而且他们不会任由国王恣意治理国家。因此，在大贵族与绝对权力之间存在着一种无法调和的对立关系，使得国王与手下恶毒的参事萌生了清除这些碍手碍脚之人的念头。这种观点见于为1574年2月和4月爆发的起义辩护的文字中，特别是阿朗松公爵弗朗索瓦于1575年9月15日所做的声明以及关于这份声明的评论文字——《对法国贵族的劝告》(*Brieve Remonstrance à la noblesse de France*)，其作者很可能是法学家伊诺桑·让蒂耶。[40] 在一些很可能是与不满派关系较近的人写成的匿名论著中，同样可以看到这种观点。它们维护下级反抗上级的合法性，揭露太后美第奇的卑鄙，甚至将暴君统治下的法国与土耳其相提并论。[41] 我们同样可以在西蒙·古拉尔的《记法国状况》中找到对这种观点的呼应。

这些文章一致认为，国王拥有多种手段摆脱大贵族的限制。手段之一是通过诱之以利使他们依附，将其变为自己的门客。古拉尔认为太后美第奇和她的宠臣雷斯伯爵就抱有这样的想法：两人"一直在一起盘算，最终决定，为了保证他们这群人的权力，将王国玩弄于股掌之间，不受任何约束，需要首先使法国的所有领主都成为国王的门客，成为领受国王恩惠的奴隶"。只有依附于他们的贵族才可被接受。[42] 但是，要使蒙莫朗西、沙蒂永、吉斯几个大家族屈服绝非易事。因此，剩下唯一可行的办法就是除掉他们。依照此种逻辑，科里尼之死之所以被栽赃给洛林家族，其真实目的是让两个（有亲族关系的）最大家族与第三大家族互相残杀，达到两败俱伤的目的。这是一种魔鬼才会使用的手段，旨在清除王国中的大贵族。这些人因其家族历史悠久及由之带来的威望，最容易对国王的仲裁发出质疑之声。

在批评者眼中，这些付诸实践的诡计都具有魔鬼的特点，证明它们源于外部。他们称，只有嫉恨伟大的法兰西王国的意大利人才能设计出这样的诡计。矛头所指自然是佛罗伦萨人卡特琳娜·德·美第奇，她的同胞、被封为法兰西元帅的雷斯伯爵阿尔贝·德·贡迪，1573年起担任司法大臣的米兰人勒内·德·比拉格，通过联姻成为涅韦尔公爵的曼托瓦人路易·德·冈萨格。他们怀疑这群外国人在法国煽动宗教仇恨，故意挑起内战。据传，雷斯伯爵的亲随、一位名叫蓬塞的骑士曾经说过，这才是能够瓦解大家族的最可靠方法："十分有必要利用宗教引发的动乱，因为这是我们所知的最佳方法，这样才能够将两派人一网打尽。"[43]

* * *

有一起事件对这种观点在贵族内部的传播起到了推波助澜作用，那就是1572年末至1573年7月初的拉罗谢尔围城战，它造成了大量贵族伤亡。根据一位匿名观察者统计的一份名单，在国王军队的155名主要将领中，共有66人阵亡（42.6%），47人受伤（30.3%）。[44]这场伤亡惨重的战争更加让贵族意识到，内战对贵族造成了破坏性打击，令其失去了精锐。另一个因素很可能也发挥了作用，即围城军队是由天主教徒和新教徒共同组成。安茹公爵亨利率领的这支军队里包括了不同信仰的贵族，尤其包括带亲随参战的亨利·德·纳瓦尔和孔代亲王，还有阿朗松公爵弗朗索瓦、吉斯公爵亨利、欧马勒公爵和涅韦尔公爵。这一奇特的组合令西班牙大使苏尼加大为光火，气急败坏又有些夸张地抱怨道，国王军队里面的胡格诺派甚至比拉罗谢尔城里的还要多[45]……由不同信仰的家族构成的法国贵族通过这一事件更加清晰地意识到，不能再将武力用于相互残杀，而应团结起来，用武力恢复国内的和解。

阿朗松公爵弗朗索瓦主动站出来，成为这批贵族的首领。查理九世这位年轻的弟弟曾不加掩饰地反对圣巴托罗缪大屠杀。他虽然参与了拉罗谢尔围城，却对自己无法在军事上发号施令而深感不满。

他召集了一批希望改变现有政策的贵族，不因其宗教派别不同而区别对待。[46] 他是最年幼的王子，在他的哥哥安茹公爵亨利成为波兰国王后，自视为法国王位的继承人。他渴望担任重要职位，却遭到不信任他的查理九世的拒绝。将所有不满的贵族召至自己麾下将使他拥有梦寐以求的权力。

在1573年至1574年初的这段时间里，两个教派中的温和派人士开始相互靠拢，结成了一个颇令人惊讶的联盟——大屠杀才刚刚过去不久。两派人士最终联手起兵，引发了第五次内战。而这次内战完全不能被称为"宗教战争"，因为这是国王的弟弟带领天主教徒和新教徒，与国王的军队展开的一场战争。拥有不同信仰的人能够放下分歧，在王国的范围内结成同盟，背后必然有某些强大的推动力。在此之前，只有在小范围内形成过跨宗教结盟，如在一些城市中，社会地位较高的人之间会签署协议以共同防止动乱。[47] 而这一次，不满派所捍卫的事业引发了更为广泛的结盟，战胜了两派信仰之间的仇恨。

不满派的敌人认为他们只是一群未能如愿以偿的野心家，出于愤怒而起事。这种指责并非完全没有依据。不满派的成员几乎都或多或少地认为自己受到了伤害：纳瓦尔国王亨利和孔代亲王亨利都被迫皈依天主教，并且一直受到监视，这对他们而言无疑是一种侮辱。阿朗松公爵弗朗索瓦渴望获得安茹公爵亨利走后空缺的储相职位*，却希望落空。在蒙莫朗西兄弟中，大哥弗朗索瓦·德·蒙

---

* 储相（lieutenant général du royaume）是一个临时职位，担任此职的通常是一些重要人物，他们在王国出现危机时受国王委派，代表国王行使全部或部分君权。它不同于"摄政（王）"（régence, régent），后者指新任君主年幼无法治国（自查理五世起为14岁以下），或成年君主因某些原因（出征、被俘等，如亨利二世和弗朗索瓦一世）而无法治国时，由一人代君主处理政事。在宗教战争期间，吉斯公爵（1558年和1560年）、安茹公爵（1567年）和马耶纳公爵（1589年）都曾担任过储相一职。

莫朗西受到了来自仇视异端的参事的压力，后者在御前会议中的势力得到恢复；二弟当维尔领主亨利深受查理九世的猜忌；三弟梅吕领主查理和五弟托雷领主纪尧姆，以及他们的亲戚法兰西元帅阿蒂斯·德·科塞同样对当时的情况十分不满。蒙莫朗西兄弟几人虽然是天主教徒，但他们的外甥——同样参与了不满派的蒂雷纳子爵，很快便皈依新教。在这些领导者的身后，还有一小批贵族，通常是他们的门客。[48]

但是，如果将他们的行为简化成一种恢复自身受到威胁或贬损的地位的愿望，则是低估了他们所提出的口号的感召力。这个口号是：维护"公益"。这个概念指祖先留下的遗产，即所有的习俗、法律和特权，它们能够保证臣民的自由并防止国王专断。不满派认为这一公共遗产因君主制的发展变化而暗中受到威胁，他们因此对王国的政治前景和宗教前景发出质疑。所以，必须恢复那些本能防止出现暴君制的机构所拥有的力量和效力：御前会议应更好地代表贵族中的大家族，而且三级会议也需定期召开。如此，君主政体、贵族政体与"民主"政体合一的理想的混合君主制便可以实现。眼下的当务之急是在思想上抛开宗教因素，因为它是导致人们无法看清事实的罪魁祸首：需要"睁开双眼"。一些作者通过形象生动的方式发出了让人们擦亮双眼的呼喊。《法国人的晨鸣钟》一书的作者希望将读者从睡梦中唤醒，另一本小册子也呼吁人们戴上"石英眼镜"，以看清法国正面临的落入"像在土耳其那样的屈服"的危险。[49]

在这些文字中，我们能够依稀看到一种尚处在初级形态的公民意识。诚然，参与不满派起义的每一名成员都因自身目的而对"公益"有不同的认识，大贵族就认为这是在政权中获取更高地位的机会。但是，在多样的动机中也隐约显露出一种对国家政治特性所共有的忧虑，它因受到一些危险的新事物的影响而变质，而保护它需要所有有良知之人联合起来。正是在这一时期，"有良知的法国人"（bons Français）这种说法开始流传开来。皮埃尔·德·莱图瓦勒用它称呼那些赞同奥特芒《法兰克高卢》一书观点的人，因为这部著作收编了法兰西祖先留下的所有传统。[50] 阿朗松公爵弗朗索瓦希望召集的也是"有良知的法国人"。[51] 亨利·德·蒙莫朗西-当维尔在1574年11月13日的声明中为他的同胞所遭受的不幸感到悲痛，因为他们失去了"大学中的那些学识渊博之人"——流亡他国或惨遭杀害，他们本可以从这些人那里了解到"奠定了王国威信的那些古老的法律"。[52]

在之前的事件中，公益作为一种依据已被提出：1567年，一本小册子将孔代亲王路易起兵比作1464年至1465年间一些公爵反抗路易十一"暴君制"的"公益之战"。[53] 圣巴托罗缪大屠杀之后又出现了新的情况，这个口号使新教徒与天主教徒之间产生联合，不满派与反暴君派相互靠拢——尽管二者之间存在分歧：前者希望在御前会议里占据主导，因此更关心它的地位与组成，而后者更注重三级会议及契约的概念。不满派与政治派也有一些共同点。我们在上文中已经分析过，后者自1568年形成了一个明显的思想阵营。[54] 某些观察者混淆了不满派与政治派，后者实际上更关注如何保障王权。[55]

圣巴托罗缪大屠杀带来的震动将两个教派中的精英集结在一个共同目标之下。他们认为实现对君主制的改革是眼下的当务之急，远比在宗教教义上达成和解更加紧迫。这些人提出的复兴计划虽然反映的仅仅是当时在意识形态上的共识，但它也有一个实际的目的，即保证臣民不受专制统治的侵犯。国王的弟弟成为起义的领袖证明了大屠杀造成的心理创伤为这一计划带来的强大吸引力。一大批贵族的加入更使这一王国复兴之愿具有可行性与有效性，他们通过定期召开的三级会议，设立起一道坚不可摧的屏障，避免国王专断独行。

在法国1573年秋出现的强烈动荡中，可清晰地观察到公益这一观点的强大号召力。查理九世对此紧张不已。在得知不满派的行动后，他于1573年12月13日向各地方总督发出通函，令其针对不满派的行动采取防范措施。他直白地写道：在多个省，某些人"以公益为托词，挨家挨户地煽动贵族和（我的）其他臣民造反和反抗"。查理九世在强调王国面临的诸多困难之后，断言这些闹事者根本不是在出谋划策，而只是"妄图在他的臣民中，特别是在大家族间煽动分裂，以便于继续，甚至变本加厉地进行各种敲诈和获得国家的援款"。[56]人们抨击国王摆脱大贵族控制的企图，而他这番话本身就暴露了自己的这种计策。他在1574年1月9日向圣叙尔皮斯领主让·埃布拉尔下达的一份命令中说明，这些人的行动始于普瓦图、圣东日和拉罗谢尔。他称一些特派人员在前两个地点登门造访天主教与新教贵族，"以公益为借口说服他们结盟"；而在拉罗谢尔，一场密谋刚刚失败。[57]在普瓦图，弗朗索瓦·德·拉努的身边聚集了一批被称为"维护公益者"（"publicains"或"publiquins"）的贵族。[58]我们能通过这些秘密行动确认，对于一部分贵族而言，政治动机比宗教动机更具联合的力量。事态的进展马上确立了两个教派中的温和派之间的真正结盟，以阻止君主制向不利的方向发展。

反暴君同盟

第四次内战后的局势让"公益"的狂热维护者们吃了一颗定心丸。他们甚至认为，在王国的局势出现了奇异的逆转后，两个教派间的和平共处指日可待。1573年7月的布洛涅条约（因为它签署于布洛涅森林里的马德里堡）正式确定了国内和平，法国也必须在安茹公爵亨利登上波兰王座之后安抚波兰人民。这两项因素削弱了极端天主教徒在御前会议中的势力，政治和解的拥护者重新掌权。法兰西元帅蒙莫朗西公爵弗朗索瓦成为这批人的领袖，被人称作"佩剑的洛比塔尔"。同年圣诞，他在尚蒂伊的城堡中接待了国王及王室成员。1574年1月10日，弗朗索瓦·德·蒙莫朗西同意前往宫廷所在地圣日耳曼，并在宫中停留了六周。[59]查理九世在此期间不断努力为贵族间的纠纷做一个了断。为使蒙莫朗西家族和吉斯家族和解，托雷领主纪尧姆·德·蒙莫朗西与刚刚去世的欧马勒公爵的女儿联姻。[60]在弗朗索瓦·德·蒙莫朗西的坚持下，查理九世承诺授予阿朗松公爵弗朗索瓦因安茹公爵亨利出任波兰国王而空缺的储相一职。但因查理九世始终认为这很可能是一个危险之举，他随后就于1月29日将其封为御前会议主席、掌私玺大臣与公共武装力量的指挥官。[61]阿朗松公爵虽然不满国王的出尔反尔，但他也终于重权在握。因此，一切都似乎预示着天主教徒中的极端派将永久地退出舞台，强硬的政策将会被彻底否定。圣巴托罗缪大屠杀所产生的影响也将会就此消失吗？

  为了与大屠杀之前的局势做一个完整的对比，我们需要考察一下当时重新成为政治讨论核心议题的尼德兰问题。查理九世曾于1573年6月末接待了一名奥伦治亲王派来的特使，后者提出了一些诱人的条件以期获得法国的援助。西班牙大使苏尼加得到消息后，这一在1572年8月24日之前让他一直忧心忡忡的问题再次浮上心头：法国国王是否会继续"戴着面具"，选择为尼德兰的反叛者秘密提供援助？还是与此相反，转为公开援助？苏尼加向阿尔伐公爵汇报道，御前会议连续召开了几次会议讨论此事。一些成员认为这是一次难得的机会，另一些则表示很难信任这些背叛自己君主的人并提起了蒙斯事件。而苏尼加相信，法国将会继续间接提供援助。[62]事实的确如此，查理九世决定继续秘密向奥兰治亲王提供援助，承诺将自1573年11月起提供经济支援。同月末，安茹公爵

第八章 对法国之不幸的政治解读

亨利启程赴波兰，太后美第奇将他一直送到了边境附近。她借机在布拉蒙会见了路易·德·拿骚和普法尔茨选帝侯之子克里斯托夫伯爵，并向拿骚支付了第一笔承诺的援款。[63]

但是，查理九世依然惴惴不安于满怀不满情绪的胡格诺派。他们认为布洛涅敕令中的条款比1570年圣日耳曼敕令的限制性更强。他们虽然获得了宗教信仰的自由，但仅三座城市拥有宗教活动的自由：拉罗谢尔、尼姆与蒙托邦——此外还有后来投降的桑塞尔。拥有高等司法权的领主可在家中举行洗礼与婚礼（不可举行圣餐），家族成员之外的参与人数不得超过十人。法国北部的新教徒同意降服，但南部的新教徒拒绝了这一被他们认为是耻辱的敕令，继续武装反抗，进行小规模战斗。此外，新教徒模仿三级会议的架构频繁召开政治集会，但不允许教士参与。他们于1573年12月在米约制定的条例规定建立一个类似联邦的组织，名为省同盟（Union des Provinces），并拥有自己的机构。这一组织并非如一些人所言是一种国家分裂的体现，它所表达的只是胡格诺派主张进行"国家改革"的愿望。[64]

为了安抚新教徒的不满情绪，查理九世寄希望于弗朗索瓦·德·蒙莫朗西的调解。后者于1571年3月在鲁昂、同年12月在巴黎镇压了天主教暴乱，此外还为科里尼修建陵墓，因此，他在新教徒中享有较高声望。蒙托邦的新教徒甚至似乎还曾于1572年秋致信蒙莫朗西，请求他成为他们的保护者，并献上了一份与科里尼相当的俸禄。[65] 弗朗索瓦·德·蒙莫朗西的弟弟亨利·德·蒙莫朗西—当维尔在国王的派遣下，在佩泽纳与法国南部的胡格诺派进行交涉，但国王命他不得接受过分的要求。[66] 此外，弗朗索瓦·德·蒙莫朗西还与阿朗松公爵弗朗索瓦的关系较为密切。[67] 因此，他似乎拥有与两个敌对教派进行协商的一切必备条件。

法国国王在希冀恢复和解的同时，也希望制定一个能够获得一致认可的王国改革计划。在上文提到的那份1573年12月发给各地方总督的信中,查理九世表示希望在贡比涅召集"重要贵族与其他各省的一些法律界人士",以纠正王国的流弊。会议最终于1574年2月初在圣日耳曼举行。出席的人包括巴黎高等法院成员以及约15名省代表,共同研究改善司法的途径。[68] 国王所有举措的实质目的是消除那些指责君主制在向暴君制蜕变的批评之声。

之后,瓦卢瓦王朝再一次经历了戏剧性一幕,引发国内局势突然间出现翻天覆地的变化,虽然导火索只是一个看上去无关紧要的横生枝节:2月16日,吉斯公爵在圣日耳曼城堡中的一段楼梯上用剑刺伤了阿朗松公爵手下的一位名叫西皮翁·德·旺塔布朗的贵族。吉斯公爵称后者是被蒙莫朗西买通行刺他的杀手。这一事件让局势瞬间再次紧张起来。弗朗索瓦·德·蒙莫朗西否认了这一指控,但同时也感到自己的人身安全受到威胁,决定于2月底离开宫廷。这让吉斯家族在宫中的势力再度恢复。吉斯公爵的表兄洛林公爵查理受封王国总督一职,也是洛林家族势力恢复的一个证明。

这本应是一个无足轻重的事件,但它却激怒了不满派中那些急躁的年轻贵族。弗朗索瓦·德·蒙莫朗西身为领袖之时,尚可约束他的两个弟弟梅吕领主查理和托雷领主纪尧姆以及外甥蒂雷纳子爵,甚至阿朗松公爵弗朗索瓦。这些主张采取有力行动的贵族在蒙莫朗西离开宫廷后,又失去了国王的支持,突然发现他们的希望再度落空,便决定诉诸暴力,而查理九世只得被迫采取专制政策应对。

他们付诸武力的决心表现为两次连续的阴谋,第一次是1574年2月,第二次是4月。两次阴谋的目标都是"解救"纳瓦尔国王亨利和阿朗松公爵弗朗索瓦,协助他们逃至尼德兰。他们很有可能还希望将吉斯家族驱逐出宫廷,使国王的政策重新回归政治宽容的

第八章　对法国之不幸的政治解读　　　241

轨道上。他们还在暗中盼望阿朗松公爵日后能够接替查理九世成为法国国王——尽管后者已经明确指定安茹公爵亨利为继承人。[69] 蒙莫朗西元帅似乎对此知情，但并没有直接参与。这两起阴谋的参与者包括天主教徒与新教徒。

第一起阴谋引发的事件让人不禁想起1567年的莫城惊驾，这次可以称为"圣日耳曼惊魂"。1574年2月27日至28日的夜间，圣日耳曼城堡附近突然出现了一支由阴谋参与者肖蒙-吉特里领主率领的军队，一部分宫廷成员在惊恐之中匆匆逃往巴黎。查理九世在军队的保护下，于28日清晨离开。西班牙大使苏尼加带着一丝讽刺说道，他十分痛心地看到"这样一位因疾病而消瘦不堪的国王骑着一匹驽马（en un roçín）"，被一群混乱的士兵簇拥着逃走了。[70] 几天前，在2月23日周一至24日周二的夜里，新教徒占领了丰特奈和吕西尼昂，他们的这次行动被称作"忏悔周二之变"。在朗格多克、多菲内、吉耶纳，同样战火重燃。

奇怪的是，第一个警报没有使国王立即放弃他的和解之愿。查理九世撤退至万塞讷时已经病重垂危，他传令蒙莫朗西回朝。这是否是一个陷阱？考虑到之后发生的事件，答案很可能是肯定的。但依苏尼加3月13日的观点——他尚不知道事情的后续发展之时，却并非如此："国王（查理九世和他的母亲）的目的和意图是与反叛者和解，而蒙莫朗西是达成这一目标不可或缺之人。"[71] 蒙莫朗西元帅于4月初做出答复并重返宫中。

然而，蒙莫朗西的回归并未使阴谋者放弃计划。在复活节周日（4月11日）之前的数天中，第二起阴谋破产。查理九世这次采取了严厉的措施。弗朗索瓦·德·蒙莫朗西因有与阴谋者串通的嫌疑而像其他亲王一样被严密地监视起来。4月13日，几位亲王受到严密审讯。纳瓦尔国王亨利在一次辩护中，颇为骄傲地以他与国王弟弟的生命面临的威胁来为自己辩护。[72] 两位与阿朗松公爵关系密切的贵族——拉莫勒与科科纳被关入监牢，同时还有近50人被逮捕。蒂雷纳及时逃走，梅吕领主查理和托雷领主纪尧姆逃至斯特拉斯堡，投奔孔代亲王，后者此时已重新皈依新教。拉莫勒与科科纳的审讯记录让人怀疑还有德国和英国同谋者的参与，但目前尚无法根据掌握的史料对这次阴谋的牵涉面做出准确的判断。[73]

4月11日突然发生的一起具有决定意义的事件加剧了国王政策向专制方向的回转：西班牙军队在尼德兰的莫克海德大败路易·德·拿骚与克里斯托夫伯爵率领的军队，两人皆被杀。我们可以将这次失败与让利斯领主1572年7月17日在圣吉兰的大败做比较。两次军事失利所造成的结果十分相似：西班牙在国际舞台上的地位进一步加强。相应地，天主教徒强硬派在御前会议中的势力增强，能够对查理九世施加更为有效的压力。查理九世担心大批尼德兰流亡者会逃至法国，所以被迫采取了严厉的措施：4月30日，拉莫勒与科科纳在巴黎高等法院接受审判并于同日被处以极刑。5月4日，弗朗索瓦·德·蒙莫朗西与阿蒂斯·德·科塞因受到参与阴谋的指控而被关入巴士底狱，一年半之后才恢复自由。

我们不应低估逮捕两名王国的官员（两人皆为法兰西元帅）所具有的政治意义。根据反暴君派与不满派提出的观点，王国*的官吏所拥有的职位决定了他们所服务的对象要高于国王。人们经常认为国王受到了吉斯家族特别是洛林枢机主教的影响，才将两人逮捕入狱，这在当时被视为是由希望使王权摆脱限制之人犯下的一件背叛王国的罪行。对暴君制的批判再次甚嚣尘上。蒙莫朗西和科塞元帅

---

* "Couronne"一词除了指国王头顶所戴王冠外，自中世纪末期起，这个词还代指一个抽象的概念，即"保证权力的连续性与政治体（corps politique）统一的一系列不可被剥夺的财产与不受时效约束的权力"（Jacques Krynen, *L'Empire du roi*, 1993, p.125）。因此，这个"王国"的抽象概念有别于国王抑或王国的疆域。只有"王国"才拥有最高权力，在现实中能够代表"王国"的政治体是三级会议，而国王仅仅是"监护者或管理者"。

像曾经的科里尼一样，被描绘成专制统治的牺牲品。在《记法国状况》一书中，我们能够看到在蒙莫朗西入狱和科里尼之死之间的一些明显的相似之处：两人都曾接到警告；国王真诚地邀请他们入宫与之后突然采取的意料之外的行动之间的强烈反差；两人面对不公时都表现出基督徒的顺从。[74] 1572年8月24日的一幕似乎再次上演，而这一次的矛头更是明确地指向了贵族的领袖。

相反，对于查理九世而言，他通过这一决定再次申明自己拥有最高统治权。他辩护道，因为这场阴谋威胁到他个人与"国家"的安危[75]，因此做出这样的决定是必要的。我们可以将他的这一举措与圣巴托罗缪之夜清除胡格诺派领袖的行动相类比，但两者间又存在着一个极为关键的不同点，即前者经过了正式审判。国王对弗朗索瓦·德·蒙莫朗西的暧昧态度也与他对科里尼的感情十分相似。一方面，国王认为蒙莫朗西像科里尼一样，能够与新教徒中的温和派建立起良好关系；而另一方面，在国王眼中，蒙莫朗西与科里尼如出一辙（后者更甚），都是"过于强大"的臣民，拥有很强的号召力，因此是一个潜在的危险。蒙莫朗西享有极高的声望：他是法兰西元帅（史料中从没提过他担任这一职务），拥有大面积的领地和数量众多的门客，并且与新教徒关系密切。此外，他的弟弟当维尔是朗格多克总督，在辖区内十分活跃，他此时正在开始考虑与法国南部的新教徒结盟，因此也是一个祸患。

查理九世于1574年5月30日去世，但他的死无法消除王室对强大的蒙莫朗西家族的疑虑。苏尼加在致菲利普二世的一封信中做出了一个合理的判断：国王*与太后认为，"若不逮捕蒙莫朗西，且当维尔依然担任朗格多克总督，那么这两兄弟在王国中就绝不会是孤立的两个人"。[76] 这两位影响力极大的臣民因可能与胡格诺叛民

---

* 指亨利三世。

结盟而变得令王室生畏。1574 年 6 月 18 日，太后美第奇剥夺了当维尔作为朗格多克副总督所拥有的一切权力，只在名义上保留了他的总督职位，不再赋予他任何实权——但太后美第奇手中并没有足够的权力落实这项决定。[77]亨利三世回到法国后也没有释放弗朗索瓦·德·蒙莫朗西和科塞元帅。当维尔谴责查理九世企图暗害他的哥哥，控诉亨利三世试图在监牢中将其杀害，这并非绝无可能，却难以证明。

这一系列事件加速了天主教徒与新教徒的联合。传统意义上的第五次内战与前四次截然不同。尽管参与者的个人目标不尽相同，但他们共同反对滥用绝对权力，因此，这次内战的政治色彩更重。孔代亲王在德意志招募士兵，在英国向伊丽莎白女王寻求援助，还以"联合的新教徒和天主教徒"的名义散发传单。当维尔与朗格多克的新教徒正式结盟，阿朗松公爵弗朗索瓦也于 1575 年 9 月 15 日从宫中成功逃脱，两人与孔代亲王都发表了辩护声明。[78]声明旨在大范围地宣传这是一场政治意义上正当的战争，目的是联合两个教派的参与者，号召他们做"有良知的法国人"。

圣巴托罗缪大屠杀此时反而成为促成双方联合的因素，能够激起天主教徒与新教徒的愤怒，动员他们投身于反抗斗争。蒙莫朗西的弟弟、梅吕领主查理在 1574 年 12 月或 1575 年 1 月致伊丽莎白女王的一封言辞恳切的辩护信中提到了这一点。他在信中痛斥吉斯家族在御前会议中的意大利人的帮助下，始终企图颠覆国家，强调"信仰福音的新教徒"与"为公益及为国王和王国的利益而战、与新教徒联合的教徒"之间的利益是一致的。随后，他陈述了为何所有的贵族——无论何种信仰——实际上都是 1572 年 8 月大屠杀的牺牲品：

> 坚定的信仰遭到何等践踏，和平时期无辜者流下的鲜血比

战争时期更多。在那凄惨的一日，我们法兰西王国的无数勇士成为一个谋划许久的背叛行径的牺牲品，被残忍杀害，悲惨地死去。对此我毋庸赘言。[79]

面对这一"背叛"，诉诸武力并不是一种反叛，而是一种正当防卫。

＊＊＊

从奥特芒在1574年4月的阴谋败露后写的一封信中，我们能够看到不满派的起义所激起的热切期望——奥特芒在信中未将他们与"政治派"加以区别："在巴黎一处，就有超过千人被打入监牢，包括贵族、法律界人士和商人。他们名为'政治派'，在国王弟弟的支持下，要求重新恢复法兰西古老的法律，召开三级会议。"[80]

或许并非所有的反暴君派都对这次起义的性质抱有这般激进的判断，比如菲利普·迪普莱西—莫尔奈。他联合弗朗索瓦·德·拉努，同他信仰天主教的哥哥比伊领主皮埃尔·德·莫尔奈参与了"忏悔周二之变"。尽管他的思想与不满派的观点十分相近，但他还是对与他们并肩作战持保留态度。[81]而贝扎虽然对阿朗松公爵弗朗索瓦和亨利·德·蒙莫朗西—当维尔抱有一些希望，但他并不认可与天主教徒结盟，始终坚信后者是亵渎《圣经》之人。[82]

但是，对于很多在1574年春参与阿朗松公爵、孔代亲王、纳瓦尔国王和当维尔领导的起义的人而言，第五次内战是一次承载希望的战争。他们希望能够终止暴君行径，指望国王将"外国人"驱逐出御前会议，恢复嫡亲王在其中的地位，并期望国王能够更经常性地召开三级会议。如此，法国的君主制将迎来复兴，使臣民的自由得到保障，还能够避免重蹈圣巴托罗缪大屠杀的覆辙。

第九章
国王之死，或大屠杀真正意义的揭示

从上文可以看到，1574年春的部分政治辩论并未涉及宗教问题：国王认为，逮捕弗朗索瓦·德·蒙莫朗西与之前"处决"科里尼一样，是出于拯救国家的目的；而不满派与反暴君派则提出臣民应获得"契约上"的保障，将"公益"提升到高于宗教分歧的高度。尽管所有人都以上帝作为自己的依据，相信末世在即，但他们通过个人的行动，对权力的运用或世间王国的组织提出了一系列世俗规则。在当时的思想交锋中，摆脱历史中一切宗教阐释因素的"政治理性自主化过程"开始崭露头角。[1]

然而，查理九世之死在法国引发激烈争论，为对事件进行宗教解读再次注入活力。圣巴托罗缪大屠杀的受害者与辩护者都十分渴望看到大屠杀真正意义的揭示，他们怀着无比的热情，在国王之死这一事件中寻找一切能够支撑自己对大屠杀观点的迹象。人们用文字描述国王生命的最后时刻，撰写悼念诗或悼词。在他们狂热的文字里，国王之死代表了上帝的审判。由此造成了在意识形态上有利于两种信仰中极端派的局势，削弱了双方温和派结盟立即取得胜利的可能性。

血腥之死，殉教者之死

查理九世于1574年5月30日，即圣灵降临节之日去世，年龄还不满24岁（生于1550年6月27日）。他与1560年去世的哥哥弗朗索瓦二世一样，都死于肺结核。在查理九世死前，他的频繁出血给许多人留下了深刻印象。他经常出鼻血，并且由于身患肺结核，还时常咳血，有时很严重：四月底，他险些因吐血窒息。[2]

根据当时人的观点，一个人的死亡方式反映了这个人一生的品质，是一个绝对可信的终极证据。[3]因此，激进的新教徒和天主教徒希望借君主之死中的某些因素，证明上帝对他的定罪或拣选。国王之死由此成为重要的论战主题。

被阿格里帕·德·奥比涅称为"血腥之死"的查理九世暴亡事件为新教徒提供了极佳的论据。[4]1574年6月23日，贝扎就对一位通信人写道："我们应当赞叹上帝的审判：暴君已亡，身上数孔流血。"[5]在阿格里帕·德·奥比涅笔下，这些"孔"（cava）变成了国王"所有的毛孔"，流血变成了汗血，而后者是一种恐怖的惩罚，一个受上帝诅咒的明显标志。奥比涅先后两次记录道，他曾亲眼看到查理九世留下汗血，他看到"上帝熊熊燃烧的愤怒在他脸上流过"。[6]西蒙·古拉尔借用新教史学家让·德·塞尔的叙述，提到了国王死时另一处肮脏的细节：国王虚弱不堪，一头栽向盛满他鲜血的盆中，"瘫倒在里面"。[7]此外，新教徒认为，鲜血也是查理九世统治的象征：古拉尔写道，他因酷爱打猎而变得异常嗜血；拉波普里尼埃相信，国王以剖开猎物腹腔，徒手取出内脏为乐。[8]

然而，并非所有新教徒都认为国王之死仅仅是他被定罪的依据，一些人将之视为国王的忏悔。《记法国状况》一书两个版本间的差别便暗示了这一点：在初版中，古拉尔将国王之死描述为对罪犯的严厉惩罚，而他在该书的第二版中说明，国王决意惩罚那些鼓

第九章　国王之死，或大屠杀真正意义的揭示　　　　　　　　　　　　　　　249

动他发起大屠杀之人，但留给他的时间已不够让他将这一决定变为现实。[9] 苏利记录道，查理九世"看到自己满身是血地躺在床上，称最大的悔恨便是在1572年8月24日让无辜者流下鲜血"。在圣巴托罗缪大屠杀发生后不久，国王还曾向外科医生昂布瓦斯·帕雷透露道[10]，一些"满脸是血的可怕面孔"总是萦绕在他的眼前，他当初不应杀害这些"弱者与无辜者"。另一份匿名文字记载了查理九世死前对保姆所说的一番"重要的话"，也证明了国王的悔意。这位保姆虽然是胡格诺派，但国王"十分爱她"。她当时正坐在一个箱子上打盹，突然听到国王开始"呻吟、发抖和叹气"。她掀开帘子，记录下国王边抽噎边说出的这番话："嬷嬷啊，我的朋友，我的嬷嬷，这里只有鲜血和谋杀？啊，辅佐我的是不是一个邪恶的御前会议？愿主饶恕我，怜悯我，求求你，他们令我困惑不安，我不知身处何方。下面会发生什么？我该怎么做？我迷路了，我感觉很好。"[11] 讲述这段细节的匿名作者评论道："上帝的审判迟早会令所有的国王、大人物、普通人和小人物忏悔。"

　　因此，对于某些新教徒，查理九世的死所揭示的是大屠杀——而非国王本人——的魔鬼性质。大屠杀的责任应由鼓动国王犯下如此罪行的人来承担。[12] 新教徒留下的文字记载在国王出血这件事上着墨颇多，因为它具有极强的象征意义。对于当时的人而言，血液并不仅仅是一种在血管中流动、维持生命的液体，它还是构成家族性格的身体与道德特征的载体，这也是"sang"（血统）、"race"（家族）、"lignée"（世系）经常会被当作同义词使用的原因。作为王朝统治家族的血液的地位被认为要高于他人，因为它携带着由圣宠赋予的神圣性。而新教徒反复强调查理九世失血的目的是引起人们的厌恶，他们所做的是在将王室血液去神圣化，从而使瓦卢瓦家族丧失合法性。阿格里帕·德·奥比涅对阿朗松公爵弗朗索瓦的斥责能够证明这一点，他认为后者也将会像他的哥哥那样死于汗血：

>他渴望的鲜血令他窒息
>年纪虽轻，却是他灵魂迟来的死亡，他吐出了
>瓦卢瓦家族卑鄙之血的肮脏证明。[13]

* * *

天主教徒意识到新教徒传播的文字对王室形象造成的威胁，马上展开了回击。首先是国王的忏悔神父阿诺·索尔班，他负责7月12日在巴黎圣母院以及次日在圣德尼宣读悼词。索尔班还匆忙写出了查理九世的《历史》(*Histoire*)，其前言注明的日期同为1574年7月12日。[14] 卡特琳娜·德·美第奇委托让-巴蒂斯特·贝洛另外撰写一份悼词，其从拉丁文翻译的法文版也于1574年出版。[15] 两部著作记载了国王临终遗言，一部出自若阿基姆·德波特，另一部没有标明作者（但可能是索尔班）。[16] 龙萨和让·多拉等宫廷诗人撰写悼念诗，缅怀故去的君主。此外还有一些哀悼作品和哀歌，表达了宫廷和举国上下的哀痛之情。[17]

天主教徒出版这些文字的目标是一致的：赋予查理九世之死感化的意义。它们提出，国王自始至终都是一个完美的基督徒。他做忏悔，领圣餐，虔诚地听取忏悔神父的劝勉，表现出作为选民应具有的望德。他没有领受临终膏油礼，但已经提出了请求，只是由于死亡到来得过于突然而未能举行这项圣事。[18]

这些文字的另一个目标是表明国王去世时十分安详，并非如新教徒所言带着极端焦虑与精神上的折磨。阿诺·索尔班尤其力图澄清这一点：

>不久后，绵绵睡意突然降临，灵魂离开凡间的肉体：灵魂的离开表现为两三下轻声叹息，这并不是善良的君主在忍受着

第九章　国王之死，或大屠杀真正意义的揭示　　251

某种煎熬……因为他逝去后的面孔比生前还要优雅，不像那些伪善、负疚之人，这些人死后面部狰狞可憎，五官难辨。[19]

根据若阿基姆·德波特的记载，国王的脸上甚至露出为即将进入天堂而感到的喜悦，他将享有耶稣基督的荣光和义人的真福。他平静地离开了人世："……没有受到太多的折磨或挣扎。处在人生花季的国王于5月30日圣灵降临节下午三时，在万塞讷城堡将灵魂交付给天主。"[20]

《值得纪念的临终遗言的真实记录》（*Vray discours des derniers propos memorables*）与上述文字稍有出入，因为它的作者提到了国王临终时的痛苦——但并未提及出血的情况。作者写道，国王本想喝一口水，却"呕出许多深黑夹黄的黏稠物，然后浑身颤抖，这让他饱受折磨与痛苦，没有任何人能够在看到自己的君主承受如此煎熬时不感到同情"。[21]但是，这一细节描述是为了衬托出国王的"坚忍"，他忍受着病痛，"但人们从他脸上却看不到一丝恐惧或对死亡的担忧"。死亡来临之时，国王十分安详："在灵魂离开躯体后，国王温和平静地去世了，人们看到国王会认为他正在自然地睡眠休息而不是已经死亡。"[22]

为了消除8月24日大屠杀可能使查理九世留下的负面形象，这些作者更进一步，将国王描绘成了一位殉教者。他们的观点是，查理九世的统治自始至终就是一场与异端之间的漫长战斗，圣巴托罗缪大屠杀是这场战斗的白热化阶段。年轻的国王为此耗尽了最后一丝力量，为涤除王国中肮脏的灵魂而坚持不懈地斗争。但是，邪恶势力发起一次又一次叛乱，缩短了他的生命。索尔班站在巴黎圣母院的讲道台上怒斥道："因此，是你们这些异端，是你们为国王戴上了殉教者的冠冕，你们对他的死亡沾沾自喜，你们让君主纯洁的鲜血溶入了无数可怜臣民的鲜血，他们被你们惨无人道地杀死在王国各处。"[23] 天主教徒因遭受新教徒不公正的迫害而流下的鲜血神奇地与君主的血液混合，汇成了一条神圣的血流，为所有的信徒赎罪。让-巴蒂斯特·贝洛借助神话主题表达了同样的观点：查理九世面临的任务比赫拉克勒斯所完成的还要艰巨。宗教异端这条怪蛇拥有无数个头，比九个头的勒拿怪蛇更为恐怖；国王与沙蒂永三兄弟的斗争远比赫拉克勒斯与拥有三个身躯的革律翁之间的恶战更为艰巨，净化法兰西也比清扫奥革阿斯的牛棚更困难，以至于国王忍受着面对王国分裂的悲痛，最终溘然长往。[24] 龙萨在诗中同样提到了赫拉克勒斯与泰坦之战，并总结道："国王在人生的花季作为殉教者为耶稣基督献身。"[25]

在天主教徒的记述中，查理九世是一个为臣民的救赎奉献出自己生命的国王。[26] 据《值得纪念的临终遗言的真实记录》的作者所言，他临终时念念不忘的是"他可怜的人民，深受王国中的动乱、内战与分裂的折磨"，国王将他们托付给太后照料，直到他的弟弟亨利返回法国。[27] 阿诺·索尔班在悼词中毫不迟疑地在耶稣与国王之间建立起联系，将后者比作葬身狼腹的"羔羊"。[28] 查理九世是一位基督君主、一位殉教者，与其受到异端迫害的臣民相通。利用圣徒传记式的文字对这一具有感化力量的国王形象进行大肆渲染是一个早已安排的计谋，以应对8月24日大屠杀激起的民愤。

对国王的过度神圣化

围绕着国王临终阶段展开的这场论战对王权表象的历史产生了至关重要的影响。新教徒与天主教徒的文字都将查理九世的临终时刻描写为他直面圣巴托罗缪大屠杀的关键时刻——这里所说的大屠杀包括处决胡格诺派领袖与大范围的屠杀两个阶段，所有作者都未对其加以区分。考虑到大屠杀的规模与国王个人在其中扮演的角色，这实际上是以一种间接的方式提出了国王在君主制体系中所承担责任的性质问题。

对于这个极可能会引发叛乱的问题,天主教徒做出了他们的答复:他们将国王的行为置于神圣性的范围,使其无法受到臣民的问责。他们提出,查理九世拥有双重神圣性。首先是神圣的血统。让－巴蒂斯特·贝洛在他的悼词中着重强调了这一点:年轻的国王在统治王国时表现出无与伦比的"智德",证明了他属于继"墨洛温和查理曼两个高贵卓越的家族"之后的于格·卡佩这一被天主降福的世系。所以,"我们可以看到虔诚基督徒国王查理九世的真正世系与血统已历经五百八十年:查理九世幼年时就明显具有与其祖先相同的高尚道德与宽厚之心,他心怀勇气,为数以千计的工作提供了支持"[29]。这是对新教徒将王室血统去神圣化叙述的反戈一击。

此外,天主教徒更为坚定地宣布,国王不仅拥有神圣的血统,也因其君主的身份而具有神圣性。在之前的数个世纪中,被神圣化的是国王之职而非国王之人。在文艺复兴时期,这种观点开始发生改变,颂扬的对象转变为君主其人。弗朗索瓦一世手下的理论家与政论家对此做出了颇多贡献。[30]圣巴托罗缪大屠杀带来的冲击提供了一个具有决定性影响的契机,加速了对国王之人的神圣化。

阿诺·索尔班所著的《历史》以及《值得纪念的临终遗言的真实记录》意在证明查理九世是一位"彰显神意的国王",因为他的统治曾多次承蒙天主对人类历史进程的干预。索尔班首先叙述了国王的一生,列举其德行并讲述了他临终时的虔诚,随后,他"节录了天主所做令人难忘的有利于国王统治的罕见之事:在查理九世统治期间,一切事件似乎都十分罕见与独特"[31]。在这些彰显神意的证明中,索尔班提到,查理九世与王室在面对异端策划的一连串阴谋时每次都能化险为夷,从莫城惊驾到科里尼的阴谋,再到拉莫勒和科科纳的奸计。他随后强调了天主为虔诚的天主教徒(如1562

年图卢兹人在胡格诺派的围攻下绝处逢生）或被魔鬼附身之人（如1566年在拉昂，妮科尔·奥布雷获救*）降下的神迹。他还提到了一些虔诚的信徒看到的超自然奇观，以及1573年出现的那颗彗星——胡格诺派认为这是国王之死的预兆，而实际上它预示了异端的败亡。[32] 因此，索尔班总结道：查理九世的统治"完全能够被称为充满神迹的统治"。[33] 从这个角度看，君主与其所处时代呈现出一种完美的和谐状态："这是一位顺应神意而生的国王，他道德高尚、善良虔诚、稳重有度，且具备一位伟大君王应有的其他一切品质，因此在他统治期间发生的几乎所有事情都堪称神迹。"[34]

《值得纪念的临终遗言的真实记录》的作者甚至认为国王去世的日期都带有神迹之象。国王于圣灵降临节去世："……因十日前耶稣升天节而开启的天国之门尚未关闭……为的是在这庄重的一天，在天堂这一和平之所中接纳国王的灵魂，他宅心仁厚，具备无数优良品质，做出无数善行，完成无数善举。"[35] 作者补充道，这一天还是人们庆祝教皇格里高利十三世宣布圣年之日。经过对自基督复活起的周和年的数量的复杂计算，这一日期象征着"数字'七'之圆满"，因此"我们善良国王的德行的圆满也发生在天主预定的这一天"。[36]

所有这些迹象都在向世人昭示查理九世所具有的神圣性。悼念诗同样试图阐明这一点，亨利二世与卡特琳娜·德·美第奇的子女在诗歌中被描绘为近乎神的存在。[37]

很明显，我们需要考虑到这些悼词或悼念诗在修辞上的夸张成分。但是，我们在其中同样可以发现这些称颂国王之人所达成的一点共识，即完全有必要尽可能广地传播国王的神圣性的观念，而

---

* 妮科尔·奥布雷是一位法国女性，因恶灵附体而无法进食，生命垂危，后因拉昂主教让·德·布尔斯为其举行的驱魔仪式而最终获救。这一事件又被称为"拉昂奇迹"。

第九章　国王之死，或大屠杀真正意义的揭示　　　255

这一观念曾遭到胡格诺猛烈派抨击。体现反暴君派思想的《法国人的晨鸣钟》与阿诺·索尔班为反驳其观点而写成的《晨鸣钟》之间的争论所反映的就是这一极具有研究价值的问题。索尔班的这部著作名为《法国加尔文教徒与维护公益者的真正晨鸣钟》(Le vray Resveille-Matin des calvinistes et publicains François)，献给"永世怀念与灵魂不死的高尚虔诚的基督徒国王、为天主教信仰而战的已故查理九世"。此书的开篇为两首赞美歌，一首赞颂圣巴托罗缪之"圣夜"，称之为"美丽的八月间"奇迹般降临的"法兰西恢复平静之夜"，"比白昼还要明亮"，另一首颂扬的是使徒圣巴多罗买*的光荣。[38]

　　索尔班在书中首先记录了由大屠杀引发的愤怒所导致的结果：胡格诺派在它的驱使下发表了一系列叛乱性的文字，如《法国人的晨鸣钟》、《论自愿性服从》(Discours de la servitude volontaire)、《高卢的愤怒》(Fureurs gauloises) 和《法兰克高卢》，而"不满派、维护公益者或其他人"出于同样的原因与之结盟。随后，他大胆地将辩论引向了一个十分棘手的问题，即国王责任的性质问题。在对君主制权力的根基做出定义后，他在本书的第三章中提出了一个关键问题：手握合法权力之人是否可以"运用各种伎俩、手腕、计谋、圈套和其他类似手段来对抗扰乱国家秩序的人"？[39] 换言之，即可否以危急的局势为由，动用通常被道德所摒弃的特殊手段？他的答复是肯定的，并援引了多个《圣经》中的例子作为支撑论据。索尔班由此否定了《法国人的晨鸣钟》一书作者将 1572 年 8 月 24 日命名为"背叛之日"的提议：大屠杀并非一项背信弃义的行为，而是服从神意之举。[40] 他甚至大肆赞扬查理九世将圣巴托罗缪大屠杀的筹划过程掩盖得极为彻底：国王曾对一名根本没有预料到大屠杀的廷臣说道："就连我的帽子也毫不知情。"[41] 国家理性在这里与上

---

*　即圣巴托罗缪，《圣经》中译为"巴多罗买"。

帝理性融为一体，除国王外再无一人能够知晓。

我们看到，索尔班采用了认定大屠杀是一个精心布下的圈套这一观点。但是，其目的是充分说明国王的所作所为不受一般的审判约束，而只会受到上天的裁决。查理九世采取的行动符合神的旨意："他遵从天主圣言，着手进行和执行的只是分内之事。"[42] 索尔班在这里否定了反暴君派的观点，后者认为，国王面对由臣民组成的代表大会——或在出现背叛行径时，面对最高司法院——应承担个人责任。但索尔班并未完全免除君主的责任，正如他没有将君主视为完人："天主、天使或人类都不是不可能犯错误的。"[43] 他在《晨鸣钟》的第四章中罗列了国王应具备的道德及其应避免的恶习。可能会像其他人一样犯错误的国王并未因具有特殊神圣性而获得神性或圣洁，神圣性发挥的是一种由天主赋予的可称之为"操作性"的作用，使君主无法受到臣民的批评：君主只需对造物主负责，神的选择令君主脱离了一般人的处境，使其地位要远远高于他统治的人。[44]

因此，围绕查理九世之死与圣巴托罗缪大屠杀的影响的辩论促进了将国王过分神圣化的缓慢进程，而这也是使国王摆脱臣民限制的唯一方法。

不满派的短暂胜利

然而，确认国王之人的神圣性并不足以消除旧制度下君主制发展的另一个标志性进程，即政治领域的自主化进程。我们可以在大屠杀后发生的一系列事件中观察到这两项进程齐头并进，并在宗教战争结束时令人惊讶地合归于1598年的南特敕令中。

第五次内战以不满派的胜利告终，因为他们集结的力量较之王室军队占据绝对优势。1576年5月6日，双方于桑斯的埃蒂尼签署

第九章　国王之死，或大屠杀真正意义的揭示　　257

和平协议，这是阿朗松公爵弗朗索瓦的胜利，因此又被称作"王弟和平协议"（paix de Monsieur）。艾蒂安·帕基耶带着一丝苦涩说道："这是自仅仅维持了很短时间的1568年和平协议签订以来，臣民再次以一种新的方式令他们的国王屈服。"[45] 国王随后颁布的和平敕令史称博利厄敕令。这一敕令在多个方面都非同寻常。此时距圣巴托罗缪大屠杀尚不足四年，敕令却赋予了新教徒前所未有的权利：除巴黎及其附近两地，以及宫廷所在地外，新教徒可以在王国任何一处举行宗教仪式；他们获得八处保留地，还在各高等法院中拥有天主教和新教法官各占半数的法庭；科里尼及其副官布里克莫与卡韦涅正式获得平反；新任国王亨利三世还承诺在六个月之内召开三级会议。不满派和反暴君派终于能够看到他们由衷呼吁的"国家改革"即将变成现实。[46] 国王分别颁布诏书补偿不满派的领袖：阿朗松公爵弗朗索瓦获得安茹封地以及图赖讷和贝里，并接过了安茹公爵的头衔；孔代亲王继续担任皮卡第总督，纳瓦尔国王亨利续任吉耶纳总督，并获得普瓦图与昂古穆瓦，蒙莫朗西－当维尔继任朗格多克总督。

　　而恰恰是这场大胜产生了不利于胜利者的影响。狂热的天主教徒无法容忍对新教徒的让步。巴黎最高法院在亨利三世的强制要求下才登记了敕令。更严重的是，当国王打算下令在圣母院咏唱《颂主曲》以纪念和平时，皮埃尔·德·莱图瓦勒记录道，"人民和教士"阻挡他进入圣母院。[47] 仇视一切妥协的天主教徒早在战争结束之前就开始重新集结成防御同盟，他们此时开始公开联合，特别是在巴黎、皮卡第、诺曼底、布列塔尼、普瓦图和香槟。皮卡第同盟发出了一份引起轰动的保卫"罗马的、教宗的神圣天主教会"声明，并称之受到"圣三一"的庇护。[48] 这些团体似乎互有联系，形成了史料中提到的类似联邦的组织，它表明法国南部新教徒曾使用的"同盟"一词如今已被天主教同盟者所用。而吉斯家族——至少通过其门客——在同盟中发挥了重要作用。

天主教徒的这次组织动员效率极高，而为1576年12月6日将在布卢瓦召开的三级议会举行的选举未能取得符合温和天主教徒和胡格诺派期待的结果，其原因也正在于此。同盟者通过施压，选举出了完全倾向于他们的代表。贝扎对他们的这种勾当深感愤慨，于1576年9月11日写道：敌人未能用武力达到他们的目的，便不遗余力地要赢得选举战的胜利。[49]参加布卢瓦三级会议的贵族代表中只有一名——或可能两名——新教徒，第三等级中也只有屈指可数的几名。[50]此外，即便孔代亲王亨利和纳瓦尔国王亨利在会议做出最终决定前提出严正抗议，但最终支持保留和平协议的天主教徒代表还是绝对少数。

然而，这次大会却明确提出了君权这一深受圣巴托罗缪大屠杀悲剧影响以及被反暴君派和不满派视为核心的至关重要的问题。大会组建了一个由36名成员（每一等级12名）组成的委员会，后者于1576年12月12日向亨利三世提出了一项请求，但遭到拒绝。如果国王接受，那么在君主和三级会议之间将实现真正的分权。[51]除亨利三世外，还有许多人认为委员会的提议过于放肆。特鲁瓦教区的总铎纪尧姆·德·泰克斯在日记中记录了由这些提议引发的激烈讨论的内容。许多代表认为将36人委员会提出的计划付诸实践是一项危险之举："……国王则只会成为三级会议的仆从，或者至少可以说，他将既不是国王也不是首领，这无疑会导致君权过度受损。"[52]在一个宗教分裂、内战不断的时期，将君权削弱至此是否可以为人接受？人们充分意识到局势的严重性，而这或许能够解释为何改革的支持者没有表现出我们可以想见的十足斗志，强制人们接受他们的观点。但1576年的三级会议搭建了一个出色的公共讨论平台，其间，许多可能对君主制未来走向产生影响的政治选择都得到了清晰透彻的考量。

在经过贵族等级和第三等级内部的一系列激烈讨论后，三级会议最终作出决定：回归宗教一统并废除和平敕令。[53]这一决定使胡格诺派和温和天主教徒的希望化为泡影：他们认识到，三级会议也可能被强硬政策的拥护者所把持，也会像其他任何一种大会一样受到操纵，甚至比国王受到邪恶参事的操纵更甚。这一苦涩的结论在若干年后召开的两次三级会议中得到了证实：1588年召开的第二次布卢瓦三级会议，特别是1593年的巴黎三级会议，全部受到天主教神圣同盟的操纵。

此后，只有少数人仍然相信通过召开三级会议进行国家改革的有效性，包括很久之后1614年的短暂时刻，在投石党运动期间以及1789年这一完全不同的情况下。因此，1576年的三级会议敲响了丧钟，标志着投身于第五次内战的天主教徒和新教徒所抱有的宏伟愿望最终破灭。

走向接受宽容

事件的后续使法国人面临的两者择一——分权或绝对权力——的局面进一步明朗化，同时，它也巩固了希望使君权摆脱一切机构限制之人的地位。我们在此有必要大致回顾一下这一演变过程，因为这一演变最终在1598年永久地解决了因1572年的悲剧而严重恶化的危机。

1576年的敕令被废除后，传统意义上的第六次内战战火重燃。内战随1577年9月普瓦捷敕令的颁布而告终。敕令大幅限制了赋予新教徒举行宗教仪式的自由。与之前的敕令相同，这个新的敕令也标志着法国在国家自主化进程中再度向前迈出一步，因为敕令区分了信徒与公民这两种不同身份，认可了在作为国王仆从的同时与国王信仰不同的可能性。一些具体的措施保证了两种信仰在日常生活中共存。由此可见，世俗政权以一种隐晦的方式提出了自身固有的目标：维护公共秩序与社会和解。至此，我们注意到，政治领域已实现相对独立，尽管期待日后新教徒能够回归天主教的愿望依然存在。

第六次内战后和平断断续续地维持了七年。其间1579年11月至1580年11月的第七次战争实际上只有部分胡格诺教徒参与。但之后的一起突发事件令局势再度发生变化：1584年6月10日，安茹公爵弗朗索瓦去世，因亨利三世未育有男性子嗣，纳瓦尔国王亨利成为王位的推定继承人，即一位新教徒有可能成为法兰西国王。这一前景令狂热的天主教徒惊恐万分，他们在天主教神圣同盟的带领下联合起来，规模较之以前更为强大。1585年爆发的第八次内战持续时间最长——近14年，造成的破坏也最为严重。1589年8月1日，亨利三世被狂热的修士雅克·克雷芒刺杀身亡，足见危机的严重性：这一事件表明，反暴君派理论被极端天主教徒所使用后，会对国王的去神圣化产生极端的后果。[54] 他的继任者亨利四世被迫放弃新教信仰，花费多年时间最终平息了法国多座城市和参加天主教神圣同盟的亲王的反抗。

这一系列事件明确地提出了权力与服从的问题。从中可以得到的经验是：一方面，新教徒与天主教徒签订的友好协约无法提供在王国范围之内皆能有效的模式；另一方面，两派宗教信仰联合起兵无法实现对君主制的改革。因此，由臣民牵头发起的行动——无论采取和平或暴力的方式，都无法带来持久的宽容，它只有依靠一个强有力的政权采取自上而下的强制性措施才能得以实现。此外，这一政权还需要拥有内在的超验性，能够令两派信服。

但又是哪种超验性呢？查理九世之死引发的讨论对国王之人的过度神圣化发挥了极大的推动作用，但并非所有人都认可这种过度神圣化。一些大思想家提出了一种非个人的超验性观点，这种超验性更多地体现在公共领域，而不是拥有权力的个体身上。其中一位是让·博丹。在1576年出版的《国家六论》中，法学家博丹认为最高权力是绝对的，不依赖于其他因素，并且因宇宙各处现行的等级制度原则而拥有合法性。[55] 另一位思想家是蒙田，他似乎在这个方向上走得更远。在《随笔集》中，他在考察了法律的作用之后，提出法律的信用之所以能够维持，"并非因为它是正确的，而因为它是法律。这才是法律权威的神秘基石……在法律是正确的地方服从法律之人，恰恰在应该服从之处而未服从"[56]。法律的权威源自现有秩序，除此之外没有其他任何依据。但是，蒙田也承认，这一"神秘基石"无法仅仅依靠自身就能够保证被统治者的服从。统治者还会将"冠冕堂皇或欺骗性的言辞当作缰绳，迫使民众服从。正因为如此，大部分国家的起源和开端都非常神奇，充满超自然的神秘"[57]。蒙田暗中讽刺这种做法为拙劣的骗人把戏。因为仅仅依靠法律的超验性既无法保证必然的服从，也无法消除质疑之声。

归根到底，统治在宗教信仰上分裂的臣民唯一有效的方法还是天主教徒在论及查理九世之死时提出的方法，即将国王神圣化。亨利四世与效忠于他的政论家以其自身才华，使君主的神圣性巧妙地摆脱了查理九世的赞颂者固执的天主教视角的局限，使之为政治宽容服务。

南特敕令约签署于1598年4月30日，为宗教战争画上了句号。它在某种意义上代表了之前数份敕令所体现的政治领域相对自主化进程的最终完结。敕令重申、明确了1577年敕令的条款，并加以补充。它开启的两派宗教信仰和平共存的局面持续了近一个世纪。[58] 但与此同时，它也确立了对君主神圣化的进程。敕令的序言透露着欣喜之情，亨利四世感激天主赐予他的特殊恩典："道德"、"力量"、"勤恳"、面对考验时的坚忍和勇气。个人品质在这里被上升到新的高度，成为神意的馈赠。亨利四世于1599年1月7日在卢浮宫对高等法院成员发表的敦促他们登记敕令的一番讲话同样充分表明他确信自己是被天主"拣选"之人。[59]

亨利四世的这一信念随后被勤勉的政论家广为宣传。[60]1598年5月2日，法国与西班牙签署韦尔万和平协议（法国于1595年1月向西班牙宣战），国王的赞颂者借机在他们夸张的文字中又增添了浓墨重彩的一笔。诗人与散文家大肆颂扬高尚的国王，称其受到天主的降福，承载着几近救世主般的希望。[61]哪怕是那些冷静之人也将亨利四世视为"彰显神意的国王"：皮埃尔·德·莱图瓦勒将现任国王与亨利三世于1589年4月30日在普莱西雷图尔城堡的会面形容为"神迹中的神迹"，为前者开辟了登上王位之路；雅克-奥古斯特·德·图认为天主"奇迹般地"引领亨利四世成为国王；艾蒂安·帕基耶则列举了使国王获得最终胜利的一项项"神迹"。[62]我们看到，赞颂查理九世时使用过的主题在这里被再次引用，而且得到了更为充分的发挥。在早已厌倦动乱的法国人眼中，国王其人同时代表了国家在尘世中的拯救、"公益"与天主的选民卓越的神圣性。[63]

* * *

因此，1598年对国王形象的赞颂一方面可以被当作一种终极防御手段，抵御被圣巴托罗缪大屠杀扩大并严重撼动了君主制的冲击波；另一方面，它也可以被视为查理九世去世后，天主教徒为阻止王权的去神圣化而展开的反击战的最终结果。亨利四世的过人之处在于，他成功地满足了法国人对秩序的期盼，并以这种方式使他们忘记了反暴君派和不满派大力宣扬的限制王权的要求。这一要求虽然并未由此消失，但已被抑制，只会在君主制力量衰弱之时再次浮现——特别是在路易十三和路易十四未成年的时期，它已无法真正影响到国王其人的神圣性。[64] 所以，在 17 世纪，国王的权力平添了一个前所未有的神学维度。然而，若不是因为其间发生了 1572 年 8 月 24 日大屠杀这一悲剧性的宗教战争以及由此带来的极大冲击，它很可能不会被普遍接受。

结 论

1572年8月24日是塑造了法国的一天？毫无疑问。首先，圣巴托罗缪大屠杀从根本上打破了新教徒抱有的令王国改宗的愿望。法兰西不会成为一个新教国家。而在悲剧发生前，人们尚无法做出如此明确的判断。特别是在16世纪60年代初期，法国在宗教上的走向尚不明朗。新思想在彼时拥有强大的吸引力。布莱兹·德·蒙吕克承认他也曾受到诱惑，他说道："并不是说好人家的儿子就不想尝试一下。"[1] 许多人因为精神上的渴求或仅仅出于好奇心参加了巡游牧师的讲道。此时的新教徒将查理九世视为约西亚，后者是犹大国的国王，恢复了对唯一真神上帝的崇拜。他们通过改变"查理·德·瓦卢瓦"的字母顺序，提出要"驱逐偶像"（Va chaser l'idole），这里的偶像自然指的是天主教的偶像[2]。

自1562年至1563年的第一次内战伊始，新教徒的宏伟梦想就遭受打击。占人口绝对多数的天主教徒的排斥、期盼王室短时间内皈依新教的幻想破灭、愈发不安全的局势、穿插着脆弱的缓和时期的多次迫害，所有这些因素逐渐侵蚀着新教徒团体，至少在新教徒孤立且数量稀少的外省的情况便是如此。其中，一些社会地位较高的新教徒感到越来越难以正常地从事他们的职业，他们在冲突爆发时经常被迫离家离职，否则就有被逮捕的危险，然后在和平时期返回，但在寻回其财产和职位时又会遇到无数阻碍。因此，他们对是否归回主流信仰迟疑不决。

但是，在1572年之前，胡格诺教徒经历的数次考验没有任何一次像圣巴托罗缪大屠杀一样悲惨。在发生屠杀的城市中，新教徒伤亡惨重。许多幸存者灰心丧气。让·鲁耶便是一例。这位巴黎的呢绒商人在1572年9月22日寄给他在阿尔比的两位同行的信中写道，一切都结束了，"国王如其所愿，充分地表明这个王国之中只有一个信仰、一部法律、一个上帝和一个国王"，再也不可"徒抱与之相反的毫无意义的希望"。他对两位同行提出了一个不再带有任何幻想的建议：每个人若要保全其性命与财产，不至忍受贫穷，就需要信仰天主教。他总结道："如果你们不采纳我的建议，你们将一无所有，你们和你们的房屋——从地板到屋顶——只会落得丧命和被摧毁的下场，相信我。"[3]

大量新教徒在屠杀后放弃了新教信仰，而不愿屈服的新教徒则被迫流亡至"避难"国，法国新教徒数量锐减。16世纪60年代初期，法国新教徒的数量约为200万人，及至宗教战争末期，他们的人数减至约100万人[4]。在法国北部省份，新教徒数量减少的情况更为明显；而在法国南部地区，新教团体的根基更为牢固，因此情况要优于北部，并且在宗教和政治领域都表现出了很强的活力。但自此以后，他们只是人口中的少数，一批虔诚且对其遭受的不幸念念不忘的"余下的少数人"。

结论

***

圣巴托罗缪大屠杀也对君主制的机构产生了重大影响。人们常常以为，宗教战争仅仅是一条线性进程中一个血腥插曲。这一进程的开端约始于15世纪末，其必然结果是路易十四式的绝对主义。这实际上是以一种受并不足取的决定论控制的宿命论观点来看待历史，同时，这种观点也没有看到，圣巴托罗缪大屠杀使宗教分裂蕴含的一个核心问题显露出来：为了使类似的恐怖事件不复出现，君主制应当是绝对君主制，还是应辅之以限制性的机构，或者甚至如反暴君派思想家所期望的那样，应当服从于一系列由三级议会制定的法律，成为打开通往立宪制之门的契约君主制？

这个问题的答案并非显而易见。我们不能因如今知晓了事件导致的结果而弱化当时困境的严重性以及关心这一问题的人对最终解决方法的不确定性。而圣巴托罗缪大屠杀使局势明朗化。它使得直至彼时仍局限于胡格诺派内部的讨论出现了极具戏剧化的发展。观点的交锋因大屠杀引发的达到极点的激情发出了振聋发聩的回响，但同时它也受到了恐惧感的干扰。大屠杀中的大规模动乱与之后出现的公共秩序严重混乱令人们意识到一个强有力的王权存在的必要。大部分人都接受了一个显而易见的观点，那就是：定期召开三级会议且将三级会议作为共同立法者的契约君主制在宗教分裂时期藏有颇多隐患。1576年布卢瓦三级会议上围绕立法方式的精湛讨论表明，代表对他们的选择将带来的政治后果一清二楚，亨利三世及其参事同样如此。天主教神圣同盟过分的行为最终使天平倒向了绝对权力的一边。王权不再受任何机构的限制，仅受制于国王一人遵从上帝的戒律与某些基本法的意愿。

同时，圣巴托罗缪大屠杀还提出了国王责任的性质与影响的问题。国王根据所拥有的特别司法权决定处决科里尼及其副官，因此，个人承担了这一事件的责任。国家的危险处境能否成为采取有违伦理与一般法的特殊措施的理由？胡格诺派在1572年8月24日的处决中看到的是暴君的行径，应当受到神与人的处罚。他们认为臣民有义务审查君主的命令是否符合公正的原则：若他们判定命令是极不公正的，就应意识到该拒绝服从。这对有效地行使王权而言是一个潜在的危险，即便这一审查权仅仅属于那些能够代表被统治者的人。天主教徒的反击——特别是在查理九世去世时——预示了法国君主制日后为避免这一危险而将要走上的道路，即将君主之人神圣化的道路。君主被象征性地置于超人类的区域之中，而民众的审判难以企及。政治派的一位代言人在《梅尼普斯讽刺诗》(*La Satyre Ménippée*) 这部产生于内战末期的作品中阐述了他们的理想模式，根据他的说法，国王是"天使与人类之间的分界"[5]。在一个分裂的国家中，这是唯一的一条出路，它能够为所有人恭敬地服从国王提供合法性依据。但是，为国王之人——而不仅仅是国王之职——赋予的神圣性最终使国王能够单独直面他行为的唯一审判者，即上帝。国王拥有御前会议的辅佐，并且得到参事的协助，但是由于蒙受了神恩，国王应独自定夺并独自为其决定负责。这无疑是落在国王肩膀上的重压，而当国王不堪重负之时，君权神授理论最终就会因此丧失说服力[6]。

　　对国王的过度神圣化没有阻塞因出于解决危机之愿而出现的其他政治走向。内战期间实验的种种解决方案使政治与宗教领域的分离成为可能。这些方案推崇公民的概念，用以和信徒相区别。它们播下了国家世俗化的种子——从南特敕令中便可见一斑，与不断增强的国王神圣性悖论地并存着。因此，对1572年8月大屠杀的思考促进了接纳宽容的艰难过程，并且，从长远的角度看，它还加强了被统治者抵制专制与限制统治者行为的权力的合法性。此外，它使得对合法服从的条件的重要讨论更加明晰，合法服从应与个人意识的要求相一致。

* * *

但是，1572年8月24日产生的这些积极影响几乎没有在集体记忆中留下痕迹。因为圣巴托罗缪大屠杀在法国人的历史记忆中始终占据着重要一席——这也是大屠杀"塑造了法国"的第三点证明。大屠杀经常以反衬作用的形象出现[7]。加布里埃尔·诺代在1639年称其为一种成功的政变模式，在此后的启蒙时代，它甚至逐渐演化为不宽容的象征。伏尔泰写道："最能说明宗教狂热的事例莫过于巴黎市民在圣巴托罗缪之夜争先恐后赶着去残杀那些不肯去望弥撒的同胞，把他们扼杀，又从窗口里扔出去粉尸碎骨，剁成万段。"[8]天主教会与总体上的天主教教义因有蒙昧主义之嫌而被送上了被告席。在这种意义上，一种反教权、世俗的、伏尔泰式的法国成为圣巴托罗缪大屠杀的继承者。

19世纪，天主教徒尝试阻挠这种不利于天主教会的大屠杀形象的传播。例如，他们试图将圣巴托罗缪大屠杀作为米迦勒德大屠杀(la Michelade)的对立面，后者指新教徒于1576年圣米迦勒之日在尼姆对天主教徒的屠杀。一位名叫亚历山大·德·拉莫特的小说家于1864年写道："新教徒的米迦勒德大屠杀是一场流产的圣巴托罗缪大屠杀，比1572年大屠杀更为残酷。因为它（圣巴托罗缪大屠杀）仅仅是一次突然的血腥报复，其恐怖在某种程度上尚可容忍，而米迦勒德大屠杀则经过了冷酷、长时间的筹划，新教徒无所顾忌，他们并非因害怕导致慌乱才发起屠杀，也不与天主教徒的情况类似，因此没有任何借口。"[9]甚至在1572年8月24日的四百周年纪念之时，在法国南部一些新教徒数量较多的地区，天主教徒和新教徒还会借米迦勒德大屠杀或圣巴托罗缪大屠杀在暗中相互指责……

这种试图为1572年天主教暴徒寻找减轻责任的情节的努力没有改变自启蒙时代以来大屠杀的形象，它已被集体意识内化。天主教会自身在20世纪末出现的"悔改"潮的推动下承认罪行，在1997年8月24日世界青年日为大屠杀遇难者举行周年弥撒，但这一主动承担某种形式的罪责之举实为谬误。

从更广的角度看，如今的趋势是，圣巴托罗缪大屠杀逐渐在法国历史一系列黑暗的时刻中占有一席，这些黑暗时刻的意义在于它们能够教育人们承担起"记忆的义务"。这是一种意味深长的变化。人们直至近些年仍然坚信，类似的野蛮行径属于过去世纪中的凶残兽性，无法想象这样的一幕在文明开化的时代重新出现。现在，团体间紧张关系再度出现，令人们又一次开始担忧"文明"对暴力失控的约束力。圣巴托罗缪大屠杀的第二阶段——大规模屠杀阶段——是一个由他者的恐惧造成的悲剧。人们在这种恐惧感的煽动下，将差别当作威胁，特别是将宗教的他异性与暴乱混为一谈。有人写道："大屠杀在成为一种对肉体的暴行之前，首先在思想上对人进行改造，使他们'看到'了一个需要被消灭的假想的他者。"[10]这种恐惧与焦虑、这种视角的扭曲，难道不是随时会死灰复燃吗？这是1572年8月24日的悲剧提出的一个时至今日仍然有效的问题。

注 释

缩写说明

Arch. Gen. de Simancas Archivo General de Simancas 锡曼卡斯总档案馆
BnF Bibliothèque nationale de France 法国国家图书馆
BEC Bibliothèque de l'École des chartes 法国国立文献学校图书馆
BHR Bibliothèque d'Humanisme et Renaissance 人文主义与文艺复兴图书馆
BPU Genève Bibliothèque publique universitaire de Genève 日内瓦公共与学术图书馆
BSHPF Bulletin de la Société de l'histoire du protestantisme français《法国新教历史协会学报》
CSP Calendar of State Papers《英国国务档案汇编》
HES Histoire, Économie et Société《历史、经济与社会》
RH Revue historique《历史评论》
RHD Revue d'histoire diplomatique《外交史评论》
RHMC Revue d'histoire moderne et contemporaine《现当代史评论》
SCJ The sixteenth Century Journal《16 世纪杂志》

导言 圣巴托罗缪大屠杀的谜团

1. Rodolphe Reuss (éd.), «Un nouveau récit de la Saint-Barthélemy par un bourgeois de Strasbourg», *BSHPF*, t. XXII, 1873, p. 378.
2. Jean-Louis Rigal (éd.), «Mémoires d'un calviniste de Millau», *Archives historiques du*

Rouergue, t. II, Rodez, 1911, p. 236.

3. *Négociations diplomatiques de la France avec la Toscane*, éd. Abel Desjardins, Paris, Imprimerie nationale, t. III, 1855, p. 818-820, lettre d'un anonyme (Filippo Cavriana) adressée au secrétaire Concini, Paris, 27 août 1572.

4. R. Reuss, «Un nouveau récit», art. cité, p. 378.

5. Nathanaël Weiss, «La Seine et le nombre des victimes parisiennes de la Saint-Barthélemy», *BSHPF*, t. XLVI, 1897, p. 474-481.

6. 这幅油画保存在洛桑州立美术馆。

7. *Relation du massacre de la Saint-Barthélemy*, in *Archives curieuses de l'histoire de France*, Louis Cimber et Charles Danjou (éd.), 1er série, t. VII, Paris, 1835, p. 79.

8. Ivan Cloulas, *Henri II*, Paris, Fayard, 1985, p. 357 ; Guy Le Thiec, «Les divertissements à la turque des noblesses française et italienne à la Renaissance», in Joël Fouilleron et Guy Le Thiec (éd.), *La Fête dans l'Europe méditerranéenne (XVIe-XXe sièle)*, Actes du colloque international de Montpellier, 16-17 mars 2002, université Paul-Valéry (Montpellier-III), à paraître.

9. *Registres consulaires de la ville de Limoges*, éd. Émile Ruben et Louis Guibert, Limoges, 1867-1897, t. II, p. 388, cité par Michel Cassan, *Le Temps des guerres de Religion. Le cas du Limousin (vers 1530-vers 1630)*, Paris, Publisud, 1996, p. 253, n. 101.

10. Théodore de Bèze, *Correspondance*, éd. Alain Dufour et Béatrice Nicollier, t. XIII (1572), Genève, Droz, 1988, p. 179-180, cité et traduit par Cécile Huchard, *Histoire, érudition, écriture militante : autour des Mémoires de l'Estat de France sous Charles IX de Simon Goulart*, thèse de doctoral dactyl., université de Strasbourg-II, 2003, p. 383, n. 26.

11. 这是一部新教对话体诗集开篇的称呼，作者尼古拉·巴诺 (?) 使用了笔名 Eusèbe Philaolelphe。*Le Réveille-Matin des François*, Édimbourg (pour Genève?), Jacques James, 1574.

12. 关于此书出版时情况请参阅: Robert M. Kingdon, *Myths about the St. Bartholomew's Day Massacres, 1572-1576*, Cambridge (Mass.), Harvard University Press, 1988, p. 43。威尼斯大使米基耶的报告持预谋论的观点 (*La Saint-Barthélemy devant le Sénat de Venise. Relations des ambassadeurs Giovanni Michiel et Sigismondo Cavalli*, publiées par William Martin, Paris, Sandoz et Fischbacher, 1872, p. 34-35); 法国大使拉·莫特-费奈隆认为英国也很快接受了这种观点 (*Correspondance diplomatique de Bertrand de Salignac de La Mothe-Fénelon*, éd. Charles Purton Cooper, Paris et Londres, 1838-1840, 7 vol., t. V, p. 116)。

13. 关于20世纪中叶前历史学家对圣巴托罗缪大屠杀的论述，请参阅: Henri Dubief, «L'historiographie de la Saint-Barthélemy», in *Actes du colloque «L'Amiral de Coligny et son temps» (Paris, 24-28 octobre 1972)*, Paris, Société de l'histoire du protestantisme français, 1974, p. 351-365.

14. Jean-H. Mariéjol, *La Réforme et la Ligue. L'édit de Nantes (1559-1598)*, 1904, t. VI de *l'Histoire de France des origines à la Révolution*, dirigée par Ernest Lavisse ; rééd. Paris, Tallandier, 1983, p. 146.

15. Janine Garrisson, *Tocsin pour un massacre, ou la saison des Saint-Barthélemy*, Paris, Le

Centurion, 1968；*La Saint-Barthélemy*, Paris, Complexe, 1987；*Les Derniers Valois*, Paris, Fayard, 2001。如今的趋势是彻底否定太后美第奇的"黑历史"，参见：Jean-François Solnon, *Catherine de Médicis*, Paris, Perrin, 2003, et de Thierry Wanegffelen, *Catherine de Médicis. Le pouvoir au féminin*, Paris, Payot, 2005。关于美第奇本人复杂的个性，参见：Robert Knecht, *Catherine de Médicis*, Bruxelles, Le Cri Éditions, 2003。

16. Jean-Louis Bourgeon, *L'Assassinat de Coligny*, Genève, Droz, 1992 et *Charles IX devant la Saint-Barthélemy*, Genève, Droz, 1995；Lucien Romier, «La Saint-Barthélemy. Les événements de Rome et la préméditation du massacre», *Revue du seizième siècle*, t.I, 1913, p.529-560.

17. J.-L. Bourgeon, *Charles IX devant la Saint-Barthélemy, op. cit.*, p. 36-37.

18. J.-L. Bourgeon, *L'Assassinat de Coligny, op. cit.*, p. 34.

19. 布尔荣承认他对于西班牙在事件中所扮演角色的分析"因不具备相应的语言能力"，而未使用西班牙语文献（*ibid*, p. 92, n. 4）。

20. T. Wanegffelen, *Catherine de Médicis, op. cit.*, p. 357-358.

21. Denis Crouzet, *La Nuit de la Saint-Barthélemy. Un rêve perdu de la Renaissance*, Paris, Fayard, 1994.

22. *Ibid.*, p. 10.

23. Denis Crouzet, *Le Haut Cœur de Catherine de Médicis. Une raison politique aux temps de la Saint-Barthélemy*, Paris, Albin Michel, 2005.

24. *Ibid.*, p. 9；关于王室政策表达出的"精神分裂症状"，参见：p.10, 399 et 547。

25. 我们可以认定从这一年起，"politique"一词作为名词，指代一批人。这一群体虽然无法准确界定，却可以通过一个特征辨别，即他们都支持在不同教派间维持至少是暂时性的和平共处。此前，politique一词多作形容词使用，修饰个人。孔代亲王于1568年8月23日致法王信函中所附谏书表明，天主教徒中的强硬派开始抨击那些希望和平的人士，称"这群'政治派'远比异端更为恶劣，更为危险"。(lettre et remontrances publiées dans *Memoires de la troisieme guerre civile*, figurant à la fin de l'edition de 1578 des *Mémoires de l'Estat de France sous Charles neufiesme* compilés par Simon Goulart, t. Ill, p. 128)

26. *Lettres de Catherine de Médicis*, éd. Hector de La Ferrière, Paris, t. IV, 1891, p. 114；BnF, Ms. fr. 15555, fol. 47 r°, lettre du vicomte d'Orthe au roi, Bayonne, 30 août 1572.

27. Blaise de Monluc, *Commentaires, 1521-1576*, éd. Paul Courteault, Paris, Gallimard, Bibl. de la Pléiade, 1962, p. 835.

28. Simon Goulart (éd.), *Mémoires de l'Estat de France*, éd. de 1577, t. I, p. 411, cité par C. Huchard, *Histoire, érudition, op. cit.*, p. 285.

29. 相关史料请参见 Nicola Mary Sutherland 著作的第17、18章（*The Massacre of St. Bartholomew and the European Conflict, 1559-1572*, Londres, Macmillan, 1973）以及其法文译本（«Le massacre de la Saint-Barthélemy : la valeur des témoignages et leur interprétation», *RHMC*, t. XXXVIII, octobre-décembre 1991, p. 529-554，亦请参见 Marc Venard 的文章（«Arrêtez le massacre !», *ibid.*, t. XXXIX, octobre-décembre 1992, p. 645-661）。Marc Venard 对"过分怀疑论"的批评不无道理，他提出："关于圣巴托罗缪大屠杀的史料与作为其他史学研究基础的史料并无二致；它们都是片面的，史料的价值

30. 相关史料尚未被全部挖掘，如若弗鲁瓦·德·科蒙记述他在圣日尔曼城郊奔逃的信件（BnF, Ms. fr. 15553, fol. 197 r°，199 r°et 201 r°），以及让·德·莫尔维利耶的 Memoires d'Estat（BnF, Ms. fr. 5172）。Pierre Champion 研究了锡曼卡斯总档案馆中的史料，*Charles IX. La France et le contrôle de l'Espagne*, Paris, Grasset, 1939, 2 vol., et Valentin Vásqnez de Prada 近期也对该史料进行了研究，*Felipe II y Francia. Política, religión y razón de Estado*, Pampelune, EUNSA, 2004, 但史料中有助于史学家理解这一悲剧的部分尚未被上述史学家完全阐明。

31. 关于研究的总体情况，可参阅 Jacqnes Sémelin 撰写的一份令人备受鼓舞的介绍。«Analyser le massacre. Réflexions comparatives». *Questions de recherches/ Research in Question*, n°7, septembre 2002, p. 1-42, texte accessible en version électronique sur le site http://www.cerisciences-po.org.

第一章　疑云笼罩的1570年和平协议

1. *Édits des guerres de Religion*, éd. André Stegmann, Paris, Vrin, 1979, p.69. 1563年3月的昂布瓦斯谏令和1568年3月的隆瑞莫谏令的结束部分删去了"主动遗忘"和"像兄弟、朋友和国民同胞一样"和解的段落（*ibid.*, p. 36 et 57）。另请参阅 Mark Greengrass,《Amnistie et oubliance : un discours politique autour des édits de pacification pendant les guerres de Religion》, in Paul Mironneau et Isabelle Péray-Clottes（éd.）, *Paix des armes, paix des ântes*, Paris, Imprimerie nationale, 2000, p. 113-123.

2. 1562年1月3日，在圣日尔曼召开的全国法院代表大会上，米歇尔·德·洛比塔尔提出将国民的身份与天主教徒的身份区别开来（Michel de L'Hospital, *Œuvres complètes*, éd. Pierre Joseph Spiridion Duféy, Paris, A. Boulland, 1824-1826, t.I, p. 452）。但是，这种对政治和宗教层面的区别仅仅是"为了使前者更好地为后者服务"（Loris Petris, *La Plume et la Tribune. Michel de L'Hospital et ses discours, 1559-1562*, Genève, Droz, 2002, p. 311）。

3. Lettre du duc de Montpensier au roi, 1er mai 1569, citée par Stéphane-Claude Gigon, *La Troisième Guerre de Religion. Jarnac-Moncontour (1568-1569)*, Paris, H. Charles-Lavauzelle, 1911, p. 229.

4. Pierre de Bourdeille, seigneur de Brantôme, *Œuvres complètes*, éd. Ludovic Lalanne, Paris, Renouard, 1864-1882, 11 vol., t. VI, p. 18-19.

5. 这是贝扎在1561年9月普瓦西会议上面对天主教神学家提出的观点。他在会上连同12位新教神学家与对方展开辨论。（Alain Dufour, «Le colloque de Poissy», in *Mélanges d'histoire du XVIe siècle offerts à Henri Meylan*, Genève, Droz, 1970, p. 127-137.）

6. 关于这几点，请参阅 Jean Delumeau et Thierry Wanegffellen, *Naissance et affirmation de la Réforme*, Paris, PUF, 1997, 8e éd. refondue, 特别是其中第五章和第六章。

7. Jean de Pablo, «Contribution à l'étude de l'histoire des institutions militaires huguenotes. II. L'armée huguenote entre 1562 et 1573», *Archiv für Reformationge-schichte*, n°48, 1957, p. 192-216.

8. 参阅 Alain Tallon, *La France et le concile de Trente*, Rome, École française de Rome, 1997。

9. 克鲁泽分析了他们的观点，*Les Guerriers de Dieu. La violence au temps des troubles de*

注 释

　　Religion, vers 1525-*vers* 1610, Seyssel, Champ Vallon, 1990, 2 vol., t.I, p. 416 et suiv.。

10. Bl. de Monluc, *Commentaires*, op. cit., p. 800.

11. Claude Haton, *Mémoires*, éd. Laurent Bourquin, Paris, Éd. du C.T. H.S., t. II, 2003, p. 346.

12. Cité par D. Crouzet, *Les Guerriers de Dieu*, op. cit., t. I, p. 428.

13. Remontrances accompagnant une lettre de Condé au roi, du 23 août 1568, citée plus haut, p. 20, n. 25.

14. 将米歇尔·德·洛比塔尔视为"政治派"的观点最近受到质疑（Denis Crouzet, *La Sagesse et le malheur. Michel de L'Hospital, chancelier de France*, Seyssel, Champ Vallon, 1998, et Loris Petris, *La Plume et la Tribune*, op. cit.）。

15. Étienne Pasquier, *Les Lettres*, dans *Œuvres* [1723], Genève, Slatkine, 1971, t. II, livre XIX, col. 559.

16. Jérémie Foa, «Making Peace: The Commissions for Enforcing the Pacification Edicts in the Reign of Charles IX (1560-1574)», *French History*, vol. XVIII, n°3, 2004, p. 256-274.

17. BnF, fonds Cinq Cents Colbert 24, fol. 420 r°, lettre de l'amiral de Coligny au roi, 12 septembre 1570.

18. BnF, Ms. fr. 15553, fol. 111 r°, lettre de Coligny au roi, 1er juillet 1571.

19. *Ibid.*, fol. 137 r°, lettre du duc de Longueville au roi, 26 juillet 1571, Calais.

20. 关于这几点，请参阅 Pierre-Jean Souriac 的博士论文，*Une société dans la guerre civile. Le Midi toulousain au temps des troubles de Religión (1562-1596)*, université Paris-IV Sorbonne, 2003, 3 vol. multigraphiés；特别是第 I 卷第 137 页及其后几页。

21. James B. Wood, *The King's Army. Warfare, Soldiers and Society during the Wars of Religion in France, 1562-1576*, Cambridge, Cambridge University Press, 1996, p. 285.

22. 关于这几点，请参阅 Pierre Chaunu, «L'État de finance», *in* Fernand Braudel et Ernest Labrousse (dir.), *Histoire économique et sociale de la France*, vol. 1, Paris, PUF, 1977, t. I, p. 172；Jean-Louis Bourgeon, «La Fronde parlementaire à laveille de la Saint-Barthélemy», BEC, vol. CXLVIII, 1990, p. 17-89。

23. BnF, Ms. fr. 15553, fol. 137 r°, lettre du duc de Longueville, Calais.

24. Ibid., fol. 159 r°, lettre du colonel d'Ornano, Valence.

25. BnF, Ms. fr. 15554, fol. 38 r°, lettre du vicomte d'Orthe, Peyrehorade.

26. BnF, Ms. fr. 15555, fol. 17 r°, lettre de Ludovie Birague, Saluces ; le marquisat de Saluces était alors possession française.

27. BnF, fonds Cinq Cents Colbert 24, fol. 415 v°, lettre de Coligny au roi. La Rochelle, 8 mai 1571.

28. 关于这一点，请参阅克鲁泽的分析，*La Nuit de la Saint-Barthélemy*, op. cit., p. 213 et suiv.。

29. 加里松（*Les Derniers Valois*, op. cit., p. 57-58）找到了由国王及其弟亨利亲笔签署的一份与一位炼金术士的契约。虽然这篇文字能够证明太后美第奇的这两个儿子生活在一个"充满魔力的世界"中，但它能否说明新柏拉图主义的影响呢？

30. D. Crouzet, *La Nuit de la Saint-Barthélemy*, op. cit., p. 240 et suiv. 另请参阅这位作者对太

后美第奇所构想的，将话语作为一种统治工具所具有的魔力的指导分析（*Le Haut Cœur de Catherine de Médieis, op. cit.*, p. 23 et suiv.）。

31. BnF, fonds Dupuy 775, fol. 26, cité par Jean-Louis Bourgeon, «Pour une histoire, enfin, de la Saint-Barthélemy», *RH*, 1989, t. CCLXXXII/1, p. 120, n.65. Suit l'affaire de la croix de Gastines, voir p. 55.

32. *Négociations diplomatiques avec la Toscane, op. cit.*, t. Ill, lettre de Petrucci à François de Médicis, Blois, 20 novembre 1571, p. 728.

33. Discours prononcé à la séance royale du 12 mars 1571, cité par J.-L. Bourgeon, «La Fronde parlementaire», art. cité, p. 40.

34. "带着父爱去拥抱他们"这句话出现在国王于1572年5月4日写给各地方总督的信函中，BnF, Ms. fr. 16104, fol. 46 r°。

35. *Lettres de Charles IX à M. de Fourquevaux, ambassadeur en Espagne, 1565-1572*, éd. Charles Douais, Montpellier, Académie des sciences et lettres de Montpellier, 1897, p. 300, lettre du 13 août 1570, Saint-Germain-en-Laye.

36. *Ibid.*, p.281, lettre du 7 février 1570, Angers.

37. *Ibid.*, p.345-346, lettre du 8 avril 1571, Paris.

38. V. Vásquez de Prada, *Felipe II y Francia*, op. cit., p. 37-70.

39. *La Saint-Barthélemy devant le Sénat de Venise, op. cit.*, p. 54 (relation de l'ambassadeur Michiel).

40. *Recueil général des anciennes his françaises*, éd. Isambert et Decrusy, t. XIV (juillet 1559-mai 1574), p. 230-231 (l'édit, du 4 octobre 1570, à été enregistré au Parlement le 20 novembre).

41. Nicola Mary Sutherland, *The Massacre of St. Bartholomew and the European Conflict, 1559-1572*, Londres, Macmillan, 1973, p. 125-126.

42. François de La Noue, *Discours politiques et militaires*, éd. F. E. Sutcliffe, Genève, Droz, 1967, p. 784.

43. BnF, fonds Cinq Cents Colbert 24, fol. 415 r°-416 r°, lettre de Coligny au roi, 8 mai 1571, La Rochelle (passage cité partiellement par Liliane Crété, *Coligny*, Paris, Fayard, 1985, p. 391-392).

44. BnF, Ms. fir. 15553, fol. 3 r° (lettre du 2 janvier 1571 à la reine mère), fol. 84 r° (lettre au roi du 16 mai 1571) et fol. 107 r°, 17 juin 1571 (rapport anonyme sur le complot concernant La Rochelle); fonds Cinq Cents Colbert 24, fol. 420 r°, lettre de Coligny au roi, 12 septembre 1570.

45. 关于在尼德兰的行动，请参阅本书第2章。

46. *Lettres de Charles IX à M. de Fourquevaux, op. cit.*, p. 342-347, lettre du 8 avril 1571, Paris. 关于海盗问题，请参阅 Martine Acerra et Guy Martinière (éd.), *Coligny, les protestants et la mer. Actes du colhque organisé à Rochefort et à La Rochelle les 3 et 4 octobre 1996*, Paris, PUPS, 1997。

47. Lettre de Jeanne d'Albret à Catherine de Médicis, 3 janvier 1571, in *Lettres de Catherine de Médicis, op. cit.*, t. IV, p. 22, n. 1.

注释

48. *Négociations diplomatiques avec la Toscane*, op. cit., t. Ill, lettre de l'ambassadeur Petrucci à François de Médicis, Paris, 10 août 1571, 书中摘录了这些条件, p. 698-701。
49. *Ibid.*, p. 706, lettre de Petrucci à François de Médicis, Blois, 19 septembre 1571.
50. P. Champion, *Charles IX*, op. cit., t. I, p. 409; Jehan de La Fosse, Les «*Mémoires*» d'un curé de Paris (1557-1590), éd. Marc Venard, Genève, Droz, 2004, p. 103.
51. *Négociations diplomatiques avec la Toscane*, op. cit., t. Ill, p. 706, lettre de l'ambassadeur Petrucci à François de Médicis, Blois, 19 septembre 1571.
52. Luc Geizkofler, *Mémoires de Luc Geizkofler, tyrolien* (1550-1620), éd. Édouard Fick, Genève, G. J. Fick, 1892, p. 56.
53. P. Champion, *Charles IX* op. cit., t. I, p. 405, n. 3, lettre à Francés de Álava, 14 septembre 1571.
54. Cité par Mark Greengrass, «Functions and Limits of Political Clientelism in France before Cardinal Richelieu», in Neithard Bulst, Robert Descimon et Alain Guerreau (dir.), *L'État ou le roi. Les fondations de la modernité monarchiqué en France* (XIVe-XVIIe siècles), Paris, Maison des sciences de l'homme, 1996, p. 79.
55. BnF, Ms. fr. 3193, fol. 25 r°-26r°, lettre de Coligny au roi, 13 décembre 1571, Châtillon, publiée dans *BSHPF*, t. XXI, 1872, p. 460 et suiv.
56. *Négociations diplomatiques avec la Toscane*, op. cit., t. Ill, p. 743, lettre de l'ambassadeur Petrucci à François de Médicis, Amboise, 24 décembre 1571.
57. *Ibid.*, p. 738, Petrucci à François de Médicis, Blois, 4 décembre 1571.
58. Lettre de sir Henry Middlemore à Lord Burghley, 17 juin 1572, citée par L. Crété, *Coligny*, op. cit., p. 419.
59. Marc Venard, *Réforme protestante, Réforme catholique dans la province d'Avignon, XVIe siècle*, Paris, Éd. du Cerf, 1993, p. 542.
60. BnF, foods Cinq Cents de Colbert 7, fol. 357 r°, lettre des officiers du Châtelet au roi, 17 octobre 1571.
61. BnF, Ms. fr. 3193, fol. 23 r°-23 v°, lettre du roi au maréchal de Cossé, 6 novembre 1571.
62. Barbara Diefendorf, «Prologue to a Massacre: Popular Unrest in Paris, 1557-1572», *American Historical Review*, vol. XC, n°5, 1985, p. 1087-1089.
63. *Négociations diplomatiques avec la Toscane*, op. cit., t. Ill, p. 743, lettre de l'ambassadeur Petrucci à François de Médicis, Amboise, 24 décembre 1571.
64. J. de La Fosse, Les «*Mémoires*» d'un curé de Paris, op. cit., p. 85.
65. René Benoist, *Advertissement du moyen par lequel aisément tom troubles et differens tant touchant la Croix, de laquelle y a si grande et si dangereuse altercation en ceste ville de Paris, que autres concernans la Religion*, in Simon Goulart (éd.), *Memoires de l'Estat de France sous Charles IX*, 2e éd., Meidelbourg, 1578, t. I, fol. 91 v°.
66. *Lettres de Charles IX à M. de Fourquevaux*, op. cit., p. 364-365, lettre du 14 octobre 1571, Blois.
67. *Ibid.*, p. 374, lettre du 26 décembre 1571, Amboise.

68. V. Vásquez de Prada, *Felipe II y Francia, op. cit.*, p. 49-55. Voir aussi Serge Brunet, «Anatomie des réseaux ligueurs dans le sud-ouest de la France (vers 1562-vers 1610)», *in* Nicole Lemaître (dir.), *Religion et politique dans les sociétés du Midi*, Park, Éd. du CTHS, 2002, p. 153-191.

69. V. Vásquez de Prada, *Felipe II y Francia, op. cit.*, p. 200.

70. N. M. Sutherland 提出了1571年秋的这次天主教徒的阴谋，*The Massacre of St. Bartholomew, op. cit.*, p. 211-213。

71. *Correspondance de Philippe II sur les affaires des Pays-Bas, publiée d'après les originaux conservés dam les archives royaks de Simancas*, éd. Louis Gachard, t. II, Bruxelles, 1851, p. 185-187, 191-192 et 198-202, lettres du roi du 14 juillet, du 4 août et du 14 septembre 1571.

72. D. Crouzet, *La Nuit de la Saint-Barthélemy, op. cit.*, p. 502.

73. BnF, fonds Cinq Cents Colbert 7, fol. 415 r°, lettre du 26 juin 1572.

74. J.-L. Bourgeon, «La Fronde parlementaire», art. cité, p. 57-58.

75. BnF, Ms. fr. 16104, fol. 45 r°, circulaire aux gouverneurs de province, 4 mai 1572. 实际上，四处安全据点之一的拉罗谢尔只是在理论上被归还。

第二章 联姻大计与国际关系

1. 参见让-路易·布尔荣著作中"马德里或布鲁塞尔？一件罪行的两个首都"一章，*in L'Assassinat de Coligny, op. cit.*, p. 45-59。

2. Louis Le Roy, *Les Politiques d'Aristote*, Paris, Michel Vascosan, 1568, p. 60-61.

3. Frances A. Yates, *Astrée. Le symbolisme impérial au XVIᵉ siècle* [1975], trad. J.-Y. Pouilloux et A. Huraut, Paris, Belin, 1989, p. 242-243.

4. Simon Bouquet, *Brief et sommaire recueil de ce qui a esté faict et de l'ordre tenuë a la joyeuse et triumphante Entrée de Charles IX de ce nom en sa bonne ville et cité de Paris*, Paris, O. Codoré, 1572, fol. 29 v°.

5. Fr. A. Yates, *Astrée, op. cit.*, p. 228-230.

6. *Lettres de Catherine de Médicis, op. cit.*, t. IV, p. 6-10, lettre du 20 octobre 1570 à La Mothe-Fénelon.

7. *Ibid.*, lettre du vidame de Chartres au duc de Montmorency, octobre 1570, publiée en note au bas de la lettre de Catherine de Médicis.

8. 萨克森公爵手下的法国新教徒于贝尔·郎盖的信中也反映出这种欣喜之情（Béatrice Nicollier, *Hubert Languet, 1518-1581. Un réseau politique international, de Melanchthon à Guillaume d'Orange*, Genève, Droz, 1995, p. 256-259）。

9. 关于这起刺杀事件的传闻颇多，参见 Nicolas Le Roux, *La Faveur du roi. Mignons et courtisans au temps des derniers Valois* (vers 1547-vers 1589), Seyssel, Champ Vallon, 2000, p. 111-114。

10. Éliane Viennot, *Marguerite de Valois. Histoire d'une femme, histoire d'un mythe*, Paris, Payot, 1993, p. 42.

注 释

11. *Lettres de Charles IX à M. de Fourquevaux, op. cit.*, p. 361, lettre du 28 septembre 1571, Blois ; *Lettres de Catherine de Médicis, op. cit.*, t. IV, p. 76, lettre du 8 octobre au grand-duc de Toscane.
12. *Négociations diplomatiques avec la Toscane, op. cit.*, t. Ill, p. 719, lettre à François de Médicis, Paris, 15 octobre 1571.
13. Nancy Lyman Roelker, *Jeanne d'Albret, reine de Navarre, 1528-1572* [1968], trad, par G. de B. Merrill, Paris, Imprimerie nationale, 1979, p. 96.
14. *Tocsain contre les massacreurs* (1577), in *Archives curieuses de l'histoire de France*, Louis Cimber et Charles Danjou (éd.), 1re série, t. VII, Paris, 1835, p. 43; J. -L. Bourgeon, *L'Assassinat de Coligny, op. cit.*, p. 32.
15. Nicole Lemaître, *Saint Pie V*, Paris, Fayard, 1994, p. 283.
16. V. Vásquez de Prada, *Felipe II y Francia, op. cit.*, p. 202-203.
17. Arch. Gen. de Simancas, Estado, K 1526, n°32, lettre de Pedro de Aguilón au duc d'Albe, Blois, 9 avril 1572.
18. *Négociations diplomatiques avec la Toscane, op. cit.*, t. Ill, p. 763-766, lettre de Giovanni Battista Alamanni à Antonio Maria Salviati, Blois, 15 avril 1572.
19. *Ibid.*, p. 771, lettre de l'ambassadeur Petrucci à François de Médicis, Paris, 22 avril 1572.
20. *Lettres du cardinal Charles de Lorraine* (*1525-1574*), éd. Daniel Cuisiat, Genève, Droz, 1998, p. 771, lettre du 1er août 1572, Rome, p. 638.
21. BnF, Ms. fr. 16040, fol. 166 r°, lettre de M. de Ferrals au roi, Rome, 10 août 1572. 因此，认为洛林枢机主教暗中竭力阻挠教皇颁布特许的传统观点是站不住脚的。
22. 萨尔维亚蒂记录了波劳枢机主教的犹豫： *Correspondance en France du nonce Antonio Maria Salviati* (*1572-1578*), éd. Pierre Hurtubise, t. I, *1572-1574*, p. 195-196, lettre du 18 août 1572；参见 *ibid.*, p. 196, note 11, 列出了22名受邀参加婚礼的教士中9名未出席者的名单，他们拒绝参加婚礼以示反对。
23. *Négociations diplomatiques avec la Toscane, op. cit.*, t. Ill, p. 748, lettre de Petrucci à François de Médicis, Paris, 24 mars 1572.
24. N. L. Roelker, *Jeanne d'Albret, op. cit.*, p. 334-347. 玛格丽特·德·瓦卢瓦陪嫁的财产应为30万埃居，她的母亲应赠予20万里弗尔，两个哥哥应各赠予5万里弗尔。
25. N. M. Sutherland, *The Massacre of St. Bartholomew, op. cit.*, p. 168-169.
26. Texte publié par Guillaume Groen van Prinsterer, *Archives ou Correspondance inédite de la maison d'Orange-Nassau*, 1er série, t. Ill, Leyde, S. et J. Luchtmans, 1836, p. 282-286.
27. Nicola Mary Sutherland, *The Huguenot Struggle for Recognition*, New Haven et Londres, Yale University Press, 1980, p. 189.
28. V. Vásquez de Prada, *Felipe II y Francia, op. cit.*, p. 198 ; N. M. Sutfierland. *The Massacre of St. Bartholomew, op. cit.*, p. 145-146 et 168.
29. Lettre de Francis Walsingham à lord Burghley, 12 août 1571, publiée par Dudley Digges, *The Compleat Ambassador*, Londres, 1655, et citée par N. M. Sutherland, *The Massacre of St. Bartholomew, op. cit.*, p. 169-170.

30. B. Nicollier, *Hubert Languet op. cit.*, p. 247-262.
31. *Lettres de Catherine de Médicis, op. cit.*, t. IV, p. 62-63.
32. J. Garrisson, *Les Derniers Valois, op. cit.*, p. 58; *Négociations diplomatiques avec la Toscane, op. cit.*, t. Ill, p. 648, lettre de Petrucci à François de Médicis, 22 février 1571.
33. S. Bouquet, *Brief et sommaire recueil, op. cit.*, fol. 6 v°.
34. Jacques Poujol, «Étymologies légendaires des mots France et Gaule pendant la Renaissance», *Publications of the Modern Language Association of America*, vol. 72, 1957, p. 900-914.
35. Martin van Gelderen, *The Political Thought of the Dutch Revolt, 1555-1590*, Cambridge, Cambridge University Press, 1992, p. 126.
36. Lettre de Claude de Mondoucet au roi, 26 décembre 1571, citée par Louis Gachard, *La Bibliothèque nationale à Paris. Notices et extraits des manus-crits qui concernent l'histoire de Belgique*, Bruxelles, M. Hayez, t. II, 1877, p. 511.
37. N. M. Sutherland, *The Massacre of St. Bartholomew, op. cit.*, p. 174.
38. Texte cité par Joseph Kervyn de Lettenhove, *Les Huguenots et les Gueux*, Bruges, Beyaert-Storie, t. II, 1884, p. 433.
39. *Négociations diplomatiques avec la Toscane, op. cit.*, t. III, p. 669-670, lettres de l'ambassadeur Petrucci au secrétaire Concini, 10 mai 1571, et à Francois de Médicis, même date.
40. V. Vásquez de Prada, *Felipe II y Francia, op. cit.*, p. 204.
41. BnF, Ms. fr. 16040, fol. 74, lettre de Ferrals au roi du 29 avril 1572, et fol. 152, lettre au roi du 30 juin 1572.
42. 这是 P. Champian 的提法, *Charles IX, op. cit.*, t. II, p. 82。
43. 认为是美第奇的学者为 Ivan Clonlas (*Catherine de Médicis*, Paris, Fayard, 1979, p. 283); 认为是西班牙的学者为 P. Champion 与布尔荣 (*L'Assassinat de Coligny, op. cit.*, p. 47)。另请参阅 Serge Brunet 近期提出的疑问: "(菲利普二世密探发出的) 警告是否使西班牙做出刺杀科里尼的决定, 以避免走向战争?" («*De l'Espagnol dedans le ventre!» Les cathoiiques du sud-ouest de la France face à la Réforme, vers 1540-1589*, Paris, H. Champion, 2007, p. 511)
44. BnF, Ms. fr. 15553, fol. 250 r°et 251 r°, transfert des compagnies de Saint-Jean-d'Angély et d'Angoulême, et 193 r°, lettre du duc de Longueville, 14 septembre 1571; N. M. Sutherland, *The Massacre of St. Bartholomew, op. cit.*, p. 223; J.-L. Bourgeon, *Charles IX devant la Saint-Barthélemy, op. cit.*, p. 115-116.
45. BnF, Ms. fr. 15554, fol. 160 r°, lettre de M. de Coudres au roi, Grenoble, 5 juin 1572, et 174 r°, lettre du comte de Tende, Marseille, 6 juin 1572.
46. BnF, Ms. fr. 15554, fol. 176 r°, lettre de M. de Joyeuse au roi, Loudun, 9 juin 1572.
47. BnF, Ms. fr. 16040, fol. 152 r°, lettre de M. de Ferrals au roi du 30 juin 1572, et fol. 179 r°, lettre au roi du 18 août 1572. 然而, 弗尔南·布罗代尔认为出兵比塞大并非仅仅是一个幌子, 菲利普二世此举意在确保对北非的控制 (*La Méditerranée et le monde méditerranéen à l'époque de Philippe II*, Paris, Armand Colin, 1966, t. II, p. 408)。
48. BnF, Ms. fr. 15554, fol. 58 r°, lettre du sieur de Rieux au roi, Narbonne, 13 avril 1572.

注 释

49. Lettre de Diego de Zuñiga à Philippe II, 27 juin 1572, citée par V. Vásquez de Prada., *Felipe II y Francia, op. cit.*, p. 210.
50. Pierre de Bourdeille, seigneur de Brantôme, *Œuvres complètes*, éd. Ludovic Lalanne, Paris, Renouard, 1864-1882, 11 vol.. t. IV, p. 297-298.
51. *Négociations diplomatiques avec la Toscane, op. cit.*, t. Ill, p. 772, lettre de Petrucci à François de Médicis, 2 mai 1571, Paris.
52. *CSP*, t. IV, p. 130, lettre de Morgan à Burghley, 16 juin 1572, Flessingue, citée par N. M. Sutherland, *The Massacre of St. Bartholomew, op. cit.*, p. 245. 然而，施特罗兹 7 月 25 日致国王的信表明他此时身处波尔多。他称已收到命令并已准备就绪，但仍不清楚会前往何地。他在 8 月 29 日写于布鲁阿日的信中称，他本应 24 日出发（未言明目的地），但因天气恶劣而被迫拖延了。他还提到手中资源有限，请求增援。他手下的士兵后被派去攻打拉罗谢尔（lettres publiées par Henri-Léonard Bordier, *La Saint-Barthélemy et la critique moderne*, Genève, H. Georg, et Paris, G. Fischbacher, 1879, p 87-89）。
53. Th. de Bèze, *Correspondance, op. cit.*, t. XIII, 1572, p. 135-138, lettre à Bullinger, Genève, 17 juin 1572.
54. BnF, Ms. fr. 16040, fol. 152 r°, lettre de M. de Ferrals au roi du 30 juin 1572.
55. Lettre publiée par Emmanuel de Noailles, *Henri de Valois et la Pologne en 1572*, Paris, Michel Lévy, 1867, t.I, p. 9.
56. S. Brunet, «*De l'Espagnol dedans le ventre !* », op. cit., p. 495-506.
57. BnF, Ms. fr. 16040, fol. 155 r°, lettte de M. de Ferrals au roi du 29 juillet 1572.
58. Arch. Gen. de Simancas, Estado, K 1529, lettre du 17 juillet 1572, citée par P. Champion, *Charles IX, op. cit.*, t. II, p. 48.
59. BnF, Ms. fr. 16040, fol. 16 r°, lettre de Ferrals au roi du 15 janvier 1572.
60. 萨亚斯在 1572 年 3 月 16 日的信中遗憾地表示，菲利普二世因"荣誉"之故，不会与英国结盟（Arch. Gen. de Simancas, Estado, K 1529, cité par F. Braudel, *La Méditerranée, op. cit.*, t. II, p. 400）。
61. Cité par V. Vásquez de Prada, *Felipe II y Francia, op. cit.*, p. 212, n. 74. 萨伏依公爵一直密切关注局势，他 7 月时认为，只有在查理九世挑起战争时，西班牙才会宣战（BPU, Genève, Ms. fr. 90, fol. 156 v°, lettre de Fagent français Pierre Forget de Fresnes, 20 juillet 1572）。
62. 由费拉勒在罗马记录（BnF, Ms. fr. 16040, fol. 154 r°, lettre du 30 juin 1572）。
63. BnF, Ms. fr. 16040, fol. 142 r°, lettre de Ferrals au roi du 20 juin 1572.
64. N. M. Sutherland, *The Massacre of St. Bartholomew, op. cit.*, p. 268; *CSP, Foreign Series, Reign of Elizabeth, 1572-1574*, Londres, Longman, 1876, n°532, p. 169, lettre de Ralph Lane au bourgmestre de Neuport, 18 août 1572.
65. Bernard Vogler, «Huguenots et protestants allemands vers 1572», in *Actes du colloque «L'Amiral de Coligny et son temps»*, Paris, Société de l'histoire du protes-tantisme français, 1974, p. 182-183.
66. 这是苏尼加的思路，他在 1572 年 6 月 4 日致阿尔伐公爵的信中考虑到菲利普二世是否应佯装相信查理九世做出的否认，"在其声誉不被破坏之前"一直保持伪装（Arch. Gen. de

Simancas, Estado, K 1529, n°75)。

67. Arch. Gen. de Simancas, Estado, K 1529, lettre du duc d'Albe à Zuñiga, 24 juin 1572, citée par V. Vásquez de Prada, *Felipe II y Francia, op. cit.*, p. 209.
68. Arch. Gen. de Simancas, Estado, K 1530, n°5, lettre de Philippe II à Zuñiga, 2 août 1572, citée partiellement par V. Vásquez de Prada, *Felipe II y Francia ,op. cit.*, p. 209.
69. 布尔荣对这一点的分析十分透彻，即便他没有完全理解菲利普二世和查理九世之间互不揭下面具的意义（«Pour une histoire, enfin, de la Saint-Barthélemy», art. cité, p. 123)。
70. N. M. Sutherland, *The Massacre of St. Bartholomew, op. cit.*, p. 229-236.
71. BnF, Ms. fr. 16104, fol. 46 r°, lettre aux gouverneurs de province, 4 mai 1572.
72. Arch. Gen. de Simancas, Estado, K 1529, n°68, lettre de Zuñiga au duc d'Albe, 31 mai 1572, passage cité par V. Vásquez de Prada, *Felipe II y Francia, op.cit.*, p. 206.
73. BnF, Ms. fr. 3318, fol. 23 v°, lettre du roi à Vulcob, 16 juin 1572, citée par Jules Delaborde, *Gaspard de Coligny, amiral de France*, Paris, Sandoz et Fischbacher, 1882, t. III, p. 388.
74. BnF, Ms. fr. 15554, fol. 158 r°, lettre de Léonor d'Orléans, duc de Longueville, 5 juin 1572, Amiens.
75. *Négociations diplomatiques avec la Toscane*, op. cit., t. III, p. 771, lettre de Petrucci à François de Médicis, Paris, 22 avril 1572.
76. *Correspondance diplomatique de Bertrand de Salignac de La Mothe Fénelon*, Paris et Londres, éd. Charles Purton Cooper, t. V, 1840, p. 471, lettre au roi du 24 mai 1572, Londres.
77. Arch. Gen. de Simancas, Estado, K 1529, n° 105, lettre de Zuñiga au duc d'Albe, 29 juin 1572.
78. Lettre de Coligny à Burghley du 27 mai 1572, publiée par Hector de La Ferrière, *Le XVIe siècle et les Valois d'après les documents inédits du British Museum et du Record Office*, Paris, Imprimerie nationale, 1879, p. 314-315 ; D. Crouzet, *La Nuit de la Saint-Barthélemy, op. cit.*, p. 347.
79. *Mémoires et instructions pour les ambassadeurs, ou lettres et négociations de Walsingham, ministre et secrétaire d'État sous Élisabeth, reine d'Angleterre, traduit de l'anglois*, Amsterdam, Huguetan, 1700, p. 275, lettre de Walsingham àBurghley, 10 août 1572, Paris.
80. Hugues Daussy, *Les Huguenots et le roi. Le combat politique de Philippe Duplessis-Mornay*, Genève, Droz, 2002, p. 64-80.
81. 关于这几次御前会议的日期，请参阅 *ibid.*, p.72; Zuñiga mentionne un débat au Conseil sur la rupture avec l'Espagne dès le 26 juin（lettre du 27 juin citée par V. Vásquez de Prada, *Felipe II y Francia, op. cit.*, p. 210)。
82. Arch. Gen. de Simancas, Estado, K 1529, n° 124, lettre de Zuñiga au duc d'Albe, 13 juillet 1572.
83. Marc Smith, «Familiarité française et politesse italienne au XVIe siècle. Les diplomates italiens juges des manières de la cour des Valois», *RHD*, 102e année, n°3-4, 1988, p. 193-232. 如第 202 页（"一位罗马教士吃惊地看到国王的司酒官仅仅行了一个屈膝礼便开始斟酒，而且他的帽子还一直戴在头上"）。

注 释 283

84. J. Kervyn de Lettenhove, *Les Huguenots et les Gueux*, op. cit., p. 498.
85. L. Gachard, *La Bibliothèque nationale à Paris*, op. cit., t. II, p. 373-374.
86. *La Saint-Barthélemy devant le Sénat de Venise*, op. cit., p. 9（relation de Michiel）et 80（relation de Cavalli）.
87. BPU, Genève, Ms. fr. 90, lettre au roi de Pierre Forget de Fresnes, 9 août 1572, f. 158 v°.
88. Arch. Gen. de Simancas, Estado, K 1530, n°13, lettre de Zuñiga à Philippe II, 10 août 1572, et n°19, 苏尼加1572年8月20日致菲利普二世信件概要。关于文中提及的几次御前会议的日期，另一些史料认为是在8月9日和10日，请参阅V. Vásquez de Prada, *Felipe II y Francia*, op. cit., p. 215, n. 89。
89. 奥伦治亲王8月11日致其兄弟让的信件中所述情况（lettre publiée par G. Groen van Prinsterer, *Archives ou Correspondance inédite de la maison d'Orange-Nassau*, op. cit., p. 490-491）。
90. *Négociations diplomatiques avec la Toscane*, op. cit., t. III, p. 798, lettre du 15 juillet 1572；voir N. M. Sutherland, *The Massacre of St. Bartholomew*, op. cit., p. 261-262.
91. 美第奇向阿尔伐公爵派出的密使戈米库尔所述内容。阿尔伐公爵对法国征兵表示不满（lettre de Gomicourt au secrétaire Zayas, Paris, 18 août 1572, Arch. Gen. de Simancas, Estado, K 1529, n°17, citée par V. Vásquez de Prada, *Felipe II y Francia*, op. cit., p. 215）。苏尼加在上文引用的8月20日的信件中讽刺了这种推卸责任的言语。
92. Arch. Gen. de Simancas, Estado, K 1530, n°20, lettre de Zuñiga à Philippe II, 23 août 1572（档案日期误写为22日；苏尼加在信中提到了"昨天"[ayer]发生的偷袭以及"今晚"为科里尼安排的卫队）。
93. *Ibid.*, n°29, lettre de Zuñiga au duc d'Albe, 31 août 1572. 在这封信中，苏尼加甚至大胆假设，若科里尼身亡，查理九世去与奥伦治和拿骚重新结盟会无功而返。因为发生了这样的事件后，他们一定不再信任查理九世。
94. *Correspondance de Philippe II sur les affaires des Pays-Bas*, op. cit., t. II, p. 286-287, lettre du duc d'Albe au roi. Tongues, 13 octobre 1572.
95. Hector de La Ferrière, *La Saint-Barthélemy, la veille, le jour, le lendemain*, Paris, Calmann-Lévy, 1892, p. 61.
96. Arch. Gen. de Simancas, Estado, K 1530, n°13, lettre de Zuñiga à Philippe II, 10 août 1572. La scene est attribuée à tort à Henri de Navarre par Pierre Champion（*Charles IX*, op. cit., t. II, p. 72）.
97. *Négociations diplomatiques avec la Toscane*, op. cit., t. III, p. 802-803, lettre à François de Médicis, Paris, 9-13 août 1572.
98. BnF, Ms. fr. 16040, fol. 166 r°, lettre de Ferrals au roi, 10 août 1570.
99. *Ibid.*, fol. 159 r°et 189 r°：教皇最初提出的四个条件后减至三个（亨利·德·纳瓦尔在教廷特使面前公开宣誓信仰天主教；亲自向教皇请求特许；恢复纳瓦尔和贝阿恩两地教士的头衔与俸禄）。
100. *Lettres de Catherine de Médicis*, op. cit., t. IV, p. 109-110, lettre du 14 août 1572 à M. de Mandelot.
101. *Correspondance en France du nonce Antonio Maria Salviati*, op. cit., p. 195-196, lettre du 18

août 1572.

102. *Mémoires de Luc Geizkofler, op. cit.*, p. 52-54 ; *Relation du massacre de la Saint-Barthélemy, op. cit.*, p. 78-79. 然而，玛格丽特·德·瓦卢瓦在日后撰写的《回忆录》中记录道，纳瓦尔国王及其随从"并未着丧服，所穿衣物华丽漂亮"。这是对记忆的美化？（*Mémoires et autres écrits*, éd. Éliane Viennot, Paris, H. Champion, 1999，p. 90）

103. Pierre Hurtubise 列出了名单，p. 196，n. 11 de son édition de la *Correspondance en France du nonce Antonio Maria Salviati*（*1572-1578*），t. I, op. cit。

104. Barbara Diefendorf, «La Saint-Barthélemy et la bourgeoisie pari-sienne», *HES*, 1998，n°3，p. 345.

105. Note résumant des lettres de don Diego de Zuñiga à Philippe II, 20 août 1572, Arch. Gen. de Simancas, Estado, K 1530, n°13; relation de Giovanni Michiel du 22 août, *Atti del regio instituto veneto di scienze*, *lettere ed arti*, t. XV, série III, 1869-1870, citée par P. Champion, *Charles IX*, t. II, *op. cit.*, p. 75, n. 1.

106. *Relation du massacre de la Saint-Barthélemy, op. cit.*, p. 80.

107. J.-L. Bourgeon, «La Fronde parlementaire à la veille de la Saint-Barthélemy», art. cité.

108. Robert Descimon, «Paris on the Eve of Saint Bartholomew: Taxation, Privilege and Social Geography», *in* Philip Benedict（éd.）. *Cities and Social Change in Early Modern France*, Londres, Unwin Hyman, 1989，p. 78. 1571年"捐赠"的一小部分（5万里弗尔）以强制征收市政厅地租的形式收取。1572年，"捐赠"金额减至15万里弗尔，同样采取了征收地租的形式。

109. Michèle Baulant et Jean Meuvret, *Prix des céréaks extraits de la mercuriale de Paris*（*1520-1698*），Paris, SEVPEN, 1960, t. I, p. 190; J. Garrisson, *La Saint-Barthélemy* ,*op. cit.*, p. 60-61.

110. Frances A. Yates 在其著作中出色地分析了瓦卢瓦家族带有祛邪价值的娱乐活动。*Les Académies en France au XVIe siècle* [1947]，trad, par Thierry Chaucheyras, Paris, PUF, 1996，p. 323-376.

111. Lettre à Heinrich Bullinger, février 1572, traduite et publiée par Rodolphe Dareste, «François Hotman. Sa vie et sa correspondance», *RH*, 1re année, t. II, juillet-décembre 1876, p. 54.

112. Nicolas Pithou de Chamgobert, *Chronique de Troyes et de la Champagne*（*1524-1594*），éd. Pierre-Eugène Leroy, Reims, Presses universitaires, 1998-2000, 3, vol., t. II, p.689.

第三章　打破和平的谋杀

1. *Mémoires de Jacques Pape, seigneur de Saint-Auban*, éd. Michaud et Poujoulat, 1re série, t. XI, Paris, 1838, p. 497.

2. *La Vie de messire Gaspar de Colligny, seigneur de Chastillon, admiral de France*, traduction française parue à Leyde en 1643 de Gasparis *Colinii Castellonii* [...] *vita*, s. l., 1575, éd. Émile Telle, Genève, Droz, 1987. 此文节选了 *De furobribus gallicis*（爱丁堡，1573）一书中的部分文字，削弱了其论战意味。*De furoribus gallicis* 的作者也被认为是弗朗索瓦·奥特艺。

3. 请参照本书附录中当时的巴黎地图来确定其位置。如今其位置请参见: Jean-Pierre Babelon, «Le Paris de Coligny», *Actes du colloque «L'Amiral de Coligny et son temps»* (Paris, 24-28 octobre 1972), Paris, Société de l'histoire du protestantisme français, 1974, p. 566。

4. 信息源自朱尔·加索,他称"窗外晾晒着湿湿的衣服": *Sommaire Mémorial* (1555-1623), éd. Pierre Champion, Paris, Champion, 1934, p. 97. D'autres sources parlent de «draperies»。

5. *Négociations diplomatiques avec la Toscane, op. cit.*, t. Ill, p. 812, lettre d'un anonyme (Cavriana) au secrétaire Concini, Paris, 27 août 1572 ; J. de La Fosse, *Les Mémoires d'un curé de Paris, op. cit.*, p. 113. 只有米基耶记录说,科里尼**左手断**一指,**右臂被打穿**(*La Saint-Barthélemy devant le Sénat de Venise, op. cit.*, p. 20)。

6. Arch. Gen. de Simancas, Estado, K 1530, n°20, lettre de Zuñiga à Philippe II, 23 août 1572 (copie portant la date erronée de 22 août). 奥拉埃圭 8 月 26 日的记述 (ibid., K1524, n°79, 另一副本稍有不同,保存在 K1530, N°24) 认为袭击发生在 22 日周四 (而非周五), 实是记录有误。另一个记述仍是草稿,稍有不同但包含了许多很可能是虚假的细节, 被保存在 K1524, n°78。这份记述与戈米库尔的报告十分相似 (后者的报告载于 Philippe Erlanger, *Le Massacre de la Saint-Barthélemy*, Paris, Gallimard, 1960, p. 258-260)。

7. *Mémoires de Jacques Pape, op. cit.*, p. 497-498.

8. 关于莫尔韦尔的这些信息已在克鲁泽的研究中阐明 (*La Nuit de la Saint-Barthélemy ,op. cit.*, p. 462-468)。

9. Pomponne de Bellièvre, *Proposition faite aux Suisses* [...] *sur la mort de Monsieur l'admiral de Colligny et journee de St. Barthelemy*, BnF, Ms. fr. 18895, fol. 214 r°-215 r°.

10. Pierre de L'Estoile, *Registre-Journal du règne de Henri III*, éd. Madeleine Lazard et Gilbert Schrenck, t. IV, *1582-1584*, Genève, Droz, 2000, p. 89.

11. D. Crouzet, *La Nuit de la Saint-Barthélemy, op. cit.*, p. 462-468.

12. *La Saint-Barthélemy devant le Sénat de Venise, op. cit.*, p. 21; lettre de Zuñiga à Philippe II, 23 août 1572, *op. cit.*; Pomponne de Bellièvre, *Proposition faite aux Suisses, op. cit.*, fol. 221 r°.

13. *Registres des délibérations du Bureau de la Ville de Paris*, 15 vol., t. VII, 1572-1576, éd. François Bonnardot, Paris, Imprimerie nationale, 1893, p. 10.

14. *Discours simple et véritable des rages exercées par la France*, Bâle [La Rochelle], version française du *De furoribus gallicis* de François Hotman, citée par J.-L. Bourgeon, *L'Assassinat de Coligny, op. cit.*, p. 74, n. 7. Dans *La Vie de messire Gaspar de Colligny*, c'est le comte de Retz qui dit craindre «quelque émeute populaire» (*op. cit.*, p. 119).

15. *Négpciations diplomatiques avec la Toscane, op. cit.*, t. Ill, p. 814, lettre d'un anonyme (Cavriana) au secrétaire Concini, Paris, 27 août 1572 ; *La Vie de messire Gaspar de Colligny, op. cit.*, p. 118.

16. Bl. de Monluc, *Commentaires, op. cit.*, p. 834.

17. *La Saint-Barthélemy devant le Sénat de Venise, op. cit.*, p. 81-82.

18. Pierre de L'Estoile, *Mémoires pour servir à l'histoire de France depuis 1515 jusqu'en 1574*, éd. André Martin, publiés dans l'appendice de l'édition du *Journal pour le règne de Henri IV et le début du règne de Louis XIII*, Paris, Gallimard. 1960, p. 472.

19. Jacques-Auguste de Thou, *Histoire universelle depuis 1543 jusqu'en 1607*, traduite sur l'édition

latine de Londres, Londres, 1734, 16 vol., t. VI, *1570-1573*, p. 370-374.

20. *La Vie de messire Gaspar de Colligny, op. cit.*, p. 104.
21. *Mémoires inédits de Michel de La Huguerye*, éd. Alphonse de Ruble, Paris, Renouard, 1877 (Société de l'histoire de France), 3 vol., t. I, p. 95.
22. *Négociations diplomatiques avec la Toscane, op. cit.*, t. Ill, p. 814, lettre d'un anonyme (Cavriana) au secrétaire Concini, Paris, 27 août 1572.
23. *Correspondance du roi Charles IX et du sieur de Mandelot, gouverneur de Lyon, pendant l'année 1572*, éd. Paulin, Paris, Crapelet, 1830, p. 36-37.
24. *Correspondance diplomatique de Bertrand de Salignac de La Mothe Fénelon, op. cit.*, t. VII, supplément (*Lettres adressées de la Cour à l'ambassadeur*), Charles IX à La Mothe-Fénelon, 22 août 1572, p. 322.
25. Arch. Gen. de Simancas, Estado, K 1530, n°20, lettre de Zuñiga à Philippe II, 23 août 1572 (copie datée par enreur du 22).
26. 这种说法见于记录8月24日大屠杀的一份手稿中（ *Discours particulier où est amplement descrit et blasmé le massacre de la St-Barthélemy*, BnF, Ms. fr.17529, fol. 112 v° ）。
27. BnF, Ms. fr. 17309, *Dessein de ceux qui soubz le nom et autorité de Sa Majesté ont faict le massacre*, fol. 58 v°.
28. *Négociations diplomatiques avec la Toscane, op. cit.*, t. Ill, p. 807-808, lettre de Petrucci à François de Médicis, Paris, 23 août 1572.
29. *Ibid.*,p. 813, lettre d'un anonyme (Cavriana) au secrétaire Concini, Paris, 27 août 1572.
30. Tomasso Sassetti, *Brieve Raccontamiento del gran macello fatto nella città di Parigi il vigesimo quarto giorno d'agosto*, publié par John Tedeschi, in Alfred Soman (éd.) .*The Massacre of St. Bartholomew. Reappraisals and Documents*, La Haye, M. Nijhoff, 1974, p. 131.
31. Michel Simonin, *Charles IX*, Paris, Fayard, 1995, p. 322.
32. *La Saint-Barthélemy devant le Sénat de Venise, op. cit.*, p. 36.
33. Jean-Marie Constant, *Les Guise*, Paris, Hachette, 1984, p. 68-69. J.-M Constant 认为吉斯家族应为8月22日的袭击负责的观点站不住脚。
34. *La Vie de messire Gaspar de Colligny, op. cit.*, p. 118-119.
35. *Négociations diplomatiques avec la Toscane, op. cit.* t. Ill, p. 855, lettre de Petrucci à François de Médicis, Paris, 2 novembre 1572.
36. *Correspondance du roi Charles IX et du sieur de Mandelot, op. cit.*, lettre de Mandelot au roi, 5 septembre 1572, p. 55-58.
37. BPU, Genève, Ms. fr. 90, lettre au roi de Pierre Forget de Fresnes, 10 septembre 1572, fol. 162 v°.
38. Marguerite Christol, «La dépouille de Gaspard de Coligny», *BSHPF*, t.CXI, 1965, p. 136-140：作者以 Henri Forneron（ *Histoire de Philippe II*, Paris, Plon, 1881-1882, t. Ill, p. 206 ）的研究来支持他的观点。而后者引用的是阿尔伐公爵1573年2月的一封含义十分模糊的信件。

39. 布尔荣认为人头是被送往阿尔伐公爵处,并以此为理由之一,推断阿尔伐公爵应为此事负责(*L'Assassinat de Coligny, op. cit.*, p. 47)。

40. Voir ci-dessus, chap. 2, p. 69-70.

41. Marc Venard, «Arrêtez le massacre!», art. cité, p. 650.

42. *La Saint-Barthélemy devant le Sénat de Venise, op. cit.*, p. 61.

43. *Ibid.*, p. 34. 这种认为太后美第奇是幕后黑手的观点一直是传统史学的观点,Ivan Cloulas 也赞同这一观点,请参见:*Catherine de Médicis*, Paris, Fayard, 1979。

44. 关于此点请参见克鲁泽的分析,*La Nuit de la Saint-Barthélemy, op. cit.*, p. 352-353。

45. *Lettres de Catherine de Médicis, op. cit.*, t. IV, p. Ill, 21 août 1572.

46. *Ibid.*, p. 112.

47. M. Venard, «Arrêtez le massacre!», art. cité, p. 650.

48. Arch. Gen. de Simancas, Estado, K 1530, n°13, 苏尼加 1572 年 8 月 10 日致菲利浦二世的信函("贡迪对我说,太后接下来就做出决定,不与陛下开战,她虽然不愿意看到她的一些敌人出现在御前会议中,但会议还是做出了她们期望的决定,即不进行战争。")

49. Voir ci-dessus, chap. 1, p. 59-60.

50. 他可能向教廷驻西班牙大使 Rossano 提到此想法,后者在 1572 年 8 月 5 日致科莫枢机主教的信中提及此事。请参见:N. M. Sutherland, *The Huguenot Struggle for Recognition, op. cit.*, p. 204. Voir, ibid., p. 190 et 192。菲利浦二世在 1568 年 5 月 4 日致阿尔伐公爵的信中表示,他希望查理九世利用隆瑞莫和平敕令之机消灭胡格诺派的领袖,请参见:*Archivo Documental Español. Negociaciones con Francia*, t. X, Madrid, Maestre, 1959, n°1632, p. 390-391。

51. Arch. Gen. de Simancas, Estado, K 1530, n° 20, lettre de Zuñiga à Philippe II, 23 août 1572, *op. cit.*

52. «Yo digo a V. M.^{d} que à la hora de agora creo conviene que viva este vellaco.»

53. 分析见上文,第 2 章第 91 页。

54. Arch. Gen. de Simancas, Estado, K 1530, n°29, lettre de Zuñiga au duc d'Albe, 31 août 1572, *op. cit.*；分析见上文,第 2 章第 91 页。

55. *Archives ou Correspondance inédite de la maison d'Orange-Nassau, op. cit.*, t.Ill, p. 503.

56. BPU Genève, Ms. fr. 90, lettres au roi de Pierre Forget de Fresnes du 30 juillet 1572 (fol. 158 r°), du 9 août (fol. 158 v°) et du 14 août (fol. 160 v°)。

57. 至少这些网络是由天主教徒中的极端派组成的。但吉斯家族的门客的宗教信仰并不一致,其中还包括一些新教徒(Stuart Carroll, *Noble Power during the Wars of Religion. The Guise Affinity and the Catholic Cause in Normandy*, Cambridge, Cambridge University Press, 1998, p. 140)。

58. R. Descimon, «Paris on the Eve of Saint-Bartholomew», art. cité, p. 69.

59. Barbara Diefendorf, *Beneath the Cross. Catholics and Huguenots in Sixteenth-Century* Paris, New York et Oxford, Oxford University Press, 1991；其中第二章名为"The Most Catholic Capital",对巴黎人的虔诚做了详尽的分析。

60. *Ibid.*, p. 40.

61. *Ibid.*, p. 41.
62. Marie-Hèléne Froeschlé-Chopard, *Dieu pour tous et Dieu pour soi. Histoire des confréries et de leurs images à l'époque moderne,* Paris, L'Harmattan, 2007.
63. Larissa Juliet Taylor, *Heresy and Orthodoxy in Sixteenth-Century Paris. François Le Picart and the Beginnings of the Catholic Reformation,* Leyde, Brill, 1999.
64. B. Diefendorf, *Beneath the Cross, op. cit.*, p. 147-149; Louis Châtelier, *Le Catholicisme en France, t.* I, *Le XVIe siècle,* Paris, SEDES, 1995, p. 160-161.
65. 请参阅克鲁泽对1524年大恐怖的分析,*Les Guerriers de Dieu, op. cit.*, t. I, p. 106-112。
66. J. de La Fosse, *Les «Mémoires» d'un curé de Paris, op. cit.*, p. 104.
67. 关于这两方面的分析请参阅Jean Delumeau, *Le Péché et la peur,* Paris, Fayard, 1983, et *Rassurer et protéger,* Paris, Fayard, 1989.
68. 根据让·鲁耶的说法,大屠杀后,巴黎约有5000人弃绝新教(lettre du 22 septembre 1572, publiée par Charles Pradel, «Un marchand de Paris au XVIe siècle [1560-1588] », *Mémoires de l'Académie des sciences, inscriptions et belles-lettres de Toulouse,* 9e serie, vol. 2, Toulouse, 1890, p. 421-423)。这一数字无法核实,但若我们假设它是真实的,且假设约有相同数量的新教徒成功逃出该国,那么加上大屠杀中死亡的约3000人,新教徒总数为1.3万人。
69. 请参见Barbara Diefendorf, «Les divisions religieuses dans les familles parisiennes avant la Saint-Barthélemy», *HES,* 7e année, 1er trimestre 1988, p. 55-77。学生所占比例(3%)在其另一部书中被修订为5%,请参见*Beneath the Cross, op. cit., p.* 109。
70. Simon Vigor, *Sermons catholiques sur les Dimenches et festes depuis l'octave de Pasques jusques à l'Advent,* Paris, F. Gueffier, 1587: sermon «pour le jour et feste de la Magdaleine» (22 juillet 1570?) et sermon pour le jour et feste de l'Assumption de la glorieuse vierge Marie» (15 août 1570?), cités par Jean-Louis Bourgeon, «Quand la foi était révolutionnaire: les sermons d'un curé parisien, Simon Vigor, en 1570-1572», in *Mélanges offerts à Pierre Chaunu. La vie, la mort la foi, le temps,* Paris, PUF, 1993, p. 477.
71. *Mémoires de Claude Haton, op. cit.,* t. II, p. 286.
72. J. de La Fosse, *Les «Mémoires» d'un curé de Paris, op. cit.*, p. 110.
73. 请参见J.-L. Bourgeon, *L'Assassinat de Coligny, op. cit.*, p. 38. 请参见Barbara Diefendorf, «Simon Vigor: A Radical Preacher in Sixteenth-Century Paris», *SCJ,* vol. XVIII, n°3, 1887 p. 399-410.
74. J. de La Fosse, *Les «Mémoires» d'un curé de Paris, op. cit.*, p. 105.
75. *Discours sur les causes de l'execution faicte es personnes de ceux qui avoyent conjuré contre le Roy et son Estat,* Anvers, Christophe Plantin, 1572, fol. D 2 v°.
76. 这是依照René Girand关于暴力的理论所做出的阐释(*La Violence et le Sacré,* Paris, Bernard Grasset, 1972)。
77. J.-A. de Thou, *Histoire universelle, op. cit.,* t. VI, p. 382. 布尔荣引用了1659年版中的这一段(*L'Assassinat de Coligny, op. cit., p.* 61, n. 1)并认为其与英国分析得出的推论是一致的(*CSP, Foreign, Rome,* t. II, *1572-1578,* éd. J. M. Rigg, Londres, 1926, p. 40-41)。
78. *Négociations diplomatiques avec la Toscane, op. cit.,* t. Ill, p. 807, lettre de Petrucci à

François de Médicis, Paris, 23 août 1572; Arch. Gen. de Siman-cas, Estado ,K 1530, n°29, lettre de Zuñiga au duc d'Albe, 31 août 1572, op. cit.

79. *La Vie de messire Gaspar de Colligny, op. cit.*, p. 121 et 124-125.
80. *Négociations diplomatiques avec la Toscane, op. cit.*, t. III, p. 813, lettre d'un anonyme (Cavriana) au secrétaire Concini, Paris, 27 août 1572; T. Sassetti, *Brieve Raccontamiento, op. cit.*, p. 132; *Correspondance en France du nonce Antonio Maria Salviati, op. cit.*, p. 203, lettre du 24 août 1572; J. Gassot, *Sommaire Mémorial, op. cit.*, p. 102.
81. Arch. Gen. de Simancas, Estado, K 1530, n°20, lettre de Zuñiga à Philippe II, 23 août 1572, *op. cit.*
82. 请参阅: J.-A. de Thou (*Histoire universelle, op. cit.*, t. VI, p. 394), Camillo Capilupi (*Le Stratagème, ou la ruse de Charles IX, Roy de France, contre les Huguenots rebelles à Dieu et à luy, in Archives curieuses de l'histoire de France*, Louis Cimber 和 Charles Danjou [éd.], 1ʳᵉ série, t. VII, Paris, 1835, p. 432)。
83. Denis Crouzet, «Capital identitaire et engagement religieux : aux origines de l'engagement militant de la maison de Guise, ou le tournant des années 1524-1525», in Joël Fouilleron, Guy Le Thiec et Henri Michel (éd.), *Sociétés et idéologies des Temps modernes*, Montpellier, Publications de l'université Paul-Valéry – Montpellier III, 1996, t. II, p. 573-589.

第四章 外科切除手术

1. 这也正是克鲁泽所做的 (*La Nuit de la Saint-Barthélemy, op. cit.*, p. 515-516), 他强调了"第二次圣巴托罗缪大屠杀""完全不同的"一面。
2. A. Stegmann, *Édits des guerres de Religion, op. cit.*, p. 63. 请参阅在 Bernard Barbiche 指导下发布在国家文献学院网站上的电子版全文, http://elec.enc.sorbonne.fr。
3. 新教徒这些令国王担忧的文字包括:*La Défense civile et militaire des innocents et de L'Église du Christ*, 这本小册子在第一次宗教战争期间在里昂传播, 煽动性极强, 所以已被全部烧毁 (我们从 Charles Dumoulin 对其的回应中才可了解其内容); *Sentence redoubtable et arrest rigoureux du jugement de Dieu à l'encontre de l'impiété des Tyrans*, 同一时期出现于里昂, *Question politique : s'il est licite aux subjects de capituler avec leur prince*, 被认为是让·德·科拉斯于 1568—1569 年在拉罗谢尔所撰, 以及同一时期来自拉罗谢尔的另一篇文字 *le Discours par dialogues de l'Edict de revocation de la paix*。
4. Lettre de Coligny au roi, 8 mai 1571, citée ci-dessus, p. 48.
5. BnF, Ms. fr. 3193, fol. 68 r°-v°, *Memoire des parolles dittes par feu Monsieur l'admiral au mois d'aoust au cabinet du ray Charles*. 克洛德·德·蒙杜塞也提到了 8 月 6 日这一日期, 见 P. Champion, *Charles IX, op. cit.*, t. II, p. 83。
6. *Négociations diplomatiques avec la Toscane, op. cit.*, t. III, p. 785, Petrucci à François de Médicis, 24 Juin 1572.
7. P. de Bellièvre, *Proposition faite aux Suisses, op. cit.*, fol. 210 r°-v°.
8. *La Saint-Barthélemy devant le Sénat de Venise, op. cit.*, p. 13-14.
9. *Négociations diplomatiques avec la Toscane, op. cit.*, t. III, p. 826, lettre d'un observateur

italien anonyme à François de Médicis, Paris, 26 août 1572（*amarissimi bocconi d'indignita*）。

10. 1572年9月13日，查理九世在一封大屠杀后写给朔姆贝格的信中提到，尽管科里尼"重罪"在身，他还是给予了科里尼"长时间的耐心"（BnF, Ms. fr. 3951, fol. 51 r°[la lettre est publiée, mais datée par erreur du 12 septembre], in *Lettres de Catherine de Médicis*, *op. cit.*, t. IV, p. 122, n. 1, d'après le fonds Dupuy, 86, fol. 205 r°）。

11. T. Sassetti, *Brieve Raccontamiento*, *op. cit.*, p. 130-131.

12. *La Saint-Barthélemy devant le Sénat de Venise*, *op. cit.*, p. 22（texte souligné par moi）。

13. P. de Bellièvre, *Proposition faite aux Suisses*, *op. cit.*, fol. 215 v°（texte souligné par moi）。

14. *Négociations diplomatiques avec la Toscane*, *op. cit.*, t. III, p. 815, lettre d'un anonyme（Cavriana）au secrétaire Concini, Paris, 27 août 1572; Charles Samaran, «Un humaniste italien, Guido Lolgi, témoin de la Saint-Barthélemy», in *Studi in onore di Ricardo Filangeri*, Naples, L'Arte tipografica, 1959, t. II, lettre de Guido Lolgi à Alexandre Farnèse, Paris, 25 août 1572, p. 402（textes soulignés par moi）。

15. P. de Bellièvre, *Proposition faite aux Suisses*, *op. cit.*, fol. 210 r°-v°。

16. BnF, Ms. fr. 3951, fol. 51 r°, lettre de Charles IX à Schomberg, 13 septembre 1572（déjà citée note 10）。

17. *La Vie de messire Gaspar de Colligny*, *op. cit.*, p. 122; *Le Réveille-Matin des François*, Édimbourg, 1574,t. I, p. 54.

18. 8月24日致各省总督的通函解释说，吉斯家族得知胡格诺派要向他们寻仇后，"当晚便开始有所行动，出现了一次大规模的骚乱"（致隆格维尔公爵的信函，请参见J.-L. Bourgeon, *Charles IX devant la Saint-Barthélemy*, *op. cit.*, p. 44-45）。但25日时，国王在致驻英大使拉·莫特-费奈隆的信中，提出胡格诺谋反，反抗他、他的母亲与弟弟（信函见ibid. ,p.70）。国王在给朔姆贝格的一份记录中，也提到了胡格诺派正在策划袭击（*Lettres de Catherine de Médicis, op. cit.*, t. IV, p. 113, n. 2）。

19. 40余名新教贵族于8月23日晚在他的房间里举行集会，关于这一点，玛格丽特·德·瓦卢瓦的记录是可信的（*Mémoires et autres écrits, op. cit.*, p. 98）。

20. *La Saint-Barthélemy devant le Sénat de Venise*, *op. cit.*, p. 40.

21. *Négociations diplomatiques avec la Toscane*, *op. cit.*, t. III, p. 815, lettre d'un anonyme（Cavriana）au secrétaire Concini, Paris, 27 août 1572.

22. 关于戈米库尔的报告，参见Ph. Erlanger, *Le Massacre de la Saint-Barthélemy*, *op. cit.*, p. 259。锡曼卡斯总档案馆藏有这份报告的草稿，Estado, K 24, n°78（*Relación de la muerte del Almirante y otros hereges de Francia*）。

23. *Lettres de Charles IX à M. de Fourquevaux*, *op. cit.*, p. 119.

24. 这种解释部分符合克鲁泽在 *Les Guerriers de Dien*（*op. cit.*, t. II, p. 28）一书中提出的观点。他认为第一次圣巴托罗缪大屠杀对于国王是一次"捍卫国家"的行动。但是，在*La namit ole la Saint-Barthélemy*一书中，他更加强调，这么做是出于国王保卫王国中的和谐的意愿。而在第一部书中，捍卫国家在克鲁泽看来更像是一种具有"神圣性"内涵的措施，因此是宗教性的。在 *Le Harmt Caenr de Catherine de Médicis*（*op. cit.*, p. 505）一书中，克鲁泽弱化了国王"捍卫国家"这一动机，降低了8月23日晚间决策的政治意义："（……）捍卫国家并不能单独构成一个目的。理性并不是一种意识形态，而只是

注释   291

随机应变所使用的一个工具（⋯⋯）。"

25. Arch. Gen. de Simancas, Estado, K 1530, n°20, lettre de Zuñiga à Philippe II, 23 août 1572; J. -L. Bourgeon, *L'Assassinat de Coligny, op. cit.*, p. 35, n. 17. 但两天后，巴黎总督弗朗索瓦·德·蒙莫朗西离开了首都，返回尚蒂伊。

26. 第一个传说源自 *Mémoires de Gaspard de Saulx-Tavannes*，由作者的儿子让写成，后者对太后怀有极强的敌意。第二个传说出自 1623 年出版的 *Discours du Roy Henry troisiesme à un personnage d'honneur et de qualité, estant près de Sa Majesté, des causes et motifs de la Sainct Barthélemy*，是一部伪作，可能是由贡迪身边之人所写，来为贡迪辩护（国王称希望杀死科里尼，同时杀死"法国的所有胡格诺，免得留有活口事后指责他"）。然而，托马索·萨塞蒂的记录（他写到，查理九世说的是 "*Ammaz-zeteli tutti, accioche questa peste non ci molesti piú*"，*Brieve Raccontamiento, op. cit.*, p. 142）却表明，人们在大屠杀刚刚结束后就已经开始把一些非常残暴的话语栽赃在国王身上了（或是抄写者在 1583 年时进行了修改）。

27. 卡夫里亚纳此外还提到了蒙庞西耶公爵和吉斯公爵；托马索·萨塞蒂同时也提到了吉斯公爵和亨利·德·昂古莱姆。

28. P. de Bellièvre, *Proposition faite aux Suisses, op. cit.*, fol. 218 r°.

29. 只有巴黎法院的记录简略地提到了这一声明。我们没有找到 8 月 16 日至 26 日的法院记录，也无从知晓其原因。布尔荣（《La Fronde parlementaire à la veille de la Saint-Barthélemy》, art. cité, p. 76）提出了法院成员在这一期间罢工的假设，并在 *L'Assassinat de Coligny*（*op. cit.*, p. 31）一书中确认了这一点，但他没有拿出任何证据。弗朗索瓦·德·希吕埃的日记已被刊于 *Archives historiques du département de la Gironde*, t. XIII, 1871-1872；国王 8 月 26 日的声明位于第 284—286 页。一位法国教士对法院会议做了简短的描述（Augustin Theiner, *Annales ecclesiatici* [...] *ab anno MDLXXII*, t. I, Rome, ex Typographia tiberina, 1856, 3 vol., t. I, p. 45, cité par J. -L. Bourgeon, *Charles IX devant la Saint-Barthélemy, op. cit.*, p. 83, n. 4）。

30. *Lettres de Catherine de Médicis, op. cit.*, t. IV, lettre du 1er octobre 1572 à Arnaud du Fenier, p. 130.

31. Lettre d'Henri d'Anjou à l'ambassadeur français en Espagne, 29 août 1572, citée par Nicolas Le Roux, *Un régicide au nom de Dieu. L'assassinat d'Henri III*, Paris, Gallimard, 2006, p. 63. 瓦内福伦在他的美第奇传记中（*op. cit.*, p. 357-358），主张应由安茹公爵亨利为此决定负全责，认为他在国王与太后不知情的情况下与吉斯公爵亨利达成默契。但这种观点没有任何史料可以为证，因此无法确定。

32. BnF, Ms. fr. 18288, Nicolas Le Fèvre, sieur de Lezeau, *La Vie de messire Jehan de Morvillier*; Gustave Baguenault de Puchesse, *Jean de Morvillier, evêque d'Orléans, garde des Sceaux de France*, Paris, Didier, 1870, p. 291.

33. J. -A. de Thou, *Histoire universelle, op. cit.*, t. VI, p. 420.

34. P. Champion, *Charles IX, op. cit.*, p. 131-134.

35. Voir ci-dessus, note 18.

36. Voir ci-dessus, chap. 3, note 24.

37. 这是 *Relation du massacre de la Saint-Barthélemy*（*op. cit.*, p. 153）一书作者的论据，他认为吉斯家族"看到发生了如此残酷的事情"，便请求"国王揽下一切"。

38. 布尔荣援引了雅克—奥古斯特·德·图的 *Histoire universelle* 中的一段来支持这一怀疑（*Charles IX devant la Saint-Barthélemy, op. cit.*, p. 72）；但这一段却说明了，国王"公开确认"发生的一切都是在他的命令下进行的。
39. Jacques Kiynen, *L'Empire du roi. Idées et croyances politiques en France, XIII*^{e}*-XV*^{e} *Stèele*, Paris, Gallimard, 1993, p. 400-402. 关于中世纪"紧急"的概念与国家理性之关系，请参阅 Michel Senellart, *Machiavélisme et raison d'État*, Paris, PUF, 1989, p. 31-35。
40. "绝对权力仅指不遵守民间法律的特权"，Jean Bodin au chapitre VIII du livre I des *Six Livres de la République*。请参阅 Vincent Houillon 的结论，David El Kenz, *Le Massacre, objet d'histoire*, Paris, Gallimard, coll. «Folio histoire», 2005, p. 403-404。
41. Lettre de Charles IX à Claude de Mondoucet, 26 août 1572 et Déclaration royale du 27 août, citées par J.-L. Bourgeon, *Charles IX devant la Saint-Barthélemy, op. cit.*, p. 99-100 et 104.
42. 如这便是 Guez de Balzac 在 *Le Prince*（1631）中提出的观点。请参阅 Étienne Thuau, *Raison d'État et pensée politique à l'époque de Richelieu*, Athènes, Presses de l'Institut français, 1966, p. 252 et suiv。
43. 克鲁泽认为 8 月 23 日的决定所反映的正是这种"国家理性"。但他认为，这里的"国家理性"是为"查理九世新柏拉图式乌托邦梦想"服务的，实际上最终变为一种"政治的去现实化"（«La nuit de la Saint-Barthélemy : confirmations et compléments», *in* Chantal Grell et Arnaud Ramière de Fortanier [éd.], *Le Second Ordre : l'idéal nobiliaire. Hommage à Ellery Schalk*, Paris, Presses universitaires de la Sorbonne, p. 56 et 80）。同样，克鲁泽强调了"紧急"这一概念在国王与太后的政治想象中所具有的意义，他将之视为一种对国王起到限制作用的历史动力，但国王崇信神意，将自己置身这种动力"之外"（*Le Haut Coeur de Catherine de Médicis, op. cit.*, p. 398-399 et p. 536）。
44. BnF, Ms. fr. 15555, fol. 124 r°-127r°, lettre au roi du premier président Jacques de Lagebaston, Bordeaux, 7 octobre 1572.
45. J.-A. de Thou, *Histoire universelle, op. cit.*, t. VI, p. 457-458.
46. 许多史学家认为国王承认为所有屠杀负责，这十分令人惊讶。因为法国国王仅仅承认对"处决"科里尼及其将领负责，并将大屠杀的责任推到愤怒的"人民"身上。但他同时又否认出现了暴动的局面（请参阅国王对事件的"真实记录"，见下文 p. 183, 210-211）。
47. BnF, fonds Cinq Cents Colbert 7, fol. 447 r°, lettre de Jean de Monluc au président Brûlart, 20 novembre 1572, citée par M. Venard, «Arrêtez le massacre», art. cité, p. 659.
48. 这是布尔荣的观点。
49. 请参见 Barbara Diefendorf 的论述（*Beneath the Cross, op. cit.*, p. 236, n. 11）。此外，克鲁泽（*La Nuit de la Saint-Barthélemy, op. cit.*, p. 444-446）也证明了并无吉斯家族发动"政变"一事。
50. Arch. Gen. de Simancas, Estado, K 1530, n°20, lettre de Diego de Zuñiga à Philippe II, Paris, 23 août 1572. 布尔荣关于西班牙威胁中断外交关系的假设（*L'Assassinat de Coligny, op. cit.*, p. 91）唯一的依据是苏利在很久以后写成的 *Mémoires des sages et royales œconomies d'Estat* 中的一段。实际上，苏利应该是把当时的大使与前任大使弗兰塞斯·德·阿拉瓦弄混了。
51. Arch. Gen. de Simancas, Estado, K 1530, n°21, lettre de Diego de Zuñiga à Philippe II, Paris, 23 août 1572 («me paresce que tiene muchas rayzes en este Corte, y assi he procurado lo

mejor que he podido descargarme deb»). 关于布尔荣对奥拉埃圭的假设, 请参阅 L'Assassinat de Coligny, op. cit., p. 54, n. 27。

52. Arch. Gen. de Simancas, Estado, K 1530, n°29, lettre de Diego de Zuñiga au duc d'Albe, Paris, 31 août 1572 («no fue caso pensado sino repentino»). 彼得鲁奇在 9 月 16 日的一封信中称, 菲利浦二世向刺杀科里尼的嫌犯贝姆支付了 6000 埃居。但这是唯一一处提及此事的史料。若确有其事, 那么它也只能说明西班牙国王对科里尼遇刺表示满意, 而不能证明他应为科里尼之死负责 (Négociations diplomatiques avec la Toscane, op. cit., t. Ill, p. 838, Petrucci à François de Médicis, 16 septembre 1572)。

53. 布尔荣对圣巴托罗缪大屠杀的全部阐释均建立在这个缺乏史料支撑的观点下, 即西法两国即将断绝外交关系。他认为, 若没有苏尼加, "吉斯家族永远不会动武"(Charles IX devant la Saint-Barthélemy, op. cit., P. 27)。

54. T. Sassetti, Brieve Raccontamiento, op. cit., p. 135.

55. Lettre publiée par Édouard Forestié, Un capitaine gascon du XVIe siècle: Corbeyran de Cardaillac-Sarlabous, Paris, H. Champion, 1897, p. 162. 雷蒙·德·卡达亚克-萨尔拉布于 8 月 25 日时就已宣称, 处决科里尼及其同伙是国王的命令, 是对他们阴谋的惩罚。

56. 克鲁泽认为 (La Nuit de la Saint-Barthélemy, op. cit., p. 454), 这是法国国王及太后希望维持和谐的方式。这表明国王 8 月 24 日提出的第一种解释是获得吉斯家族同意的, 而不是像由一种观点 (ibid., p. 411) 所言, 没有征得他们的同意——国王借吉斯 8 月 24、25 日追捕蒙哥马利, 不在巴黎之机做出了解释。

57. 关于此点, 请参见 Anne-Marie Cocula 在数位史学家提出的事件顺序中发现的不同点: «Regard sur les événements nocturnes des guerres de Religion» in Dominique Bertrand (éd.), Penser la nuit, XVe-XVIIe siècles, Paris, H. Champion, 2003, p. 464-485。

58. Registres des délibérations du Bureau de la Villede Paris, op. cit., t. VII, p. 10-11. Sur la valeur de cette source, voir les observations pertinentes de B. Diefendorf, Beneath the Cross, op. cit., p. 211, n. 22.

59. B. Diefendorf (ibid., p. 97) 提出, 若计划将所有的新教徒在夜间睡梦中杀死, 那么为何国王还要下令在市政府门前布置大炮, 这一措施一般是为了防止暴动。

60. 克鲁泽认为杀害科里尼在先 (La Nuit de la Saint-Barthélemy, op. cit., p. 402), 而布尔荣则认为屠杀卢浮宫新教徒在先 (L'assassinat de Coligny, op. cit., p. 111)。

61. Négociations diplomatiques avec la Toscane, op. cit., t. Ill, p. 809, Petrucci à François de Médicis, 25 août 1572; Étienne Pasquier, Lettres historiques, éd. Dorothy Thickett, Genève, Droz, 1966, p. 362 et 377, n. 6. 国王于 1572 年 8 月 25 日给朔姆贝格的一份记录中 (见注释 18), 称 "同意吉斯家族众人于 8 月 24 日处死海军上将及其同伙"。

62. T. Sassetti, Brieve Raccontamiento, op. cit., p. 141; récit du capitaine Josua Studer cité par D. Crouzet, La Nuit de la Saint-Barthélemy, op. cit., p. 448. 根据一份名为 Dessein de ceulx qui soubz le nom et autorité de Sa Majesté ont faict le massacre 的匿名记录, 安茹公爵本人也参与了此次行动, 杀害了科里尼的卫兵 (BnF, Ms. fr. 17309, fol. 60r°)。

63. La Vie de messire Gaspar de Colligny, op. cit., p. 127-130. 若阿基姆·奥普塞来自圣加仑, 当时为克莱蒙学校的副校长。根据他 8 月 26 日的一封信, 杀害科里尼的凶手是安茹公爵手下的瑞士士兵, Martin Koch 与 Conard Bürg («Deux lettres de couvent à couvent écrites de Paris pendant le massacre de la Saint-Barthélemy», BSH-PF, t. VIII, 1859, p. 288)。但

许多人自称是他们挥下了杀死科里尼的"光荣"一剑：萨尔维亚蒂讽刺道，自诩挥下这一剑的人多得连罗马的纳沃纳广场（place Navone）都站不下了！（*Correspondance en France du nonce Antonio Maria Salviati, op. cit.*, p. 249, lettre du 22 septembre 1572. ）

64. 布尔荣试图洗脱查理九世的责任，这里便不得不承认国王被迫"同意，甚至协助"屠杀，他同时补充到这是国王被迫做出的决定（*Charles IX devant la Saint-Barthélemy* ,op. cit. , p. 36 ）。

65. «Relation de la journée de la Saint-Barthélemy; manuscrit trouvé dans les archives épiscopales de Wiener-Neustadt（Autriche）», *Bulletin des sciences historiques, antiquité philologie*, t. VI, 1826, p. 228. 这是一位奥地利教士写给维也纳新教（Wiener-Neustadt）主教的一份记录。

66. Agrippa d'Aubigné, *Histoire universelle*, citée par J. Garrisson, *La Saint-Barthélemy* ,op. cit. , p. 105. 卡夫里亚纳称皮勒男爵高呼："啊！和平终于可以确定！啊！信仰终于得以保全！"（*Négociations diplomatiques avec la Toscane*, op. cit. , t. Ill, p. 820, lettre au secrétaire Concini, Paris, 27 août 1572. ）

67. M. de Valois, *Mémoires et autres écrits, op. cit.*, p. 99.

68. *Négociations diplomatiques avec la Toscane*, op. cit. , t. Ill, p. 820, lettre au secrétaire Concini, Paris, 27 août 1572 ; *Mémoires de l'Estat de France sous Charks IX, op. cit.*, t. I, fol. 292 v°.

69. *Mémoires authentiques de Jacques-Nompar de Caumont, duc de La Force*, éd. Édouard Lèlievre, marquis de Grange, Paris, Charpentier, 1843 ,t. I, p. 1-37. 关于比西城门、圣日尔曼城郊以及教士草地的位置，请参见本书附录地图。

70. *Négociations diplomatiques avec la Toscane*, op. cit. , t. Ill, p. 818, lettre de Cavriana au secrétaire Concini, Paris, 27 août 1572.

71. 关于新教想象促使弗朗索瓦·德·科蒙表现出的坚韧，请参阅 les analyses de D. Crouzet, *La Nuit de la Saint-Barthélemy, op. cit.*, p. 59-63。

72. *Mémoires authentiques de Jacques-Nompar de Caumont, op. cit.*, t. I, p. 1-37. 小农田街如今名为 Croix-cles-Petits-Cliamps 街。

73. BnF, Ms. fr. 15553 , fol. 199 r°, lettre de Geoffroy de Caumont à Catherine de Médicis, 14 septembre 1572. 其信函刊载于 *Archives historiques du département de la Gironde*, t. X, 1868, p. 357-360。

74. BnF, Ms. fr. 15553, fol. 197 r°, lettre de Geoffroy de Caumont au roi, 14 septembre 1572. La lettre au duc d'Anjou se trouve au folio 201 r°.

75. *Mémoires authentiques de Jacques-Nompar de Caumont, op. cit.*, t. I, p. 36.

76. *Mémoires de l'Estat de France sous Charles IX, op. cit.*, t. I, fol. 293 v°.

77. L. Gachard, *La Bibliothèque nationak à Paris, op. cit.*, t. II, p. 525, lettre du roi à Mondoucet, 31 août 1572, et p. 526, du même au même, même date.

78. *Ibid.*, p. 533, lettre de Mondoucet au roi, 18 septembre 1572.

79. *Ibid.*, p. 534, lettre du roi à Mondoucet, sans date（21 ou 22 septembre 1572）.

80. *Ibid.*, p. 535-538, *Advis touchant le faict de Mons*, sans date（septembre 1572）.

81. *Ibid.*, p. 540, lettre de Mondoucet au roi, 27 septembre 1572.

注 释

82. Arch. Gen. de Simancas, Estado, K 1530, n°129, lettre de Diego de Zuñiga à Philippe II, Paris, 15 novembre 1572.
83. *Ibid.*, n°71, lettre de Diego de Zuñiga à Philippe II, Paris, 29 septembre 1572 («*Dixome reyendose; es verdad que los han muerto, pues el duque d'Alba no los quiso hazer matar, por que esta vez no vayan a ayudar al Principe de Orange contra el Rey mi hijo ny contra nosotros*»).
84. BnF, Ms. fr. 15555, fol. 143, lettre du duc de Longueville à Catherine de Médicis, 11 octobre 1572.
85. Henri Hauser, *François de La Noue*, Paris, Hachette, 1892, p. 31-60.
86. 关于暴力的形式，请参阅 D.Crouzet, *Les Guerriers de Dieu, op. cit.*, t. II, p. 96-101。几天后，弗朗索瓦·蒙莫朗西下令放下遗体，将其放在了一口铅制棺材中运送至尚蒂伊。

第五章　天主教徒的愠怒

1. Hervé Guineret, «La science de la guerre comma antidote au massacre», *in* D. El Kenz, *Le Massacre, objei d'histoire, op. cit.*, p. 231. "屠杀"一词多见于新教史料中，用以强调杀戮之凶残；天主教文献中多用与战争相关的词汇，如将异端"碎尸万段"。
2. 这两种说法见于克鲁泽之著作（*La Nuit de la Saint-Barthélemy, op, cit.*, p. 515 et 530），他对屠杀扩大化的宗教原因做出了精湛的研究。
3. N. M. Sutherland, *The Huguenot Struggle for Recognition, op. cit.*, p. 101-102. 若按此思路，则此词出现甚早，如 Jean de Gachy 在 1535 年就曾使用过 "anguenotz"（cité par Francis Higman, *La Diffusion de la Réforme en France, 1320-1365*, Genève, Labor et Fides, 1992, p. 225）。
4. Louis Régnier de La Planche（attribué à）, *Histoire de l'Estat de France, tant de la république que de la religion, sous le règne de François II*（1576）, éd. Jean-Alexandre Buchon, Paris, A. Desrez, 1836, p. 247. 作者认为对新教徒的控诉之所以流传开来，是因为吉斯家族的影响。
5. *Ibid.*, p. 262.
6. Étienne Pasquier, *Les Recherches de la France*, éd. Marie-Madeleine Fragonard et François Roudaut, Paris, H. Champion, 1996, t. Ill, p. 1675（livre VIII, chap. LV）.
7. 帕基耶在同一章中也援引了瑞士词 "eidgenossen"，将之译为 "Hens quenaux（意为 "在该园"）, Gens seditieux"。他写道："这个词（胡格诺）第一次为全法所知晓是在昂布瓦斯密谋之后。"
8. Wylie Sypher, « "Faisant ce qu'il leur vient à plaisir" : The Image of Protestantism in French Catholic Polemic on the Eve of the Religious Wars», *SCJ*, vol. 11, n°2, 1980, p. 59-84.
9. Pierre de Ronsard, *Continuation du Discours des misères de ce temps*, in *Œuvres complètes*, éd. Jean Céard, Daniel Ménager et Michel Simonin, Paris, Gallimard, Bibl. de la Pléiade, t. II, 1994, p. 998.
10. R. Descimon, «Paris on the Eve of Saint-Bartholomew», art. cité, p. 69, d'après le Ms. fr. 11733, BnF, fol. 45, 6 mars 1563. R. Descimon 提出，巴黎人的恐惧可能因为他们对查理五世于 1527 年率领新教士兵焚掠罗马的事件仍记忆犹新。

11. B. Diefendorf, *Beneath the Cross*, op. cit., p. 80-81.
12. Ét. Pasquier, *Les Lettres, in Œuvres*, op. cit., t. II, livre V, col. 117-118.
13. B. Diefendorf, *Beneath the Cross*, op. cit.,p. 166.
14. Voir ci-dessus, chap. 1, p. 55.
15. J. de La Fosse, *Les «Mémoires» d'un curé de Paris*, op. cit., p. 95.
16. B. Diefendorf, *Beneath the Cross*, op. cit., p. 156.
17. *Ibid.*, p. 111-113.
18. *Ibid.*, p. 86.
19. J. Garrisson, *La Saint-Barthélemy*, op. cit., p. 51.
20. J. de La Fosse, *Les «Mémoires» d'un curé de Paris*, op. cit., p. 98.
21. D. Crouzet, *La Nuit de la Saint-Barthélemy*, op. cit., p. 512.
22. *Tocsain contre les massacreurs*, op. cit., p. 27.
23. Henry Heller, *Anti-Italianism in Sixteenth Century France*, Toronto, University of Toronto Press, 2002; chapitre IV: «The Italians and the Saint Bartholomew's Day Massacre», p. 80 et suiv.
24. 西蒙·古拉尔称，在遇害者名单中，有"一个名叫 Maphé 的威尼斯人，Simon Le Lucqnois、皮埃蒙特人 Lazare Romain"（*Mémoires de l'Estat de France sous Charles IX*, op. cit., t. I, fol. 309 r°-311 v°）。1573年夏，有流言称会出现"对意大利人的圣巴托罗缪大屠杀"（Nicolas Le Roux, «La Saint-Barthélemy des Italiens n'aura pas lieu: un discours envoyé à Catherine de Médicis en 1573», *in* Bernard Barbiche, Jean-Pierre Poussou et Alain Tallon (dir.), *Pouvoirs, contestations et comportements dans l'Europe moderne. Mélanges en l'honneur du professeur Yves-Marie Bercé*, Paris, PUPS, 2005, p. 165-183）。1575年再次爆发了反意大利暴乱。
25. Cl. Haton, *Mémoires*, op. cit., t. II, p. 456.
26. 根据 *Relation du massacre de la Saint-Barthélemy*（op. cit., p. 118）记载，卢浮宫卫兵与新教贵族间在科里尼遇害之前就曾发生过激烈争吵，而科里尼之死无疑使巴黎人感到更加恐惧。
27. 文本见于 B. Diefendorf（*Beneath the Cross*, op. cit., p. 102），他强调此人不甚可信。
28. Sully, *Œconomies royales*, éd. David Buisseret et Bernard Barbiche, Paris, Klincksieck, 1970, t.I, *1572-1594*, p. 12.
29. Pierre Burin, *Response a une epistre commenceant Seigneur Elvide*, *in Mémoires de l'Estat de France sous Charles IX*, op. cit., t. I, fol. 630 v°.
30. *Mémoires de l'Estat de France sous Charles IX*, op. cit., t.I, fol. 290 r°.
31. *Ibid.*
32. 关于对痛苦与罪行的分析，请参阅 D.Crouzet, *Les Guerriers de Dieu*, op. cit., t. II, p. 82-93。
33. 在福音书中（《马太福音》13:24-30，译者注），因主告诉仆人不要薅出稗子。François de Belleforest 在 *Discours sur les rébellions*（Paris, 1572, p. 49）一书中将异端比作稗子，并

称是查理九世授意清除他们。

34. P. de L'Estoile, *Registre-Journal du règne de Henri III*, *op. cit.*, t. III, p. 46 : «Saint-Berthelemy—Le samedi 22ème jour [d'août 1579], plusieurs logis de ceux de la Religion à Paris furent marqués de croix en croix: qui donna l'alarme à plusieurs, à cause de la S. Berthelemi prochaine». 加里松认为这些十字架符号构成了一个传说 (*La Saint-Barthélemy*, *op. cit.*, p. 96)。

35. «Deux lettres de convent à convent», art. cité, p. 293.

36. Marcel Gauchet, *Le Désenchantement du monde: une histoire politique de la religion*, Paris, Gallimard, 1985.

37. Sully, *Œconomies royales, op. cit.*, t. I, p. 12-15.

38. *Mémoires de Madame de Mornay*, éd. Madame de Witt, Paris, Jules Renouard, 1868, t.I, p. 58-71.

39. *Ibid.*, p. 9-46.

40. *Mémoires de l'Estat de France sous Charles IX*, *op. cit.*, t.I, fol. 300 r°-303 v°.

41. *Ibid.*, fol. 308 v°.

42. 克鲁泽使用了这一术语，见 *La Nuit de la Saint-Barthélemy, op. cit.*, p. 451。

43. Ch. Samaran, «Un humaniste italien, Guido Lolgi, témoin de la Saint-Barthélemy», art. cité, p. 397-404.

44. *Négociations diplomatiques avec la Toscane*, *op. cit.*, t. III, p. 830, lettre de Petrucci à François de Médicis, Paris, 31 août 1572.

45. Barbara Diefendorf 以充足的史料为依据提出了这一观点 (*Beneath the Cross*, *op. cit.*, p. 168-171)。关于不可完全取信雅克-奥古斯特·德·图的《历史》一书的问题，请参阅 Jean-Louis Bourgeon, «Une source sur la Saint-Barthélemy: *l'Histoire de Monsieur de Thou* relue et décryptée», *BSHPF*, t. CXXXIV, 1988, p. 499-537。

46. B. Diefendorf, *Beneath the Cross*, *op. cit.*, p. 168-169.

47. Robert Descimon, «Solidarité communautaire et sociabilité armée: les compagnies de la milice bourgeoise à Paris (XVIe-XVIIe siècles)», *in* Françoise Thélamon (dir.), *Sociabilité, pouvoirs et société, actes du colloque de Rouen, 24/26 novembre 1983*, Rouen, Publications de l'Université, 1987, p. 599-610. Robert Descimon se réfère à la notion de *defensible space* d'Oscar Newman (New York, 1973).

48. Jacques Sémelin, *Purifier et détruire. Usages politiques des massacres et génocides*, Paris, Éd. du Seuil, 2005, p. 49-53.

49. J. Sémelin, «Analyser le massacre», art. cité, p. 12.

50. B. Diefendorf 提出了这一观点，比较有说服力 (*Beneath the Cross*, *op. cit.*, p. 105)。

51. Témoignage cité *ibid.*, p. 104.

52. Autre témoignage cité *ibid.*, p. 102.

53. *Négociations diplomatiques avec la Toscane*, *op. cit.*, t. III, p. 830, lettre de Petrucci à François de Médicis, Paris, 31 août 1572.

54. *Mémoires de l'Estat de France sous Charles IX, op. cit.*, t. I, fol. 303 r°-303 v°

et 306 r°-306 v°.

55. *Registres des délibérations du Bureau de la Villede Paris, op. cit.*, t. VII, p. 13-14.

56. 这是布尔荣提出的假说（«La Fronde parlementaire», art. cité, p. 76），随后，他将之视为确有其事，却没有任何史料支撑，见 *L'Assassinat de Coligny, op. cit., p.* 31。请参阅 Nancy Lyman Roelker 的批评, *One King, one Faith. The Parlement of Paris and the Religious Reformations of the Sixteenth Century*, Berkeley, University of California Press, 1996, p. 319, et de Sylvie Daubresse, *Le Parlement de Paris ou la Voix de la raison (1559-1589)*, Genève, Droz, 2005, p. 195。

57. B. Diefendorf, «La Saint-Barthélemy et la bourgeoisie parisienne», art. cité, p. 346.

58. *Mémoires de Jacques-Auguste de Thou, depuis 1553 jusqu'en 1601*, éd. Claude-Bernard Petitot, Paris, Foucault, 1823, p. 232.

59. 请参阅附录一，由娜塔莉·泽蒙·戴维斯根据新教史料中的名单编制的1572年大屠杀遇害者社会职业统计表, *Les Cultures du peuple. Rituels, savoirs et résistance au 16ᵉ siècle* [1965], trad. M. -N. Bourguet, Paris, Aubier-Montaigne, 1979, p. 279, d'apres *l'Histoire des martyrs* de Jean Crespin, complétée, pour Lyon, par la *Première liste des chrétiens mis à mart et égorgés à Lyon par les catholiques romains à l'époque de la S. Barthélemi en août 1572*, éd. P. M. Gonon, Lyon, 1847。

60. 艾蒂安·帕基耶与托马索·萨塞蒂记录下了这种不反抗的情况（Étienne Pasquier, *Lettres historiques pour les années 1556-1594*, éd. Dorothy Thickett, Genève, Droz, 1966, p. 205-213；T. Sassetti, *Brieve Raccontamiento, op. cit.*, p. 41）。

61. *Mémoires de l'Estat de France sous Charles IX, op. cit.*, t. I, fol. 305 v°-306 r°. 在斯特拉斯堡市民的记述中却提到了三名贵族奋起反抗，一名妇女躲藏在小教堂中的情况（R. Reuss, «Un nouveau récit... », art. cité, p. 379）。

62. 见上文，p.9-10。

63. 如对两名死者 Mathurin Lussaut 与 Philippe Le Doux 的记述（*Mémoires de l'Estat de France sous Charles IX, op. cit.*, p. 306 v° et 307 v°），两人皆为富有的商人。对于前者的证据是其死后的财产清单，对于后者，证据是巴黎市长对洗劫了他住所的罪犯的审判书。B. Diefendorf 在国家档案馆找到了这百份文件（*Beneath the Cross, op. cit.*, p. 100-102）。

64. *Mémoires d'un calviniste de Millau, op. cit.*, p. 236.

65. *Mémoires de l'Estat de France sous Charles IX, op. cit.*, fol. 313 v°.

66. André Chamson 在1972年9月的新教大会（Assemblée du Désert）上认为可以将屠杀视为一场"部分种族灭绝"。关于屠杀与种族灭绝的区别，请参阅 Mark Levene 的引言, in Mark Levene et Penny Roberts（dir.）, *The Massacre in History*, New York, Berghahn Books, 1999, p. 1-37。

67. 这是 Mark Konnert 提出的假说。«La tolérance religieuse en Europe aux XVIᵉ et XVIIᵉ siècles. Une approche issue de la psychologie sociale et de la sociologie», *in* Thierry Wanegffelen（dir.）, *De Michel de L'Hospital à l'édit de Nantes. Politique et religion face aux Églises,* Clermont-Ferrand, Presses universitaires Blaise-Pascal, 2002, p. 97-113.

68. J. Sémelin, «Analyser le massacre», art. cité, p. 11.

69. 关于此点请参见克鲁泽的分析, *La Nuit de la Saint-Barthélemy, op. cit.*, p. 515 et suiv。

70. N. Z. Daris 提出了这一观点，*Les Cultures du peuple, op. cit.*，p. 281。
71. *Mémoires de l'Estat de France sous Charles IX, op. cit.*, fol. 312 r°. 关于此点，请参阅 N. Z. Davis, *Les Cultures du peuple, op. cit.*, p. 262, et B. Diefendorf, *Beneath the Cross, op. cit.*, p. 103。
72. *Mémoires de l'Estat de France sous Charles IX, op. cit.*, fol. 308 r°; Agrippa d'Aubigne, *Les Tragiques*, in *Œuvres*, éd. Henri Weber, Paris, Gallimard, Bibl. de la Pléiade, 1969, *Fers*, p. 172, v. 919-920. 请参阅 C. Huchard 的评论，*Histoire, érudition, écriture militante, op. cit.*, p. 452。
73. 关于吉斯家族门客中的新教徒问题，请参阅 S. Carroll, *Noble Power during the Wars of Religion, op. cit.*, p. 140。
74. *Mémoires de l'Estat de France sous Charles IX, op. cit.*, fol. 315 r°; *Le Réveille-Matin des François*, Édimbourg, 1574, Épître liminaire au duc de Guise.
75. «Mémoires de Demoiselle Renée, fille de Michel Burlamaqui», publiés dans Gilles-Denijs-Jacob Schotel, *Jean Diodati*, La Haye, 1844, p. 88, cités par B. Diefendorf, *Beneath the Cross, op. cit.*, p. 104.
76. *Mémoires de Jean de Mergey*, éd. Michaud et Poujoulat, *Mémoires pour servir à l'histoire de France*, t. IX, Paris, 1838, p. 577.
77. D. Crouzet, *La Nuit de la Saint-Barthélemy, op. cit.*, p. 52.
78. B. Nicollier, *Hubert Languet, op. cit.*, p. 279.
79. *Mémoires de l'Estat de France sous Charles IX, op. cit.*, fol. 310 v°.
80. 西蒙·古拉尔提到，菲利普·勒杜的妻子在即将产下她的第 21 个孩子时被害，尸体被抛在路边，肚中胎儿有一半露在外面，而天主教徒在看到这一幕后感到十分"惭愧不安"（*ibid.* fol. 307 v°）。
81. Mention à la date du 27 juin 1607, n° 992 du catalogue établi par Florence Greffe et José Lothe, *La Vie, les livres et les lectures de Pierre de L'Estoile*, Paris, H. Champion, 2004, p. 599.
82. *Supplément à la correspondance diplomatique de Bertrand de Salignac de La Mothe-Fénelon, ambassadeur de France en Angleterre de 1568 à 1575. Lettres adressées de la Cour à l'ambassadeur*, t. VII, Paris et Londres, 1840, *Instruction à M. de La Mothe-Fénelon* (*Mémoire justificatif de la Saint-Barthélemy*), p. 331. 国王在 8 月 26 日致驻英大使的信中称已发出这份记录，但实际发出日期为 27 日，因信使 M. de Lespinasse 耽搁了。
83. BnF, fonds Cinq Cents Colbert 7, fol. 425 r°, *Mémoire donné au s[ieu] r de Changy allant trouver le sieur de Villiers*, 27 août 1572.
84. J.-L. Bourgeon, *Charles IX devant la Saint-Barthélemy, op. cit.*, p. 41.
85. *Registres des délibérations du Bureau de la Ville de Paris, op. cit.*, t. VII, p. 13-14; J.-L. Bourgeon, *Charles IX devant la Saint-Barthélemy, op. cit.*, p. 41; D. Crouzet, *La Nuit de la Saint-Barthélemy, op. cit.*, p. 410-413.
86. Ch. Samaran, «Un humaniste italien, Guido Lolgi, témoin de la Saint-Barthélemy», art. cité, p. 402.
87. *Mémoires de l'Estat de France sous Charles IX, op. cit.*, fol. 300 r°: 在国王约下午五时发

表声明后,"许多人在得知通告后认为事态将缓和,但随后两天却未见好转"。
88. 关于服从的概念,请参阅 Denis Crouzet, «Le devoir d'obéissance à Dieu : imaginaire du pouvoir royal», *Nouvelle Revue du XVIe siècle*, t. XXI, n°1, 2004 (numéro thématique : *Métaphysique et politique de l'obéissance dans la France du XVIe siecle*), p. 19-47。
89. 文字引于 J. -L. Bourgeon, *Charles IX devant la Saint-Barthélemy, op. cit.*, p. 41, n. 4。
90. *Textes cités ibid.*, p. 104 et 106.
91. Arch. Gen. de Simancas, Estado, K 1530, n°21, lettre de Zuñiga à Philippe II, 23 [26] août 1572.
92. R. Reuss, «Un nouveau récit de la Saint-Barthélemy par un bourgeois de Strasbourg», art. cité, p. 378; *Mémoires de Madame de Mornay, op. cit.*, p. 40-42. Duplessis-Mornay refusa ce passeport, ne voulant pas devoir la vie à Henri de Guise.
93. Ariane Boltanski, *Les Dues de Nevers et l'État royal. Genèse d'un compromis* (vers 1550-vers 1620), Genève, Droz, 2006, p. 345 -358. Le duc de Nevers semble avoir cru à la réalité d'un complot protestant menaçant la vie du roi.
94. Arch. Gen. de Simancas, Estado, K 1530, n°29, lettre de Zuñiga à Philippe II, 31 août 1572.
95. *Négociations diplomatiques avec la Toscane, op. cit.*, t. Ill, p. 848, lettre d'un anonyme (Cavriana), 19 octobre 1572.
96. J. Gassot, Sommaire *Mémorial, op. cit.*, p. 107; P. Champion, *Charles IX, op. cit.*, t. II, p. 155, d'après Arch. Gen. de Simancas, Estado, K 1530, 18 septembre 1572.
97. *Mémoires de l'Estat de France sous Charles IX, op. cit.*, fol. 319 r°.
98. Josèphe Jacquiot, «Médailles et jetons commémorant la Saint-Barthélemy», *Revue d'histoire littéraire de la France*, septembre-octobre 1973, p. 784-793.
99. Arch. Gen. de Simancas, Estado, K 1530, n°39, lettre de Zuñiga au duc d'Albe, 12 septembre 1572.
100. J. de La Fosse, *Les Mémoires d'un curé de Paris, op. cit.*, p. 115.
101. *Mémoires et instructions pour les ambassadeurs, ou lettres et négociations de Walsingham, op. cit.*, p. 289, cité par J. -L. Bourgeon, *Charles IX devant la Saint-Barthélemy ,op. cit.*, p. 135.
102. *Négociations diplomatiques avec la Toscane, op. cit.*, t. Ill, p. 841, Petrucci à François de Médicis, Paris, 19 septembre 1572.
103. Lettres citées par H. de La Ferrière, *Le XVIe siècle et les Valois, op. cit.*, p. 323.
104. P. Champion, *Charles IX, op. cit.*, p. 132.
105. *Mémoires de Jacques Pape, op. cit.*, p. 497.
106. J. -L. Bourgeon, *Charles IX devant la Saint-Barthélemy, op. cit.*, p. 173.
107. B. Diefendorf在提到因洗劫胡格诺Jean Lat住所而受审判之人时提及了这一点(*Beneath the Cross*, *op. cit.*, p. 104)。
108. *Négociations diplomatiques avec la Toscane, op. cit.*, t. Ill, p. 860, Vincenzo Alamanni à François de Médicis, Paris, 19 novembre 1572.

109. Lettre de Charles IX à M. de Bellièvre, 6 décembre 1572, in *Lettres de Catherine de Médicis*, *op. cit.*, t. IV, p. 145, n. 1.

110. Lettre de Jacques Faye, sans doute à Bellièvre, citée par J. -L. Bourgeon, *Charles IX devant la Saint-Barthélemy*, *op. cit.*, p. 177; J. de La Fosse, *Les Mémoires d'un curé de Paris*, *op. cit.*, p. 118.

111. 克鲁泽认为, 1589年8月1日亨利三世遇刺 "理论上也属于1572年8月24日大屠杀的范畴之内" (*La Nuit de la Saint-Barthélemy*, *op. cit.*, p. 545)。布尔荣则强调大屠杀所具有的暴动特征, 并提出 "天主教同盟始于圣巴托罗缪大屠杀" (*Charles IX devant la Saint-Barthélemy*, *op. cit.*, p. 200)。

112. B. Diefendorf, *Beneath the Cross*, *op. cit.*, p. 157.

113. Liste donnée, d'après les *Mémoires de l'Estat de France sous Charles IX* et des relations contemporaines par J. Garrisson, *La Saint-Barthélemy*, *op. cit.*, p. 139, D. Crouzet, *Les Guerriers de Dieu*, *op. cit.*, II, p. 106 et Philip Benedict, «The Saint Bartholomew's Massacres in the Provinces», *The Historical Journal*, t. XXI, n°2, 1978, p. 205-225.

114. S. Brunet, «*De l'Espagnol dedans le ventre*!», *op. cit.*, p. 524-535; D. Crouzet, *Les Guerriers de Dieu*, *op. cit.*, t. II, p. 107.

115. Ph. Benedict提出了3000这个数字, «The Saint Bartholomew's Massacres in the Provinces», art. cité, p. 207。

116. 克鲁泽估算, *Les Guerriers de Dieu*, *op. cit.*, t. II, p. 107-111。

117. M. Cassan, *Le Temps des guerres de Religion*, *op. cit.*, p. 240-243; BnF, Ms. fr. 15555, fol. 67 r°, lettre de Jean de Bellièvre au roi, 10 septembre 1572.

118. Olivier Christin, *La Paix de religion. L'autonomisation de la raison politique au XVIe siècle*, Paris, Éd. du Seuil, 1997, p. 122-132; du même auteur, «Amis, frères et concitoyens. Ceux qui refusèrent la Saint-Barthélemy (1572)», *Cahiers de la Villa Gillet*, n°11, septembre 2000, p. 71-94.

119. 文字引于J.-L. Bourgeon, *Charles IX devant la Saint-Barthélemy op. cit.*, p. 104 et 106。

120. Lettres du 28 août à jean de La Valette, gouverneur en Annagnac, et à Charles de Montferrand, maire et gouveneur de Bordeaux, publiées *ibid.*, p. 109-110.请参阅8月30日致勃艮第副总督沙尔尼伯爵的信 (*Mémoires de l'Estat de France sous Charles IX*, *op. cit.*, fol. 374 r°-v°)。

121. P. Paris, *Correspondance du roi Charles IX et du sieur de Mandelot*, *op. cit.*, p. 42.

122. *Post-scriptum* à la lettre du roi à Matignon publié par J. -L. Bourgeon, *Charles IX devant la Saint-Barthélemy*, *op. cit.*, p. 167; lettre du roi au procureur du roi à Dijon, 20 septembre 1572, BnF, fonds Cinq Cents Colbert 7, fol. 435 r°.

123. Ph. Benedict, «The Saint Bartholomew's Massacres in the Provinces», art. cité, p. 213.

124. A. Boltanski, *Les Dues de Nevers*, *op. cit.*, p. 359-366.

125. Ph. Benedict, «The Saint Bartholomew's Massacres in the Provinces», art. cité, p. 215-216.很难确定吉斯公爵确实写了这封信, 还是由皮埃尔·贝兰伪造的 (Penny Roberts, *A City in Conflict. Troyes during the French Wars of Helicon*, Manchester, Manchester University Press, 1996, p. 146)。但吉斯公爵暗示其门客, 称国王希望铲除胡格诺; 西蒙·古拉

尔出版的他收集的文字通常十分可信（许多都得到了档案馆中原件的证实），他登出了一封吉斯公爵1572年10月27日写给母亲内穆尔公爵夫人的信件，他在信中称查理九世已决定"彻底清除所有剩余的叛乱的害虫"（*Mémoires de l'Estat de France sous Charles IX*, op. cit., fol. 575 v°-576 r°）。

126. Ph. Benedict, «The Saint Bartholomew's Massacres in the Provinces», art. cité, p. 217.

127. *Ibid.*, p. 211-212, et J. -L. Bourgeon, *Charles IX devant la Saint-Barthélemy*, op. cit., p. 148-150. 沃克吕兹领主还记录了国王关于一场他要进行的"屠杀"的奇怪言论：这是否如布尔荣所言，是一位感到备受束缚的国王所施的诡计？

128. Janine Garrisson-Estèbe, «Les Saint-Barhélemy des villes du Midi», in *Actes du colloque «L'Amiral de Coligny et son temps»*, op. cit., p. 717-729. 法国各机构的困惑体现在法院首席院长Jean Daffis的信件中。他于9月8日致信国王称"已遵从您的旨意将胡格诺囚禁"，9月12日又在信中称自己与同事努力促成和平，并"认为这是您的期望"（BnF, Ms. fr. 15555, fol. 62 r°et 75 r°）。

129. Lettre du maire et des jurats de Bordeaux au roi, 3 octobre 1572, *Archives historiques du département de la Gironde*, t. III, 1861-1862, p. 204; longue lettre au roi du président Jacques de Lagebaston relatant les événements bordelais, 7 octobre 1572, BnF, Ms. fr. 15555, fol. 124 r°-127 r°.

130. Philip Benedict, *Rouen during the Wars of Religion*, Cambridge, Cambridge University Press, 1981, p. 125-134.

131. Lettre du président Lagebaston, *op. cit.*

132. Pierre Jeannin, *Discours apologétique* (1622), in *Les Négpciations*, Paris, 1656, p. 745-746, cité par J. -L. Bourgeon, *Charles IX devant la Saint-Barthélemy*, op. cit., p. 73-74.

133. 关于勃艮第总督召集的这次会议与皮埃尔·让南所发挥的作用，请参阅David El Kenz, «La Saint-Barthélemy à Dijon: un non-événement? », *Annales de Bourgogne*, 74, 2002, p. 139-157。

134. Henri Hauser, «Le père Edmond Auger et le massacre de Bordeaux, 1572», *BSHPF*, t. LX, 1911, p. 289-306; Janine Garrisson, *La Saint-Barthélemy*, op. cit., p. 136-137.

135. Pierre-Jean Souriac, *Une société dans la guerre civile*, op. cit., p. 734-743; *Briefve instruction de tout ce qui a passé en la ville de Thoulouze depuis l'emprison-nement faict de ceulx de la nouvelle pretendue religion* (novembre 1572), in dom Devic et dom Vaissète, *Histoire générate de Languedoc*, Paris et Toulouse, Claude Tchou et Privat, 2004-2006, vol. XII, 2005, col. 1028, preuve 316.

136. «La Saint-Barthélemy à Orléans racontée par Johann Wilhelm de Botzeim, étudiant allemand, témoin oculaire», texte traduit du latin par Charles Read, *BSHPF*, t. XXI, 1872, p. 383.

137. *Ibid.*, p. 360 et 391.

138. *Ibid.*, p. 386.

139. *Ibid.*, p. 365-366.

140. N. Pithou, *Chronique de Troyes et de la Champagne*, op. cit., p. 698-699.

141. Lettre du procureur général au roi, 8 octobre 1572, *Archives historiques du département de*

注释

　　　　la Gironde, t. X, 1868, p. 361.
142. J. -L. Bourgeon, *Charles IX devant la Saint-Barthélemy, op. cit.*, p. 172.
143. *Ibid.*, p. 106 et 173.
144. Ph. Benedict, «The Saint Bartholomew's Massacres in the Provinces», art. cité, p. 210; lettre du roi au maire et aux jurats de Bordeaux, 21 octobre 1572, *Archives historiques du département de la Gironde*, t. XV, 1874, p. 573; J. -L. Bourgeon, *Charles IX devant la Saint-Barthélemy, op. cit.*, p. 170.
145. Lettre du 31 août 1572, Le Vigan, signée C. de Casques (probable-ment consul de la ville), adressée aux réformés de Meyrueis, Archives municipales de Millau, CC 42. Je remercie Jacques Frayssenge de m'avoir communiqué ce document.

第六章　王之真理，国之理性

1. *Lettres de Catherine de Médicis, op. cit.*, t. IV, p. 141 (lettre de Catherine à M. de La Fontaine, 13 novembre 1572) ; p. 130 (lettre de Catherine à la duchesse de FeiTare) ; p. 142-114, n. 1 (lettre de Charles IX, 18 novembre 1572).
2. 请参阅第 4 章, p.146。
3. *Correspondance en France du nonce Antonio Maria Salviati, op. cit.*, p. 195-196, lettre de Tolomeo Galli, cardinal de Côme, secrétaire de Grégoire XIII, à Salviati, 8 septembre 1572; Ph. Erlanger, *Le Massacre de la Saint-Barthélemy, op. cit.*, p. 201. 关于在罗马的反应，请参阅 Edgar Boutaric, «La Saint-Barthélemy d'après les archives du Vatican», BEC, 23e année, 5e série, 1862, p. 1-27。
4. M. Simonin, *Charles IX, op. cit.*, p. 358; Arch. Gen. de Simancas, Estado, K 1530, n°61, lettre de Zuñiga à Philippe II, 22 septembre 1572.
5. BnF, Ms. fr. 16105, fol. 179 r°, lettre de Saint-Gouard à Charles IX, 12 septembre 1572, citée par V. Vásquez de Prada, *Felipe II y Francia, op. cit.*, p. 220.
6. Arch. Gen. de Simancas, Estado, K 1530, n°90, minute de chancellerie, sans date, citée par V. Vásquez de Prada, *Felipe II y Francia, op. cit.*, p. 222.
7. BPU, Genève, Ms. fr. 90, fol. 163 v°, lettre de Pierre Forget de Fresnes à Catherine de Médicis, 10 septembre 1572, et fol. 162 v°, lettre au roi, même date.
8. *Négociations diplomatiques avec la Toscane, op. cit.*, t. III, p. 815, lettre d'un anonyme (Cavriana) au secrétaire Concini, Paris, 27 août 1572, citée plus haut, chapitre IV, p. 138.
9. *La Saint-Barthélemy devant le Sénat de Venise, op. cit.*, p. 50. 关于意大利各宫廷的反应，请参阅 Anne Denis, «La Saint-Barthélemy vue et jugée par les Italiens», *in* Danielle Boillet et Corinne Lucas-Fiorato (éd.), *L'Actualité et sa mise en écriture dans l'Italie de la Renaissance. Actes du collogue international des 21-22 octobre 2002*, Paris, Centre interuniversitaire de recherches sur la Renaissance italienne, vol. 26, 2005, p. 202-225。
10. *La Saint-Barthélemy devant le Sénat de Venise, op. cit.*, p. 53.
11. H. de La Ferrière, *Le XVIe siècle et les Valois, op. cit.*, p. 327, lettre d'Arnaud du Ferrier à Catherine de Médicis, Venise, 16 septembre 1567.

12. Amedeo Molnar, «Réactions à la Saint-Barthélemy en Bohême», in *Actes du collogue «L'Amiral de Coligny et son temps»*, op. cit., p. 370.
13. B. Nicollier, *Hubert Languet*, op. cit., p. 283.
14. Bernard Vogler, «Huguenots et protestants allemands vers 1572», in *Actes du collogue «L'Amiral de Coligny et son temps»*, op. cit., p. 184; lettre de l'ambassadeur français dans les cantons suisses, Pierre de Grantrie, à Catherine de Médicis, 19 septembre 1572, in *Lettres de Catherine de Médicis*, op. cit., t. IV, p. 143, n. 1.
15. R. Kingdon, *Myths about the St. Bartholomew's Day Massacres*, op. cit., p. 109; D. Crouzet, *La Nuit de la Saint-Barthélemy*, op. Cit., p. 596, n. 3 et 4.
16. *Correspondance diplomatique de Bertrand de Salignac*, op. cit., t. VI, p.121 et 128, lettre au roi, 14 septembre 1572.
17. *Ibid.*, p. 142, lettre au roi, 29 septembre 1572.
18. *Ibid.*, p. 116, lettre de La Mothe-Fénelon au roi, 2 septembre 1572; p. 182, lettre de Walsingham à Smith du 8 octobre 1572.
19. *Ibid.*, p. 127, lettre au roi, 14 septembre 1572 et p. 246-247, lettre au roi, 2 février 1573.
20. *Ibid.*, arguments rapportés p. 125 et 129 (lettre du 14 septembre 1572) et p. 186 (lettre du 2 novembre).
21. 关于英国"宪政"思想的独特之处，请参阅 Ernst Kantoiwicz 经典著作的结论，*Les Deux corps du roi. Essai sur la théologie politique au Moyen Âge* [1957] trad. Jean-Philippe et Nicole Genet, Paris, Gallimaird, 1989, p. 322-325。
22. *Lettres de Catherine de Médicis*, op. cit., t. IV, p. 123, lettre du 13 septembre 1572 à La Mothe-Fénelon. 太后或在此处暗示诺福克公爵被处决一事，他是北部天主教贵族谋反的核心人物。拉·莫特-费奈隆曾向太后汇报此事，并强调他是先经审判后被处死。
23. *Correspondance diplomatique de Bertrand de Salignac*, op. cit., t. VI, p. 126, propos rapportés dans la lettre de l'ambassadeur au roi du 14 septembre 1572.
24. *Ibid.*, p. 167, lettre au roi du 13 octobre; *Lettres de Catherine de Médicis*, op. cit., t. IV, p. 143, n. 1, lettre de M. de Grantrie à Catherine de Médicis, 19 septembre 1572.
25. La lettre de Jean Grangier aux Ligues, datée du 27 août 1572, 信件包含了他即将演讲的内容，见于 *Mémoires de l'Estat de France*, op. cit., t.I, fol. 319 v°-321 v°；他称已完成演讲的信件引于 J. -L. Bourgeon, *Charles IX devant la Saint-Barthélemy*, op. cit., p. 49。
26. *Supplément à la correspondance diplomatique de Bertrand de Salignac*, op. cit., t. VII, p. 328-333, mémoire cité ci-dessus, chap. 5, p. 183. 这份"事件真相记录"也发给了让—加雷阿斯·弗雷洛索，以便他告知奥伦治亲王（D. Crouzet, *La Nuit de la Saint-Barthélemy*, op. cit., p. 453）。
27. *Supplément à la correspondance diplomatique de Bertrand de Salignac*, op. cit., t. VII, p. 402, post-scriptum de Charles IX à sa lettre du 3 décembre 1572.
28. Frédéric Morel 在巴黎印刷了三版拉丁文原版和一版法文翻译版；Benoît Rigard 在里昂印刷了拉丁文原版（R. Kingdon, *Myths about the St. Bartholomew's Day Massacres*, op. cit., p. 92）。
29. *Ibid.*, p. 112; D. Crouzet, *La Nuit de la Saint-Barthélemy*, op. cit., p. 375.

注 释　　　　　　　　　　　　　　　　　　　　　　　　　　　　305

30. Marc Venard, «La présentation de la Saint-Barthélemy aux Polonais en vue de l'élection d'Henri de Valois», in *Les Contacts religieux franco-polonais du Moyen Âge à nos jours*, Paris, Éd. du Dialogue, CNRS, 1985, p. 116-127; R. Kingdon, *Myths about the St. Bartholomew's Day Massacres, op. cit.*, p. 95-99. 沙尔庞捷和皮布拉克的文章、蒙吕克《辩护书》的法文译本以及他在1573年4月10日的讲话都已被古拉尔收录，见于 *Mémoires de l'Estat de France, op. cit.*, t.l, fol. 450 r°-474 r°, 600 r°-621 r°, et t. II, fol. 61 v°-70 r°,197 r°-214 r°。

31. P. de Bellièvre, *Proposition faite aux Suisses,op. cit.*; *Lettres de Catherine de Médicis, op. cit.*, t. IV, p. 146-147, lettre à P. de Bellièvre, 3 décembre 1572.

32. P. Champion, *Charles IX, op. cit.*, p. 148-152; A. Molnar, «Réactions à la Saint-Barthélemy en Bohême», art. cité, p. 370.

33. Arch. Gen. de Simancas, Estado, K 1530, n°39, lettre de Zuñiga au duc d'Albe, 12 septembre 1572 («*Tambien embian al Turco a justificar lo del Almirante*»).

34. BnF, fends Dupuy 428, fol. 80, 23 mars 1573, texte cité par S. Daubresse, *Le Parlement de Paris ou la voix de la raison, op. cit.*, p. 199.

35. Lettre citée plus haut, p. 146.

36. Guy du Faur de Pibrac, *Les Quatrains*, éd. Loris Petris, Genève, Droz, 2004, quatrain n°93, p. 179.

37. *Correspondance diplomatique de Bertrand de Salignac, op. cit.*, t. VI, p. 149, lettre à Catherine de Médicis, 19 septembre 1572.

38. 威尼斯大使的快讯及朔姆贝格的报告引自 P.Champion, *Charles IX, op. cit.*, p. 149, n. 2。

39. *Correspondance diplomatique de Bertrand de Salignac, op. cit.*, t. VI, p. 131, lettre à Catherine de Médicis, 14 septembre 1572.

40. 请参阅 Marie-Madeleine Fragonard, «L'établissement de la raison d'État et la Saint-Barthélemy», in *Miroirs de la Raison d'État. Cahiers du Centre de recherches historiques*, Paris, n°20, avril 1998, p. 550。

41. *Traduction d'une Epistre latine d'un excellent personnage de ce Royaume* [Guy du Faur de Pibrac], Paris, Frédéric Morel, 1573, p. 7.

42. Jean de Monluc, *Harangue faicte et prononcée de la part du Roy treschrestien, le 10ème jour du mois d'avril* 1573, Paris, J. Richer, 1573 , p. 43.

43. *Lettre de Pierre Charpentier jurisconsulte addressée à François Portes Candiois*, s. l. n. d., fol. 15 r°-24 v°et 36 r°. Sèbe, ou Sheba, est un personnage révolté contre le roi David (Deuxième livre de Samuel, XX) .

44. *Ibid.* , fol. 3 v°-4 v° et 19 r°.

45. *Ibid.* , fol. 7 v°.

46. *Traduction d'une Epistre latine, op. cit.* , p. 18; *Lettre de Pierre Charpentier, op. cit.*, fol. 15 r°.

47. Jean de Monluc, *Défense, op. cit.*, fol. 62 r°; *Traduction d'une Epistre latine ,op. cit.* , p. 38.

48. *Traduction d'une Epistre latine, op. cit.*, p. 38-39. Haillan 领主、历史学家 Bernard de Girard 在一本小册子中也明确提出这一观点：" 在事关君主的生命或国家的警告方面，只要确定警告，那么则须直接进行处决与惩罚，不必经过侦讯与审判。" (*Discours sur les causes*

de *l'execution faicte és personnes de ceux qui avoient conjuré contre le Roy et son Estat*, Paris, Pierre L'Huillier, 1572, cité par D. Crouzet, *Le Haut Cœur de Catherine de Médicis*, op. cit., p. 405.）

49. Salvo Mastellone, *Machiavellismo et antimachiavelismo nel Cinquecento*, Florence, Leo Olschki, 1969, p. 74-75.
50. *Traduction d'une Epistre latine*, op. cit., p. 9-10.
51. *Ibid.*, p. 38-39.
52. *Lettre de Pierre Charpentier*, op. cit., fol. 31 v°.
53. *Traduction d'une Epistre latine*, op. cit., p. 24.
54. Contre Charpentier: *Response de François Portus Candiot aux lettres difamatoires de Pierre Charpentier advocat* [1573], trad, franç., s. l. , 1574, et Pierre Fabre, *Response au cruel et pernicieux conseil de Pierre Charpentier, chiquaneur* [...] , *traduit du latin*, s. l. n. d. [1575]; contre Pibrac: *Response de Stanislaus Elvidius* [Joachim Camerarius?] *a l'epistre d'un certain excellent personnage touchant les affaires de France*, 1573, et Pierre Burin, *Response à une epistre commencant Seigneur Elvide, où est tracté des massacres faits en France en l'an 1572*, Bâle, Martin Cousin, 1574; contre Monluc: *Response de Zacharie Furnesterus, soustenant l'innocence et justice de tant de milliers de personnes massacrées au royaume de France*, traduction française d'un original latin publié en 1573; contre Bellièvre: *Response de Wolfgang Prisbachius polonois* [pseudonyme de Théodore de Bèze, de François Hotman?] à *une harangue soustenant les massacres et brigandages commis en France*, traduction française d'un original latin publié à La Rochelle en 1573. 这些回复已被古拉尔收录，见于 *Mémoires de l'Estat de France*, op. cit., t. I, fol. 474 r°-512 r°, 621 r°-655 r°, et t. II, iol. 28 r°-47 r°, 70 v°-95 r°。
55. *Correspondance diplomatique de Bertrand de Salignac*, op. cit., t. VI, p. 230-233 et 234-237, mémoires sur les réponses de la reine transmises au roi par La Mothe-Fénelon dans ses lettres du 2 et du 9 Janvier 1573.
56. B. Vogler, «Huguenots et protestants allemands vers 1572», art. cité, p. 184-186; Henri Fazy, «La Saint-Barthélemy et Genève», *Mémoires de l'Institut national genevois*, t. XIV, Genève, Georg, 1879, p. 12-13 et 53.
57. *Lettres de Catherine de Médicis*, op. cit. , p. 114, lettre de Catherine à Saint-Gouard ? le 29 août 1572.
58. V. Vásquez de Prada, *Felipe II y Francia*, op. cit., p. 224-229.
59. *Ibid.*, p. 226 et 233.
60. *Supplément à la correspondance diplomatique de Bertrand de Salignac*, op. cit., t. VII, p. 358, lettre du roi, 22 septembre 1572.
61. *Lettres de Catherine de Médicis*, op. cit. , t. IV, p. 123, lettre de Catherine à La Mothe-Fénelon, 13 septembre 1572.
62. P. Paris, *Correspondance du roi Charles IX et du sieur de Mandebt*, op. cit., p. 91, lettre du roi à Mandelot, gouverneur de Lyon, 24 septembre 1572. 布尔荣还发现了一些类似信件，收件人为诺曼底副总督马提翁、图赖讷总督科塞元帅（*Charles IX devant la Saint-Barthélemy*, op. cit,, p. 161, n. 12）。

注　释

63. 这些信件已被古拉尔收录，见于 *Mémoires de l'Estat de France, op. cit.*, t. I, fol. 419 r°-421 v°sous le titre *Mémoires envoyez par le Roy à tous les gouverneurs et lieutenans de ses provinces pour destituer et démettre de leurs estats et charges tons ceux de la Religion, encore qu'ils la voultissent abjurer*。

64. 请参阅 1572 年 10 月 22 日 "多菲内法院庭议参与者" 呈交给国王的陈情书，BnF, Ms. fr. 15555, fol. 153 r°。

65. 查理九世也将给诺曼底总督的指令附于 11 月 3 日致费奈隆的信中（*Supplément à la correspondance diplomatique de Bertrand de Salignac, op. cit.*, t.VII, p. 388-391）。因此没有理由像布尔荣那样（*Charles IX devant la Saint-Barthélemy, op. cit.*, p. 174-175），怀疑其真实性。文字见于莫尔维利耶 *Mémoires d'Estat* 一书中（BnF, Ms. Fr. 5172,, fol. 6 r°-7 r°）。致吉斯公爵的信件被古拉尔收录，见于 *Mémoires de l'Estat de France, op. cit.*, t. I, fol. 580 v°-583 r°，致香槟省的信件被尼古拉·皮图收录（*Chronique de Troyes et de la Champagne, op. cit.*, P.755）。

66. BnF, fonds Cinq Cents Colbert, 7, fol. 449 r° et 453 r°, lettres du gouverneur de Metz au roi des 25 et 28 novembre 1572.

67. *Ibid.*, f. 461 r°-469 r°: *Memoire pour faire entendre au Roy le succès du voyage que Monsieur le duc de Guyse [...] en ses pays de Champagne et Brye*, daté du 15 décembre 1572.

68. Déclaration publiée dans les *Mémoires de l'Estat de France, op. cit.*, t. I, fol. 549 r°-550 r°.

69. Ph. Benedict, *Rouen during the Wars of Religion, op. cit.*, p. 129-130.

70. Hugues Sureau, dit des Rosiers, *Confession et recognoissance de Hugues Sureau dit du Rosier touchant sa cheute en la Papauté et les horribles scandales par luy commis*, Heidelberg, Mayer, 1573. 但 Hugues Sureau 在离开王国后回归加尔文宗。

71. *Correspondance en France du nonce Antonio Maria Salviati, op. cit.*, p. 231（lettre de Salviati à Tolomeo Galli, 15 septembre 1572）et p. 236（lettre du même au même, 19 septembre）; *Négociations diplomatiques avec la Toscane, op. cit.* , t. Ill, p. 863（lettre de Vincenzo Alamanni à François de Medieis, Paris, 7 décembre 1572）.

72. J. -P. Babelon, *Henri IV, op. cit.*, p. 190-193.

第七章　《圣经》对新教徒之不幸的解释

1. Nicole Cazauran 列出了清单，见于 «Échos d'un massacre», in Marguerite Soulié et Robert Aulotte（éd.）, *La Littérature de la Renaissance. Melanges d'histoire et de critique littéraire offerts à Henri Weber*, Genève, Slatkine, 1984, p. 239-261。

2. *Cité ibid.*, p. 243.

3. *Advertissement du peuple de Paris aux passants*, cité ibid., p. 246 et 256; attribué par Pierre de L'Estoile à Étienne Jodelle.

4. Jean Touchard, *Allegresse chrestienne de l'heureux succès des guerres de ce Royaulme [...]*, Paris, Michel de Roigny, 1572, cité par N. Cazauran, «Échos d'un massacre», art. cité, p. 249.

5. P. de L'Estoile, *Mémoires pour servir à l'histoire de France depuis 1515 jusqu'en 1574, op. cit,*, p. 475.

6. François de Chantelouve, *La Tragédie de feu Gaspar de Colligni*, composée en 1574 et publiée l'année suivante, éd. Keith Cameron, Exeter, University of Exeter, 1971; François de Belleforest, *Discours sur l'heur des presages advenuz de nostre temps, signifiantz la felicité du regne de nostre Roy Charles neufiesme tres chrestien*, Paris, Vincent Normant, 1572; Jean Dorat, *Œuvres poétiques*, éd. Charles Marty-Laveaux, Paris, A. Lemerre, 1875, réed. Genève, Slatkine, 1974, p.31; Jean-Antoine de Baïf, *Œuvres en rime*, éd. Charles Marty-Laveaux, Paris, A. Lemerre, 1881-1890; réed. Genève, Slatkine, 1966, t. IV, p. 219.

7. *Discours sur la mort de Gaspart de Coligny*, par I. S. P., Paris, Mathurin Martin (1572) et Artus Désiré, *La Singerie des Huguenots marmots et guenons de la nouvelle derrision theodobeszienne*, Paris, Guillaume Jullien, 1574, cités par N. Cazauran, «Échos d'un massacre», art. cité, p. 252-253; Jean Dorat, *In alios Haereticos cum ipso interfectos*, poème publié dans un recueil intitulé *Tombeaux des Brise-Croix* (Lyon, Benoist Rigaud, 1573), cité par Marguerite Soulié, *L'Inspiration biblique dans la poésie religieuse d'Agrippa d'Aubigné*, Paris, Klincksieck, 1977, p. 365, n. 136.

8. N. Cazauran, «Échos d'un massacre», art. cité, p. 252.

9. 法文译文见于 D. Crouzet, *La Nuit de la Saint-Barthélemy*, op. cit., p. 377。德·图所加批注的这一部分讲述的是克里斯皮努斯（Crispinus）的母亲试图毒死自己的儿子。

10. Géralde Nakam, «*Les Essais*» *de Montaigne, miroir et procès de leur temps. Témoignage historique et création littéraire*, éd. revue, Paris, H. Champion, 2001, p. 320.

11. Louis Dorléans, *Advertissement des catholiques anglois aux François catholiques*, s. l., 1586, p. 22; cité par D. Crouzet, *Le Haut Cœur*, op. cit., p. 480-482.

12. 请参阅 D. Crouzet (*La Nuit de la Saint-Barthélemy*, op. cit., p. 537-538)。

13. 见下文，第 8 章。

14. Thierry Wanegffelen, *Ni Rome ni Genève. Des fidèles entre deux chaires en France au XVIe siècle*, Paris, H. Champion, 1997, p. 364-366; Robert Kingdon, «Problems of Religious Choice for Sixteenth Century Frenchmen», *in* Robert Kingdon, *Church and Society in Reformation Europe, Londres*, Variorum Reprints, 1985, p. 108.

15. Jacques Gaches, *Mémoires sur les guerres de Religion à Castres et dans le Languedoc, 1555-1610*, éd. Charles Pradel, Paris, Sandoz et Fischbacher, 1879; réed. Genève, Slatkine, 1970, p. 110.

16. *Mémoires de l'Estat de France*, op. cit., t.I, fol. 215 v°-216 r°.

17. Sonnet intitulé *Sur les misères des Églises Françoises, l'an 1572*, publié dans *L'Uranie, ou nouveau recueil de chansons spirituelles et chrestiennes* (Genève, 1591), cité par Jacques Pineaux, *La Poésie des protestants de langue française (1559-1598)*, Paris, Klincksieck, 1971, p. 211.

18. Agrippa d'Aubigné, *Les Tragiques*, op. cit., livre V, *Les Fers*, v. 705-715.

19. 这种提法见于 Cécile Huchard, *Histoire, érudition, écriture militante*, op. cit., p. 352。

20. 这是克鲁泽提出的假说，*La Nuit de la Saint-Barthélemy*, op. cit., p. 177-178。

21. Jean Calvin, *Institution de la Religion chrestienne*, éd. Jean-Daniel Benoît, Paris, Vrin, chap. III, p. 132-133. 关于这两种类型的审判，请参阅 Elliott Christopher Forsyth, *La Justice de*

注释

Dieu。 «Les Tragiques» d'Agrippa d'Aubigné et la Réforme protestante en France au XVIe siècle, Paris, H. Champion, 2005 , p. 65 -72.
22. M. Soulié, L'Inspiration biblique, op. cit. , p. 46.
23. Agrippa d'Aubigné, Les Tragiques, op. cit., livre V, Les Fers, v. 521-526.
24. Théodore de Bèze, Histoire ecclésiastique des Églises réformées de France, Genève, Jean de Laon, 1580. Alain Dufour a démontré la pertinence de l'attribution à Bèze (Théodore de Bèze, poète et théologien, Genève, Droz, Cahiers d'Humanisme et Renaissance, t. LXXVIII, 2006).
25. Frank Lestringant, La Cause des martyrs dans «Les Tragiques» d'Agrippa d'Aubigné, Mont-de-Marsan, Éditions Inter Universitaires, 1991, p. 69-92; David El Kenz, Les Bûchers du roi. La culture protestante des martyrs (1523-1572) , Seyssel, Champ Vallon, 1997, p. 128.
26. Cité par D. El Kenz, Les Bûchers du roi, op. cit., p. 129.
27. F. de La Noue, Discours politiques et militaires, op. cit., p. 784.
28. 见于 «Les victimes de la Saint-Barthélemy à Paris. Essai d'une topographic et d'une nomenclature des massacres d'après les documents contemporains», BSHPF, t.IX, 1860, p. 44。但非标明出处。
29. 关于西蒙·古拉尔的努力，请参阅 C. Huchard, Histoire, érudition, écriture militante, op. cit., p. 394405。
30. La Vie de messire Gaspar de Colligny, op. cit., p. 108.
31. Cité par R. M. Kingdon, Myths about the St. Bartholomew's Day Massacres, op. cit., p. 117.
32. Marguerite Soulié, «La poésie inspirée par la mort de Coligny. Exécration et glorification du héros», in Actes du colloque «L'Amiral de Coligny et son temps», op.cit., p. 389-405.
33. Max Engammare, L'Ordre du temps. L'invention de la ponctrialité au XVIe siècle, Genève, Droz, 2004 , p. 129.
34. Mémoires de l'Estat de France, op. cit., t. I, f. 301 r°-v°.
35. Agrippa d'Aubigné, Les Tragiques, op. cit., livre V, Les Fers, v. 889-890.
36. Géralde Nakam, Au lendemain de la Saint-Barthélemy. Jean de Léry, Histoire memorable du siège de Sancerre, Paris, Anthropos, 1975. L'œuvre a été publiée en 1574.
37. 这是 David El Kenz 为其著作所起的副标题，Les Bûchers du roi, op. cit。
38. 这句话为让·克雷斯潘在世时（1570 年）出版的最后一版著作的标题。
39. David El Kenz, «La victime catholique au temps des guerres de Religion. La sacralisation du prêtre», in Benoît Gamot (dir.) , Les Victimes, des oubliées de l'Histoire? Actes du colloquy de Dijon, 7 et 8 octobre 1999, Rennes, Presses universitaires de Rennes, 2000, p. 192-199.
40. L'Histoire de la mart que le R. P. Edmond Campion, prestre de la compagnie du nom de Jesus, et autres ont souffert en Angleterre pour la foy Catholique et Romaine, Paris, Guillaume Chaudiere, 1582.
41. Richard Verstegan, Théâtre des cruautés des hérétiques de notre temps (1583) , éd. Frank Lestringant, Paris, Chandeigne, 1995.
42. 文字见于 Frank Lestringant, Lumière des martyrs. Essai sur le martyre au siècle des

Réformes, Paris, H. Champion, 2004, p. 39. 附有作者对新教护教论中"世界的颠倒图景"这一主题的长篇分析。
43. Frank Lestringant, *Agrippa d'Aubigné. «Les Tragiques»*, Paris, PUF, 1986, p. 39-42.
44. Agrippa d'Aubigné, *Les Tragiques, op. cit.*, livre II, *Princes*, v. 1431-1432.
45. *Ibid.*, livre V, *Les Fers*, vers 831-836. 请参阅 Géralde Nakam 的评论, «Le rire de Coligny», article paru dans le recueil du même auteur intitulé *Chemins de la Renaissance*, Paris, H. Champion, 2005, p. 193-212。
46. Agrippa d'Aubigné, *Les Tragiques, op. cit.*, livre V, *Les Fers*, v. 255-258.
47. André Tournon, «La poétique du témoignage dans *Les Tragiques* d'Agrippa d'TAubigné», in Olivier Pot (dir.), *Poétiques d'Aubigné. Actes du colloque de Genève, mai 1996*, Genève, Droz, 1999, p. 135-146.
48. David El Kenz, «Les usages subversifs du martyre dans la France des troubles de Religion: de la parole au geste», *Revue des sciences humaines*, 269, 1/2003, *Martyrs et martyrologes*, textes réunis par Frank Lestringant et Pierre-François Moreau, p. 33-51.
49. 阿格里帕·德·奥比涅在《悲歌集》第一卷"苦难"(*Misères*)的第 13 至 14 行与第四卷(*Les Feux*)的第 53 至 54 行提到了祭坛下的灵魂。
50. 对这种预言式解读的两个方面的精彩分析,请参阅 Marie-Madeleine Fragonard, *La Pensée religieuse d'Agrippa d'Aubigné et son expression*, 1981, rééd. Paris, H. Champion, 2004, p. 611-662。
51. Agrippa d'Aubigné, *Les Tragiques, op. cit.*, livre V, Les Fers, v. 1175-1178.
52. *Ibid*, v. 1087-1092.
53. Pierre Viret, *Le Monde à l'empire et le monde démoniacle*, Genève, 1550, p. 203, cité par Jean Delumeau, «Les réformateurs et la superstition», in *Actes du colloque «L'Amiral de Coligny et son temps»*, *op. cit.*, p. 466.
54. *Tocsain contre les massacreurs, op. cit.*, cité par E. Forsyth, *La Justice de Dieu, op. cit.*, p. 362.
55. Pièce recueillie par P. de L'Estoile, *Mémoires pour servir à l'histoire de France depuis 1515 jusqu'en 1574, op. cit.*, p. 479.
56. N. Pithou, *Chronique de Troyes, op. cit.*, t. II, p. 722-724 et 769.
57. 见下文,第 9 章。
58. Agrippa d'Aubigné, *Histoire universelle*, éd. André Thierry, Genève, Droz, t. III, 1985, p. 367-358.《悲歌集》第五卷(*Les Fers*)中有描写该事件的诗句:"他(查理九世)颤抖着,十至十二天的夜间/他的仆人,无论是谁,也因他而颤抖着,然后/那日的场景让失心疯的国王触目惊心,他发现/成群乌鸦正把卢浮宫的塔梯染黑。"(1015 至 1019 行)
59. Cité par Jean-Raymond Fanlo dans son édition des *Tragiques* d'Agrippa d'Aubigné (Paris, H. Champion, 2003), note des vers 1297-1300 du livre V, *Les Fers*, p. 645-648.
60. F. Lestringant, *Lumières des martyrs, op. cit.*, p. 121-123. 新教史家拉波普里埃于 1581 年 7 月因保持公正和错误地谈论"新教的神圣之事"而被拉罗谢尔宗教会议定罪。
61. F. Lestringant, *Lumières des martyrs, op. cit.*, p. 198-199.

第八章　对法国之不幸的政治解读

1. François Hotman, *Franco-Gallia, traduction française de 1574*, édition en facsimilé par Antoine Leca, Aix-Marseille, Presses universitaires d'Aix-Marseille, 1991，préface non paginée.《法兰克高卢》一书在 1573 年共有三版，其法文译本 *La Gamle Françoise* 于 1574 年出版，译者或为西蒙·古拉尔，之后于 1576 年和 1586 年出版了两个增补版，最后一版于 1600 年，即他死后出版。

2. *Ibid.*, p. 11.

3. *Ibid.*, p. 95 et 97.

4. *Ibid.*, p. 12.

5. *Ibid.*, p. 104. 奥特芒倾向用 "citoyens"（国民）一词取代 "sujets"（臣民）。他甚至两次写道 "citoyens de France"（法国国民，拉丁文为 Francigenae cives ）。

6. *De furoribus gallicis, horrenda et indigna amiralii Castillionei, nobilium atque illustrium virorum caede, scelerata ac inaudita piorum strage passim edita per conplures civitates* [...] *Ernesto Varamundo Frisio auctore*, Édimbourg, 1573.

7. F. Hotman, *Francogallia, op. cit.*, p. 185-186.

8. P. de L'Estoile, *Registre-Journal du règne de Henri III, op. cit.*, t. I, p. 226.

9. Théodore de Bèze, *Du droit des magistrats sur leur subjets*, éd. Robert M. Kingdon, Genève, Droz, 1971.

10. R. M. Kingdon, *Myths about the St. Bartholomew's Day Massacres, op. cit.*, p. 11; Scott M. Manesch, *Theodore Beza and the Quest for Peace in France, 1572-1598*, Leyde, Brill, 2000, p. 56. 贝扎的参与也体现在他对蓬波纳·德·贝利埃弗尔在瑞士演说所写的回复，但他很可能使用了笔名 Wolfgang Prisbach（*Response de Wolfgang Prisbachius polonois, op. cit.*）。

11. *Le Réveille-Matin des François et de leurs voisins, composé par Eusèbe Philadelphe Cosmopolite*, Édimbourg, Jacques James, 1574; réimpression en fac-similé, Paris, EDHIS, 1977. 两篇对话都曾单独出版，第一篇出版于 1573 年（先为拉丁文版，后出法文版），第二篇出版于 1574 年（拉丁文版）。作者可能是多菲内医生尼古拉·巴诺，或法学家 Hugues Doneau。

12. 这一点已被证明，请参阅 Hugues Daussy, *Les Huguenots et le roi, op. cit.*, p. 241-254。

13. Etienne Junius Brutus, *Vindiciae contra tyrannos. Traduction française de 1581*, éd. Henri Weber et al., Genève, Droz, 1979.

14. 其中两篇颇为大胆，*les Discours politiques des diverses puissances establies de Dieu au monde et Le Politique : Dialogue traitant de la puissance, auiorité et du devoir des Princes*。

15. William Barclay, *De regno et regali potestate adversus Buchanan, Brutum, Boucherium et reliquas monarchomaquas libri sex*, Paris, Guillaume Chaudière, 1600.

16. Arlette Jouanna, «Capituler avec son prince: la question de la contractualisation de la loi au XVIe siècle», *in* Paul-Alexis Mellet (dir.), «*Et de sa bouche sortait un glaive*». *Les monarchomaques au XVIe siècle*, Genève, Droz, 2006, p. 131-143.

17. 若以当今的标准来衡量，参会人员的代表性仍不够充分；三级会议的代表经复杂的程序推选而出，主要负责向国王呈交本阶层的陈情书。反暴君派为他们赋予了更为广泛的权力。

18. Th. de Bèze, *Du droit des magistrats sur leur subjets, op. cit.*, p. 27.
19. 关于此点，请参阅 Emmanuel Le Roy Ladurie, *L'Etat royal de Louis XII à Henri IV, 1460-1610*, Paris, Hachette, 1987, p. 232。
20. 特别是在该书的"第四个问题"一节中提到："一国君主的臣民因真正的宗教而受到折磨或被暴君镇压，其邻国君主可以或有权向其提供援助。"（*Vindiciae contra tyrannos, op. cit.*, p. 243）
21. Préface de Ralph Giesey et John Salmon à leur édition de la *Franco-gallia*, Cambridge, Cambridge University Press, 1972, p. 7.
22. Paul-Alexis Mellet（*Les Traités monarchomaques. Confusion des temps, résistance armée et monarchie parfaite（1560-1600）*, Genève, Droz, 2007, p. 76, 117）发现了 1569 年出版于普瓦提的版本；此书于 1570 年再版，见于 *Histoire de nostre temps, contenant un recueil de choses memorables passées et publiées pour le faict de la religion et estat de la France despuis l'Edict de paciffication du 23ᵉ jour de mars 1568*, s. 1.；Robert M. Kingdon en a donné une édition critique（Genève, Droz, 1989）。
23. P. -A. Mellet, *Les Traités monarchomaques, op. cit.*, p. 193.
24. 关于这篇文字，请参阅 Janine Garrisson, *Protestants du Midi, 1559-1598*, Toulouse, Privat, 1980, p. 179-182。
25. *Le Réveille-Matin des François, op. cit.*, p. 138.
26. *Dialogus quo multa exponuntur quae Lutheranis et Hugonotis gallis acciderunt*, Oragnae [Heideiberg?], Adam de Monte, 1573.
27. *Le Réveille-Matin des François, op. cit.*, p. 94.
28. 贝扎应是首位将王国的法律称为"基本法"（*Du droit des magistrals, op. cit.*, p. 61）之人。在这些法律中，撒利克法（男性有权继承王位）为唯一一个长久以来得到共识的法律。规定国王 13 岁成年的法律直至 1563 年才最终成文；规定封地不可转让的法律于 1566 年成文。而关于国王应信仰天主教的法律在 1593 年仍有许多争议。
29. Guillaume Budé, *L'Institution du Prince*, éd. Claude Bontemps, in Claude Bontemps et al., *Le Prince dans la France des XVIᵉ et XVIIᵉ siècles*, Paris, PUF, 1966, p. 80.
30. Hilton Root, *La Construction de l' État moderne en Europe. La France et l'Angleterre*, Paris, PUF, 1994, p. 311.
31. *Le Réveille-Matin des François, op. cit.*, p. 37-40.
32. Agrippa d'Aubigné, *Les Tragiques, op. cit.*, livre V, Les Fers, v. 760-761.
33. *Articles et requestes de ceux de la religion prétendue réformée de Languedoc assemblés à Montauban*, BnF., N. A. F. 7178, fol. 36 r° - 47 r°; texte publié par dom de Vic et dom Vaissète, *Histoire générate de Languedoc*, Paris, Claude Tchou, Toulouse, Privat, 2002-2006, t. XII, col. 1046-1060. Janine Garrisson cite le texte un peu différent édité à Bâle par Pierre de Ray, s. d.（*Protestants du Midi, op. cit.*, p. 184）.
34. 第五次宗教战争后，亨利三世在 1576 年 5 月颁布的敕令中准许了胡格诺派此时提出的一部分要求（特别是为科里尼、布里克莫领主与卡韦涅平反的要求）。
35. 天主教同盟之后在遭到打击时使用了反暴君派的论题，但给其赋予了完全不同的意义。

注 释

36. CSP, t. IV, *op. cit.*, p. 474, n°1336, lettre du Dr Dale à Lord Burghley, Paris, 8 mars 1574.
37. G. Groen van Prinsterer, *Archives ou Correspondance inédite de la maison d'Orange-Nassau, op. cit.*, 1re série, t. III, p. 282-286; voir ci-dessus, chap. 2, p. 73.
38. *Déclaration et Protestation de Monseigneur de Dampville, maréchal de France*, 13 novembre 1574, publiée à Strasbourg en 1575; rééditée dans *l'Histoire générate de Languedoc de dom de Vic et dom Vaissète, op. cit.*, t. XII, preuve 336.
39. 我们可以在 *Discours merveillux de la vie, actions et déportements de Catherine de Médicis* 一书中看到对这一观点的回应。此书出版于 1575 年并于 1576 年再版, 增补部分可能由他人撰写。Nicole Cazauran 主编出版了批注版, Genève, Droz, 1995（p. 206-209）。
40. *Déclaration de Monseigneur François, fits et frère de Roy, duc d'Alençon*, s.1., 1575; *Brieve Remonstrance à la noblesse de France sur le faict de la Déclaration de Monseigneur le duc d'Alençon*（attribuée à Innocent Gentillet）, s. 1., 1576（voir notamment p. 62-63）.
41. *Résolution claire et facile sur la question tant de fois faicte de la prise des armes par les inférieurs*. Bâle, J. Oporin, 1575（voir p. 92）, traité réédité à Reims, Jean Mouchar, 1577; *Discours merveillux de la vie, actions et déportements de Catherine de Médicis, op. cit.*（voir p. 220）; *La France-Turquie, c'est-à-dire conseils et moyens tenus par les ennemis de la Couronne de France pour réduire le royaume en tel estat que la tyrannie turquesque*, Orléans, Thibaud des Murs, 1576（voir en particulier le dernier opuscule de ce recueil, intitulé *Lunettes de cristal de roche par lesquels on veoyt clairement le chemin tenu pour subjuguer la France à mesme obeissance que la Turquie*）.
42. *Mémoires de l'Estat de France, op. cit.*, fol. 266 r° et v°.
43. *La France-Turquie, op. cit.*, p. 10.
44. 名单见于 James B. Wood, «The Royal Army during the Wars of Religion, 1559-1576», *in* Mack P. Holt（éd.）, *Society and Institutions in Early Modern France*, Athens, University of Georgia Press, 1991, p. 26。
45. Arch. Gen. de Simancas, Estado, K 1532, n°17, lettre de Zuñiga au duc d'Albe, 2 juillet 1573.
46. Mack P. Holt, *The Duke of Anjou and the Politique Struggle during the Wars of Religion*, Cambridge, Cambridge University Press, 1986, p. 28-30.
47. O. Christin, *La Paix de religion, op. cit.*
48. 最活跃的人包括：参与了昂布瓦斯密谋的沙尔特代理主教让·德·费里埃；Jean 与 Jacques de La Fin 兄弟, 前者是 Beauvoir-La-Node 领主, 为费里埃的内兄；Grandchamp 领主 Paul Choart, 他因驻君士坦丁堡大使的职位被达克斯领主 François de Noailles 夺走而颇为不快。城市总督也提供了支持, 如欧塞尔总督让·德·肖蒙-吉特里与 Vieilleville 领主 François de Scépeaux 元帅的内兄、梅斯总督 Jean de Thévalle。在普瓦图, 弗朗索瓦·德·拉图谴责国王违背诺言, 出兵拉罗谢尔, 以他为首也聚集了一批贵族（Arlette Jouanna, *Le Devoir de révolte. La noblesse française et la gestation de l'État moderne, 1559-1661*, Paris, Fayard, 1989, p. 154-179）。
49. *Les Lunettes de cristal de roche par lesquels on veoyt clairement le chemin tenu pour subjuguer la France à mesme obeissance que la Turquie*：其标题为一本小册子的标题, 被收入 *La France-Turquie, op. cit.*。

50. Arlette Jouanna, «Être "bon Français" au temps des guerres de Religion: du citoyen au sujet», in Ouzi Elyada et Jacques Le Brun (éd.) , *Conflits politiques, controverses religieuses. Essais d'histoire européenne aux 16ᵉ-18ᵉ siècles*, Paris, Éd. de l'EHESS, 2002, p. 19-32.

51. I. Gentillet, *Brieve Remonstrance, op. cit.*, p. 8, 11, 40.

52. *Déclaration et protestation par monsieur le mareschal Dampville, op. cit.*

53. *Mémoires des occasions de la guerre, appellée Le Bien-Public, rapportez à l'estat de la guerre présente*, s.l., 1567.

54. 见上文，第一章，p.36-37。

55. 如奥特芒在1574年4月27日的信件中，本章结语部分引用了这封信。*Lunettes de christal de roche* (*op. cit.*, p. 42) 一书的作者也犯了同样的错误。后世的一些史学家认为1574年的运动为政治派所为（如 Francis Decrue, *Le Parti des Politiques au lendemain de la Saint-Barthélemy*, Paris, Plon, 1892 ）。

56. BnF, Ms. fr. 15558, fol. 195 r°.

57. *Instructions du roi pour Jean de Saint-Sulpice*, publiées par Edmond Cabié, *Guerres de Religion dans le sud-ouest de la France et principalement dans le Quercy d'après les papiers des seigneurs de Saint-Sulpice, de 1561 à 1590*, Paris, Champion, et Toulotise, Privat, 1906, col. 240.

58. *Ibid.*, col. 272.

59. *Négociations diplomatiques avec la Toscane, op. cit.*, t. III, p. 894, lettre de Vincenzo Alamanni à François de Médicis, 23 décembre 1573.

60. *Ibid.*, p. 896, lettre de Vincenzo Alamanni à François de Médicis, 16 janvier 1574.

61. F. Decrue, *Le Parti des Politiques, op. cit.*, p. 131.

62. Arch. Gen. de Simancas, Estado, K 1532, n° 17 b, lettre de Zuñiga au duc d'Albe, 2 juillet 1573.

63. M. P. Holt, *The Duke of Anjou, op. cit.*, p. 35.

64. 关于这一组织以及 Jean Delumean 与加里松对这一组织的称呼——"南部合众省"（ Provinces Unies du Midi ）所具有的迷惑性，请参阅 Arlette Jouanna, Jacqueline Boucher, Dominique Biloghi et Guy Le Thiec, *Histoire et Dictionnaire des guerres de Religion*, Paris, Robert Laffont, coll. «Bouquins», 1998, p. 223-228。

65. P. Champion, *Charles IX, op. cit.*, p. 177. 该信件被国王密使截获，蒙莫朗西因谨慎起见称其系伪造。

66. Joan Margaret Davies, *Languedoc and its Gouverneur. Henri de Montmorency-Damville, 1563-1589*, thèse dactylographiée, université de Londres, 1974, p. 135-139.

67. *Négociations diplomatiques avec la Toscane, op. cit.*, t. III, p. 861, lettre de Vincenzo Alamanni à François de Médicis, Paris, 20 novembre 1572.

68. *Ibid.*, p. 899, lettre de Vincenzo Alamanni à François de Médicis, 9 février 1574; *Correspondance en France du nonce Antonio Maria Salviati, op. cit.*, p. 195-196, lettre du 9 février 1574.

69. Hector de La Ferrière, «Les dernières conspirations du règne de Charles IX», *Revue des*

注释

questions historiques, t. XLVIII (1890), p. 421-470; M. P. Holt, *The Duke of Anjou, op. cit.*, p. 38-39; *Correspondance du nonce en France Antonio Maria Salviati, op. cit.*, p. 793, lettre du 13 mars 1574. 纳瓦尔国王和阿朗松公爵曾于1573年12月试图逃走，但失败了。

70. Arch. Gen. de Simancas, Estado, K 1533, n°40, lettre de Zuñiga à Philippe II, 2 juillet 1573, citée par V. Vásquez de Prada, *Felipe II y Francia, op. cit.*, p. 228, n. 127.
71. Arch. Gen. de Simancas, Estado, K 1533, n°9, lettre de Zuñiga à Philippe II, 13 mars 1574.
72. Éliane Viennot 在出版了玛格丽特·德·瓦卢瓦的《日忆录》之后，又出版了她写给丈夫的这篇文字 (*op. cit.*, p. 239-350)。
73. Scion Mack P. Holt, «It seems highly unlikely that the full story of what happened at court in March and April 1574 will ever emerge from the evidence» (*The Duke of Anjou, op. cit.*, p. 43).
74. *Mémoires de l'Estat de France, op. cit.*, t. III, fol. 296-299.
75. Lettre du roi citée par F. Decrue, *Le Parti des Politiques, op. cit.*, p. 213.
76. Arch. Gen. de Simancas, Estado, K 1537, n° 5, lettre de Zuñiga à Philippe II, 23 janvier 1575, citée par V. Vásquez de Prada, *Felipe II y Francia, op. cit.*, p. 231, n. 146 (paresciéndoles qus, suelto Montmorency y quedando el de Danvile en su gobierno, serán los dos hermanos más parte en este reyno que ellos).
77. Mark Greengrass, *War, Politics and Religion in Languedoc during the Government of Henri de Montmorency-Damville* (1574-1610), thèse dactylogra-phiée, Oxford, Keble College, 1979, p. 161.
78. 阿朗松公爵和当维尔的声明见上文第265页。孔代亲王的声明于1574年印刷于拉罗谢尔，名为 *Déclaration de Henri de Bourbon aujourd'huy troisiesme Prince du sang de France, prince de Condé, accompaigné deplusieurs gentilshommes de l'une et l'autre Religion*。
79. Mémoire adressé par le seigneur de Méru à la reine d'Angleterre, publié par Joseph Kervyn dc Lettenhove, *Documents inédits relatifs à l'histoire du XVIe siècle*, Bruxelles, F. Haycz, p. 194-209.
80. Lettre de François Hotman à son ami Gwalter, citée et traduite du latin par Rodolphe Dareste, «François Hotman. Sa vie et sa correspondance», *RH*, t. II, juillet-décembre 1876, p. 374-375.
81. Hugues Daussy, *Les Huguenots et le roi op. cit.*, p. 96-108.
82. Th. de Bèze, *Correspondance, op. cit.*, t. XIII, 1573, lettre à un grand seigneur [François de La Noue?], 16 août 1573, p. 173-178, et t. XIV, 1574, lettre à Zanchin, 15 mars 1574, p. 54-55; S. M. Manetsch, *Theodore Beza, op. cit.*, p. 74-91.

第九章 国王之死，或大屠杀真正意义的揭示

1. 这一自主化过程同样始于和平敕令及新教徒与天主教徒签订的和平协定 (O. Christin, *La Paix de religion. L'autonomisation de la raison politique, op. cit.*)。
2. P. Champion, *Charles IX, op. cit.*, t. II, p. 385 (d'après la lettre du 2 mai 1574 de l'ambassadeur vénitien S. Cavalli). 昂布瓦斯·帕雷的助手，外科医生 Jacques Guillemeau 的尸检报告见于 *Les Œuvres de chirurgie de Jacques Guillemeau*, Rouen, Jean Viret, 1649, p. 856。

3. Hélène Germa-Romann, *Du «bet mourir» au «bien mourir»*. *Le sentiment de la mort chez les gentilshommes français* (1515-1643), Genève, Droz, 2001 (voir en particulier le chapitre IV, «La mort comme preuve», p. 87 et suiv) .
4. Agrippa d'TAubigné, *Les Tragiques*, op. cit., livre VI, *Vengeances*, v. 809.
5. Th. de Bèze, *Correspondance*, op. cit., t. XV, 1574, p. 112.
6. Agrippa d'Aubigné, *Lettre au Roy* [Henri IV], citée par J. -R. Fanlo, édition citée des *Tragiques*, note des vers 803-812 du livre VI, *Vengeances*, p. 846; *Histoire universelle*, op. cit., t. IV, p. 220.
7. *Mémoires de l'Estat de France*, op. cit., t. Ill, fol. 371 v°. 古拉尔从让·德·塞尔于 1571 年(5.1)出版的 *Commentarii de statu religionis et reipublicae in regno Galliae* 中汲取了材料,此书于 1575 年增补了第四部分,将记述延续至查理九世之死。
8. Henri Lancelot Voisin de La Popelinière, *L'Histoire de France*, s. 1., 1581, t. II, p. 219; *Recueil des choses memorables avenues en France sous le regne de Henri II, François II, Charles IX, Henri III et Henri IV* [œuvre parfois attribuée à Jean de Serres mais plus sûrement à Simon Goulart], deuxième édition (la première est de 1595) , s. 1., 1598, p. 506.
9. C. Huchard, *Histoire, érudition, écriture militante*, op. cit., p. 563.
10. Sully, *Œconomies royales*, op. cit., t. I, p. 31, et t. II, p. 16.
11. BnF, Ms. Fr. 10304, *Propos notables dudit Roy, estant au lict de la mort, et de sa nourrice*, 1574, in *Recueil divers de ce temps*, fol. 366 r°-368 r°, publié par M. Lazard et G. Schrenk à la fin du tome I du *Registre-Journal du règne de Henri III* de P. de L'Estoile, op. cit., appendice I, p. 251-253。胡格诺保姆确实存在,名叫 Philippe Richard (P. Champion, *Charles IX*, op. cit., t. 11, p. 405)。
12. 请参阅布尔荣对于一篇匿名新教文章的评注。*Response des Gentilshommes, Capitaines, Bourgeois et aultres estants en la ville de La Rochelle aux commandemens qui leur ont esté faits soubs le nom du Roy* (*Charles IX devant la Saint-Barthélemy*, op. cit., p. 50-51) .
13. Agrippa d'Aubigné, Sonnets *épigrammatiques*, n°XVI, in *Œuvres complètes* publiées par Eugène Réaume et de Caussade, Paris, 1873-1892, Genève, Slatkine Reprints ,1967, t. IV, p. 337.
14. Arnaud Sorbin, *Oraison funebre du tres hault, puissant et tres chrestien Roy de France, Charles IX, piteux et debonnaire, propugnateur de la Foy Catholique et amateur des bons esprits, prononcée en l'Eglise Nostre-Dame en Paris , le XII de juillet M. D. LXXIIII*, Paris, Guillaume Chaudière, 1574; *Histoire contenant un abrégé de la vie, mœurs, et vertus du Roy Tres-chrestien et debonnaire Charles IX, vrayement piteux, propugnateur de la Foy Catholique et amateur des bons esprits*, Paris, Guillaume Chaudière, 1574.
15. Jean-Baptiste Bellaud, *Oraison funebre du trespas du Roy treschrestien, Charles Neufiesme*, Paris, Frederic Morel, 1574.
16. Joachim Desportes, *Discours sommaire du règne de Charles neufiesme Roy de France Tres-Chrestien, ensemble de sa mort, et d'aucuns de ses derniers propos*, Paris, Jean de Lattre, 1574; *Le Vray Discours des derniers propos memorables et trespas du feu Roy de tres bonne memoire Charles neufiesme*, Paris, Liénard Le Sueur, 1574.
17. Pierre de Ronsard, *Le Tombeau du feu Roy Tres-Chrestien Charles IX, prince tres-*

注释 317

      debonnaire, tres-vertueux et tres-eloquent, Paris, Frédéric Morel, s. d. (1574); Jean Dorat et al, *Le Tombeau du feu Roy*, Lyon, 1574; *Les Regretz et lamentations de tresillustre et vertueuse princesse Elisabeth d'Autriche sur la mort et trespas du Ray Charles neufiesme son espoux, n'agueres decedé. Par A. de la T. D*, Paris, Pierre Des Hayes, 1574; Antoine Du Part, *Déploration de la France sur le trespas du Tres Chrestien Roy Charles IX*, Paris, M. Buffet, 1574 (en vers, suivi de la *Complainte de la ville de Paris*).

18. A. Sorbin, *Histoire*, op. cit., fol. 24 r°-v°.
19. *Ibid.*, fol. 26 v°-27 r°.
20. J. Desportes, *Discours sommaire*, op. cit., non paginé.
21. *Le Vray Discours des derniers propos memorables*, op. cit., fol. 11 v°.
22. *Ibid.*, fol. 19 v°-20 r°.
23. A. Sorbin, *Oraison funebre*, op. cit., fol. 25 r°.
24. J. -B. Bellaud, *Oraison funebre*, op. cit., p. 8-11 et 15.
25. P. de Ronsard, *Le Tombeau du feu Roy Tres-Chrestien Charles IX*, op. cit., v. 57.
26. 请参阅克鲁泽的评论，*La Nuit de la Saint-Barthélemy*, op. cit., p. 609。另请参阅 Jean-Marie Le Gall, *Le Mythe de saint Denis entre Renaissance et Révolution*, Seyssel, Champ Vallon, 2007, p. 406。
27. *Le Vray Discours des derniers propos memorables*, op. cit., fol. 12 v°.
28. A. Sorbin, *Oraison funebre*, op. cit., fol. 25 v°.
29. J. -B. Bellaud, *Oraison funebre*, op. cit., p. 7.
30. Anne-Marie Lecoq, *François Ier imaginaire*, Paris, Macula, 1987.
31. A. Sorbin, *Histoire*, op. cit., fol. 45 v°.
32. *Ibid.*, fol. 46 r°-67 v°.
33. *Ibid.*, fol. 63 v°.
34. *Ibid.*, fol. 65 v°.
35. *Le Vray Discours des derniers propos memorabks*, op. cit., fol. 6 r°-v°.
36. *Ibid.*, fol. 7 v°.
37. 请参阅 Amadis Jamyn 在龙萨《墓》(*Tombeau*) 之后出版的墓志铭与十四行诗。
38. Arnaud Sorbin, *Le Vray Resveille-Matin des calvinistes et publicains François: où est amplement discouru de l'auctorité des Princes, et du devoir des sujets envers eux*, Paris, Guillaume Chaudière, 1576, dédicace (datée de Toussaint 1574) et pièce liminaire.
39. *Ibid.*, fol. 68.
40. *Ibid.*, fol. 71 r° et 88 r°.
41. A. Sorbin, *Histoire*, op. cit., fol. 37 v°-38 r°.
42. A. Sorbin, *Le Vray Resveille-Matin des calvinistes et publicains François*, op. cit., fol. 72 v°.
43. A. Sorbin, *Histoire*, op. cit., fol. 38 v°.
44. 1575 年，Claude d'Albon 甚至称国王为"半神" «demi-dieux» (*De la majesté royak*,

institution et preeminence, et faveurs divines particulières envers icelle, Lyon, 1575, fol. 5, cité par Fanny Cosandey et Robert Descimon, *L'Absolutisme en France*, Paris, Éd. du Seuil, 2002, p. 90-91)。

45. É. Pasquier, *Les Œuvres, op. cit.*, t. II, livre VI, col. 139, lettre à M. de Sainte-Marthe.
46. Mark Greengrass, «Pluralism and Equality: the Peace of Monsieur, May 1576», in Keith Cameron, Mark Greengrass, et Penny Roberts (éd.) . *The Adventure of Religious Pluralism in Early Modern France*, Berne, Peter Lang, 2000, p. 45 -63.
47. P. de L'Estoile, *Registre-Journal du règne de Henri III, op. cit.*, t. II, p. 31.
48. 文字见于 Agrippa d'Aubigné, *Histoire universelle, op. cit.*, t. V, p. 103-106。同盟者的敌人于1576年出版了另一篇文字，并取了一个颇具贬义的标题：*Conspiration faite en Picardie, sous fausses et mechantes calomnies, contre l'édit de pacification*。
49. Th. de Bèze, *Correspondance, op. cit.*, t. XVII, 1576, p. 157.
50. Mack P. Holt, «Attitudes of the French Nobility at the Estates-General of 1576», *SCJ*, vol. XVIII, n°4, 1987, p. 492, et, du même auteur. *The French Wars of Religión, 1562-1629*, Cambridge, Cambridge University Press, 1995 , p. 106.
51. 请求主要包含三个关键点，见于 Nivernais 的贵族代表 Pierre de Blanchefort 的日记：三个等级一致通过的决定将成为不可违背的法律，国王将使用"通过我们与我们的等级"这样的表述批准决定；对于三个等级未能达成一致的问题，将交由一个由嫡系王与重臣组成的委员会参考各等级代表的意见决定；若御前会议成员加入此委员会，则应向三个等级通报其名单以使他们能够去除可能会有失偏颇之人 (Pierre de Blanchefort, *Compte de mes actions et recœuil depuis la proclamation des Estats tenus à Blois nottez par mois et jours*, BnF, Ms. fr. 16250, fol. 188 r°)。
52. *Journal de Guillaume de Taix* publié par Lalourcé et Duval, *Recueil des pièces originales et authentiques concernant la tenue des États généraux*, Paris, 1789, t. II, p. 269-271.
53. Georges Picot, *Histoire des États généraux*, 2ᵉ éd., Paris, Hachette, 1888, t. III, p. 27-31.
54. N. Le Roux, *Un régicide an nom de Dieu, op. cit.*
55. Jean Bodin, *Les Six Livres de la République*, livre I , chap, VI, p. 192 de l'édition de Paris, Fayard, 1986, qui reproduit l'édition de 1593.
56. Montaigne, *Les Essais*, éd. Pierre Villey, réèd. Paris, PUF, coll. Quadrige, 1988, t. Ill, chap, XIII, p. 1072.
57. *Ibid.*, t. II, chap, XVI, p. 629.
58. Janine Garrisson (éd.) , *L'Édit de Nantes*, Biarritz, Atlantica, 1997.
59. 文字见于 Roland Mousnier, *L'Assassinat d'Henri IV. Le problème du tyrannicide et l'affermissement de la monarchie absolue*, Paris, Gallimard, 1964, p. 334-337。关于国王其人的新神圣性，请参阅：Marie-France Renoux-Zagamé, «Du juge-prêtre au roi-idole. Droit divin et constitution de l'État dans la pensée juridique française à l'aube des Temps modernes», in Jean-Louis Thireau (dir.), *Le Droit entre laïcisation et néo-sacralisation*, Paris, PUF, 1997, p. 143-186。
60. Corrado Vivanti, *Guerre civile et paix religieuse dans la France d'Henri IV*[1963], trad. Luigi-Alberto Sanchi, Paris, Desjonquères, 2006, p. 65-68; Alexandre Y. Haran, *Le Lys et le globe: messianisme dynastique et rêve impérial en France aux XVIᵉ et XVIIᵉ siècles*, Seyssel, Champ

Vallon, 2000, p. 223-225.

61. Roger Baury, «Célébration de la paix de Vervins et propagande royale», in Jean-François Labourdette, Jean-Pierre Poussou et Marie-Catherine Vignal (éd.), Le Traité de Veruins, Paris, PUPS, 2000, p. 347-372.
62. P. de L'Estoile, Registre-Journal du règne de Henri III, op. cit., t. VI, p. 174; Jacques-Auguste de Thou, lettre écrite à l'automne 1592, citée par C. Vivanti, Guerre civile et paix religieuse, op. cit. , p. 11; É. Pasquier, Congratulation sur la Paix, adressée à M. de Sainte-Marthe, Les Œuvres, op. cit., t. II, livre XVI, col. 465-480.
63. James B. Collins, «La guerre de la ligue et le bien public», in Le Traité de Vervins, op. cit., p. 81-95.
64. 关于17世纪国王神圣性的组成要素，请参阅 Joël Cornette, Le Roi de guerre. Essai sur la souveraineté dans la France du Grand Siècle, Paris, Payot, 1993, 特别是第三部分名为《Les outils symboliques de la puissance》。

结 论

1. Bl. de Monluc, Commentaires, op. cit., p. 481.
2. J. Pineaux, La Poésie des protestants de langue française, op. cit., p. 134-135.
3. Lettre publiée par Ch. Pradel, «Un marchand de Paris au XVIe siècle (1560-1588) », art cité, p. 421-423; voir le commnentaire qu'en a donné Denis Richet, «Aspects socioculturels des conflits religieux à Paris dans la seconde moitié du XVIe siècle», De la Réforme à la Révolution. Études sur la France moderne, Paris, Aubier, 1991, p. 34-35.
4. Philip Benedict, The Huguenot Population of France, 1600-1685, Philadelphie, Transactions of the American Philosophical Society, 1991, p. 76.
5. La Satyre Menippée, éd. Charles Read, Paris, Flammarion, 1892, p. 224.
6. Ran Halévi, «Le testament de la royauté. L'éducation politique de Louis XVI», in Ran Halévi (éd.) , Le Savoir du Prince, Paris, Fayard, 2002, p. 311-361.
7. Philippe Joutard, Janine Estèbe [Garrisson], Élisabeth Labrousse et Jean Lecuir, La Saint-Barthélemy ou ks Résonances d'un massacre, Neuchâtel, Delachaux et Niestlé, 1976.
8. Voltaire, article «Fanatisme» du Dictionnaire philosophique.
9. Histoire d'une pipe, cité par Bernard Peschot, «Alexandre de Bessot de Lamothe (1823-1897) et les protestants du Midi», in Joël Fouilleron et Henri Michel (éd.) . Mélanges Michel Péronnet, t. II, La Réforme, Montpellier, Publications de l'université Montpellier-III, 2003, p. 323.
10. J. Sémelin, «Analyser le massacre», art. cité, p. 12.

附录

1572年大屠杀遇害者社会职业统计表

城市	贵族与带有"领主"头衔的人	法律人士、官吏	商人	学校教师、牧师	手工业者	无专业技能者、仆役	未知职业	总计
布尔热	-	7	6	-	8	-	9	23
莫城	-	5	13	-	15	1	-	29
特鲁瓦	-	1	11	-	22	2	-	36
奥尔良	2	15	50	2	47	11	15	142
鲁昂	3	9	18	3	119	3	31	186
里昂	-	6	34	3	88	5	5	141
巴黎	36	14	13	5	40	2	11	211

此表为娜塔莉·戴维斯（Nathalie Zemon Davis）根据新教史料中的名单编制而成（*Les Cultures du peuple. Rituel, savoirs et résistance au 16ᵉ siècle*[1965], trad. M. -N. Bourguet, Paris, Aubier-Montaigne, 1979, p. 279）。*

资料来源：里昂，*Première liste des chrétiens mis à mort et égorgés à Lyon par les catholiques romains à l'époque de la S. Barthélemi en août 1572*, éd. P. M. Gonon, Lyon, 1847；其他城市，Jean Crespin, *Histoire des martyrs*。

---

* 参见娜塔莉·泽蒙·戴维斯：《法国近代早期的社会与文化》，钟孜译，中国人民大学出版社，2011年，第233页。

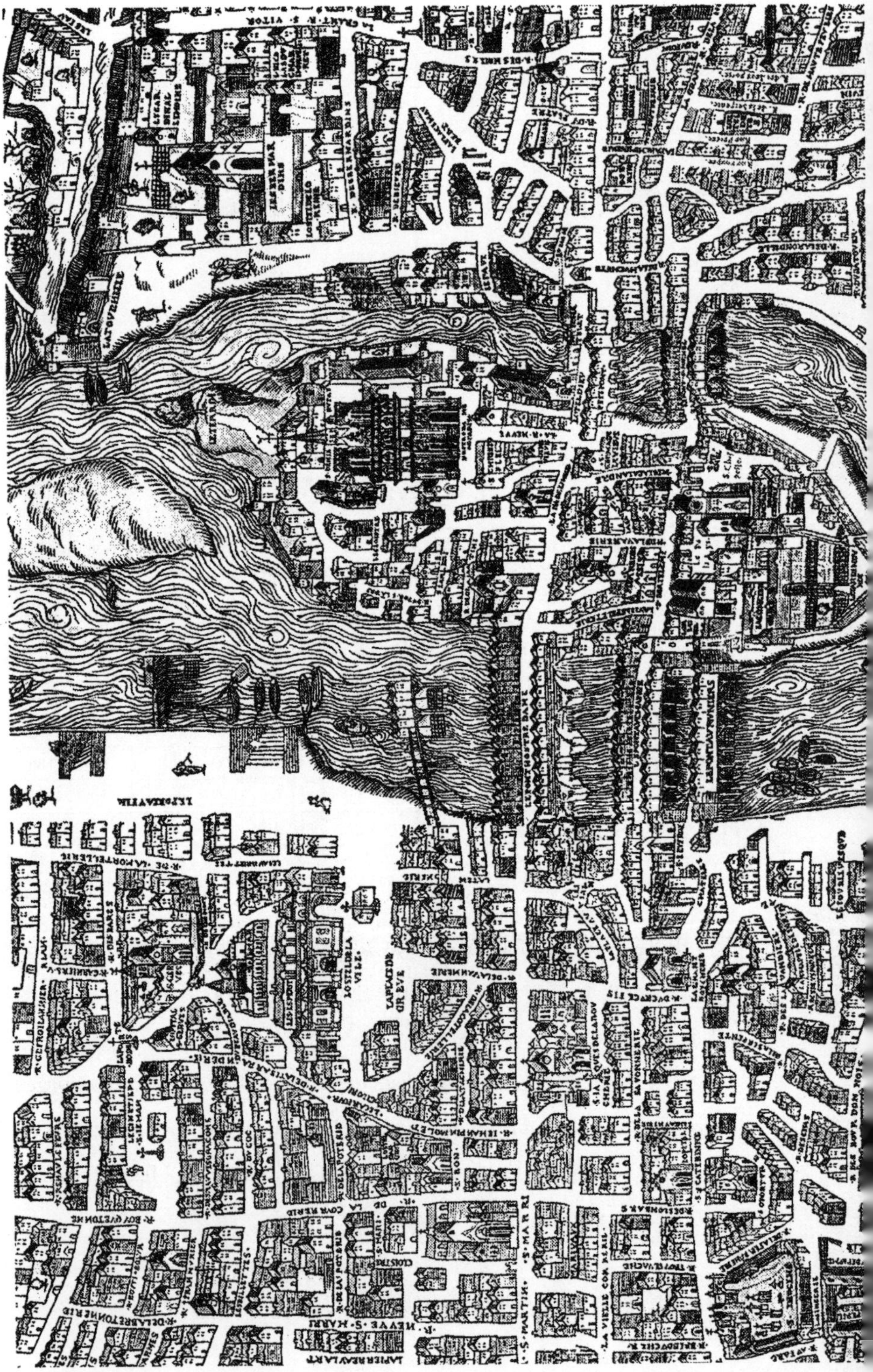

此地图由 Truschet 与 Hoyau 绘制，现藏于巴塞尔大学图书馆。

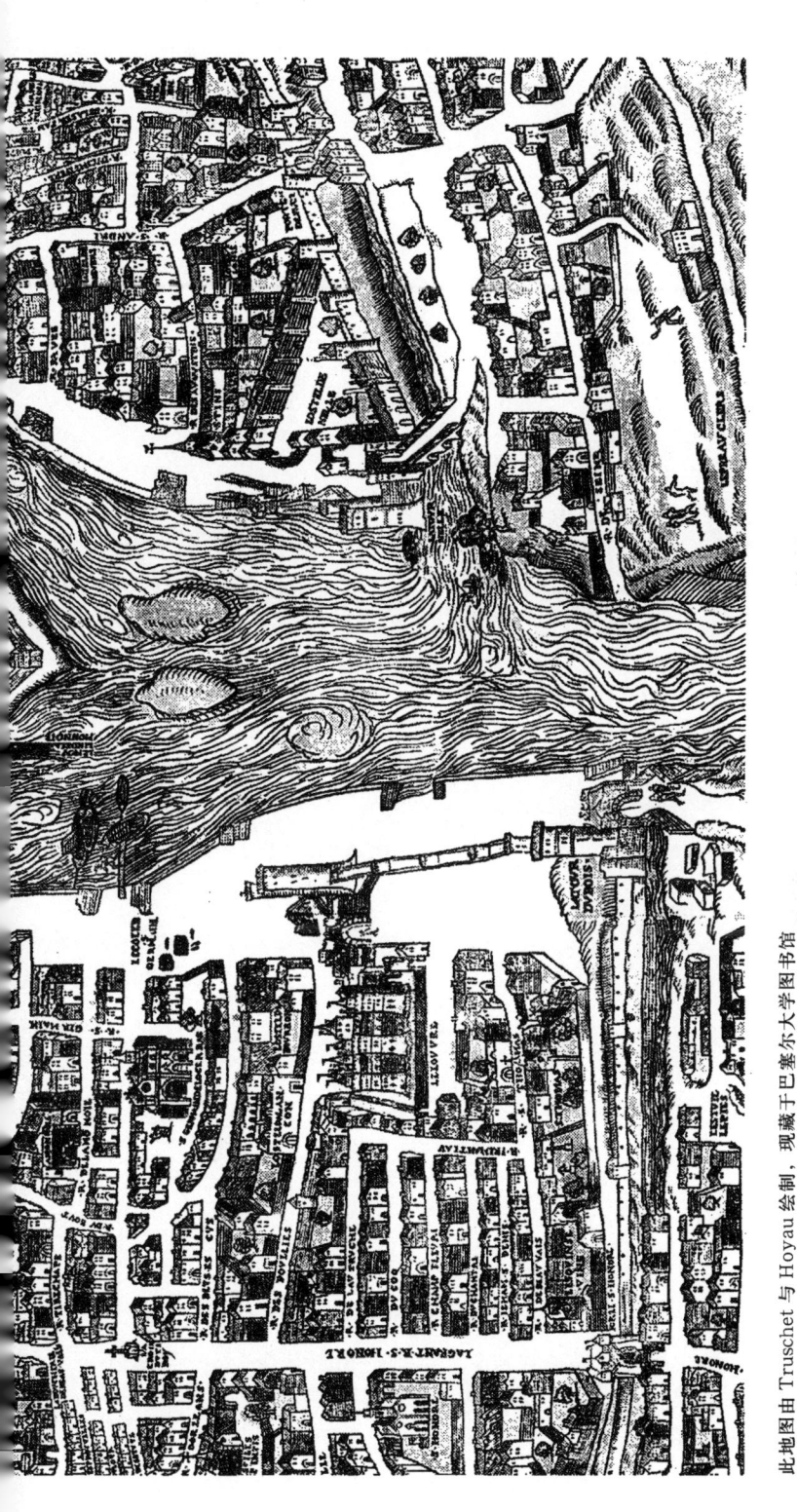

地图按照上东下西绘制。地图下方左侧为卢浮宫，科里尼遭遇伏击的布利街就位于卢浮宫东侧，旁边即圣巴罗罗缪大屠杀时传出钟声的欧塞尔圣日耳曼教堂。继续向东部最北侧为圣婴公墓，再向东为市政厅和沙滩广场，塞纳河心为圣母岛，经由数座桥梁连接左岸和右岸，桥上建有很多房屋。大量胡格诺教徒被从圣母教堂抛至塞纳河中。在左岸，地图下方的大片空地为教士草地，东侧为圣日耳曼城郊的塞纳街，也是科塞一家当时居住的地方。再向东为比西城门，吉斯公爵领兵追杀居住在圣日耳曼城郊的新教徒就是因这座城门已关闭而被耽搁。

史料与参考书目

手稿文献

法国国家图书馆，手稿馆

Correspondance relative au règne de Charles IX

Ms. fr. 15553, 1571 (notamment, aux folios 197 et suiv., les lettres de Geoffroy de Caumont sur sa fuite éperdue hors du faubourg Saint-Germain, le 24 août 1572).

Ms. fr. 15554, janvier-juin 1572 (notamment, au folio 124 r°-127 r°, la longue lettre du président Lagebaston à Charles IX, 7 octobre 1572).

Ms. fr. 15555, juillet-décembre 1572. Ms. fr. 15556, janvier-février 1573. Ms. fr. 15557, mars-mai 1573.

Ms. fr. 15558, juin-décembre 1573. Ms. fr. 15559, 1574.

Correspondance et pièces originales relatives aux guerres de Religion

Ms. fr. 3193 (notamment, aux folios 68-69 : « mémoire des parolles dites par feu Monsieur l'admiral au mois d'aoust au cabinet du roy Charles »).

Ms. fr. 3209 (notamment, aux folios 66 et 79 : lettres du duc de Longueville, gouverneur de Picardie, à M. d'Humières, 28 août 1572 et 16 octobre 1572).

Ms. fr. 3256 (notamment, au folio 59, circulaire royale du 2 septembre 1572).

Ms. fr. 3951, (notamment, au folio 5, lettre du roi à Schom- berg, 13 septembre 1572, et, au folio 142, lettre du roi au cardinal de Lorraine, 31 juillet 1572).

Ms. fr. 16104 (notamment, au folio 45, lettre circulaire adressée par le roi aux gouverneurs de province le 4 mai 1572).

Cinq Cents de Colbert 7 (notamment, au folio 425, « Mémoire donné au sieur de Changy, allant trouver le sieur de Villiers le 27 aoust 1572 », et, aux folios 449 et 461, les comptes rendus des campagnes de conversion des gentilshommes huguenots de Metz et de Champagne).

Cinq Cents de Colbert 24 (notamment, au folio 415, la longue lettre de Coligny au roi, La Rochelle, 8 mai 1571).

Récits

Ms. fr. 17309, *Dessein de ceulx qui soubz le nom et autorité de Sa Majesté ont faict le massacre*, fol. 56 et suiv. (écrit émanant d'un protestant ou d'un catholique proche du duc d'Alençon, rédigé vraisemblablement à l'automne de 1573 ou au début de 1574).

Ms. fr. 17529, *Discours particulier où est amplement descrit et blasmé le massacre de la St-Barthélemy*, fol. 1 et suiv., et *Discours du Roy Henry troisiesme a un personnage d'honneur [···] des causes et motifs de la Sainct Barthelemy*, fol. 176 et suiv. (récit apocryphe, publié en 1623, sans doute écrit dans l'entourage des Gondi pour disculper le comte de Retz).

Ambassades et papiers diplomatiques

Ms. fr. 16040, Ambassade à Rome de M. de Ferrals, 1572-1573.

Ms. fr. 18895, Pomponne de Bellièvre, *Proposition faite aux Suisses [···] sur la mort de Monsieur l'admiral de Colligny et journee de St Barthelemy*, fol. 205 r° et suiv.

Ms. fr. 16104, Ambassade en Espagne de M. de Saint- Gouard, janvier-décembre 1572.

Ms. fr. 5172, *Memoires d'Estat* de Jean de Morvillier (notamment, au folio 2 r°, « Ce qui fut proposé par le roy Charles IX en l'assemblée qu'il fit des princes et seigneurs qui estoient près de sa personne l'an 1571 », et, au folio 6 r° et suiv., « Instruction envoyée aux gouverneurs de province » [3 novembre 1572]).

Divers

Ms. fr. 16250, Pierre de Blanchefort, *Compte de mes actions et recœuil depuis la proclamation des Estats tenus à Blois nottez par mois et jours.*

Ms. fr. 18288, *La Vie de messire Jehan de Morvillier*, par Nicolas Le Fèvre, sieur de Lezeau.

Ms. fr., N. A. F. 7178, *Articles et requestes de ceux de la religion prétendue réformée de Languedoc assemblés à Montauban*, fol. 36 r°-47 r°.

锡曼卡斯总档案馆（法国国家档案馆保存的微缩胶卷）

De K 1524 à K 1536 : correspondance entre l'ambassadeur Diego de Zuñiga, le duc d'Albe et Philippe II, 1572-1574 ; notamment, en K 1524, n° 78, *Relación de la muerte del Almirante y otros hereges de Francia*, et, n° 79, *Lo que Juan de Olaegui, secretario del embaxador don Diego de Cuñiga* [⋯] refiere de lo sucedido en aquella Corte ; en K 1530, les pièces n^{os}19, 20, 21 et 29 : lettres de Zuñiga des 20, 23 (datée par erreur du 22), 26 (datée par erreur du 23) et 31 août 1572.

日内瓦公共与学术图书馆

Ms. fr. 90 : correspondance de Pierre Forget de Fresnes, agent français auprès du duc de Savoie.

印刷品文献

Arbaleste, Charlotte, *Mémoires de Madame de Mornay*, éd. Madame de Witt, Paris, Jules Renouard, 1868, 2 vol.

Archives ou Correspondance inédite de la maison d'Orange-Nassau, éd. Guillaume Groen Van Prinsterer, 1re série, Leyde, S. et J. Luchtmans, 1835-1896, 8 vol.

Archivo Documental Español. Negociaciones con Francia, 1557-1568, Madrid, Maestre, 1950-1960, 11 vol.

Aubigné, Agrippa d', *Histoire universelle*, éd. André Thierry, Genève, Droz, 1981-2000, 11 vol.

Aubigné, Agrippa d', *Les Tragiques*, éd. Jean-Raymond Fanlo, Paris, H. Champion, 2003, 2 vol.

Baïf, Jean-Antoine de, *Œuvres en rime*, éd. Charles Marty-Laveaux, Paris, A. Lemerre, 1881-1890 ; rééd. Genève, Slatkine, 1966, 5 vol.

Barbiche, Bernard (dir.), *L'Édit de Nantes et ses antécédents*, édition électronique des édits de pacification des guerres de Religion : http://elec.enc.sorbonne.fr

Barclay, William, *De regno et regali potestate adversus Buchanan, Brutum, Boucherium et reliquos monarchomaquos libri sex*, Paris, Guillaume Chaudière, 1600, 542 p.

Bellaud, Jean-Baptiste, *Oraison funebre du trespas du Roy treschrestien Charles Neufiesme*, Paris, Frédéric Morel, 1574, 16 p.

Belleforest, François de, *Discours sur l'heur des presages advenuz de nostre temps, signifiantz la felicité de nostre Roy Charles neufiesme tres chrestien*, Paris, Vincent Normant, 1572, 36 fol.

Belleforest, François de, *Discours sur les rebellions auquel est contenu quelle est la misere qui accompagne les trahistres seditieux et rebelles et les recompenses qui les suivent selon leurs rebellions, avec un arraisonnement fort proffitable sur l'infelicité qui suit ordinairement les grans*, Paris, Jean Hulpeau, 1572, 52 fol.

Benoist, René, *Advertissement du moyen par lequel aisément tous troubles et differens tant touchant la Croix, de laquelle y a si grande et si dangereuse altercation en ceste ville de Paris, que autres concernans la Religion*, Paris, T. Belot, 1571 ; rééd. dans Simon Goulart (éd.), *Memoires de l'Estat de France sous Charles IX*, 2ᵉ éd., Meidelbourg 1578, t. I, fol. 88 r°-95 r°.

Bèze, Théodore de, *Correspondance*, éd. Alain Dufour et Béatrice Nicollier, t. XIII (1572), Genève, Droz, 1988 ; t. XIV (1573), et t. XV (1575).

Bèze, Théodore de, *Du droit des magistrats sur leur subjets*, éd. Robert M. Kingdon, Genève, Droz, 1971, xlvii-104 p. [Bèze, Théodore de], *Histoire ecclésiastique des Églises réformées de France*, Genève, Jean de Laon, 1580, éd. Jean-Guillaume Baum et Édouard Cunitz, Paris, Fischbacher, 1883-1889, 3 vol.

Bodin, Jean, *Les Six Livres de la République*, édition de Paris, Fayard, 1986, qui reproduit l'édition de 1593.

Botzheim, Johann Wilhelm von, « La Saint-Barthélemy à Orléans racontée par Johann Wilhelm de Botzeim, étudiant allemand, témoin oculaire », texte traduit du latin par Charles Read, *BSHPF*, t. XXI, 1872, p. 345-392.

Bouquet, Simon, *Brief et sommaire recueil de ce qui a esté faict et de l'ordre tenuë a la joyeuse et triumphante Entrée de Charles IX de ce nom en sa bonne ville et cité de Paris*, Paris, O. Codoré, 1572, 54-10-27 et 8 fol.

Bourdeille, Pierre de, seigneur de Brantôme, *Œuvres complètes*, éd. Ludovic Lalanne, Paris, Renouard, 1864-1882, 11 vol.

Boutaric, Edgar, « La Saint-Barthélemy d'après les archives du Vatican », BEC, 23e année, 5e série, 1862, p. 1-27.

Briefve instruction de tout ce qui a passé en la ville de Thoulouze depuis l'emprisonnement faict de ceulx de la nouvelle pretendue religion (novembre 1572), in dom Devic et dom Vaissète, *Histoire générale de Languedoc*, Paris et Toulouse, Claude Tchou et Privat, 2004-2006, vol. XII, 2005, col. 1028, preuve 316.

Budé, Guillaume, *L'Institution du Prince*, éd. Claude Bontemps, in Claude Bontemps et al., *Le Prince dans la France des XVIe et XVIIe siècles*, Paris, PUF, 1966, p. 77-139. Burin, Pierre, *Response à une epistre commenceant Seigneur Elvide, où est traicté des massacres faits en France en l'an 1572*, Bâle, Martin Cousin, 1574, 45 p.

Cabié, Edmond, *Guerres de Religion dans le sud-ouest de la France et principalement dans le Quercy d'après les papiers des seigneurs de Saint-Sulpice, de 1561 à 1590*, Paris, Champion, et Toulouse, Privat, 1906, 2 vol.

Calendar of State Papers, Foreign Series, Reign of Elizabeth, 1566-1577, Londres, Longman, t. III, *1572-1574*, 1876.

Calendar of State Papers relating to English Affairs, preserved essentially at Rome, in the Vatican Archives and library, t. II, *Elizabeth, 1572-1578*, éd. James M. Rigg, Londres, His Majesty's Stationery Office, 1926.

Calvin, Jean, *Institution de la Religion chrestienne*, éd. Jean-Daniel Benoît, Paris, Vrin, 1961, 4 vol.

Capilupi, Camillo, *Lo Stratagema di Carlo IX, re di Francia, contro gli Ugonotti, rebelli di Dio et suoi*, Rome, 1572 ; traduction française anonyme : *Le Stratagème de Charles IX, Roy de France, contre les Huguenots rebelles à Dieu et luy*, Genève, Jacob Stoer ; rééd. dans *Archives curieuses de l'histoire de France*, Louis Cimber et Charles Danjou [éd.], 1re série, t. VII, Paris, 1835, p. 401-471.

Caumont, Jacques-Nompar de, *Mémoires authentiques de Jacques-Nompar de Caumont, duc de La Force*, éd. Édouard Lelièvre, marquis de La Grange, Paris, Charpentier, 1843, 4 vol.

Chantelouve, François, *La Tragédie de feu Gaspar de Colligni, jadis amiral de France : contenant ce qui advint à Paris le 24 aoust 1572*, s.l.n.d. [1575], éd. Keith Cameron, Exeter, University of Exeter, 1971, xxvi-71 p.

Charpentier, Pierre, *Lettre de Pierre Charpentier jurisconsulte addressée à François Portes Candiois, par laquelle il monstre que les persécutions des Églises de France sont advenues non par la faulte de ceux qui faisoient profession de la religion, mais de ceux qui nourrissoient les factions et conspirations qu'on appelle la Cause*, s. l. n. d. [1572].

Coras, Jean, *Question politique : s'il est licite aux subjects de capituler avec leur prince*, éd. Robert M. Kingdon, Genève, Droz, 1989, xvii-49 p.

Correspondance de Philippe II sur les affaires des Pays-Bas, publiée d'après les originaux conservés dans les archives royales de Simancas, éd. Louis Gachard, Bruxelles, Librairie ancienne et moderne, 1848-1879, 5 vol.

Correspondance diplomatique de Bertrand de Salignac de La Mothe-Fénelon, éd. Charles Purton Cooper, Paris et Londres, 1838-1840, 7 vol. ; le tome VII est un supplément, sous-titré *Lettres adressées de la Cour à l'ambassadeur*.

Correspondance du roi Charles IX et du sieur de Mandelot, gouverneur de Lyon, pendant l'année 1572, éd. Paulin Paris, Paris, Crapelet, 1830, xvi-128 p.

Correspondance du nonce en France Antonio Maria Salviati (1572-1578), éd. Pierre Hurtubise et Robert Toupin, Rome, École française de Rome, 1975, 2 vol.

Déclaration de Henri de Bourbon aujourd'huy troisiesme Prince du sang de France, prince de Condé, accompaigné de plusieurs gentilshommes de l'une et l'autre Religion, La Rochelle, 1574, pièce.

Déclaration de Monseigneur François, fils et frère de Roy, duc d'Alençon, s. l., 1575, pièce.

Déclaration et protestation de Monseigneur de Dampville, maréchal de France [13 novembre 1574], Strasbourg, 1575, pièce, publiée in dom Devic et dom Vaissète, *Histoire générale de Languedoc*, Paris et Toulouse, Claude Tchou et Privat, 2004-2006, vol. XII, 2005, col. 1105-1111, preuve 336.

Désiré, Artus, *La Singerie des Huguenots marmots et guenons de la nouvelle derrision theodobeszienne*, Paris, Guillaume Jullien, 1574, 41 p.

Desportes, Joachim, *Discours sommaire du règne de Charles neufiesme Roy de France Tres-Chrestien, ensemble de sa mort, et d'aucuns de ses derniers propos*, Paris, Jean de Lattre, s. d. [1574], pièce.

« Deux lettres de couvent à couvent écrites de Paris pendant le massacre de la Saint-Barthélemy (25 et 26 août) par Joachim Opser de Wyl, jésuite sous-proviseur du collège de Clermont à Paris », *BSHPF*, t. VIII, 1859, p. 284-294.

Digges, Dudley (éd.), *The Compleat Ambassador, or Two Treaties of the Intended Marriage of Queen Elizabeth of glorious memory comprised in Letters of Negociation of sir Francis Walsingham*, Londres, G. Bedell et T. Collins, 1655, 441 p.

Discours du Roy Henry troisiesme a un personnage d'honneur et de qualité, estant près de Sa Majesté, des causes et motifs de la Sainct Barthelemy, publié dans les *Mémoires d'Estat* de Nicolas de Neufville, seigneur de Villeroy, Paris, 1623, p. 68-69, et réédité par *la Collection de mémoires relatifs à l'histoire de France* de Claude Petitot, 1re série, t. XLIV, 1824, p. 496-510.

Discours merveilleux de la vie, actions et déportements de Catherine de Médicis, 1575 et 1576, éd. Nicole Cazauran (dir.), Genève, Droz, 1995, 360 p.

Discours politiques des diverses puissances establies de Dieu au monde, du gouvernement legitime d'icelles, et de ceux qui y sont assujettis, publié par Simon Goulart, *Mémoires de l'Estat de France sous Charles neuviesme*, 2e éd., Meidelbourg, Henry Wolf, 1578, t. III, fol. 203 v°-296 r°.

Discours sur la mort de Gaspart de Coligny qui fut admiral de France, par I. S. P., Paris, Mathurin Martin, 1572, pièce.

Dorat, Jean, *Œuvres poétiques*, éd. Charles Marty-Laveaux, Paris, A. Lemerre, 1875, lxxxiv-91 p. ; rééd. Genève, Slatkine, 1974.

[Du Faur de Pibrac, Guy], *Traduction d'une Epistre latine d'un excellent personnage de ce Royaume*, Paris, Frédéric Morel, 1573, 52 p.

Du Faur de Pibrac, Guy, *Les Quatrains. Les Plaisirs de la vie rustique et autres poésies*, éd. Loris Petris, Genève, Droz, 2004, 352 p.

[Du Haillan, Bernard de Girard, seigneur], *Discours sur les causes de l'execution faicte es personnes de ceux qui avoyent conjuré contre le Roy et son Estat*, Paris, Pierre L'Huillier, 1572, pièce.

Du Part, Antoine, *Déploration de la France sur le trespas du Tres Chrestien Roy Charles IX*, Paris, M. Buffet, 1574, 8 p.

Fabre, Pierre, *Response au cruel et pernicieux conseil de Pierre Charpentier*, *chiquaneur, tendant à fin d'empescher la paix et nous laisser la guerre, traitté dans lequel on apprendra en quel cas il est permis à l'homme chrestien de porter les armes.* Traduit du latin, s. l. n. d. [1575], 114 p.

Gachard, Louis, *La Bibliothèque nationale à Paris. Notices et extraits des manuscrits qui concernent l'histoire de Belgique*, Bruxelles, M. Hayez, 1875-1877, 2 vol.

Gaches, Jacques, *Mémoires sur les guerres de Religion à Castres et dans le Languedoc, 1555-1610*, éd. Charles Pradel, Paris, Sandoz et Fischbacher, 1879 ; rééd. Genève, Slatkine, 1970, 592 p.

Garrisson, Janine (éd.), *L'Édit de Nantes*, Biarritz, Atlantica, 1997, 140 p.

Gassot, Jules, *Sommaire Mémorial (1555-1623)*, éd. Pierre Champion, Paris, H. Champion, 1934, xxviii-366 p.

Geizkofler, Luc, *Mémoires de Luc Geizkofler, tyrolien (1550-1620)*, éd. Edouard Fick, Genève, G.J. Fick, 1892, xvi-203 p.

[Gentillet, Innocent], *Brieve Remonstrance à la noblesse de France sur le faict de la Déclaration de Monseigneur le duc d'Alençon*, s. l., 1576, 77 p.

Gentillet, Innocent, *Discours sur les moyens de bien gouverner et maintenir en bonne paix un Royaume ou autre Principauté [···] contre Nicolas Machiavel Florentin*, 1576, éd. C. Edward Rathé, Genève, Droz, 1968, 640 p.

Goulart, Simon (éd.), *Mémoires de l'Estat de France sous Charles neuviesme*, 2ᵉ éd., Meidelbourg, Henry Wolf, 1578, 3 vol.

Haton, Claude, *Mémoires*, éd. Laurent Bourquin, Paris, Éd. du C.T.H.S., 2001-2005, 3 vol. parus.

[Hotman, François], *De furoribus gallicis, horrenda et indigna amiralii Castillionei, nobilium atque illustrium virorum caede, scelerata ac inaudita piorum strage passim edita per complures civitates*[···] rnesto Varamundo Frisio auctore, Édimbourg, 1573, 135 p. ; traduction française anonyme: *Histoire des massacres et horribles cruautez commises en la personne de Messire Gaspar de Colligny et autres seigneurs gentils-hommes, le 24 jour d'aoust 1572 et autres suivans. Traduite en françois et augmentée de quelque particularitez omises en l'exemplaire latin*, s. l., 1573, XLIX + 1 p.

[Hotman, François], *Gasparis Colinii Castellonii, magni quondam Franciae amiralii, vita*, s. l., 1575 ; traduction française anonyme : *La Vie de messire Gaspar de Coligny, seigneur de Chastillon, admiral de France*, Leyde, 1643, éd. Émile Telle, Genève, Droz, 1987, 448 p.

Hotman, François, *Francogallia*, s. l., Jacob Stoer, éd. Ralph Giesey et John Salmon, Cambridge, Cambridge University Press, 1972, 581 p. ; traduction française attribuée à Simon Goulart, *La Gaule françoise de François Hotman jurisconsulte*, Cologne, Hiérome Bertulphe, 1574, éd. Antoine Leca, Aix-Marseille, Presses universitaires d'Aix-Marseille, 1991, 321 p.

Jeannin, Pierre, *Les Négociations de Monsieur le president Jeannin*, Paris, Pierre Le Petit, 1656, in-fol.

Kervyn de Lettenhove, Joseph (éd.), *Documents inédits relatifs à l'histoire du XVIe siècle*, Bruxelles, F. Hayez, 1883, 435 p.

L'Estoile, Pierre de, *Mémoires pour servir à l'histoire de France depuis 1515 jusqu'en 1574*, éd. André Martin, publiés dans l'appendice de l'édition du *Journal pour le règne de Henri IV et le début du règne de Louis XIII*, Paris, Gallimard, 1960, p. 447-483.

L'Estoile, Pierre de, *Registre-Journal du règne de Henri III*, éd. Madeleine Lazard et Gilbert Schrenck, Genève, Droz, 1992-2003, 6 vol.

L'Histoire de la mort que le R P. Edmond Campion, Prestre de la compagnie du nom de Jesus, et d'autres ont souffert en Angleterre pour la foy Catholique et Romaine, Paris, Guillaume Chaudière, 1582, 27 p.

L'Hospital, Michel de, *Discours pour la majorité de Charles IX et trois autres discours*, éd. Robert Descimon, Paris, Imprimerie nationale, 136 p.

L'Hospital, Michel de, *Œuvres complètes*, éd. Pierre Joseph Spiridion Duféy, Paris, A. Boulland, 1824-1836 ; rééd. Genève, Slatkine, 1968, 5 vol.

La Ferrière, Hector de, *Le XVIe siècle et les Valois d'après les documents inédits du British Museum et du Record Office*, Paris, Imprimerie nationale, 1879, 419 p.

La Fosse, Jehan de, *Les « Mémoires » d'un curé de Paris (1557-1590)*, éd. Marc Venard, Genève, Droz, 2004, 200 p.

La France-Turquie, c'est-à-dire conseils et moyens tenus par les ennemis de la Couronne de France pour réduire le royaume en tel estat que la tyrannie turquesque, Orléans, Thibaud des Murs, 1576, 71 p. (recueil comprenant aussi *L'Antipharmaque du chevalier Poncet*, Paris, F. Morel, 1575, et *Lunettes de christal de roche par lesquels on veoyt clairement le chemin tenu pour subjuguer la France a mesme obeissance que la Turquie*, s. l. n. d.).

La Huguerye, Michel, *Mémoires inédits (1570-1602)*, éd. Alphonse de Ruble, Paris, Renouard, 1877-1880, Société de l'histoire de France, 3 vol.

La Noue, François de, *Discours politiques et militaires*, éd. F. E. Sutcliffe, Genève, Droz, 1967, 794 p.

La Saint-Barthélemy devant le Sénat de Venise. Relations des ambassadeurs Giovanni Michiel et Sigismondo Cavalli, publiées par William Martin, Paris, Sandoz et Fischbacher, 1872, 98 p.

Le Politique : Dialogue traitant de la puissance, authorité et du devoir des Princes : des divers gouvernemens : jusques où l'on doit supporter la tyrannie: si en une oppression extreme il est loisible aux sujets de prendre les armes pour defendre leur vie et liberté : quand, par qui, et par quel moyen cela se peut et doit faire, publié par Simon Goulart, *Mémoires de l'Estat de France sous Charles neu- viesme*, 2e éd., Meidelbourg, Henry Wolf, 1578, t. III, fol. 61 r°-116 v°.

Le Réveille-Matin des François et de leurs voisins, composé par Eusèbe Philadephe Cosmopolite en forme de dialogues, Édimbourg, Jacques James, 1574, 2 vol. ; réimpression en fac-similé, Paris, EDHIS, 1977, 159-193 p.

Le Roy, Louis, *Les Politiques d'Aristote. Traduictes de grec en françois, avec expositions prises des meilleurs auteurs, specialement d'Aristote mesme, et de Platon conferez ensemble*, Paris, Michel Vascosan, 1568, 949 p.

Le Trespas et obseques du Treschrestien Roy de France, Charles neufiesme de ce nom, Lyon, Michel Jove, 1574, 32 p.

Le Vray Discours des derniers propos memorables et trespas du feu Roy de tres bonne memoire Charles neufiesme, Paris, Liénard Le Sueur, 1574, 25 p.

Les Regretz et lamentations de tresillustre et vertueuse princesse Elisabeth d'Autriche sur la mort et trespas du Roy Charles neufiesme son espoux, n'agueres decedé. Par A. de la T. D, Paris, Pierre Des Hayes, 1574, pièce.

Lettres de Catherine de Médicis, éd. Hector de La Ferrière puis Gustave Baguenault de Puchesse, Paris, 1880-1909, 10 vol.

Lettres de Charles IX à M. de Fourquevaux, ambassadeur en Espagne, 1565-1572, éd. Charles Douais, Montpellier, impr. C. Boehm, 1897, XXX-441 p.

Lettres du cardinal Charles de Lorraine (1525-1574), éd. Daniel Cuisiat, Genève, Droz, 1998, 714 p.

Lettres inédites de Jacques Faye et de Charles Faye, éd. Eugène Halphen, Paris, Champion, 1880, XI-143 p.

Marguerite de Valois, *Correspondance*, éd. Éliane Viennot, Paris, H. Champion, 1998, 674 p.

Marguerite de Valois, *Mémoires et autres écrits*, éd. Éliane Viennot, Paris, H. Champion, 1999, 368 p.

Memoires de la troisieme guerre civile, 1576, publiés à la fin du tome III de Simon Goulart, *Mémoires de l'Estat de France sous Charles neuviesme*, 2ᵉ éd., Meidelbourg, Henry Wolf, 1578, 434 p.

Mémoires des occasions de la guerre, appellée Le Bien-Public, rapportez à l'estat de la guerre présente, s. l., 1567, pièce.

Mémoires et instructions pour les ambassadeurs, ou lettres et négociations de Walsingham, ministre et secrétaire d'État sous Élisabeth, reine d'Angleterre, traduit de l'anglois, Amsterdam, Huguetan, 1700, 662 p.

Mergey, Jean de, *Mémoires*, éd. Michaud et Poujoulat, *Mémoires pour servir à l'histoire de France*, t. IX, Paris, 1838, p. 557-580.

Mieck, Ilja (éd.), *Toleranzdikt und Bartholomäusnacht französiche Politik und europäische Diplomatie, 1570-1572*, Historische Texte Neuzeit, Göttingen, Vandenhoeck & Ruprecht, 1969, 87 p.

Monluc, Blaise de, *Commentaires, 1521-1576*, éd. Paul Courteault, Paris, Gallimard, Bibl. de la Pléiade, 1962, 1600 p.

[Monluc, Jean de], *Vera et brevis descriptio tumultus postremi Gallici Lutetiani*, Cracovie, 1573.

Monluc, Jean de, *Harangue faicte et prononcée de la part du Roy Très-Chrestien le dixième jour du mois d'avril 1573*, Paris, J. Richer, 1573, 55 p.

Monluc, Jean de, *Défense pour maintenir le tresillustre Duc d'Anjou contre les calomnies de quelques malveillans, in* Simon Goulart, *Mémoires de l'Estat de France sous Charles neuviesme*, 2ᵉ éd., Meidelbourg, Henry Wolf, 1578, t. II, fol. 61 v°-69 v°.

Montaigne, Michel de, *Les Essais*, éd. Pierre Villey, Paris, Fernand Alcan, 1922-1923, 3 vol. ; rééd. Paris, PUF, 1988.

Négociations diplomatiques de la France avec la Toscane, éd. Abel Desjardins, Paris, Imprimerie nationale, 1859-1886, 6 vol.

Pape, Jacques, *Mémoires de Jacques Pape, seigneur de Saint-Auban*, éd. Michaud et Poujoulat, Paris, 1838, t. XI, p. 497-514.

Pasquier, Étienne, *Les Lettres*, in *Œuvres*, t. II, Amsterdam, 1723 ; rééd. Genève, Slatkine, 1971, t. II.

Pasquier, Étienne, *Lettres historiques pour les années 1556-1594*, éd. Dorothy Thickett, Genève, Droz, 1966, 514 p.

Pasquier, Étienne, *Les Recherches de la France*, éd. Marie-Madeleine Fragonard et François Roudaut, Paris, H. Champion, 1996, 3 vol.

Pithou de Chamgobert, Nicolas, *Chronique de Troyes et de la Champagne (1524-1594)*, éd. Pierre-Eugène Leroy, Reims, Presses universitaires, 1998-2000, 3 vol.

Portes, François, *Response de François Portus Candiot aux lettres diffamatoires de Pierre Charpentier advocat. Pour l'innocence des fidèles serviteurs de Dieu et obeissans sub- jets du Roy, massacrez le 24. jour d'Aoust 1572, appellez factieux par ce plaidereau. Traduicte nouvellement de latin en françois*, s. l., 1574, 80 p.

Recueil des choses memorables avenues en France sous le regne de Henri II, François II, Charles IX, Henri III et Henri IV [œuvre parfois attribuée à Jean de Serres mais plus sûrement à Simon Goulart], 1595 ; 2e édition, s. l., 1598, 794 p.

Recueil général des anciennes lois françaises, éd. F. A. Isambert, A. J. Jourdan et Decrusy, Paris, Belin-Leprieur, 1821-1833, 29 vol. ; t. XIV (juillet 1559-mai 1574), 1821.

Registres des délibérations du Bureau de la Ville de Paris, Paris, Imprimerie nationale, 1883-1921, 15 vol. ; t. VI, *1568-1572*, éd. Paul Guérin, 1891, et t. VII, *1572-1576*, éd. François Bonnardot, 1893.

[Régnier de la Planche, Louis], *Histoire de l'Estat de France, tant de la république que de la religion, sous le règne de François II (1576)*, éd. Jean-Alexandre Buchon, Paris, A. Desrez, 1836, p. 203-421.

« Relation de la journée de la Saint-Barthélemy ; manuscrit trouvé dans les archives épiscopales de Wiener-Neustadt (Autriche) », *Bulletin des sciences historiques, antiquité, philologie*, t. VI, 1826, p. 226-231.

Relation du massacre de la Saint-Barthélemy (extrait du tome I des *Mémoires de l'Estat de France sous Charles neufiesme* édités par Simon Goulart), in *Archives curieuses de l'histoire de France*, Louis Cimber et Charles Danjou (éd.), 1re série, t. VII, Paris, 1835, p. 1-76.

Résolution claire et facile sur la question tant de fois faicte de la prise des armes par les inférieurs, Bâle, J. Oporin, 1575, 104 p. ; édition augmentée, Reims, Jean Mouchar, 1577, 162 p.

Response de Stanislaus Elvidius [Joachim Camerarius ?] *a l'epistre d'un certain excellent personnage touchant les affaires de France*, 1573, éditée par Simon

Goulart, *Mémoires de l'Estat de France sous Charles neuviesme*, 2ᵉ éd., Meidelbourg, Henry Wolf, 1578, t. I, fol. 636 r°-655 r°.

Response de Wolfgang Prisbachius polonois à une harangue soustenant les massacres et brigandages commis en France, traduction française d'un original latin publié à La Rochelle en 1573, éditée par Simon Goulart, *Mémoires de l'Estat de France sous Charles neuviesme*, 2ᵉ éd., Meidelbourg, Henry Wolf, 1578, t. II, fol. 28 v°-47 v°.

Response de Zacharie Furnesterus, soustenant l'innocence et justice de tant de milliers de personnes massacrées au royaume de France, traduction française d'un original latin publié en 1573, éditée par Simon Goulart, *Mémoires de l'Estat de France sous Charles neuviesme*, 2ᵉ éd., Meidelbourg, Henry Wolf, 1578, t. II, fol. 70 r°-95 r°.

Reuss, Rodolphe (éd.), « Un nouveau récit de la Saint-Barthélemy par un bourgeois de Strasbourg », *BSHPF*, t. XXII, 1873, p. 374-381.

Rigal, Jean-Louis (éd.), *Mémoires d'un calviniste de Millau*, Rodez, Carrère, 1911, XXXII-512 p. (*Archives historiques du Rouergue*, t. II).

Ronsard, Pierre de, *Le Tombeau du feu Roy Tres-Chrestien Charles IX, prince tres-debonnaire, tres-vertueux et treseloquent*, Paris, Frédéric Morel, s. d. (1574), pièce.

Ronsard, Pierre de, *Discours des misères de ce temps* et *Continuation du Discours des misères de ce temps*, in *Œuvres complètes*, éd. Jean Céard, Daniel Ménager et Michel Simonin, Paris, Gallimard, Bibl. de la Pléiade, 1994, p. 991-1006.

Sassetti, Tomasso, *Brieve Raccontamiento del gran macello fatto nella città di Parigi il vigesimo quarto giorno d'agosto*, publié par John Tedeschi, in Alfred Soman (éd.), *The Massacre of St. Bartholomew. Reappraisals and Documents*, La Haye, M. Nijhoff, 1974, p. 112-152.

Satyre Ménippée [La], ou Vertu du Catholicon d'Espagne, 1593, éd. Charles Read, Paris, Flammarion, 1892, 322 p.

Saulx-Tavannes, Jean de, *Mémoires de Gaspard de Saulx-Tavannes*, Paris, Michaud et Poujoulat, 1838, t. VIII, p. 19-434.

Serres, Jean de, *Commentariorum de statu religionis et reipublicae in regno Galliae*, 1571-1572 (s. l.) ; édition augmentée de 1575, 3 parties en 1 vol.

Sorbin, Arnaud, *Histoire contenant un abrégé de la vie, mœurs, et vertus du Roy Tres-chrestien et debonnaire Charles IX, vrayement piteux, propugnateur de* la *Foy Catholique et amateur des bons esprits*, Paris, Guillaume Chaudière, 1574, 67 fol.

Sorbin, Arnaud, *Le Vray Resveille-Matin des calvinistes et publicains François : où est amplement discouru de l'auctorité des Princes, et du devoir des sujets envers eux*, Paris, Guillaume Chaudière, 1576, 114 fol.

Sorbin, Arnaud, *Oraison funebre du tres hault, puissant et tres chrestien Roy de France, Charles IX, piteux et debonnaire, propugnateur de la Foy Catholique et amateur des bons esprits, prononcée en l'Eglise Nostre-Dame en Paris, le XII de juillet M.D. LXXIIII*, Paris, Guillaume Chaudière, 1574, 28 fol.

Stegmann, André (éd.), *Édits des guerres de Religion*, Paris, Vrin, 1979, 267 p.

Sully, Maximilien de Béthune, duc de, *Œconomies royales*, éd. David Buisseret et Bernard Barbiche, Paris, Klinck-sieck, 1970-1988, 2 vol.

Sureau, Hugues, dit du Rosier, *Confession et recognoissance de Hugues Sureau dict du Rosier touchant sa cheute en la Papauté et les horribles scandales par luy commis*, Heidelberg, Mayer, 1573, pièce.

Syrueilh, François de, *Journal, 1568-1585*, in *Archives historiques du département de la Gironde*, t. XIII, 1871-1872, p. 244-357.

Taix, Guillaume de, *Journal de Guillaume de Taix* publié par Lalourcé et Duval, *Recueil des pièces originales et authentiques concernant la tenue des États généraux*, Paris, Barrois l'Aîné, 1789, t. II, p. 269-271.

Thou, Jacques-Auguste de, *Histoire universelle depuis 1543 jusqu'en 1607, traduite sur l'édition latine de Londres*, Londres, 1734, 16 vol.

Thou, Jacques-Auguste de, *Mémoires de Jacques-Auguste de Thou, depuis 1553 jusqu'en 1601*, éd. Claude Petitot, t. XXXVII, Paris, Foucault, 1823.

Tocsain contre les massacreurs (1577), in *Archives curieuses de l'histoire de France*, Louis Cimber et Charles Danjou (éd.), 1re série, t. VII, Paris, 1835, p. 77-133.

Touchard, Jean, *Allegresse chrestienne de l'heureux succès des guerres de ce Royaulme et de la justice de Dieu contre les rebelles au Roy*, Paris, Michel de Roigny, 1572, 11 fol.

Turenne, Henri de La Tour d'Auvergne, vicomte de, puis duc de Bouillon, *Mémoires*, éd. Gustave Baguenault de Puchesse, Paris, Société de l'histoire de France, 1901, 318 p.

Verstegan, Richard, *Théâtre des cruautés des hérétiques de notre temps* [1587], éd. Frank Lestringant, Paris, Chandeigne, 1995, 205 p.

Vigor, Simon, *Sermons catholiques sur les Dimenches et festes depuis l'octave de Pasques jusques à l'Advent*, Paris, F. Gueffier, 1587, 2 vol.

Vindiciae contra tyrannos : sive, de Principis in Populum, Populique in Principem, legitima potestate, Stephano Junio Bruto Celta auctore, Edimburgi, 1579, 239 p. Traduction française anonyme :*De la puissance legitime du Prince sur le peuple et du peuple sur le Prince*, s. l., éd. critique par Arlette Jouanna, Jean Perrin, Marguerite Soulié, André Tournon et Henri Weber (coordonnateur), Genève, Droz, 1979, 403 p.

Viret, Pierre, *Le Monde à l'empire et le monde démoniacle*, Genève, 1550 ; éd. de 1561, Genève, J. Berthet, 373 p.

Voisin de La Popelinière, Henri Lancelot, *L'Histoire de France, enrichie des plus notables occurrances survenues ez provinces de l'Europe et pays voisins, depuis l'an 1550 jusques à ces temps*, s. l., 1581, 2 vol.

Weiss, Nathanaël, « L'Amiral et la Saint-Barthélemy, lettres et pièces inédites (1572) », *BSHPF*, t. XXXVI, 1887, p. 412-418.

Weiss, Nathanaël, « La Saint-Barthélemy. Nouveaux textes et notes bibliographiques », *BSHPF*, t. XLIII, 1894, p. 426-444.

著 作

Acerra, Martine et Martinière, Guy (éd.), *Coligny, les protestants et la mer. Actes du colloque organisé à Rochefort et à La Rochelle les 3 et 4 octobre 1996*, Paris, PUPS, 1997, 277 p.

Actes du colloque « L'Amiral de Coligny et son temps » (Paris, 24-28 octobre 1972), Paris, Société de l'histoire du protestantisme français, 1974, 796 p. (notamment articles de Bernard Vogler, « Huguenots et protestants allemands vers 1572, p. 175-189 ; Henri Dubief, « L'historiographie de la Saint-Barthélemy », p. 351-365 ; Amedeo Molnar, « Réactions à la Saint-Barthélemy en Bohême », p. 367-376 ; Marguerite Soulié, « La poésie inspirée par la mort de Coligny : exécration et glorification du héros », p. 389-405 ; Jean Delumeau, « Les réformateurs et la "superstition" », p. 451-487 ; Jean-Pierre Babelon,« Le Paris de Coligny », p. 549-576 ; Janine Estèbe, « Les Saint-Barthélemy des villes du Midi », p. 717-729).

Angelo, Vladimir, *Les Curés de Paris au XVIe siècle*, Paris, Éd. du Cerf, 2005,

893 p.

Babelon, Jean-Pierre, *Henri IV*, Paris, Fayard, 1982, 1103 p.

Baguenault de Puchesse, Gustave, *Jean de Morvillier, évêque d'Orléans, garde des Sceaux de France*, Paris, Didier, 1870, 444 p.

Balsamo, Jean, *Les Rencontres des Muses : italianisme et anti-italianisme dans les lettres françaises de la fin du XVIe siècle*, Genève, Slatkine, 1992, 358 p.

Baulant, Michèle et Meuvret, Jean, *Prix des céréales extraits de la mercuriale de Paris (1520-1698)*, Paris, SEVPEN, 1960, t. I, 250 p.

Baury, Roger, « Célébration de la paix de Vervins et propagande royale », in Jean-François Labourdette, Jean-Pierre Poussou et Marie-Catherine Vignal (éd.), *Le Traité de Vervins*, Paris, PUPS, 2000, p. 347-372.

Benedict, Philip, « The Saint Bartholomew's Massacres in the Provinces », *The Historical Journal*, t. XXI, n° 2, 1978, p. 205-225.

Benedict, Philip, *Rouen during the Wars of Religion*, Cambridge, Cambridge University Press, 1981, 297 p.

Benedict, Philip, *The Huguenot Population of France, 1600-1685. The Demographic Fate and Customs of a Religious Minority*, Philadelphie, Transactions of the American Philosophical Society, 1991, 164 p.

Boltanski, Ariane, *Les Ducs de Nevers et l'État royal. Genèse d'un compromis (vers 1550-vers 1620)*, Genève, Droz, 2006, 580 p.

Bordier, Henri-Léonard, *La Saint-Barthélemy et la critique moderne*, Genève, H. Georg, et Paris, G. Fischbacher, 1879, 116 p.

Boucher, Jacqueline, *La Cour de Henri III*, Rennes, Éditions Ouest-France, 1986, 218 p.

Bourgeon, Jean-Louis, « Les légendes ont la vie dure : à propos de la Saint-Barthélemy et de quelques livres récents », *RHMC*, t. XXXIV, janvier-mars 1987, p. 102-116.

Bourgeon, Jean-Louis, « Une source sur la Saint-Barthélemy : *l'Histoire de Monsieur de Thou* relue et décryptée », *BSHPF*, t. CXXXIV, 1988, p. 499-537.

Bourgeon, Jean-Louis, « Pour une histoire, enfin, de la Saint-Barthélemy », *RH*, t. CCLXXXII/ 1, 1989, p. 83-142.

Bourgeon, Jean-Louis, « La Fronde parlementaire à la veille de la Saint-Barthélemy », BEC, vol. CXLVIII, 1990, p. 17-89.

Bourgeon, Jean-Louis, *L'Assassinat de Coligny*, Genève, Droz, 1992, 135 p.

Bourgeon, Jean-Louis, « Quand la foi était révolutionnaire : les sermons d'un curé parisien, Simon Vigor, en 1570-1572 », in *Mélanges offerts à Pierre Chaunu. La vie, la mort, la foi, le temps*, Paris, PUF, 1993, p. 471-484.

Bourgeon, Jean-Louis, *Charles IX devant la Saint-Barthélemy*, Genève, Droz, 1995, 207 p.

Bourquin, Laurent, *Noblesse seconde et pouvoir en Champagne aux XVIe et XVIIIe siècles*, Paris, Publications de la Sorbonne, 1994, 333 p.

Braudel, Fernand, *La Méditerranée et le monde méditerranéen à l'époque de Philippe II*, Paris, Armand Colin, 1966, 2 vol.

Brunet, Serge, « Anatomie des réseaux ligueurs dans le sud-ouest de la France (vers 1562-vers 1610) », *in* Nicole Lemaître (dir.), *Religion et politique dans les sociétés du Midi*, Paris, Éd. du CTHS, 2002, p. 153-191.

Brunet, Serge, « *De l'Espagnol dedans le ventre !* » *Les catholiques du sud-ouest de la France face à la Réforme (vers 1540-1589)*, Paris, H. Champion, 2007, 998 p.

Carroll, Stuart, *Noble Power during the Wars of Religion. The Guise Affinity and the Catholic Cause in Normandy*, Cambridge, Cambridge University Press, 1998, 298 p.

Cassan, Michel, *Le Temps des guerres de Religion. Le cas du Limousin (vers 1530-vers 1630)*, Paris, Publisud, 1996, 463 p.

Cazauran, Nicole, « Échos d'un massacre », *in* Marguerite Soulié et Robert Aulotte (éd.), *La Littérature de la Renaissance. Mélanges d'histoire et de critique littéraire offerts à Henri Weber*, Genève, Slatkine, 1984, p. 239-261.

Céard, Jean, « Les visages de la royauté en France », *in* Emmanuel Le Roy Ladurie (éd.), *Les Monarchies*, Paris, PUF, 1986, p. 73-89.

Champion, Pierre, *Charles IX. La France et le contrôle de l'Espagne*, Paris, Grasset, 1939, 2 vol.

Châtelier, Louis, *Le Catholicisme en France, 1500-1650*, t. I : *Le XVIe siècle*, Paris, SEDES, 1995, 188 p.

Chaunu, Pierre, « L'État de finance », *in* Fernand Braudel et Ernest Labrousse (dir.), *Histoire économique et sociale de la France*, vol. 1, Paris, PUF, 1977, t. I, *1450-1660*, p. 9-228.

Chevallier, Pierre, *Henri III*, Paris, Fayard, 1985, 751 p.

Christin, Olivier, *Une révolution symbolique. L'iconoclasme huguenot et la reconstruction catholique*, Paris, Éd. De Minuit, 1991, 352 p.

Christin, Olivier, *La Paix de religion. L'autonomisation de la raison politique au xvie siècle*, Paris, Éd. du Seuil, 1997, 328 p.

Christin, Olivier, « Amis, frères et concitoyens. Ceux qui refusèrent la Saint-Barthélemy (1572) », *Cahiers de la Villa Gillet*, n° 11, septembre 2000, p. 71-94.

Christol, Marguerite, « La dépouille de Gaspard de Coligny », *BSHPF*, t. CXI, 1965, p. 136-140.

Church, William Farr, *Constitutional Thought in Sixteenth-Century France*, Cambridge (Mass.), Harvard University Press, 1941, 360 p.

Cloulas, Ivan, *Henri II*, Paris, Fayard, 1985, 691 p.

Cloulas, Ivan, *Catherine de Médicis*, Paris, Fayard, 1979, 714 p.

Cocula, Anne-Marie, *Brantôme. Amour et gloire au temps des Valois*, Paris, Albin Michel, 1986, 477 p.

Cocula, Anne-Marie, « Regard sur les événements nocturnes des guerres de Religion », in Dominique Bertrand (éd.), *Penser la nuit, XVe-XVIIe siècles*, Paris, H. Champion, 2003, p. 464-485.

Collins, James B., « La guerre de la Ligue et le bien public », in Jean-François Labourdette, Jean-Pierre Poussou et Marie-Catherine Vignal (éd.), *Le Traité de Vervins*, Paris, PUPS, 2000, p. 81-95.

Constant, Jean-Marie, *Les Guise*, Paris, Hachette, 1984, 266 p.

Constant, Jean-Marie, *Les Français pendant les guerres de Religion*, Paris, Hachette, 2002, 332 p.

Cornette, Joël, *Le Roi de guerre. Essai sur la souveraineté dans la France du Grand Siècle*, Paris, Payot, 1993, 488 p.

Cosandey, Fanny et Descimon, Robert, *L'Absolutisme en France. Histoire et historiographie*, Paris, Éd. du Seuil, 2002, 319 p.

Crété, Liliane, *Coligny*, Paris, Fayard, 1985, 516 p.

Crouzet, Denis, *Les Guerriers de Dieu. La violence au temps des troubles de Religion, vers 1525-vers 1610*, Seyssel, Champ Vallon, 1990, 2 vol.

Crouzet, Denis, « Désir de mort et puissance absolue de Charles VIII à Henri IV », *Revue de Synthèse*, n° 3-4, 1991, p. 423-441.

Crouzet, Denis, *La Nuit de la Saint-Barthélemy. Un rêve perdu de la Renaissance*, Paris, Fayard, 1994, 657 p.

Crouzet, Denis, « Charles IX, ou le roi sanglant malgré lui ? », *BSHPF*, juillet-septembre 1995, p. 323-339.

Crouzet, Denis, « Capital identitaire et engagement religieux : aux origines de l'engagement militant de la maison de Guise, ou le tournant des années 1524-1525 », in Joël Fouilleron, Guy Le Thiec et Henri Michel (éd.), *Sociétés et idéologies des Temps modernes. Hommage à Arlette Jouanna*, Montpellier, Publications de l'université Paul-Valéry-Montpellier III, 1996, 2 vol., t. II, p. 573-589.

Crouzet, Denis, « La nuit de la Saint-Barthélemy : confirmations et compléments», in Chantal Grell et Arnaud Ramière de Fortanier (éd.), *Le Second Ordre : l'idéal nobiliaire. Hommage à Ellery Schalk*, Paris, Presses universitaires de la Sorbonne, 1999, p. 55-81.

Crouzet, Denis, *La Sagesse et le malheur. Michel de L'Hospital, chancelier de France*, Seyssel, Champ Vallon, 2002, 607 p.

Crouzet, Denis, « Le devoir d'obéissance à Dieu : imaginaire du pouvoir royal», *Nouvelle Revue du xvie siècle*, t. XXI, n° 1, 2004 (numéro thématique: *Métaphysique et politique de l'obéissance dans la France du xvie siècle)*, p. 19-47.

Crouzet, Denis, *Le Haut Cœur de Catherine de Médicis. Une raison politique aux temps de la Saint-Barthélemy*, Paris, Albin Michel, 2005, 638 p.

Dareste, Rodolphe, « François Hotman. Sa vie et sa cor- respondance », *RH*, 1re année, t. II, juillet-décembre 1876, p. 1-59 et 367-435.

Daubresse, Sylvie, *Le Parlement de Paris ou la Voix de la raison (1559-1589)*, Genève, Droz, 2005, 558 p.

Daussy, Hugues, *Les Huguenots et le roi. Le combat politique de Philippe Duplessis-Mornay*, Genève, Droz, 2002, 694 p.

Davies, Joan Margaret, *Languedoc and its Gouverneur. Henri de Montmorency-Damville, 1563-1589*, thèse multigraphiée, université de Londres, 1974, 367 p.

Davis, Natalie Zemon, *Les Cultures du peuple. Rituels, savoirs et résistance au 16e siècle* [1965], trad. M.-N. Bourguet, Paris, Aubier-Montaigne, 1979, 444 p.

Decrue, Francis, *Le Parti des Politiques au lendemain de la Saint-Barthélemy*, Paris, Plon, 1892, 362 p.

Delaborde, Jules, *Gaspard de Coligny, amiral de France*, Paris, Sandoz et Fischbacher, 1879-1882, 3 vol.

Delumeau, Jean et Wanegffelen, Thierry, *Naissance et affirmation de la Réforme*, Paris, PUF, 1997, 8e éd. refondue, 441 p.

Delumeau, Jean, *Le Péché et la peur*, Paris, Fayard, 1983, 741 p.

Delumeau, Jean, *Rassurer et protéger*, Paris, Fayard, 1989, 667 p.

Denis, Anne, « La Saint-Barthélemy vue et jugée par les Italiens », *in* Danielle Boillet et Corinne Lucas-Fiorato (éd.), *L'Actualité et sa mise en écriture dans l'Italie de la Renaissance. Actes du colloque international des 21-22 octobre 2002*, Paris, Centre interuniversitaire de recherches sur la Renaissance italienne, vol. XXVI, 2005, p. 202-225.

Descimon, Robert, « Solidarité communautaire et sociabilité armée : les compagnies de la milice bourgeoise à Paris (XVIe-XVIIe siècles) », *in* Françoise Thélamon (dir.), *Sociabilité, pouvoirs et société. Actes du colloque de Rouen, 24-26 novembre 1983*, Rouen, Publications de l'Université, 1987, p. 599-610.

Descimon, Robert, « Paris on the Eve of Saint Bartholomew : Taxation, Privilege and Social Geography », *in* Philip Benedict (éd.), *Cities and Social Change in Early Modern France*, Londres, Unwin Hyman, 1989, p. 69-104.

Diefendorf, Barbara, *Paris City Councillors in the Sixteenth Century : the Politics of Patrimony*, Princeton, Princeton University Press, 1983, 352 p.

Diefendorf, Barbara, « Prologue to a Massacre : Popular Unrest in Paris, 1557-1572 », *American Historical Review*, vol. XC, n° 5, 1985, p. 1067-1091.

Diefendorf, Barbara, « Les divisions religieuses dans les familles parisiennes avant la Saint-Barthélemy », *HES*, n° 1, 1988, p. 55-77.

Diefendorf, Barbara, *Beneath the Cross. Catholics and Huguenots in Sixteenth-Century Paris*, New York et Oxford, Oxford University Press, 1991, 272 p.

Diefendorf, Barbara, « La Saint-Barthélemy et la bourgeoisie parisienne », *HES*, n° 3, 1998, p. 341-352.

Dubost, Jean-François, *La France italienne, XVIe-XVIIe siècle*, Paris, Aubier, 1997, 524 p.

Dufour, Alain, « Le colloque de Poissy », in *Mélanges d'histoire du XVIe siècle offerts à Henri Meylan*, Genève, Droz, 1970, p. 127-137.

Dufour, Alain, *Théodore de Bèze, poète et théologien*, Genève, Droz, Cahiers d'Humanisme et Renaissance, t. LXXVIII, 2006.

El Kenz, David, *Les Bûchers du roi. La culture protestante des martyrs (1523-1572)*, Seyssel, Champ Vallon, 1997, 276 p.

El Kenz, David, « La victime catholique au temps des guerres de Religion. La sacralisation du prêtre », *in* Benoît Garnot (dir.), *Les Victimes, des oubliées de l'Histoire ? Actes du colloque de Dijon, 7 et 8 octobre 1999*, Rennes, Presses universitaires de Rennes, 2000, p. 192-199.

El Kenz, David, « La Saint-Barthélemy à Dijon : un non-événement ? », *Annales de Bourgogne*, 74, 2002, p. 139-157.

El Kenz, David, « Les usages subversifs du martyre dans la France des troubles de religion : de la parole au geste », *Revue des sciences humaines*, n° 269, 1/2003, *Martyrs et martyrologes*, textes réunis par Frank Lestringant et Pierre-François Moreau, p. 33-51.

El Kenz, David (dir.), *Le Massacre, objet d'histoire*, Paris, Gallimard, coll. «Folio histoire », 2005, 557 p.

Engammare, Max, *L'Ordre du temps. L'invention de la ponctualité au XVIe siècle*, Genève, Droz, 2004, 263 p.

Erlanger, Philippe, *Le Massacre de la Saint-Barthélemy*, Paris, Gallimard, 1960, 322 p.

Fazy, Henri, *La Saint-Barthélemy et Genève, étude historique*, Genève, A. Alavoine, 1879, 131 p. (*Mémoires de l'Institut national genevois*, t. XIV).

Foa, Jérémie, « Making Peace : The Commissions for enforcing the Pacification Edicts in the Reign of Charles IX (1560-1574) », *French History*, vol. XVIII, n° 3, 2004, p. 256-274.

Forestié, Édouard, *Un capitaine gascon du XVIe siècle : Corbeyran de Cardaillac-Sarlabous*, Paris, H. Champion, 1897, XI-199 p.

Forsyth, Elliott Christopher, *La Justice de Dieu. « Les Tragiques » d'Agrippa d'Aubigné et la Réforme protestante en France au XVIe siècle*, Paris, H. Champion, 2005, 567 p.

Fragonard, Marie-Madeleine, « L'établissement de la raison d'État et la Saint-Barthélemy », in *Miroirs de la raison d'État. Cahiers du Centre de recherches historiques*, Paris, n° 20, avril 1998, p. 49-65.

Fragonard, Marie-Madeleine, *La Pensée religieuse d'Agrippa d'Aubigné et son expression*, 1981, éd. revue, Paris, H. Champion, 2004, 876 p.

Froeschlé-Chopard, Marie-Hélène, *Dieu pour tous et Dieu pour soi. Histoire des confréries et de leurs images à l'époque moderne*, Paris, L'Harmattan, 2007, 401 p.

Gal, Stéphane, Greengrass, Mark et Rentet, Thierry (éd.), *Bertrand de Gordes, lieutenant général du roi en Dauphiné : correspondance reçue (1572)*, Grenoble, Presses de l'université de Grenoble, 2017. On trouve dans ce livre des lettres porteuses des nouvelles du massacre parisien.

Garrisson, Janine, *Tocsin pour un massacre, ou la Saison des Saint-Barthélemy*, Paris, Le Centurion, 1968, 216 p.

Garrisson, Janine, *La Saint-Barthélemy*, Paris, Éditions Complexe, 1987, 219 p.

Garrisson, Janine, *Protestants du Midi, 1559-1598*, Toulouse, Privat, 1980, rééd. 1991, 375 p.

Garrisson, Janine, *Les Derniers Valois*, Paris, Fayard, 2001, 351 p.

Gauchet, Marcel, *Le Désenchantement du monde : une histoire politique de la religion*, Paris, Gallimard, 1985, XXIII-306 p.

Gelderen, Martin van, *The Political Thought of the Dutch Revolt, 1555-1590*, Cambridge, Cambridge University Press, 1992, 332 p.

Germa-Romann, Hélène, *Du « bel mourir » au « bien mourir ». Le sentiment de la mort chez les gentilshommes français (1515-1643)*, Genève, Droz, 2001, 352 p.

Gigon, Stéphane-Claude, *La Troisième Guerre de Religion. Jarnac-Moncontour (1568-1569)*, Paris, H. Charles-Lavauzelle, 1911, 410 p.

Girard, René, *La Violence et le Sacré*, Paris, Bernard Grasset, 1972, 455 p.

Greengrass, Mark, *War, Politics and Religion in Languedoc during the Government of Henri de Montmorency-Damville (1574-1610)*, thèse dactylographiée, Oxford, Keble College, 1979, 417 p.

Greengrass, Mark, « Functions and Limits of Political Clientelism in France before Cardinal Richelieu », *in* Neithard Bulst, Robert Descimon et Alain Guerreau (dir.), *L'État ou le roi. Les fondations de la modernité monarchique en France (XIVe-XVIIe siècles)*, Paris, Maison des sciences de l'homme, 1996, p. 69-82.

Greengrass, Mark, « Amnistie et oubliance : un discours politique autour des édits de pacification pendant les guerres de Religion », *in* Paul Mironneau et Isabelle Péray-Clottes (éd.), *Paix des armes, paix des âmes*, Paris, Imprimerie nationale, 2000, p. 113-123.

Greengrass, Mark, « Pluralism and Equality : The Peace of Monsieur, May 1576», *in* Keith Cameron, Mark Greengrass et Penny Roberts (éd.), *The Adventure of Religious Pluralism in Early Modern France*, Berne, Peter Lang, 2000, p. 45-63.

Greffe, Florence et Lothe, José, *La Vie, les livres et les lectures de Pierre de L'Estoile*, Paris, Champion, 2004, 1181 p.

Halévi, Ran, « Le testament de la royauté. L'éducation politique de Louis XVI », in Ran Halévi (éd.), *Le Savoir du Prince*, Paris, Fayard, 2002, p. 311-361.

Haran, Alexandre Y., *Le Lys et le globe : messianisme dynastique et rêve impérial en France aux XVIe et XVIIe siècles*, Seyssel, Champ Vallon, 2000, 382 p.

Hauser, Henri, *François de La Noue*, Paris, Hachette, 1892, 336 p.

Hauser, Henri, « Le père Edmond Auger et le massacre de Bordeaux, 1572 », *BSHPF*, t. LX, 1911, p. 289-306.

Hauser, Henri, *Les Sources de l'histoire de France, XVIe siècle*, Paris, Picard, 1912, 4 vol., t. III, *Les Guerres de Religion (1559-1589)*.

Heller, Henry, *Anti-Italianism in Sixteenth Century France*, Toronto, University of Toronto Press, 2002, IX-307 p.

Higman, Francis, *La Diffusion de la Réforme en France, 1520-1565*, Genève, Labor et Fides, 1992, 281 p.

Hillairet, Jacques, *Dictionnaire historique des rues de Paris*, Paris, Éd. de Minuit, 10e éd., 1997, 2 vol.

Holt, Mack P., *The Duke of Anjou and the Politique Struggle during the Wars of Religion*, Cambridge, Cambridge University Press, 1986, 242 p.

Holt, Mack P., « Attitudes of the French Nobility at the Estates-General of 1576», *SCJ*, vol. XVIII, n° 4, 1987, p. 489-504.

Holt, Mack P., *The French Wars of Religion, 1562-1629*, Cambridge, Cambridge University Press, 1995, 240 p.

Huchard, Cécile, *D'encre et de sang. Simon Goulart et la Saint-Barthélemy*, Paris, Honoré Champion, 2007.

Jacquiot, Josèphe, « Médailles et jetons commémorant la Saint-Barthélemy », *Revue d'histoire littéraire de la France*, septembre-octobre 1973, p. 784-793.

Jouanna, Arlette, *Le Devoir de révolte. La noblesse française et la gestation de l'État moderne, 1559-1661*, Paris, Fayard, 1989, 504 p.

Jouanna, Arlette, Boucher, Jacqueline, Biloghi, Dominique et Le Thiec, Guy, *Histoire et Dictionnaire des guerres de Religion*, Paris, R. Laffont, coll. «Bouquins », 1998, 1526 p.

Jouanna, Arlette, « Être "bon Français" au temps des guerres de Religion : du citoyen au sujet », *in* Ouzi Elyada et Jacques Le Brun (éd.), *Conflits politiques, controverses religieuses. Essais d'histoire européenne aux 16e-18e siècles*, Paris, Éd. de l'EHESS, 2002, p. 19-32.

Jouanna, Arlette, « Capituler avec son prince : la question de la contractualisation de la loi au XVIe siècle », *in* Paul-Alexis Mellet (dir.), « Et de sa bouche sortait un glaive ». *Les monarchomaques au XVIe siècle*, Genève, Droz, 2006, p. 131-143.

Joutard, Philippe, Estèbe [Garrisson], Janine, Labrousse, Élisabeth et Lecuir, Jean, *La Saint-Barthélemy ou les Résonances d'un massacre*, Neuchâtel, Delachaux et Niestlé, 1976, 248 p.

Kantorowicz, Ernst, *Les Deux Corps du roi. Essai sur la théologie politique au Moyen Âge* [1957], trad. Jean-Philippe et Nicole Genet, Paris, Gallimard, 1989, 634 p.

Kelley, Donald R., *The Beginning of Ideology : Consciousness and Society in the French Reformation*, Cambridge, Cambridge University Press, 1981, XV-351 p.

Kervyn de Lettenhove, Joseph, *Les Huguenots et les Gueux*, Bruges, Beyaert-Storie, 1883-1885, 6 vol.

Kingdon, Robert M., *Myths about the St. Bartholomew's Day Massacres, 1572-1576*, Cambridge (Mass.), Harvard University Press, 1988, 270 p.

Kingdon, Robert M., *Church and Society in Reformation Europe*, Londres, Variorum Reprints, 1985, 350 p.

Knecht, Robert Jean, *Catherine de Médicis (1519-1589)*, [1998], trad. franç. par Sarah Leclerq, Bruxelles, Le Cri Éditions, 2003, 347 p.

Konnert, Mark, *Civic Agendas ans Religious Passion : Châlons-sur-Marne during the French Wars of Religion*, Kirksville (Miss.), Sixteenth Century Journal, 1997, X-182 p.

Konnert, Mark, « La tolérance religieuse en Europe aux XVIe et XVIIe siècles. Une approche issue de la psychologie sociale et de la sociologie », *in* Thierry Wanegffelen (dir.), *De Michel de L'Hospital à l'édit de Nantes. Politique et religion face aux Églises*, Clermont-Ferrand, Presses universitaires Blaise-Pascal, 2002, p. 97-113.

Krynen, Jacques, *L'Empire du roi. Idées et croyances politiques en France, XIIIe-XVe siècle*, Paris, Gallimard, 1993, 556 p.

Labourdette, Jean-François, *Charles IX et la puissance espagnole. Diplomatie et guerres civiles (1563-1574)*, Paris, H. Champion, 2013. J.-F. Labourdette a retrouvé (p. 446-447) une dépêche de Charles IX adressée à Arnaud du Ferrier, datée du 24 août 1572 mais partie sans doute un ou deux jours plus tard ; le roi y a ajouté un postscriptum dans lequel il accuse Coligny et ses «

adhérans et complices » d'avoir conspiré contre lui et ajoute : « Après avoir bien et diligemment esclaircy la vérité et pris sur ce bon advis et conseil, je les ay faict tous tailler et mectre en pièces, afin d'obvier et prévenir le [mal] d'une sy damnable conspiration, ayant cela esté faict par mon exprès commandement ».

La Ferrière, Hector de, « Les dernières conspirations du règne de Charles IX », *Revue des questions historiques*, t. XLVIII (1890), p. 421-470.

La Ferrière, Hector de, *La Saint-Barthélemy, la veille, le jour, le lendemain*, Paris, Calmann-Lévy, 1892, IX-289 p.

Lazard, Madeleine, *Pierre de Bourdeille, seigneur de Brantôme*, Paris, Fayard, 1995, 450 p.

Le Gall, Jean-Marie, *Le Mythe de saint Denis entre Renaissance et Révolution*, Seyssel, Champ Vallon, 2007, 537 p.

Le Roux, Nicolas, *La Faveur du roi. Mignons et courtisans au temps des derniers Valois (vers 1547-vers 1589)*, Seyssel, Champ Vallon, 2000, 806 p.

Le Roux, Nicolas, « La Saint-Barthélemy des Italiens n'aura pas lieu : un discours envoyé à Catherine de Médicis en 1573 », *in* Bernard Barbiche, Jean-Pierre Poussou et Alain Tallon (dir.), *Pouvoirs, contestations et comportements dans l'Europe moderne. Mélanges en l'honneur du professeur Yves-Marie Bercé*, Paris, PUPS, 2005, p. 165-183.

Le Roux, Nicolas, *Un régicide au nom de Dieu. L'assassinat d'Henri III*, Paris, Gallimard, 2006, 451 p.

Le Roy Ladurie, Emmanuel, *L'État royal de Louis XII à Henri IV, 1460-1610*, Paris, Hachette, 1987, 357 p.

Le Thiec, Guy, « Les divertissements à la turque des noblesses française et italienne à la Renaissance », *in* Joël Fouilleron et Guy Le Thiec (éd.), *La Fête dans l'Europe méditerranéenne (XVIe-XXe siècle)*, Actes du colloque international de Montpellier, 16-17 mars 2002, Université Paul-Valéry (Montpellier-III), à paraître.

Lecoq, Anne-Marie, *François Ier imaginaire*, Paris, Macula, 1987, 565 p.

Lemaître, Nicole, *Saint Pie V*, Paris, Fayard, 1994, 432 p.

Lemaître, Nicole, « Les victimes de la Saint-Barthélemy à Paris. Essai d'une topographie et d'une nomenclature des massacres d'après les documents contemporains », *BSHPF*, t. IX, 1860, p. 34-44.

Lestringant, Frank, *Agrippa d'Aubigné. « Les Tragiques »*, Paris, PUF, 1986, 127 p.

Lestringant, Frank, *La Cause des martyrs dans « Les Tragiques » d'Agrippa d'Aubigné*, Mont-de-Marsan, Éditions InterUniversitaires, 1991, 116 p.

Lestringant, Frank, *Lumière des martyrs. Essai sur le martyre au siècle des Réformes*, Paris, H. Champion, 2004, 277 p.

Levene, Mark et Roberts, Penny (éd.), *The Massacre in History*, New York, Bergahn Books, 1999, XVI-296 p.

Manesch, Scott M., *Theodore Beza and the Quest for Peace in France, 1572-1598*, Leyde, Brill, 2000, 380 p.

Mariéjol, Jean-H., *La Réforme et la Ligue. L'édit de Nantes (1559-1598)*, 1904, t. VI de *l'Histoire de France des origines à la Révolution*, dirigée par Ernest Lavisse ; rééd. Paris, Tallandier, 1983, 468 p.

Mastellone, Salvo, *Venalità e machiavellismo in Francia, 1572-1610 : all'origine della mentalità politica borghese*, Florence, Leo Olschki, 1972, 259 p.

Mellet, Paul-Alexis, *Les Traités monarchomaques. Confusion des temps, résistance armée et monarchie parfaite (1560-1600)*, Genève, Droz, 2007, 580 p.

Mellet, Paul-Alexis, (dir.), *« Et de sa bouche sortait un glaive. » Les monarchomaques au XVIe siècle*, Genève, Droz, 2006, 188 p.

Mieck, Ilja, « Die Bartholomäusnacht als Forschung Problem : Kritische Bestandsaufnahme und neue Aspekte », *Historische Zeitschrift*, t. CCXVI, 1973, p. 73-110.

Monod, Henri, « Un document sur la Saint-Barthélemy », *La Revue de Paris*, t. IV, 1908, p. 770-794.

Monod, Henri, « La version du duc d'Anjou sur la Saint- Barthélemy », *RH*, t. CI, 1909, p. 316-325.

Mousnier, Roland, *L'Assassinat d'Henri IV. Le problème du tyrannicide et l'affermissement de la monarchie absolue*, Paris, Gallimard, 1964, 410 p.

Muchembled, Robert, *Passions de femmes au temps de la reine Margot, 1553-1615*, Paris, Éd. du Seuil, 2003, 277 p.

Nakam, Géralde, *Au lendemain de la Saint-Barthélemy. Jean de Léry, Histoire memorable du siège de Sancerre*, Paris, Anthropos, 1975, XII-398 p.

Nakam, Géralde, *« Les Essais » de Montaigne, miroir et procès de leur temps. Témoignage historique et création littéraire*, éd. revue, Paris, H. Champion, 2001, 535 p.

Nakam, Géralde, « Le rire de Coligny », *in* Géralde Nakam, *Chemins de la Renaissance*, Paris, H. Champion, 2005, p. 193-212.

Nicollier, Béatrice, *Hubert Languet, 1518-1581. Un réseau politique international, de Melanchthon à Guillaume d'Orange*, Genève, Droz, 1995, 680 p.

Noailles, Emmanuel de, *Henri de Valois et la Pologne en 1572*, Paris, Michel Lévy, 1867, 2 vol.

Pablo, Jean de, « Contribution à l'étude de l'histoire des institutions militaires huguenotes. II. L'armée huguenote entre 1562 et 1573 », *Archiv für Reformationgeschichte*, n° 48, 1957, p. 192-216.

Paz, Julián, *Archivo general de Simancas. Catálogo IV. Secretaría de Estado (Capitulaciones con Francia y negociaciones diplomáticas de los embajadores de España en aquella corte, seguido de un serie cronologica de éstos)*, t. I, *1225-1714*, Madrid, Oloazga, 1814, 488 p.

Peschot, Bernard, « Alexandre de Bessot de Lamothe (1823-1897) et les protestants du Midi », in Joël Fouilleron et Henri Michel (éd.), *Mélanges Michel Péronnet*, t. II, *La Réforme*, Montpellier, Publications de l'université Montpellier-III, 2003, p. 313-332.

Petris, Loris, *La Plume et la Tribune. Michel de L'Hospital et ses discours (1559-1562)*, Genève, Droz, 2002, 610 p.

Picot, Georges, *Histoire des États généraux*, 2e éd., Paris, Hachette, 1888, 3 vol.

Pineaux, Jacques, *La Poésie des protestants de langue française (1559-1598)*, Paris, Klincksieck, 1971, 523 p.

Poncet, Olivier, *Pomponne de Bellièvre (1529-1607). Un homme d'État au temps des guerres de Religion*, Paris, École des chartes, 1998, 490 p.

Poujol, Jacques, « Étymologies légendaires des mots France et Gaule pendant la Renaissance », *Publications of the Modern Language Association of America*, vol. LXXII, 1957, p. 900-914.

Pradel, Charles, « Un marchand de Paris au XVIe siècle (1560-1588) », *Mémoires de l'Académie des sciences, inscriptions et belles-lettres de Toulouse*, 9e série, vol. 1, Toulouse, 1889, p. 327-351 ; vol. 2, 1890, p. 390-427.

Renoux-Zagamé, Marie-France, « Du juge-prêtre au roiidole. Droit divin et constitution de l'État dans la pensée juridique française à l'aube des Temps modernes », in Jean-Louis Thireau (dir.), *Le Droit entre laïcisation et néo-sacralisation*, Paris, PUF, 1997, p. 143-186.

Richet, Denis, « Aspects socioculturels des conflits religieux à Paris dans la seconde moitié du XVIe siècle », *De la Réforme à la Révolution. Études sur la*

France moderne, Paris, Aubier, 1991, p. 15-51.

Roberts, Penny, *A City in Conflict. Troyes during the French Wars of Religion*, Manchester, Manchester University Press, 1996, 228 p.

Roelker, Nancy Lyman, *One King, one Faith. The Parlement of Paris and the Religious Reformations of the Sixteenth Century*, Berkeley, University of California Press, 1996, 543 p.

Roelker, Nancy Lyman, *Jeanne d'Albret, reine de Navarre, 1528-1572* [1968], trad. par G. de B. Merrill, Paris, Imprimerie nationale, 1979, 470 p.

Romier, Lucien, « La Saint-Barthélemy. Les événements de Rome et la préméditation du massacre », *Revue du seizième siècle*, t. I, 1913, p. 529-560.

Root, Hilton, *La Construction de l'État moderne en Europe. La France et l'Angleterre*, trad. franç. par Jacques Fauve, Paris, PUF, 1994, IX-390 p.

Samaran, Charles, « Un humaniste italien, Guido Lolgi, témoin de la Saint-Barthélemy », *Studi in onore di Ricardo Filangeri*, Naples, L'Arte tipografica, 1959, t. II, p. 397-404.

Sémelin, Jacques, « Analyser le massacre. Réflexions comparatives », *Questions de recherches/Research in question*, n° 7, septembre 2002, p. 1-42, texte accessible en version électronique sur le site http ://www.ceri-sciences-po.org

Sémelin, Jacques, *Purifier et détruire. Usages politiques des massacres et génocides*, Paris, Éd. du Seuil, 2005, 491 p.

Senellart, Michel, *Machiavélisme et raison d'État*, Paris, PUF, 1989, 124 p.

Simonin, Michel, *Pierre de Ronsard*, Paris, Fayard, 1990, 424 p.

Simonin, Michel, *Vivre de sa plume au XVIe siècle, ou la carrière de François de Belleforest*, Genève, Droz, 1992, 328 p.

Simonin, Michel, *Charles IX*, Paris, Fayard, 1995, 410 p.

Smith, Marc, « Familiarité française et politesse italienne au XVIe siècle. Les diplomates italiens juges des manières de la cour des Valois », *RHD*, 102e année, n° 3-4, 1988, p. 193-232.

Solnon, Jean-François, *Catherine de Médicis*, Paris, Perrin, 2003, 445 p.

Soman, Alfred (éd.), *The Massacre of St. Bartholomew. Reappraisals and Documents*, La Haye, M. Nijhoff, 1974, 269 p.

Soulié Marguerite, « La Saint-Barthélemy et la réflexion sur le pouvoir », in Franco Simone (éd.), *Culture et politique en France à l'époque de l'Humanisme et de la Renaissance*, Turin, Accademia delle scienze, 1974, p. 413-425.

Soulié Marguerite, *L'Inspiration biblique dans la poésie religieuse d'Agrippa d'Aubigné*, Paris, Klincksieck, 1977, 546 p.

Souriac, Pierre-Jean, *Une guerre civile. Affrontements religieux et militaires dans le Midi toulousain, 1562-1596*, Seyssel, Champ Vallon, 2008.

Sutherland, Nicola Mary, *The Massacre of St. Bartholomew and the European Conflict, 1559-1572*, Londres, Macmillan, 1973, 373 p.

Sutherland, Nicola Mary, *The Huguenot Struggle for Recognition*, New Haven et Londres, Yale University Press, 1980, 394 p.

Sutherland, Nicola Mary, « Le massacre de la Saint-Barthélemy : la valeur des témoignages et leur interprétation », *RHMC*, t. XXXVIII, octobre-décembre 1991, p. 529-554.

Sypher, Wylie, « "Faisant ce qu'il leur vient à plaisir" : The Image of Protestantism in French Catholic Polemic on the Eve of the Religious Wars », *SCJ*, vol. 11, n° 2, 1980, p. 59-84.

Tallon, Alain, *La France et le concile de Trente*, Rome, École française de Rome, 1997, 975 p.

Tallon, Alain, *Conscience nationale et sentiment religieux en France au XVIe siècle*, Paris, PUF, 2002, 315 p.

Taylor, Larissa Juliet, *Heresy and Orthodoxy in Sixteenth-Century Paris. François Le Picart and the Beginnings of the Catholic Reformation*, Leyde, Brill, 1999, 332 p.

Thuau, Étienne, *Raison d'État et pensée politique à l'époque de Richelieu*, Athènes, Presses de l'Institut français, 1966, 478 p.

Tournon, André, « La poétique du témoignage dans *Les Tragiques* d'Agrippa d'Aubigné », *in* Olivier Pot (dir.), *Poétiques d'Aubigné. Actes du colloque de Genève, mai 1996*, Genève, Droz, 1999, p. 135-146.

Turchetti, Mario, *Concordia o tolleranza ? François Bauduin (1520-1573) e i « moyenneurs »*, Genève, Droz, 1984, 650 p.

Turchetti, Mario, *Tyrannie et tyrannicide de l'Antiquité à nos jours*, Paris, PUF, 2001, 1044 p.

Turchetti, Mario, « L'arrière-plan politique de l'édit de Nantes, avec un aperçu de l'anonyme *De la concorde de l'Estat par l'observation des Edicts de pacification* », *in* Michel Grandjean et Bernard Roussel (éd.), *Coexister dans l'intolérance. L'édit de Nantes (1598)*, Genève, Labor et Fides, 1998, p. 93-114.

Vásquez de Prada, Valentin, *Felipe II y Francia. Política, religión y razón de Estado*, Pampelune, EUNSA, 2004, 487 p.

Venard, Marc, « La présentation de la Saint-Barthélemy aux Polonais en vue de l'élection d'Henri de Valois », in *Les Contacts religieux franco-polonais du Moyen Âge à nos jours*, Paris, Éd. du Dialogue, CNRS, 1985, p. 116-127.

Venard, Marc, « Arrêtez le massacre ! », *RHMC.*, t. XXXIX, octobre-décembre 1992, p. 645-661.

Venard, Marc, *Réforme protestante, Réforme catholique dans la province d'Avignon, XVIe siècle*, Paris, Éd. du Cerf, 1993, 1280 p.

Viennot, Éliane, *Marguerite de Valois. Histoire d'une femme, histoire d'un mythe*, Paris, Payot, 1993, 478 p.

Viennot, Éliane, « À propos de la Saint-Barthélemy et des *Mémoires* de Marguerite de Valois », *Revue d'histoire littéraire de la France*, n° 5, septembre-octobre 1996, p. 894-917.

Vivanti, Corrado, *Guerre civile et paix religieuse dans la France d'Henri IV* [1963], trad. par Luigi-Alberto Sanchi, Paris, Desjonquères, 2006, 279 p.

Wanegffelen, Thierry, *Ni Rome ni Genève. Des fidèles entre deux chaires en France au XVIe siècle*, Paris, H. Champion, 1997, 681 p.

Wanegffelen, Thierry, *Catherine de Médicis. Le pouvoir au féminin*, Paris, Payot, 2005, 444 p.

Weiss, Nathanaël, « La Seine et le nombre des victimes parisiennes de la Saint-Barthélemy », *BSHPF*, t. XLVI, 1897, p. 474-481.

Wood, James B., « The Royal Army during the Wars of Religion, 1559-1576 », in Mack P. Holt (éd.), *Society and Institutions in Early Modern France*, Athens, University of Georgia Press, 1991, p. 1-35.

Wood, James B., *The King's Army. Warfare, Soldiers and Society during the Wars of Religion in France, 1562-1576*, Cambridge, Cambridge University Press, 1996, 350 p.

Yardeni, Myriam, *La Conscience nationale en France pendant les guerres de Religion (1559-1598)*, Paris, Publications de la Sorbonne, et Bruxelles, Nauwelaerts, 1971, 392 p.

Yates, Frances A., *Astrée. Le symbolisme impérial au XVIe siècle* [1975], trad. par J.-Y. Pouilloux et A. Huraut, Paris, Belin, 1989, 430 p.

Yates, Frances A., *Les Académies en France au XVIe siècle* [1947], trad. par Thierry Chaucheyras, Paris, PUF, 1996, 511 p.

致 谢

诚挚感谢所有为我提供帮助的人,特别是 Jacques Frayssenge,Nicolas Fornerod 和 Myriam Yardeni。同时感谢 Ran Halévi 认真通读手稿,以及 Philippe Bernier。

人名地名译名对照表

A

Açores 亚速尔群岛
Agen 阿让
Agenais 阿热奈
Aix 埃克斯
Albe, duc de 阿尔伐公爵
Albert de Gondi, comte de Retz 阿尔贝·德·贡迪，雷斯伯爵
Albi 阿尔比
Alessandrino 亚历山德里诺
Alexandre de Lamothe 亚历山大·德·拉莫特
Alexandre Farnèse 亚历山大·法奈斯
Alphonse d'Ornano 阿方斯·德·奥尔纳诺
Amboise 昂布瓦斯
Ambroise Paré 昂布瓦斯·帕雷
Angers 昂热
Angoulême 昂古莱姆
Angoumois 昂古穆瓦
Anne d'Este 安娜·德·埃斯特

Antoine Caron 安托万·卡龙
Antoine de Bourbon 安托万·德·波旁
Antoine de Mouchy 安托万·德·穆希
Antoine Lacger 安托万·拉克马热
Antonio Maria Salviati 安东尼奥·马里亚·萨尔维亚蒂
Apt 阿普特
Arles 阿尔勒
Armagnac 阿马尼亚克
Armand de Clermont, baron de Piles 阿尔芒·德·克莱蒙，皮勒男爵
Armand de Gontaut-Biron 阿尔芒·德·贡托-比龙
Arnaud de Cavaignes 阿诺·德·卡韦涅
Arnaud du Fenier 阿诺·德·费里埃
Arnaud Sorbin 阿诺·索尔班
Arnay-le-Duc 阿尔奈勒迪克
Artois 阿图瓦
Artus de Cossé 阿蒂斯·德·科塞

Artus de Vaudray, sieur de Mouy 阿蒂斯·德·沃德雷，穆伊领主
Artus Désiré 阿蒂斯·德西雷
Auberville, sieur d' 奥贝尔维尔领主
Aumale, duc d' 欧马勒公爵
Aunis 欧尼斯
Auteuil 欧特伊
Avignon 阿维尼翁
Ayamonte, marquis de 阿亚蒙特侯爵

B

Bâle 巴塞尔
Barbier de Francourt 巴尔比耶·德·弗朗库尔
Bartolomeo d'Elbène 巴尔托洛梅奥·德·埃尔本
Basse-Navarre 下纳瓦尔
Bayonne 巴约纳
Bazas 巴扎斯
Béarn 贝阿恩
Beaugency 博让西
Beaulieu 博利厄
Beauvais 博韦
Berry 贝里
Bertrand de La Mothe-Fénelon 贝特朗·德·拉·莫特—费奈隆
Besme 贝姆
Béthisy, rue de 贝蒂西街
Bigorre 比戈尔
Bizerte 比塞大
Blaise de Monluc 布来兹·德·蒙吕克
Blamont 布拉蒙
Blandy-en-Brie 布兰迪昂布里
Blaye 布莱
Blois 布卢瓦

Bondeville 邦德维尔
Bouchavannes, seigneur de 布沙瓦纳领主
Boulogne 布洛涅
Bourbon, porte de 波旁门
Bourges 布尔热
Brabant 布拉班特
Brielle 布里勒
Brouage 布鲁阿日
Brunehaut 布伦希尔德
Buci, porte 比西城门
Buhy 比伊
Burghley 伯利

C

Calais 加莱
Camillo Capilupi 卡米洛·卡皮卢皮
Carcès, comte de 卡尔塞斯伯爵
Castelnau-des-Mirandes 卡斯泰尔诺—德米兰德
Cateau-Cambrésis, traité de 卡托—康布雷齐条约
Catherine de Médicis 卡特琳娜·德·美第奇
Cévennes 塞文
Chaillot 夏佑
Châlons 沙隆
Champagne 香槟
Chantilly 尚蒂伊
Charenton 沙朗通
Charles de Beaumanoir 查理·德·博马努瓦
Charles de Bourbon, cardinal de Bourbon 查理·德·波旁，波旁枢机主教
Charles de Louviers, seigneur de Maurevert 查理·德·卢维耶，莫尔韦尔领主
Charles de Montferrand 查理·德·蒙费朗
Charles de Montmorency, seigneur de Méru

人名地名译名对照表

查理·德·蒙莫朗西，梅吕领主
Charles de Téligny 查理·德·泰里尼
Charles IX 查理九世
Charles Quint 查理五世
Charlotte Arbaleste 夏洛特·阿尔巴莱斯特
Chartres 沙特尔
Chaumont-Guitry, sieur de 肖蒙—吉特里领主
Childebert 希尔德贝尔特
Choquart 肖卡尔
Christophe de Thou 克里斯托夫·德·图
Claude de Mondoucet 克洛德·德·蒙杜塞
Claude de Sainctes 克洛德·德·圣克戴斯
Claude Haton 克洛德·阿东
Claude Le Jeune 克洛德·勒·热纳
Claude Le Mercier 克洛德·勒·梅西埃
Claude Marcel 克洛德·马塞尔
Cléry 克莱里
Clotaire 克洛泰尔
Coconat, comte de 科科纳伯爵
Cognac 科尼亚克
Compiègne 贡比涅
Conciergerie 巴黎监狱
Condom 孔东
Corbeille 科尔贝
Cosme de Médicis 科西莫·德·美第奇
Cosseins 科桑
Cracovie 克拉科夫
Cremonoys 克勒莫努瓦
Crotilde 克洛蒂尔德

D

Dampierre 当皮埃尔
Dauphiné 多菲内
Dax 达克斯

Delpech 德尔佩什
Denis Crouzet 德尼·克鲁泽
Diane Salviati 迪亚娜·萨尔维亚蒂
Diego de Zuñiga 迭戈·德·苏尼加
Dieppe 迪耶普
Dijon 第戎
Dordrecht 多德雷赫特
Douvres 多佛尔
Dreux 德勒

E

Edmond Auger 埃德蒙·奥热
Edmond Campion 埃德蒙·坎皮恩
Egmont, comte de 埃格蒙伯爵
Élisabeth d'Autriche 奥地利的伊丽莎白
Élisabeth de Valois 伊丽莎白·德·瓦卢瓦
Emmanuel-Philibert, duc de Savoie 埃马纽埃尔—菲利贝尔，萨伏依公爵
Ernest Lavisse 埃内斯特·拉维斯
Ernestus Varamundus 埃内斯图斯·瓦拉门都斯
Étienne Junius Brutus 艾蒂安·尤尼乌斯·布鲁图斯
Étienne Le Roy 艾蒂安·勒·鲁瓦
Étienne Pasquier 艾蒂安·帕基耶
Étigny 埃蒂尼
Eusèbe Philadelphe Cosmopolite 欧塞比·费拉德尔芙·科斯莫波利特

F

Fadrique 法德里克
Ferrare 费拉拉
Fézensac 费藏撒克
Fézenzaguet 费藏扎戈
Filippo Cavriana 菲利波·卡夫里亚纳

Flandre 佛兰德斯
Flessingue 弗利辛恩
Foix 富瓦
Fontainebleau 枫丹白露
Fontenay 丰特奈
Forez 福雷
Francés de Àlava 弗兰塞斯·德·阿拉瓦
Franche-Comté 弗朗什—孔泰
Francis Walsingham 弗朗西斯·沃尔辛厄姆
François Borgia 弗朗西斯科·德·博尔哈
François de Beauvais, seigneur de Briquemault 弗朗索瓦·德·博韦，布里克莫领主
François de Bourbon, prince dauphin, prince de Conti 弗朗索瓦·德·波旁，世子，孔蒂亲王
François de Chantelouve 弗朗索瓦·德·尚特卢夫
François de Cocqueville 弗朗索瓦·德·科克维尔
François de Ferrals 弗朗索瓦·德·费拉勒
François de Guise 弗朗索瓦·德·吉斯
François de La Noue 弗朗索瓦·德·拉努
François de La Rochefoucauld 弗朗索瓦·德·拉罗什富科
François de Mandelot 弗朗索瓦·德·芒德洛
François de Moneins 弗朗索瓦·德·莫南
François de Montmorency 弗朗索瓦·德·蒙莫朗西
François de Syrueilh 弗朗索瓦·德·希吕埃
François de Valois, duc d'Alençon 弗朗索瓦·德·瓦卢瓦，阿朗松公爵
François de Villiers, seigneur de Chailly 弗朗索瓦·德·维利耶，沙伊领主
François Dubois 弗朗索瓦·杜布瓦

François Hotman 弗朗索瓦·奥特芒
François Le Picart 弗朗索瓦·勒·皮卡尔
François Portes 弗朗索瓦·波尔特
François-Antoine de Guerchy 弗朗索瓦—安托万·德·盖尔希
Frédégonde 弗雷德贡德
Frise 弗里斯兰

G

Gabriel de Lévis, seigneur de Léran 加布里埃尔·德·莱维，莱朗领主
Gabriel de Lorges, comte de Montgomery 加布里埃尔·德·洛尔热，蒙哥马利伯爵
Gabriel Naudé 加布里埃尔·诺代
Gaillac 加亚克
Ganges 因日
Gap 加普
Gascogne 加斯科涅
Gaspard de Coligny, amiral de 海军上将加斯帕尔·德·科里尼
Gaspard de Saulx-Tavannes 加斯帕尔·德·索—塔瓦讷
Gaspard de Schomberg 加斯帕尔·德·朔姆贝格
Gênes 热那亚
Gentian Hervet 让蒂安·埃尔韦
Geoffroy de Caumont 若弗鲁瓦·德·科蒙
Georges Postel 乔治·波斯特尔
Gévaudan 热沃当
Gian Andrea Doria 吉安·安德里亚·多里亚
Giovanni Battista Alamanni 乔瓦尼·巴蒂斯塔·阿拉曼尼
Giovanni Maria Petrucci 乔瓦尼·马里亚·彼得鲁奇
Giovanni Michiel 乔瓦尼·米基耶

Gomicourt 戈米库尔

Goudimel 古迪梅尔

Gramont, comte de 格拉蒙伯爵

Grands-Augustins, monastère des 奥古斯丁修道院

Grégoire XIII 格里高利十三世

Grenoble 格勒诺布尔

Grève, place de 沙滩广场

Gueldre 海尔德兰

Guérau de Spes 盖罗·德·司佩斯

Guido Lolgi 圭多·洛尔吉

Guillaume Budé 纪尧姆·比代

Guillaume de Joyeuse 纪尧姆·德·茹瓦耶兹

Guillaume de La Faye 纪尧姆·德·拉费伊

Guillaume de Montmorency, seigneur de Thoré 纪尧姆·德·蒙莫朗西，托雷领主

Guillaume de Nassau, prince d'Orange 威廉·德·拿骚，奥伦治亲王

Guillaume de Taix 纪尧姆·德·泰克斯

Guy de Daillon, seigneur du Lude 居伊·德·达永，勒吕德领主

Guy Du Faur, seigneur de Pibrac 居伊·德·福尔，皮布拉克领主

Guyenne 吉耶纳

H

Henri d'Anjou, duc d'Anjou, Henri III 安茹公爵亨利，亨利三世

Henri d'Angoulême, chevalier d'Angoulême 亨利·德·昂古莱姆，昂古莱姆骑士

Henri de Bourbon, prince de Condé 亨利·德·波旁，孔代亲王

Henri de Bourbon, roi de Navarre, Henri IV 亨利·德·波旁，纳瓦尔国王，亨利四世

Henri de La Popelinière 亨利·德·拉波普里尼埃

Henri de Lorraine, duc de Guise 亨利·德·洛林·吉斯公爵

Henri de Mesmes, seigneur de Malassise 亨利·德·梅姆，马拉西兹领主

Henri I de Montmorency, seigneur de Damville 亨利一世·德·蒙莫朗西，当维尔领主

Henriette de Clève 亨利埃特·德·克莱弗

Hollande 荷兰（地区）

Homes, comte de 奥尔内伯爵

Hubert Languet 于贝尔·郎盖

Hugon 于贡

Hugue Sureau du Rosier 于格·叙罗·德·罗西耶

Huguet 于盖

Hurpoix 于尔普瓦

Innoncent Gentillet 伊诺桑·让蒂耶

I

Ivry 伊夫里

J

Jacopo Corbinelli 雅各布·科尔比内里

Jacqueline de Montbel, comtesse d'Entremont 雅克琳娜·德·蒙贝尔，昂特勒蒙女伯爵

Jacques Amyot 雅克·阿米欧

Jacques Charpentier 雅克·沙尔庞捷

Jacques Clément 雅克·克雷芒

Jacques de Bourbon-La Marche 雅克·德·波旁—拉马尔什

Jacques de Lagebaston 雅克·德·拉热巴斯东

Jacques de Matignon 雅克·德·马提翁

Jacques de Savoie, duc de Nemours 雅克·德·萨伏依, 内穆尔公爵

Jacques Faye 雅克·费伊

Jacques Caches 雅克·加什

Jacques Pape, seigneur de Saint-Auban 雅克·帕普, 圣欧邦领主

Jacques-Auguste de Thou 雅克-奥古斯特·德·图

Jacques-Nompar de Caumont, duc de La Force 雅克-依帕尔·德·科蒙, 拉福斯公爵

Jan Hus 扬·胡斯

Jane Stuart 简·斯图亚特

Janine Garrisson 雅尼纳·加里松

Jargeau 雅尔若

Jarnac 雅尔纳克

Jean Bodin 让·博丹

Jean Calvin 让·加尔文

Jean Crespin 让·克雷斯潘

Jean de Bours 让·德·布尔斯

Jean de Coras 让·德·科拉斯

Jean de Ferrières 让·德·费里埃

Jean de Hangest, seigneur de Genlis 让·德·昂热, 让利斯领主

Jean de Léry 让·德·莱维

Jean de Mergey 让·德·梅热

Jean de Monchy, seigneur de Senarpont 让·德·蒙奇, 塞纳蓬领主

Jean de Monluc 让·德·蒙吕克

Jean de Morvillier 让·德·莫尔维利耶

Jean de Serres 让·德·塞尔

Jean de Vulcob 让·德·维尔科布

Jean Dorat 让·多拉

Jean du Perrier 让·德·勒佩里耶

Jean Ébrard de Saint-Sulpice 让·埃布拉尔, 圣叙尔皮斯领主

Jean Grangier 让·格朗吉耶

Jean Harouys 让·阿鲁依

Jean Le Charron 让·勒·沙朗

Jean Mariéjol 让·马里耶若尔

Jean Rouillé 让·鲁耶

Jean Touchard 让·图沙尔

Jean-Antoine de Baïf 让-安托万·德·巴伊夫

Jean-Baptiste Bellaud 让-巴蒂斯特·贝洛

Jean-Galéas Frégoso 让-加雷阿斯·佛雷格索

Jean-Louis Bourgeon 让-路易·布尔荣

Jeanne d'Albret 让娜·德·阿尔布雷

Jeanne de Gontaut 让娜·德·贡托

Jehan de la Fosse 让·德·拉福斯

Jérôme de Gondi 热罗姆·德·贡迪

Joachim de Ségur-Pardaillan 若阿基姆·德·塞居尔-帕尔达杨

Joachim Desportes 若阿基姆·德波特

Joachim Opser 若阿基姆·奥普塞

Joachim Thibault de Courville 若阿基姆·蒂博·德·库维尔

Johann Wilhelm von Botzeim 约翰·威廉·冯·博策姆

Joinville 茹安维尔

Josua Studer von Winkelbach 约祖亚·施图德·冯·温克尔巴赫

Juan d'Autriche 奥地利的胡安

Juan de Olaegui 胡安·德·奥拉埃圭

Jules Gassot 朱尔·加索

L

La Chapelle-Faucher 拉沙佩勒福谢
La Charité-sur-Loire 卢瓦尔河畔的拉沙里泰
La Manche 拉芒什
La Molle 拉莫勒
La Roche-L'Abeille 拉罗什－拉贝耶
La Rochelle 拉罗谢尔
Lagny 拉尼
Languedoc 朗格多克
Lansac, sieur de 朗萨克领主
Laon 拉昂
Laurent Hillot 洛朗·伊洛
Lavardin, marquis de 拉瓦尔丹侯爵
Le Bouchet 勒布歇
Lectoure 莱克图尔
Léonor Chabot, comte de Charny 莱奥诺尔·沙博，沙尔尼伯爵
Lépante 勒班陀
Levant 黎凡特（地区）
Lignerolles 利涅罗尔
Limoges 利摩日
Limousin 利穆赞
Lomagne 洛马涅
Longjumeau 隆瑞莫
Longueville, duc de 隆格维尔公爵
Lorraine 洛林
Louis de Bourbon, prince de Condé 路易·德·波旁，孔代亲王
Louis de Bourbon-Vendôme, duc de Montpensier 路易·德·波旁—旺多姆，蒙庞西耶公爵
Louis de Gonzague, duc de Nevers 路易·德·冈萨格，涅韦尔公爵
Louis de Nassau 路易·德·拿骚
Louis Dorléans 路易·多莱昂

Louis Goulard de Beauvoir 路易·古拉尔·德·博瓦尔
Louis Le Roy 路易·勒·鲁瓦
Louis Régnier de La Planche 路易·雷尼耶·德·拉普朗什
Luc Geizkofler 吕克·盖泽科夫勒
Lucien Rimier 吕西安·罗米耶
Ludovic Birague 卢多维克·比拉格
Ludwig Pfyffer 路德维希·普菲费尔
Luignan 吕西尼昂
Lumigny, château de 吕米尼城堡

M

M. de Montmorin 德·蒙莫兰
Mâcon 马孔
Madère 马德拉
Mantova 曼托瓦
Marguerite d'Angoulême 玛格丽特·德·昂古莱姆
Marguerite d'Autriche, duchesse de Parme 玛格丽特·德奥地利，帕尔马女公爵
Marguerite de Bourbon 玛格丽特·德·波旁
Marguerite de France 玛格丽特·德·弗朗斯
Marguerite de Valois 玛格丽特·德·瓦卢瓦
Marie de Clève 玛丽·德·克莱弗
Marie Stuart 玛丽·斯图亚特
Marsile Ficin 马奇里奥·斐奇诺
Martin Bucer 马丁·布策尔
Maximilien de Béthune, duc de Sully 马克西米利安·德·贝蒂纳，苏利公爵
Maximilien de Habsbourg, empreur du Saint-Empire 马克西米利安·冯·哈布斯堡，神圣罗马帝国皇帝
Mayenne 马耶纳
Meaux 莫城

Melun 默伦
Merlin 梅兰
Messine 墨西拿
Metz 梅斯
Meuse 默兹河
Meusnier, pont aux 磨坊桥
Mézières 梅济耶尔
Michel de La Huguerye 米歇尔·德·拉于格里
Michel de L'Hospital 米歇尔·德·洛比塔尔
Milan, duché de 米兰公国
Millau 米约
Moissac 穆瓦萨克
Monceau 蒙索
Moncontour 蒙孔图尔
Mons 蒙斯
Montauban 蒙托邦
Montfaucon 蒙福孔
Montferrat 蒙费拉
Montfort-l'Amaury 蒙福尔拉莫里
Montmorency-Nivelle 蒙莫朗西—尼韦勒
Montpellier 蒙彼利埃
Montreuil 蒙特勒伊
Mook Heide 莫克海德
Mulet 米莱
Mussidan 米西当

N
Nançay 南塞
Nantes 南特
Nantouillet 楠图耶
Nicolas Barnaud 尼古拉·巴诺
Nicolas de La Mouche (Muss) 尼古拉·德·拉穆什（或穆斯）
Nicolas de Neufville, marquis de Villeroy 尼古拉·德·纳维尔，维勒鲁瓦侯爵
Nicolas de Pellevé, cardinal 尼古拉·德·佩尔韦，枢机主教
Nicolas Le Fèvre 尼古拉·勒·费夫尔
Nicolas Pezou 尼古拉·珀祖
Nicolas Pithou 尼古拉·皮图
Nicolas Régnier 尼古拉·雷尼耶
Nicole Aubrey 妮科尔·奥布雷
Nîmes 尼姆
Noircarmes, sieur de 努瓦卡姆领主
Norfolk, duc de 诺福克公爵
Notre-Dame, pont 圣母院桥

O
Odet de Châtillon 奥代·德·沙蒂永
Odet de La Noue 奥代·德·拉努
Olivares, comte de 奥利雷斯伯爵
Orange 奥伦治
Orléans 奥尔良
Orthe 奥尔特
Oudin Petit 乌丹·珀蒂

P
Palatinat 普法尔茨
Pamiers 帕米耶
Parthenay 帕尔特奈
Passy 帕西
Paul de Mouvans 保罗·德·穆旺
Paul III, pape 教皇保罗三世
Pedro de Aguilón 佩德罗·德·阿吉隆
Pellevé 佩尔韦
Périgord 佩里戈尔
Perpignan 佩皮尼昂
Perreuse 佩勒兹
Perronet 佩罗内

人名地名译名对照表

Petit-Bourbon, hôtel du 小波旁宫
Petits-Champs, rue des 小农田街
Peyrat, sieur de 佩拉领主
Peyrot de Monluc 佩罗·德·蒙吕克
Pézenas 佩泽纳
Philippe de Gastines 菲利普·德·加斯蒂纳
Philippe Duplessis-Mornay 菲利普·迪普莱西—莫尔奈
Philippe Le Doux 菲利普·勒杜
Philippe Strozzi 菲利普·施特罗兹
Picardie 皮卡第
Pie V 庇护五世
Pierre Baillet 皮埃尔·巴耶
Pierre Belin 皮埃尔·贝兰
Pierre Burin 皮埃尔·布兰
Pierre Charpentier 皮埃尔·沙尔庞捷
Pierre de Bourdeille, seigneur de Brantôme 皮埃尔·德·布尔代耶, 布朗托姆领主
Pierre de La Place 皮埃尔·德·拉普拉斯
Pierre de l'Estoile 皮埃尔·德·莱图瓦勒
Pierre de Piles de Villemur 皮埃尔·德·皮莱·德·维勒米尔
Pierre de Ronsard 皮埃尔·德·龙萨
Pierre Forget de Fresnes 皮埃尔·福尔热·德·弗雷内
Pierre Jeannin 皮埃尔·让南
Pierre Madron 皮埃尔·马德龙
Pierre Ramus 皮埃尔·拉米斯
Pierre Viret 皮埃尔·维雷
Plessis-lès-Tours 普莱西雷图尔城堡
Poitiers 普瓦捷
Poitou 普瓦图
Poltrot de Méré 波洛托·德·梅雷
Pomponne de Bellièvre 蓬波纳·德·贝利埃弗尔

Poncet 蓬塞
Pontus de Tyard 蓬蒂·德·蒂亚尔
Poulies, rue des 布利街
Pré-aux-Clercs 教士草地
Provence 普罗旺斯
Provins 普罗万
Puygaillard 普依加亚尔

Q

Quercy 凯尔西
Quiévrain 基耶夫兰

R

Rabastens 拉巴斯唐
Raguier, famille des 拉吉耶家族
Raymond de Cardaillac-Sarlabous 雷蒙·德·卡达亚克—萨尔拉布
Raymond de Fourquevaux 雷蒙·德·富尔克沃
Reims 兰斯
René Benoist 勒内·伯努瓦
René de Birague 勒内·德·比拉格
René de Valsergues, seigneur de Séré 勒内·德·瓦勒塞尔格, 瑟雷领主
Renée Burlamaqui 勒妮·布拉马基
Rethel, marquis de 勒泰勒侯爵
Rhône 罗纳河
Richard de Gastines 里夏尔·德·加斯蒂纳
Richard Verstegan 理查德·费斯特根
Richelieu 黎塞留
Rieux 里厄
Riez 里耶兹
Rivoli, rue de 里沃利街
Roberto Ridolfi 罗伯托·里多尔菲
Rodez 罗德兹

Romans 罗芒
Rouen 鲁昂
Rouergue 鲁埃尔格
Roulart 鲁拉尔
Roussillon 鲁西永
Ruffec, sieur de 吕费克领主

S
Saint Augustin 圣奥古斯丁
Saint Jacques le Majeur 长雅各
Saint Jacques le Mineur 小雅各
Saint Marcel 圣马塞尔
Saint Roch 圣罗克
Saint-Antoine, porte 圣安托万城门
Saint-Avoye 圣阿沃伊
Saint-Cloud 圣克鲁
Saint-Denis 圣德尼
Sainte Geneviève 圣热纳维耶芙
Sainte-Marie-Madelaine 圣抹大拉的玛利亚
Saint-Eustache 圣厄斯塔什
Saint-Gall 圣加仑
Saint-Germain 圣日耳曼
Saint-Germain-des-Prés, Abbaye de 圣日耳曼德佩修道院
Saint Germain l'Auxerrois, église 欧塞尔圣日耳曼教堂
Saint-Ghislain 圣吉兰
Saint-Gouard 圣—古阿尔
Saint-Honoré 圣奥诺雷
Saint-Jacques-de-la-Boucherie 屠宰业的主保圣人圣雅各
Saint-Jean, cimetière de 圣约翰公墓
Saint-Jean-d'Angély 圣让·当热利
Saint-Jean-de-Buèges 圣让—德比埃热
Saint-Jérôme 圣哲罗姆

Saint-Louis-des-Français, église 圣王路易堂
Saint-Magloire, prison 圣马格卢瓦尔监狱
Saint-Martin 圣马丁
Saint-Maur 圣莫尔
Saint-Médard, église 圣梅达尔教堂
Saint-Michel 圣米迦勒
Saintonge 圣东日
Saint-Pol, comte de 圣保罗伯爵
Saint-Sever 圣瑟韦
Saint-Séverin 圣塞弗兰
Saints-Innocents, cimetière des 圣婴公墓
Saluces 沙鲁斯
Salviati 萨尔维亚蒂
Sancerre 桑塞尔
Saumur 索米尔
Saxe, duc de 萨克森公爵
Scipion de Ventabren 西皮翁·德·旺塔布朗
Sèbe 示巴
Sedan 色当
Seine, rue de 塞纳街
Sennecey, sieur de 森内塞领主
Sens 桑斯
Sigismondo Cavalli 西吉斯蒙多·卡瓦利
Simancas 锡曼卡斯
Simon Bouquet 西蒙·布凯
Simon Goulart 西蒙·古拉尔
Simon Vigor 西蒙·维戈尔
Soissons 苏瓦松
Sommières 索米埃
Soyécourt 索耶古尔
Stanislas Elvide 斯坦尼斯拉斯·埃尔维德
Sumène 舒梅讷

T

Talcy, château de 塔勒西城堡
Tambonneau 坦博诺
Tavannes 塔瓦纳
Taverny 塔韦尔尼
Tende 滕德
Théodore Agrippa d'Aubigné 狄奥多尔·阿格里帕·德·奥比涅
Théodore de Bèze 狄奥多尔·德·贝扎
Thierry Wanegffelen 蒂埃里·瓦内葛福伦
Thomas Crozier 托马·克罗齐耶
Thomas Killigrew 托马斯·基利格鲁
Thomas Smith 托马斯·史密斯
Tomasso Sassetti 托马索·萨塞蒂
Toscane 托斯卡纳
Toul 图勒
Touraine 图赖讷
Tournelles, hôtel des 图尔内勒别宫
Tournon 图尔农
Tours 图尔
Trente 特伦托
Troussevache, rue 特鲁瑟瓦什街
Troyes 特鲁瓦
Turenne 蒂雷纳
Tyrol 蒂罗尔

U

Uzès 于泽斯

V

Valence 瓦朗斯
Valenciennes 瓦朗谢讷
Vallées cévenoles 塞文山谷
Vasari 瓦萨里
Vauclause, sieur de 沃克吕兹领主
Velay 沃莱
Vendôme 旺多姆
Verdun 凡尔登
Vemandois 韦尔芒杜瓦
Verrerie, rue de la 玻璃厂大街
Vervins 韦尔万
Vexin 韦克辛
Vigan 维冈
Vincennes 万塞讷
Vitry 维特里
Viviers 维维耶尔
Vulcob 维尔柯

W

Walsingham 华兴汉
Wittemberg, duché de 维滕贝格公国

Z

Zayas 萨亚斯
Zélande 泽兰

译后记

20世纪60年代，法国出版界颇具传奇色彩的伽里玛出版社推出了一套丛书，名为"缔造法国的三十天"（Trente journées qui ont fait la France）。这套丛书的作者不仅包括一批知名的史学家，如乔治·杜比（Georges Duby），许多作家也撰写了其中的数部著作，如让·吉奥诺（Jean Giono）、让-路易·博里（Jean-Louis Bory）、若泽·卡巴尼斯（José Cabanis）等。这套丛书选择了法国史中的三十天，时间跨度从公元5世纪12月25日克洛维受洗，直到1944年8月25日盟军解放巴黎。

进入21世纪后，伽里玛出版社再接再厉，重新编辑推出了这套备受好评的丛书。在保留之前经典书目的同时，更换了某些书目的作者，并加入了一些新的"日期"，如尼古拉·勒鲁（Nicolas Le Roux）撰写的1589年8月1日（亨利三世遇刺）、莫娜·奥祖夫（Mona Ozouf）的1791年6月21日（路易十六出逃）等。

本书即为新"入选"的一卷，取代了之前由菲利普·埃朗热（Philippe Erlanger）撰写的《圣巴托罗缪大屠杀》。作者阿莱特·茹阿纳（Arlette Jouanna）或许在公众眼中不像前面提到的几位作者那样知名，但她在法国史学界声名显赫，可谓史学巨擘。她在任法国国家科学研究院研究员时，听了四年法国史大家罗兰·穆尼埃（Roland Mousmier）开设的研讨课，研究法国16世纪史，现为蒙彼利埃三大的名誉教授。她著述颇丰，首屈一指的便是她与数名史学家合作撰写的经典之作《宗教战争历史与词典》(*Histoire et Dictionnaire des guerres de religion*)。她个人也撰有《反抗的责任》(*Le Deroir de révolte*)等若干研究16世纪法国史无法避开的"必读书"。在2007年出版《圣巴托罗缪大屠杀》一书后，茹阿纳又于去年完成了一部史学巨著——《绝对权力：王权政治想象的诞生》(*Le Pouvoir absoln : naissance de l'imaginaire Politique de la royauté*)，并获得了夏多布里昂奖。

对于圣巴托罗缪大屠杀这一铭刻在法国人记忆中的历史事件，法国史学家一直高度关注，每隔几年便会有新的研究成果涌现。近十年来的代表人物是两位法国近代史大家雅尼纳·加里松（Janine Garrisson）和德尼·克鲁泽（Denis Crouzet）。加里松赞同拉维斯历史教材中的观点，着墨于查理九世和太后美第奇的心里斗争。而克鲁泽独辟蹊径，从一个全新的角度对这段历史做出了阐释（克鲁泽在他的著作《圣巴托罗缪之夜》于2012年重印时，用一篇长达29页的后记补充、修订了自己之前的观点）。但是正如各位读者所见，本书作者在开篇便表明不完全赞同这两位史学家的观点，并以翔实的史料为基础展开自己的论述，为读者奉献了一部专业又不失通俗与文学性的史学著作。

本书荣获法国第八届基佐奖、美国历史学会颁发的2014年度J.拉塞尔·梅杰奖（J. Russell Major Prize）。

为方便中国读者阅读，译者对书中人名的翻译做出了一些调整，

译后记

统一整理在书后的"人名地名译名对照表"中，供读者查阅。法国近代史中的人名变化较多，有时不仅直接用封地代替家族姓氏，而且人名称呼还会因官职、领地、婚姻等发生变化。在此仅举几例，如原书中出现的 Guy Du Faur de Pibrac 中 "de Pibrac" 并非其姓氏，而是其封地，此人的"全称"应该是 Guy Du Faur, seigneur de Pibrac；法国史学家有时甚至直接用封地指称一人，如 Maurevert 即指 Charles de Louviers, seigneur de Maurevert。对此，译者在类似人名第一次出现时统一为"皮布拉克领主居伊·德·福尔"和"莫尔韦尔领主查理·德·卢维耶"。但对于一些已被中国读者接受的人名则保留了现有译法，如 Henri de Navarre 译为"亨利·德·纳瓦尔"或"纳瓦尔国王亨利"（在他的父亲去世后）。

在宗教术语方面，译者主要使用了以下参考书：《基督教词典》（商务出版社）、《汉语神学术语词典》（宗教文化出版社）、《基督教神圣谱》（中国人民大学出版社）、《基督宗教外语汉语神学词典》（辅仁神学著作编译会）、《圣经神学辞典》（光启文化事业），并在网上参考了《梵蒂冈天主教教理》（http://www.vatican.va/chinese）。

在本书翻译过程中，Agnès Belotel-Grenié 女士、Claude 和 Paulette Grenié 夫妇为我释疑解惑。刘北成、庞冠群两位老师对历史术语译名提出了许多宝贵意见。也感谢晏梦捷的帮助。岳秀坤编辑自始至终的支持令人感动。值此书付梓之际，译者真诚地向以上诸位师友致谢。

虽然译者在本书翻译过程中始终小心翼翼，但译文中定然仍存在舛误疏漏之处，期望得到读者的批评指正。

梁 爽
2013 年 10 月

M 译丛

imaginist [MIRROR]

001　没有宽恕就没有未来
　　　[南非]德斯蒙德·图图 著
002　漫漫自由路：曼德拉自传
　　　[南非]纳尔逊·曼德拉 著
003　断臂上的花朵：人生与法律的奇幻炼金术
　　　[南非]奥比·萨克斯 著
004　历史的终结与最后的人
　　　[美]弗朗西斯·福山 著
005　政治秩序的起源：从前人类时代到法国大革命
　　　[美]弗朗西斯·福山 著
006　事实即颠覆：无以名之的十年的政治写作
　　　[英]蒂莫西·加顿艾什 著
007　苏联的最后一天：莫斯科，1991年12月25日
　　　[爱尔兰]康纳·奥克莱利 著
008　耳语者：斯大林时代苏联的私人生活
　　　[英]奥兰多·费吉斯 著
009　零年：1945：现代世界诞生的时刻
　　　[荷]伊恩·布鲁玛 著
010　大断裂：人类本性与社会秩序的重建
　　　[美]弗朗西斯·福山 著
011　政治秩序与政治衰败：从工业革命到民主全球化
　　　[美]弗朗西斯·福山 著
012　罪孽的报应：德国和日本的战争记忆
　　　[荷]伊恩·布鲁玛 著
013　档案：一部个人史
　　　[英]蒂莫西·加顿艾什 著
014　布达佩斯往事：冷战时期一个东欧家庭的秘密档案
　　　[美]卡蒂·马顿 著
015　古拉格之恋：一个爱情与求生的真实故事
　　　[英]奥兰多·费吉斯 著
016　信任：社会美德与创造经济繁荣
　　　[美]弗朗西斯·福山 著
017　奥斯维辛：一部历史
　　　[英]劳伦斯·里斯 著
018　活着回来的男人：一个普通日本兵的二战及战后生命史
　　　[日]小熊英二 著
019　我们的后人类未来：生物科技革命的后果
　　　[美]弗朗西斯·福山 著

020　奥斯曼帝国的衰亡：一战中东，1914—1920
　　　[英] 尤金·罗根 著

021　国家构建：21世纪的国家治理与世界秩序
　　　[美] 弗朗西斯·福山 著

022　战争、枪炮与选票
　　　[英] 保罗·科利尔 著

023　金与铁：俾斯麦、布莱希罗德与德意志帝国的建立
　　　[美] 弗里茨·斯特恩 著

024　创造日本：1853—1964
　　　[荷] 伊恩·布鲁玛 著

025　娜塔莎之舞：俄罗斯文化史
　　　[英] 奥兰多·费吉斯 著

026　日本之镜：日本文化中的英雄与恶人
　　　[荷] 伊恩·布鲁玛 著

027　教宗与墨索里尼：庇护十一世与法西斯崛起秘史
　　　[美] 大卫·I. 科泽 著

028　明治天皇：1852—1912
　　　[美] 唐纳德·基恩 著

029　八月炮火
　　　[美] 巴巴拉·W. 塔奇曼 著

030　资本之都：21世纪德里的美好与野蛮
　　　[英] 拉纳·达斯古普塔 著

031　回访历史：新东欧之旅
　　　[美] 伊娃·霍夫曼 著

032　克里米亚战争：被遗忘的帝国博弈
　　　[英] 奥兰多·费吉斯 著

033　拉丁美洲被切开的血管
　　　[乌拉圭] 爱德华多·加莱亚诺 著

034　不敢懈怠：曼德拉的总统岁月
　　　[南非] 纳尔逊·曼德拉、曼迪拉·蓝加 著

035　圣经与利剑：英国和巴勒斯坦——从青铜时代到贝尔福宣言
　　　[美] 巴巴拉·W. 塔奇曼 著

036　战争时期日本精神史：1931—1945
　　　[日] 鹤见俊辅 著

037　印尼Etc.：众神遗落的珍珠
　　　[英] 伊丽莎白·皮萨尼 著

038　第三帝国的到来
　　　[英] 理查德·J. 埃文斯 著

039	当权的第三帝国
	[英] 理查德·J. 埃文斯 著

040	战时的第三帝国
	[英] 理查德·J. 埃文斯 著

041	耶路撒冷之前的艾希曼：平庸面具下的大屠杀刽子手
	[德] 贝蒂娜·施汤内特 著

042	残酷剧场：艺术、电影与战争阴影
	[荷] 伊恩·布鲁玛 著

043	资本主义的未来
	[英] 保罗·科利尔 著

044	救赎者：拉丁美洲的面孔与思想
	[墨] 恩里克·克劳泽 著

045	滔天洪水：第一次世界大战与全球秩序的重建
	[英] 亚当·图兹 著

046	风雨横渡：英国、奴隶和美国革命
	[英] 西蒙·沙玛 著

047	崩盘：全球金融危机如何重塑世界
	[英] 亚当·图兹 著

048	西方政治传统：近代自由主义之发展
	[美] 弗雷德里克·沃特金斯 著

049	美国的反智传统
	[美] 理查德·霍夫施塔特 著

050	东京绮梦：日本最后的前卫年代
	[荷] 伊恩·布鲁玛 著

051	身份政治：对尊严与认同的渴求
	[美] 弗朗西斯·福山 著

052	漫长的战败：日本的文化创伤、记忆与认同
	[美] 桥本明子 著

053	与屠刀为邻：幸存者、刽子手与卢旺达大屠杀的记忆
	[法] 让·哈茨菲尔德 著

054	破碎的生活：普通德国人经历的20世纪
	[美] 康拉德·H. 雅劳施 著

055	刚果战争：失败的利维坦与被遗忘的非洲大战
	[美] 贾森·斯特恩斯 著

056	阿拉伯人的梦想宫殿：民族主义、世俗化与现代中东的困境
	[美] 福阿德·阿贾米 著

057	贪婪已死：个人主义之后的政治
	[英] 保罗·科利尔 约翰·凯 著

058 最底层的十亿人：贫穷国家为何失败？
　　［英］保罗·科利尔 著
059 坂本龙马与明治维新
　　［美］马里乌斯·詹森 著
060 创造欧洲人：现代性的诞生与欧洲文化的形塑
　　［英］奥兰多·费吉斯 著
061 圣巴托罗缪大屠杀：16世纪一桩国家罪行的谜团
　　［法］阿莱特·茹阿纳 著